全国高等教育自学考试指定教材
法律专业

税　　法

（2008 年版）

（附：税法自学考试大纲）

全国高等教育自学考试指导委员会　组编

主　编　徐孟洲

撰稿人（按撰写章节排序）
徐孟洲　叶　姗
徐阳光　张晓婷

北京大学出版社
PEKING UNIVERSITY PRESS

图书在版编目(CIP)数据

税法 附:税法自学考试大纲(2008年版)/徐孟洲主编.—3版.—北京:北京大学出版社,2008.9
(全国高等教育自学考试指定教材.法律专业.本科)
ISBN 978-7-301-04023-2

Ⅰ.税… Ⅱ.徐… Ⅲ.税法-中国-高等教育-自学考试-教材 Ⅳ.D922.22

中国版本图书馆CIP数据核字(2008)第103741号

书　　　名:	税法(2008年版)(附:税法自学考试大纲)
	SHUIFA
著作责任者:	徐孟洲　主编
责 任 编 辑:	王　晶
标 准 书 号:	ISBN 978-7-301-04023-2
出 版 发 行:	北京大学出版社
地　　　址:	北京市海淀区成府路205号　100871
网　　　址:	http://www.pup.cn
电　　　话:	邮购部 62752015　发行部 62750672　编辑部 62752027
	出版部 62754962
电 子 邮 箱:	编辑部 law@pup.cn　总编室 zpup@pup.cn
印　刷　者:	三河市博文印刷有限公司
经　销　者:	新华书店
	880毫米×1230毫米　32开本　13.75印张　396千字
	1999年1月第1版　2003年9月第2版
	2008年9月第3版　2024年6月第18次印刷
定　　　价:	21.00元

未经许可,不得以任何方式复制或抄袭本书之部分或全部内容。
版权所有,侵权必究
举报电话:010-62752024　电子邮箱:fd@pup.cn

组编前言

21世纪是一个变幻莫测的世纪，是一个催人奋进的时代。科学技术飞速发展，知识更替日新月异。希望、困惑、机遇、挑战，随时随地都有可能出现在每一个社会成员的生活之中。抓住机遇，寻求发展，迎接挑战，适应变化的制胜法宝就是学习——依靠自己学习、终生学习。

作为我国高等教育组成部分的自学考试，其职责就是在高等教育这个水平上倡导自学、鼓励自学、帮助自学、推动自学，为每一个自学者铺就成才之路，组织编写供读者学习的教材就是履行这个职责的重要环节。毫无疑问，这种教材应当适合自学，应当有利于学习者掌握、了解新知识、新信息，有利于学习者增强创新意识、培养实践能力，形成自学能力，也有利于学习者学以致用、解决实际工作中所遇到的问题。具有如此特点的书，我们虽然沿用了"教材"这个概念，但它与那种仅供教师讲、学生听，教师不讲，学生不懂，以"教"为中心的教科书相比，已经在内容安排、形式体例、行文风格等方面都大不相同了。希望读者对此有所了解，以便从一开始就树立起依靠自己学习的坚定信念，不断探索适合自己的学习方法，充分利用自己已有的知识基础和实际工作经验，最大限度地发挥自己的潜能达到学习的目标。

欢迎读者提出意见和建议。

祝每一位读者自学成功。

全国高等教育自学考试指导委员会

2005年1月

目　　录

第一章　税法基本理论 ……………………………………… (1)
　　第一节　税收的概念和根据 …………………………………… (1)
　　第二节　税法的概念和调整对象 ……………………………… (6)
　　第三节　税法的地位、功能与作用 …………………………… (11)
　　第四节　税法的要素 …………………………………………… (20)
　　第五节　税法的解释、渊源和体系 …………………………… (38)
　　第六节　税法的产生与发展 …………………………………… (49)

第二章　税权与纳税人权利 ………………………………… (73)
　　第一节　税收法律关系概述 …………………………………… (73)
　　第二节　税权及其基本权能 …………………………………… (77)
　　第三节　税收管理体制 ………………………………………… (81)
　　第四节　纳税人权利 …………………………………………… (85)

第三章　增值税法 …………………………………………… (93)
　　第一节　增值税法概述 ………………………………………… (93)
　　第二节　我国增值税法的主要内容 …………………………… (100)
　　第三节　我国增值税法的特殊征管制度 ……………………… (122)

第四章　消费税法与营业税法 ……………………………… (133)
　　第一节　消费税与营业税概述 ………………………………… (133)
　　第二节　我国消费税法的主要内容 …………………………… (138)
　　第三节　我国营业税法的主要内容 …………………………… (153)

第五章　个人所得税法 ……………………………………… (169)
　　第一节　个人所得税概述 ……………………………………… (169)
　　第二节　我国个人所得税法的主要内容 ……………………… (180)
　　第三节　个人所得税的特殊征管规定 ………………………… (198)

第六章 企业所得税法 (207)
  第一节 企业所得税概述 (207)
  第二节 我国企业所得税法的主要内容 (213)
  第三节 企业所得税的特殊征管规定 (240)

第七章 其他实体税法 (249)
  第一节 关税法 (249)
  第二节 财产与行为税法 (269)
  第三节 涉及土地与资源的税法 (299)
  第四节 城市维护建设税法与教育费附加 (310)

第八章 税收征收管理法 (315)
  第一节 税务管理制度 (315)
  第二节 税款征收制度 (330)
  第三节 税务代理制度 (352)
  第四节 税收救济制度 (365)

后记 (384)

税法自学考试大纲
(含考核目标)

出版前言 (387)
Ⅰ 课程性质与设置目的 (389)
Ⅱ 课程内容与考核目标 (390)
  第一章 税法基本理论 (390)
  第二章 税权与纳税人权利 (396)
  第三章 增值税法 (400)
  第四章 消费税法与营业税法 (404)
  第五章 个人所得税法 (408)
  第六章 企业所得税法 (412)
  第七章 其他实体税法 (415)

    第八章　税收征管法律制度 ……………………（421）
Ⅲ　有关说明与实施要求 ………………………………（426）
Ⅳ　题型举例 ……………………………………………（429）
后记 ………………………………………………………（431）

第一章 税法基本理论

第一节 税收的概念和根据

一、税收的概念

(一) 税收的形式特征

认识税收的概念,最直接或较为容易把握的是税收的形式特征,即税收的外部特征。税收的形式特征,我国多数学者将其概括为强制性、无偿性和固定性,即所谓"税收三性"。

税收强制性,是指国家以社会管理者的身份,依据直接体现国家意志的法律对征纳税双方的税收行为加以约束的特性。税收强制性集中表现为征税主体必须依法行使税权,纳税主体在法定义务范围内必须履行纳税义务。当税收征管机关合法行使权力受到干扰或纳税人无法定事由拒不履行纳税义务时,违法者将受到法律制裁。

税收无偿性,是指国家税收对具体纳税人既不需要直接偿还,也不需要付出任何形式的直接报酬或代价。税收的这种无偿性特征是对具体纳税人来说的。无偿性是税收的关键特征,它使税收明显区别于国有企业利润收入、债务收入、规费收入等其他财政收入范畴。

税收固定性,是指国家税收必须通过法律形式,确定其课税对象及每一单位课税对象的征收比例或数额,并保持相对稳定和连续、多次适用的特征。税收的固定性是相对于某一时期而言的,并非永远固定不变。随着客观情况的变化,通过合法程序适当调整课税对象或税率是正常的,也是必要的。

税收的形式特征只是税收本质属性的外在体现。深刻认识税收的概念,应进一步分析和考察税收更深层次的本质特征。

(二) 税收的本质特征

事物的本质属性,是组成事物基本要素的内在联系,是其固有的内在的规定性。税收的根本性质,即税收的本质,是国家为一方主体的依法无偿地参与社会产品分配而形成的特殊分配关系。

国家运用税收形式取得财政收入,必然发生国家同纳税人(包括法人、其他经济组织和个人)之间对社会产品的分配关系,这种分配关系的特殊性在于其分配的依据,既不是财产所有权,也不是劳动者劳动力的所有权,而是国家的公共权力,并且表现出强制性、无偿性的特征,从而使税收的分配关系区别于其他分配形式,如利润、地租、利息、工资薪金等以财产所有权、劳动权等为基础而形成的分配关系。

(三) 税收的社会属性

税收不仅是一个分配范畴,同时也是一个历史范畴。从税收产生和发展的历史看,它经历了奴隶社会税收、封建社会税收、资本主义税收和社会主义税收等各种不同的形态。一方面,税收在不同社会形态下具有其共性;另一方面,在不同的社会制度和不同国家中的税收又分别具有其个性,即税收所处不同社会制度下的社会属性。在不同的社会制度下,由于生产资料所有制、国家政权的性质和法律制度的不同,因而受所有制、国家性质和法律制约的税收的性质也不同。例如,我国社会主义税收所体现的分配关系,是代表全国各族人民整体利益的国家同纳税人在根本利益一致前提下的整体利益与局部利益、当前利益和长远利益的分配关系。

(四) 税收的概念

通过对税收的形式特征、本质特征和社会属性的考察和研究,本书对税收的概念作如下界定:税收是以实现国家公共财政职能为目的,基于政治权力和法律规定,由政府专门机构向居民和非居民就其财产或特定行为实施的强制、非罚与不直接偿还的金钱或实物课征,是一种财政收入的形式。此定义概括了以下几层含义:

第一,指明了税收的目的。国家征税的目的是为了实现国家的公共财政职能。财政职能指财政活动所具有的客观功能,体现为四个方面:资源配置、收入分配、调控经济与监督管理职能。现代国家的各项职能,包括公共财政职能等的实现一刻都离不开赋税的支持。

第二,指明了税收的政治前提和法律依据。国家征税凭借的是政治权力和法律。马克思曾高度概括了国家所拥有的两种权力:一种是财产权力,即所有者的权力;另一种是政治权力,即国家权力。国家征税凭借的是政治权力,而不是财产权力,因为从税收本身的运行轨迹看,税收的取得和使用与财产的所有权状况并没有直接关系。但是,税权的行使要基于法律的规定。

第三,指明了税收主体。税收主体包括征税主体和纳税主体。征税主体是国家授权的专门机关,一般为国家财政机关、税务机关和海关。这说明征税是国家独有的专属权,只能由国家授权的专门机关来行使。纳税主体是居民和非居民。居民的概念是税法上的专有概念,各国法律对居民都有明确的界定。所谓居民,从税收的角度而言,是指在行使居民管辖权的国家中,按照该国税法的规定,由于住所、居所、居住期、管理机构或主要办事处所在地,或其他类似标准,在该国负有无限纳税义务的人,包括自然人和法人。凡不符合一国居民条件的自然人和法人为非居民。非居民作为有限纳税义务人,仅对其境内所得征税。在税法上使用居民的概念比使用人民、国民、公民等概念更为科学,因为外国人或无国籍人也有承担纳税义务的可能。

第四,指出了税收的形式特征,即税收形式上的"三属性"。定义中"基于……法律规定"意味着税收具有强制性和固定性(规范性),"不直接偿还"或"无偿"表明课税对每一具体的纳税人来说是财富无偿转移给国家。

第五,使用"非罚"一词揭示了税收的非罚性,从而将罚款、罚金以及其他一切罚没行为排除在税收行为之外。

第六,揭示了税收的社会属性。定义中"基于政治权力和法律规定"不仅表明税收的形式特征,而且包含着税收的社会属性。笔者认为,将税收归结为一种课征行为——强制性经济行为,是较为科学的。因为税收既不是一种单纯的物质或财富,也不是一种抽象的分配关系,而是一种受国家强制力驱使的主动、具体的符合规范标准的行为,即课征行为。并且,这种课征行为是基于一定社会制度和国家的政治权力和法律规定,因此必然具有一定的社会属性。

二、税收的分类

税收的分类是指对税收体系中各种税按照一定的标准进行归类。对税收进行分类的目的在于研究、对比各种不同税种的特点和优劣，以利于建立适合我国国情的、优良的税收体系。依据不同的标准，可以将税收划分为不同的类别：

1. 根据征税对象的性质和特点不同，可以将税收划分为流转税、所得税、财产税、行为税和资源税五大类。流转税是指以商品交换和提供劳务为前提，以商品流转额和非商品流转额为征税对象的税种。所得税是以纳税人的所得或收益额为征税对象的税种。财产税是指以国家规定的纳税人的某些特定财产数量或价值额为征税对象的税种。行为税是指以某种特定行为的发生为条件，对行为人加以征税的税种。资源税是指以占用和开发国有自然资源获取的收入为征税对象的税种。

2. 根据税收最终归宿的不同，可以将税收划分为直接税和间接税。直接税是指由纳税人自己承担税负的税种。间接税是指纳税人可以将税负转移给他人，自己不直接承担税负的税种。

3. 根据税收管理权和税收收入支配权的不同，可以将税收划分为中央税、地方税和中央地方共享税。这种分类方式是由分税制的财政管理体制决定的。中央税是指由中央政府管理和支配的税种。地方税是指由地方政府管理和支配的税种。中央和地方共享税是指由中央和地方共同管理和支配的税种。

4. 根据计税标准的不同，可以将税收划分为从价税和从量税。从价税是指以征税对象的价格为计税标准征收的税种。从量税是指以征税对象特定的计量单位为计税标准征收的税种。我国现行的各种流转税大都属于从价税，但消费税中的啤酒、黄酒、汽油、柴油属于从量税。资源税、土地使用税、耕地占用税、车船税属于从量税。

5. 根据税收是否具有特定用途，可以将税收划分为普通税和目的税。普通税是指用于国家财政经常开支的税收。目的税是指专款专用的税收，如城市维护建设税、耕地占用税、社会保障税等。我国现行税制中只有城市维护建设税和耕地占用税是目的税。

6. 根据计税价格中是否包含税款,可以将从价计征的税种分为价内税和价外税。我国的关税和增值税,其计税价格中不包含税款在内,属于价外税。其他从价税均属于价内税。

此外,还有其他一些税收划分方法,如累进税和累退税;比例税和定额税;货币税和实物税等。但从税收理论以及世界各国税收实践来看,以征税对象的性质为标准对税收进行分类是世界各国普遍采用的分类方式,也是各国税收分类中最基本、最重要的方式。我国也主要是采用此种分类方法。

三、税收的根据

税收的根据是什么?换言之,税收产生、存在和发展的客观基础是什么?这是整个国家税收和社会主义税收理论的基础。只有对此有明确认识,并确认社会主义税收必然要存在,才能进而谈到税收的其他理论和政策、制度问题。笔者认为,国家的存在和居民独立财产的存在是税收的根据。国家的存在和居民独立财产的存在是税收产生的基本原因,国家职能和社会需要的发展是税收存在和发展的重要原因。居民独立财产的出现是税收产生和存在的内因,国家的存在是税收产生和存在的外因。只有当引起税收的内因和外因同时起作用时,才能产生和存在税收现象。唯物辩证法认为外因是变化的条件,内因是变化的根据,外因通过内因而起作用。

国家的存在需要数额巨大的资金,这些巨大的资金基于两种需要:一是国家机器的自身运转需要资金;二是向居民提供各种公共服务也需要大量的资金。国家需要资金,向哪里去筹集?在阶级社会早期,通过战争掠夺别国的财产,通过国有土地收取地租,通过国民的捐献或赠与得到一部分资金。但是随着国家的发展,以往的筹资手段已不能满足国家经常性支出的需要和执行社会公共职能的需要,于是国家开始征税。国家和社会公共服务的需要,是税收的外因。另一方面,如果居民的财产不独立,或者居民根本就没有财产可提供,税收是不可能出现的。

自从国家在人类历史上出现以来,世界各国都在征税。国家为什么要征税?税收的正当根据,十分明显,如同国家每年要征兵一样,就是国家的存在。

马克思指出,"赋税是政府机器的经济基础","是行政权力整个机构的生活源泉"。[①] 对此恩格斯亦有论述:"为了维持这种公共权力,就需要公民缴纳费用——捐税。"[②]马克思主义经典作家精辟地指出了税收存在和发展的客观基础和正当理由。税收的根据既来源于公民应对国家承担的义务,又是一种为维持公共权力、满足社会公共服务的需要而必须要求居民缴纳的费用。维持公共权力和满足社会公共服务需要的目的,均在于保护居民的财产、生命、自由和幸福,而税则是为实现这一目的所花的费用。可见,税是纳税人享用国家提供公共产品的对价,而不是单纯的一种为国家作出的牺牲。对任何纳税人而言,依法纳税是应尽的法定义务,也是一种获取利益的非完全对价。

第二节 税法的概念和调整对象

一、税法的概念

税法是建立在一定物质生活基础之上的,由国家制定、认可和解释的,并由国家强制力保证实施的调整税收关系的规范系统(或规范总称),它是国家政治权力参与税收分配的阶级意志的体现,是以确认与保护国家税收利益和纳税人权益为基本任务的法律形式。简言之,税法是调整税收关系的法律规范系统。

这个定义反映了税法的本质和基本特征,指出了税法的基本任务和调整范围,并说明税法是建立在一定物质基础之上的上层建筑。对税法的定义还可以进一步简化表述为:税法是指调整税收关系的法律规范系统。应当以马克思主义法学的观点理解税法的含义,把这种调整税收关系的规范系统理解为具有规范性、国家强制性、阶级性、社会性和物质制约性的规范系统。

---

① 《马克思恩格斯选集》第三卷,人民出版社1971年版,第22页。
② 《马克思恩格斯选集》第四卷,人民出版社1971年版,第167页。

二、税法的特征

税法作为法的组成部分,除了具有法的共同本质特征外,还具有区别于其他部门法所独有的基本特征。税法所独具的基本特征有以下四点:

(一) 税法是调整税收关系的法

从税法的调整对象可以看出,税法是调整税收关系的法律规范体系。税法最基本的特征就是调整对象的特定性,这是税法区别于其他部门法最主要的特征之一。调整税收关系不仅是税法的目标和根本任务,也是税法概念的主要内涵。

(二) 税法是以确认税收的权利(力)和义务为主要内容的法

税法通过规定国家的征税权利(力)和纳税人的纳税义务来分配国家与纳税人之间的财产利益,达到确认、保护和发展对统治阶级有利的税收关系和税收秩序。因此,规定征税权利(力)和纳税义务,也是税法的一个基本特征。

(三) 税法是权利义务不对等的法

税收关系不是建立在协商自愿、等价有偿原则基础上的。相反,税收具有强制性、无偿性的特征,调整这类税收关系的税法,必然反映税收关系的要求。因此,税法所规定的权利义务并不对等。但是,对税法这一特征的理解不能绝对化。"这种不对等的状态从根本上、长远的观点来说又是对等的、平等的,那要经过一个由税收转化为财政的过程。"[①]这是由我国税收"取之于民,用之于民"的社会主义性质所决定的。

(四) 税法是实体内容和征管程序相统一的法

法律可以分为实体法和程序法。就多数情况而言,实体法和程序法是相互分离的。但也有少数部门法,如税法,其中既包含有实体法的内容,也包含有程序法的内容,体现了实体法和程序法相结合的特征。税法的这一特征是由其调整对象所决定的,因为税收关系本身包括两个层次的内容,即税收分配关系和税收征收管理关系。需

---

① 刘隆亨:《中国税法概论》(第4版),北京大学出版社2003年版,第70页。

要指出的是,税法所包含的程序法仅是税收征收管理程序法,而不应包括诉讼程序法的内容。因为税收征收管理程序和当事人的税务活动,是税法所调整的税收关系的组成部分;而诉讼程序是司法机关的诉讼活动,诉讼活动过程中形成的程序关系是诉讼法部门统一调整的对象,不宜纳入税法的调整范围。根据现代法治原则,要做到依法治税,就必须使税收实体方面的关系和征管程序方面的关系都严格纳入税法调整的轨道。

三、税法的调整对象

法律调整对象问题是法的基本理论中极其重要的问题。认真研究税法的调整对象,科学地界定税法调整对象的性质和范围,对于税法部门法地位的确立,《税法典》或《税法通则》的编纂,税法规范的正确运用,以及税法学科体系的完善,具有十分重要的意义。

(一) 税法调整对象的性质

关于税法调整对象的性质,目前存在两种不同的观点:一是税务行政关系说;二是税收经济关系说。持前一种观点的学者认为,"税法是调整国家与社会成员的税务行政关系"①。持后一种观点的学者认为,"税法的调整对象是参与税收征纳税关系的主体之间发生的经济分配关系,这种经济分配关系是一种特殊形式的税收分配关系,同时也包括税收管理关系"②。我们认为税法调整对象是税收关系,包括税收分配关系和税收征收管理关系。税收分配关系是主要的,税收征收管理关系是次要的、为前者服务的。税收关系实质上是一种经济关系,而不是行政关系。其主要依据是:(1)从税收的本质看,它是一种特殊的经济关系。"国家参与社会产品分配过程中形成的分配关系,它属于经济基础范畴,受客观经济规律的支配。"③ (2) 税收关系是一种物质利益关系。"税收这一事物,区别于其他事物的特殊矛盾,就是国家与纳税人在征税上所表现的利益或收入

---

① 王书瑶等:《赋税导论》,经济科学出版社1994年版,第252页。
② 刘隆亨:《中国税法概论》(第四版),北京大学出版社2003年版,第29页。
③ 侯梦蟾:《税收概论》,中国人民大学出版社1986年版,第2页。

上的矛盾。"①(3)从税收关系主体看,政府具有双重身份,即政府并不是单纯的行政机构,也是经济主体;纳税人无论是企业,还是个人,都不是行政机关的附属物,而是具有独立经济利益的经济主体。综上所述,笔者认为,税收关系是一种性质复杂的特殊经济关系,从这种社会关系的实质内容来看,它是经济关系;但从它的外部形态以及政府权力特征来看,它又是一种具有强烈行政性的特殊经济关系。

(二)税法调整对象的范围

如何确定税法调整对象的范围,目前尚无一致的意见。我们认为,税法调整对象的范围应当限定在税收关系的范围内。现代社会税收关系的内容十分丰富,但归纳起来主要有两大类:税收分配关系和税收征收管理关系。

1. 税收分配关系

税收分配关系是一种经济利益关系,它表现为三种不同的税收分配关系:第一,国家与纳税人(包括个人、法人和非法人组织)之间的税收分配关系;第二,国家内部的中央政府与地方政府之间以及地方各级政府之间的税收分配关系,这主要是通过中央税和地方税以及共享税的划分体现出来;第三,中国政府与外国政府及涉外纳税人之间的税收分配关系。

2. 税收征收管理关系

税收征收管理,是国家征税机关(包括税务机关、财政机关和海关)行使税权,指导纳税人和其他税务当事人正确履行纳税义务,并对税收活动进行组织、管理、监督和检查等一系列相互联系的活动。在税收征收管理过程中,征税机关与纳税人和其他税务当事人之间形成的管理关系,我们称之为税收征收管理关系。税收征收管理关系是为税收分配关系服务的,是与税收分配关系密切相连、不可分割的。从性质上看,税收征收管理关系是一种行政管理关系,但由于其与税收分配关系的不可分割性,也可以将其纳入税法调整对象的范围之内。税收征收管理关系的种类繁多,内容复杂,但归纳起来主要包括四类:

---

① 王诚尧主编:《国家税收教程》,中国财政经济出版社1995年版,第28页。

(1) 税务管理关系。对税务管理的概念有广义和狭义两种理解。广义的税务管理是指国家及其征税机关为保证国家税收职能的实现,对税收进行决策、计划、组织、协调和监督等一系列活动。这种意义上的税务管理与税收管理的内涵是一致的。狭义的税务管理是指国家征税机关为保证税收收入的足额入库,对具体的征纳过程实施的基础性管理行为。它是与税款征收相并列的概念。本书采用狭义的税务管理概念。税法所调整的税务管理关系具体包括:税务登记关系、账簿和凭证管理关系和发票管理关系等。

(2) 税款征收关系。税款征收关系是指征税机关在税款征收过程中与纳税人和其他税务当事人之间就税款收缴入库事项所形成的管理关系。税款征收是整个税收征收管理的中心环节,直接关系到国家税款能否及时、足额入库,同时也关系到纳税人、扣缴义务人的合法权益。因此,调整好税款征收关系,是税法的一项极其重要的任务。税款征收关系一般包括税款的缴纳、退还、补缴、追征、减免、纳税担保和税务强制关系等。

(3) 税务检查关系。税务检查一般包括对内和对外两大检查。所谓对内检查,即指税务监察,是指上级征税机关依照一定的程序对下级征税机关及其各种人员的税务工作进行监察、监督等一系列活动。对外检查,也称纳税检查,是指征税机关依照法定程序,对纳税人和其他税务当事人履行纳税义务情况进行的监督检查活动。因此,税务检查关系实际上包括税务监督关系和纳税检查关系两类。税法调整税务检查关系,有利于保证税收征收活动的顺利进行,防止税款的流失,督促征税机关及其工作人员和纳税人严守税法。

(4) 税务稽查关系。中国的税务稽查制度由税务检查发展而来,是新税制后实行税收征、管、查分离的产物。但税收稽查权与税收检查权仍有区别,两者是一种交叉关系,而非包容关系。两者的具体区分应当贯彻国家税务总局在《关于进一步加强税收征管基础工作若干问题的意见》(国税发〔2003〕124号)中提出的三个基本原则:征收管理部门与稽查部门在税务检查上的职责范围要按照以下三个原则划分:一是在征管过程中,对纳税人、扣缴义务人履行纳税义务的日常性检查及处理由基层征收管理机构负责;二是税收违法案件的查处(包括选案、检查、审理、执行)由稽查局负责;三是专项检查部署由稽查局负责牵头统一组织。

综上,税法调整税收分配关系,主要是确定税收体制、税种、征税对象、纳税人范围、税率和减免等国家与纳税人之间和国家内部中央与地方,以及中国政府与外国政府、涉外纳税人之间的实体利益分配关系。税法调整税收征收管理关系,主要是确认国家征税机关及其税务人员与纳税人之间就征税和纳税过程中形成的税收征管关系的范围,保护参与税收征管关系当事人的权益,维护税收分配关系。

第三节 税法的地位、功能与作用

一、税法的地位

税法的地位,主要是指税法在整个法律体系中的地位,其核心意义是税法和其他部门法的关系。税法的地位问题指的是税法究竟属于公法、私法抑或其他。将法律划分为公法和私法是大陆法系的传统做法,也是我国法学理论中对部门法的基本认识方法。关于税法的性质的观点,通说是:税法属于公法。近年来,不少税法学者原则上同意税法是公法的观点,但指出税法呈现出私法化趋势。税法属于以公法为主、公法私法相融合的经济法体系内的范畴,是经济法的子部门法,其所具有的一些私法因素、其对纳税人权利的重视和关怀并不能根本改变税法的公法属性。

在法律体系中,税法作为经济法的二级部门法,与宪法、民法、行政法和刑法、国际经济法、行政诉讼法、民事诉讼法等部门法以及经济法、财政法之间都存在密切的关系。学习和研究税法必须注意到税法与各部门法之间的关联程度,吸收相关法律部门和经济法基础理论研究的成果,才能更好地理解和运用税法知识。

(一) 税法与宪法的关系

宪法是国家的根本大法,是一切法律的制定依据。国家制定的任何法律法规都不得与宪法相抵触,税法也不例外。税法与宪法的关系较之其他部门法更为密切,因为,一方面,宪政法治国家必须同时为税收国家,其存在有赖于国家财政,国家财政需求由税收供应。另一方面,由于税收本身固有"三性"特征,决定了税收的征收本身,即隐含着扼杀个人自由和权利的危险。宪法为国家的根本大法,课税权必须置于宪法的秩序下。在税法的领域中,无论是租税立法、租税行政或租税司法,均必须服膺法治国秩序特别是基本权的拘束,自然,税法与宪法的关系密切,特别是经由财政宪法的研究,对于宪法的财政国体、租税国理念的探索与实践,及对于人民财产权的保障等,均是租税法学研究所不可或缺的基础概念。

税法与宪法的关系主要体现在两个方面:一是宪法是一个国家的根本大法,是制定一切法律的依据,因此,税法的制定和执行都不能违背宪法。二是税法的一些根本问题应该在宪法中得以体现,这不仅符合宪法的本质,而且符合国际惯例。如英国、美国、法国、日本等国的宪法文件中都有关于税收的重要内容。另外,税收法定原则、纳税人基本权利等内容也需要在宪法中予以体现,如此才能真正确立其地位,进而推进税收法治建设。在我国过于强调征税主体之权力和纳税主体之义务的传统观念影响下,后一方面的关系在我国的现实意义尤显重要。这也是很多学者提出我国必须进行"税收立宪"建议的重要原因。现代税法的制定和执行不仅不能违背宪法,而且还必须体现宪法中保障公平和正义、提高经济效率、增进社会福利的基本精神。

(二) 税法与经济法的关系

税法与经济法的关系一直是法学界争论不休的话题。一种观点认为,税法作为经济法体系中的一个重要组成部分,其在宗旨、本质、调整方式等许多方面与经济法的整体都是一致的。同时,税法作为经济法体系中的一个子部门法,在调整对象、特征、体系等方面又有其特殊性。因此,经济法与税法是共性与个性、整体与部分、普遍性与特殊性的关系。另一种观点认为,税法并不必然构成经济法的组成部分,但由于近年来把税收作为经济政策手段的趋势日益增强,这样使得税法和经济法有重叠之处。另外一种类似的表述是,从税法和经济法的发展史,以及它们的特征、价值和基本制度来看,税法和经济法还是有差别的。

因此，税法的调整对象及其本质决定了其属于经济法的体系，具体而言，税法是经济法中财税法之核心内容。这可以从两个方面来考察：首先，从调整对象来看，税收关系无论是作为经济分配关系，还是经济管理关系、宏观调控关系都属于经济法调整对象的重要组成部分。其次，税法的本质与经济法的本质相一致。经济法强调"以人为本、平衡协调和社会本位"的人文客观精神，而税法从本质上而言，是国家通过法律途径筹集财政收入最终又为整个社会提供公共服务，税收"取之于民、用之于民"的原则就是最好的体现。近来在税法领域贯彻科学发展观，树立以人为本，尊重人权，纳税人权利本位的精神，更是反映了经济法的社会责任本位之精神。因此，税法属于经济法体系中的二级子部门法。

（三）税法与民法的关系

税法与民法的关系非常密切。民法属于私法的范畴，而税收是以私人各种经济活动为对象而进行课征的，而私人的各种经济活动又首先被以民法为中心的私法所规制。因此，税法的规定往往是以私法为基础的。甚至税法上的某些概念或理念，也来源于民法。因此，研究税法必须关注民法，而研究民法，也同样不能忽视税法。但是，税法与民法的区别也十分明显。税法属于经济法的范畴，具有公私交融的特征，而民法属于私法范畴。由此决定了税法与民法在立法本位、调整手段、责任形式等方面都存在显著区别。

（四）税法与行政法的关系

税法与行政法的关系相当密切。税法中的税收征管与税收行政复议等部分的基本原理和基本制度与一般行政法并无二致。当然，税收征管与税收行政复议中出现的特殊问题，也很可能推动行政法与行政诉讼法基础理论的发展。但是，不能因此就得出结论，认为税法属于行政法的特别法。

税法的调整对象决定了税法与行政法之间的密切关系。税法的调整对象是税收关系，包括税收分配关系和税收征管关系。税收分配关系是主要的，税收征管关系是次要的，为前者服务的。但税收关系实质上是一种经济关系，而不是行政关系。因此，税法与行政法在调整对象、立法本位等方面都存在本质区别，这也决定了行政法规则与税法规则之差异。

(五) 税法与财政法的关系

税法属于财政收入法,是其中最重要的组成部分。财政法包括财政收入法、财政支出法以及财政监督法。税法调整税收关系即大部分的财政收入关系,财政支出法调整财政收支关系,财政监督法调整财政监督关系。从语词的逻辑关系来说,财政与税收应为种属关系,财政包括税收在内。经济学对财政的研究大多以税收作为切入点,税收学的研究成果因而较多。同样地,税法在法律法规数量、覆盖面方面都显得比其他财政法分支更为成熟、更加完善。基于税法在财政法中的相对独立性,人们习惯将税法与财政法相提并论,故而,法学中专门研究财政税收法的学科经常被称为财政税收法,简称"财税法"。与其说财税法的称谓是科学合理的,不如说它是符合我国目前财政法学研究现状的过渡性概念。如果过分强调税法相对于其他财政法分支的独立性,是不利于税法发展的,更不利于财政法的体系化。因此,我们更倾向使用财政法的概念,并认为税法属于财政法中的财政收入法部分。

二、税法的功能

税法的功能,是指税法内在固有的并且由税法本质决定的,能够对税收关系和税收行为发挥调整和保护作用的潜在能力。税法的功能是税法本质和基本法律属性的体现。税法作为法系统中的子系统之一,在本质上也是阶级性和社会性的统一。

税法的功能,可以分为规制功能和社会功能两类。一方面,税法是调整税收关系和税收行为的规范,所以其具有各种规制功能;另一方面,税法是国家意志与人民利益的体现,所以其具有各种社会功能。

(一) 税法的规制功能

税法规制功能的基本内容包括税法的规范功能、约束功能、强制功能、确认功能和保护功能。这些功能相互配合、共同作用,组成税法规制的有机系统。

1. 税法的规范功能。同其他任何法律规范一样,税法也具有规范功能。构成税法规范功能的要素,法学界有"三要素论"和"五要素论"之分。将税法规范功能概括为指引、评价和预测三种功能的学说称为"三要素论"。"五要素论"则认为，除上述三要素外，还应包括强制功能和教育功能。我们认为，税法的规范功能是税法规范性的具体体现，而强制功能是税法强制性的体现；税法的教育功能是因税法实施而对人们的思想和行为产生的影响力，它本身并不具有规范性，所以这两项功能不应包括在税法的规范功能之中。故我们主张采用"三要素论"。税法的指引功能，是指税法对其所规范的主体行为予以指明和导向的功能。每项税法规范总要以权利和义务的形式规定税收行为的模式或标准，明确哪些行为是允许的，哪些行为是必须做的，哪些行为是禁止的，以此指引税收行为人的行为。税法的评价功能，是指税法作为一种税收法律规范所具有的判断、衡量行为人税收行为是否合法的功能。任何法律规范都是一种评价准则。税法规范是评价行为的基础，从这个意义上说，税法的评价功能是税法指引功能的一种延伸。税法的预测功能是由税法的规范性、确定性、稳定性决定的。参照税法行为标准，人们可以预先考虑其应如何进行税法行为以及此行为将带来什么样的后果，进而作出相应的安排。

2. 税法的普遍约束功能和强制功能。税法是由国家制定或认可的，具有国家意志的属性，因此它具有该国主权所及范围内的普遍约束力和强制力。税法的这种普遍约束力和强制力就是税法的普遍约束功能和强制功能。税法的普遍约束功能，是指税法规范对发生在一定时间、一定空间内的税收行为具有普遍控制效力的功能。税法的强制功能，是指税法对违反税法的行为进行制裁的功能，是税收强制性的法律保障。税法通过这两种功能的发挥，保障税法所规范的税收行为顺利实施，从而维护社会正常的税收秩序。

3. 税法的确认功能和保护功能。税法作为规范税收行为的特殊规范系统，其在调整税收行为的同时，实际上也确认和保护着由税收行为引起的税收关系。通过调整税收关系维护国家税收利益，是税法的主要目标和根本任务。税法的确认功能，是指税法具有确认和发展一定的税收关系的职能。确认功能是借助税法规范和税法制度，使一种新的税收关系或一种新的税收行为合法化，使税收主体的权利和义务在税法上得到认可，从而确认他们在税法关系中的法律地位。税法的保护功能,是指税法保护已建立的税收法律关系和税收法律秩序,使之不受侵犯并恢复或弥补被侵害的权利的职能。税法在确认税收关系、规范税收行为的过程中,建立起种种税收法律关系,形成有利于维护国家税收利益的秩序。为使这种税收法律关系和秩序得到顺利发展,不受非法干预和侵犯,就必须凭借税法的确认和保护功能。

(二) 税法的社会功能

税法的社会功能是税法本质的阶级性和社会性的集中表现,包括税法的阶级统治功能和社会公共功能。

1. 税法的阶级统治功能。税收是历代统治阶级实行阶级统治的重要工具。税法保障税收的实施,是统治阶级维护其阶级统治和经济利益、干预经济生活的法律手段。在剥削阶级统治的社会,税法的阶级统治功能十分明显。在社会主义社会里,税法的阶级统治功能表现为"对人民民主,对敌人专政"。税法在贯彻"对人民民主",特别是发扬经济民主方面具有独特的功能,并通过协助刑法等部门法制裁和打击破坏税收秩序的刑事犯罪分子来实现"对敌人专政"的功能。另一方面,税法通过保障国家税收职能的实现,巩固和发展人民民主专政的国家政权,巩固和发展社会主义的经济基础,这也是税法阶级统治功能的重要体现。

2. 税法的社会公共功能。税法本质的社会性,正是通过发挥税法的社会公共功能体现出来的。实现国家社会公共功能,是一切阶级社会和国家的税法所具有的共同功能。在当代资本主义国家,实行高福利政策,税收收入的很大一部分用于发展社会公共事业,因而税法的社会公共功能比以往任何历史类型的税法都表现得更为直接和明显。在我国社会主义市场经济条件下,税收的征收和运用,服从于人民的根本利益,取之于民,用之于民。自改革开放以来,我国政府在社会保障和社会福利、公用事业和教育卫生、邮电通信、交通运输等方面发挥税法的社会公共功能,取得了举世瞩目的成就。

三、税法的作用

如前所述,税法的功能是税法本身的内在固有的潜能。税法的作用则是税法的功能作用于税法调整对象所产生的影响，是税法的功能发挥出来的效应。税法的作用不仅与税法的功能有着客观的联系，而且与税收职能也存在着内在的联系。税法作为上层建筑的重要组成部分，其作用主要表现在对税收关系的反作用上，即对税收经济关系的法律调整上。调整税收关系的目的，是维护国家税收利益，保障充分发挥税收职能。没有税收，税法也就不存在，更谈不上发挥税法的作用。税法在当代能起的主要作用应当包括如下几个方面：

（一）税法对纳税人的保护和对征税人的约束作用

税法是以规定征纳双方权利义务为主要内容的法。税法既要维护征税人的权利，也要尊重和保护纳税人的权利。税法既要指导纳税人切实履行纳税义务，也要约束征税人严格履行自己的义务。在论述税法作用时，之所以将保护纳税人权益放在其他作用之首，一是因为税收和税法都是以纳税人为中心的。作为纳税人，他们的独立经济利益的存在是税收产生的内因。只有激发纳税人的积极性，创造更多的社会物质财富，才能实现税收职能。二是纳税人与征税人相比，纳税人处于弱者地位，他们的权利易于被忽视，按照经济法保护弱者的原则，应当将维护纳税人的权利作为税法发挥作用的第一对象。所以，近年一些国家已强化保障纳税人权益的措施，制定了"纳税人章程或纳税人宣言"，同时重申政府有义务保障纳税人的基本权利。

保护纳税人的权利，是同严格规范征税机关的权利和义务、约束征税人的行为相一致的。只有要求征税人切实履行自己的职责，不滥用手中的权力，才能保障税收的顺利实施。可见，税法的作用不仅在于规范纳税人的行为，而且也要严格约束征税人的行为。税法应是征纳双方行为的准则。

（二）税法对税收职能实现的促进与保证作用

税收职能作为国家固有的职能，是潜在的。把税收职能由潜在的转化为现实的，称为税收职能的实现。税收职能的实现，要借助于一定的政策手段、行政手段和法律手段等。就法律手段而言，国家主要运用宪法、经济法（主要是财政法、税法的作用）、行政法、刑法等部门法为税收的职能活动提供法律依据和打击破坏税收职能活动的违法犯罪行为。其中税法在实现税收职能过程中起主要的规范和保障作用,担当着调整税收关系的主要任务。税法在促进和保障税收职能实现方面的具体作用表现为以下四个方面:

1. 税法对组织财政收入的保证作用。税收收入是国家的主要财政收入,一般占财政总收入的85%—95%。税收从社会成员中强制、无偿地取得一部分收入,具体是通过税法保障其实现的。首先,通过税收立法,制定《个人所得税法》《企业所得税法》等法律、法规,确定纳税人、征税客体、税率、纳税期限等,提供征税的依据和标准;其次,通过税务执法,指导纳税人、代扣代缴义务人履行纳税义务,依法缴纳税款,组织税款入库;再次,对违法行为进行处理,对危害税收征管犯罪行为进行刑法处罚,追缴、补税等,防止税收流失。可见,税收收入的组织和筹集,其全过程和每个环节都体现出税法的作用。

2. 税法对经济运行的调节作用。税收具有经济调节职能。首先,是因为税收由政府直接掌握、支配,税收手段的运用直接反映并贯彻政府的意图。其次,是由于税收涉及社会再生产的全部过程和各个环节,具有广泛的影响。再次,是由于税收通过物质利益的诱导影响个人和企业的经济行为,从而使其行为符合国家的宏观经济政策,使经济运行趋于健康发展。

3. 税法对实现社会职能的促进作用。税法的社会职能,是税收所具有的影响社会成员收入再分配的职责和功能。政府运用税收手段对收入分配进行调节,使收入分配能更加公平、合理。如通过制定和完善个人所得税法、遗产税法、社会保障税法、环境保护税法、资源税法等,可以大力促进社会的安定、文明与进步。

4. 税法保证税收监督经济活动与社会活动职能的实现。税收监督职能,是税收所具有的在税收征收管理过程中对纳税人的经济活动与社会活动,依法实行监督、检查的职能。国家利用税收监督,支持和管理经济、社会活动,对违反政策、纪律和法律的行为进行处理,以维护和保持经济和社会的正常秩序。税法在保障和实现税收监督职能时,其主要作用是提供监督的依据和监督的法定程序,赋予监督人员和被监督人员及单位以权利与义务,从而在法律上保障税收监督的合理性和有效性。

(三) 税法对国家主权与经济利益的维护作用

随着经济全球化的发展,国家与国家之间的经济联系日趋密切。这种相互依存的国际经济交往,给税收关系的法律调整带来一定的困难与挑战。各国政府都面临着一种既要开展交流、利用外资、引进技术,又要维护本国主权与经济利益的矛盾。为了解决这一矛盾,世界大多数国家都通过颁布涉外税收法律、法规或签订国际税收协定来解决这一问题。中国自1980年颁布《个人所得税法》以来,为适应改革开放的需要,制定了一系列具有涉外因素的税收法律规范性文件,逐步形成了包括所得税法、流转税法和地方税法在内的一套完整的涉外税法体系。从1981年起,在完善国内税法的基础上,陆续与外国政府签订了避免重复征税和防止偷、漏税的协定,截至2007年4月1日,中国先后与89个国家正式签订了关于避免对所得税双重征税和防止偷漏税的协定,其中82个已经生效。中国税法,特别是涉外税法和对外签订的税收协定,在尊重国际惯例的基础上,"坚持和维护所得来源税收管辖权的优先原则;坚持税收待遇对等的原则;坚持税收饶让的原则",较好地解决了既要有利于维护国家主权和经济利益,又要有利于吸收外资、引进技术的矛盾。

(四) 税法对税务违法行为的制裁作用

税法的强制功能和保护功能主要体现为对税务违法行为(如欠税、偷税、漏税和抗税等行为)的制裁方面。税法规定了什么是税务违法行为以及如何处理这些违法行为的措施。这就为税务执法机关认定和处理税务违法行为提供了法律依据,有利于维护国家税收秩序。税法不仅对纳税人的违法行为规定了处罚的办法,也对税务人员的税务违法行为规定了明确的处罚办法。如《中华人民共和国税收征收管理法》(以下简称《税收征管法》)第84条规定:"违反法律、行政法规的规定,擅自作出税收的开征、停征或者减税、免税、退税、补税以及其他同税收法律、行政法规相抵触的决定的,除依照本法规定撤销其擅自作出的决定外,补征应征未征税款,退还不应征收而征收的税款,并由上级机关追究直接负责的主管人员和其他直接责任人员的行政责任;构成犯罪的,依法追究刑事责任。"此外,税法还对税务人员的受贿行为、玩忽职守行为、滥用职权行为等作出了明确的处理规定。

第四节 税法的要素

一、税法要素的内涵及其种类

税法的要素是税法理论中最重要的基本概念之一,税法要素理论对于学习和研究税法制度具有重要的指导作用。税法要素理论对税收法律制度的改革与完善具有重要意义。

(一) 税法要素的内涵

税法要素,又称税法构成要素或课税要素,一般是指各种单行税种法具有的共同的基本构成要素的总称。税法要素是一国税法中必不可少的主要内涵与抽象概括,是构成税法规范系统的相互独立且不可分割的个体,是对每一个税收实体法分支的横向切分。税法要素是税收征纳过程中必不可少的要素和必须具备的判断条件。某种程度上说,只有符合法律规定的税法要素的情况下,国家才可以征税。因此,税法要素既有理论意义,也有实践价值。

税法要素是税法特有的概念范畴,使之明显区别于其他部门法,进而确保税收符合正当性的内在要求。税收征纳义务是否成立,并不以税收征纳双方的意志为转移,也不以国家单方面的意思表示为标准,而是要判断其是否符合法定的税法要素。也就是说,只有符合法定的税法要素,才可以征税。税法要素有助于实现税法理论的自足性。税法要素对纳税人权利的保护与征税权的制约同样重要,可以保证各类税法主体间利益的公平、有效与合理分配。

(二) 税法要素的分类

依据不同的标准,税法要素可以分成不同的种类,比如广义税法要素与狭义税法要素;一般税法要素与特殊税法要素;实体税法要素与程序税法要素等。法律规范有特殊的逻辑构成:一般分为法律原则、法律概念和法律规范等。据此,税法要素分成税法的定义性要素,规则性要素和原则性要素,即税法的法律术语、行为规范和基本原则。

1. 税法的定义性要素

税法的定义性要素,即税收的法律术语,包括税法概念、税法名词等,具体是指对各种税收法律现象或事实进行概括,抽象出它们的共同特征而形成的权威性范畴。税收的法律术语,并不规定具体的事实状态、具体的权利义务和法律后果等内容,但每个概念都有其确切的法律含义和应用范围,这对形成法律条文和规范性文件具有重要意义。因为税法的法律术语可以将税法现象加以整理归类并使之系统化,以表达税法的立法目的和要求,为确立和表达税法的行为规范和基本原则提供前提和基础。税收的法律术语,无论是税法固有和专用的术语,还是从普通语言或其他法律部门中借用或移植过来的术语,它们在税法系统中具有重要的意义和功能。税收的法律术语涉及主体、事件和行为以及物等概念。

2. 税法的规则性要素

税法的规则性要素,即税法的行为规范,这是狭义的理解,不同于广义上的认识,不包括税收的法律术语和基本原则,仅指国家具体规定税法主体的权利与义务以及具体法律后果的一种逻辑上周全的、具有普遍约束力的准则。税法的调整对象是税收关系,反映的是国家的统一意志和税收活动规律的客观要求。税法是一个国家制定和保证的税收法律规范的系统或总和。税法作为社会上层建筑的组成部分,是由其经济基础决定的,是与一个国家的社会基本制度结合在一起的。但是,就税收法律规范的逻辑结构和外在表现形式而言,具有与国家性质无关的一般模式。税法的创制或税收立法的主要任务就是创制税收法律规范,它不仅会产生新的税法规范,而且也对已有的社会行为规范从法律上加以认可,赋予其法律效力。

3. 税法的原则性要素

税法的原则性要素,即税法的基本原则,是税法基础理论所要研究的重要问题,对税法基本原则的研究,不仅有助于深入认识税法的本质,而且也有助于指导税法的创制和实施。税法基本原则是指导并应贯穿于税收立法、执法、司法整个过程的基本准则。对于税收立法原则的深入分析和理解,是保障税收立法的科学性和合理性的重要前提。税法基本原则是决定于税收分配规律和国家意志,调整税收关系的法律根本准则,它对各项税法制度和全部税法规范起统率作用,使众多的税法规范成为一个有机的整体。税法基本原则可以作为众多税法规则的基础或本原的综合性、稳定性的原理和准则。研究税法基本原则,不仅具有理论价值,而且具有实践意义。以税法基本原则为指导,可以在法律没有明文规定的情况下,填补法律调整中的漏洞。税法基本原则是税法构成的核心,其具有区别于一般税法规范的功能。

二、税法的规则性要素

税法的规则性要素,即狭义的税法行为规范,是指税收法律规范的内部构成。从逻辑结构来看,与其他法律规范一样,税法规范也是一种特殊的、逻辑周全的规范。一个完整的税法规范的构成,有"三要素说",即假定、处理和制裁;也有"二要素说",即行为模式和法律后果。行为模式,是指税法主体的权利和义务结构,如纳税主体纳何种税、纳多少税、怎么纳税、何时纳税等;法律后果,是指税法主体为或不为一定行为后产生的法律上的后果,如合法行为获得的保护和奖励,以及违法行为受到的制裁等。从内容来看,税法要素包括税法主体、课税客体、税率、纳税环节、纳税期限、纳税地点、税收优惠、法律责任等八大部分。

(一) 税法主体

税法主体,是指依据税法规定享有权利和承担义务的当事人,即税法权利和税法义务的承担者,包括征税主体与纳税主体两类。税收与税法学界过去论及税法主体时,受当前立法表述和习惯思路的影响,往往只关注纳税人这类税法主体,而忽略了其他纳税主体和征税主体,未免不妥。近年来,理论与实务界逐渐注意并不断修正前述有所偏颇的观点。税法主体,一方是代表国家行使税收征收管理权限的征税机关,另一方是依法负有纳税义务的纳税人以及依法负有代扣代缴、代收代缴税款义务的扣缴义务人。

1. 征税主体

征税主体,理论上指的是国家,即享有征税权的是国家,征税权是国家主权的一部分。在税收征纳实践中,国家授权有关政府机关具体负责行使征税权。目前,我国的税收征收管理工作分别由财政机关、税务机关、海关等部门负责。

(1) 财政部是国务院主管财政收支、财税政策和国有资本金基础工作的宏观调控部门。税政司是财政部内主管税收业务的职能部门;关税司是财政部内主管关税业务的职能部门。

(2) 国家税务总局是我国最高税务机关,是国务院主管税收工作的部级直属机构。

(3) 根据实行分税制财政体制的需要,省以下税务机构分为国家税务局和地方税务局两个系统:国家税务总局对国家税务局系统实行机构、编制、干部、经费的垂直管理,协同省级人民政府对省级地方税务局实行双重领导。国家税务局系统包括省级、地市级和县市级国家税务局,征收分局、税务所;地方税务局系统包括省级、地市级和县市级地方税务局,征收分局、税务所。省级以下地方税务局实行上级税务机关和同级政府双重领导。

(4) 海关总署是国务院部级直属机构,是主管全国海关工作的行政执法机构。关税征管司是海关总署内主管关税征管业务的职能部门。海关系统实行垂直管理的领导体制。海关总署下设广东分署,天津、上海特派员办事处,41个直属海关和直属海关下辖的562个隶属海关,分别依法独立行使职权。海关机构的设置不受行政区划的限制,一般设在对外开放口岸和货物进出口、人员进出境比较集中的地点。

(5) 国务院关税税则委员会是国务院的议事协调机构。关税税则委员会主任由财政部部长担任,若干名副主任和委员由财政部、海关总署、国家税务总局、国家发展和改革委员会、商务部等若干国务院有关部门的负责人担任;委员会办公室设在财政部,办公室主任由财政部关税司负责人担任。

由海关系统负责征收和管理的税种有:关税、船舶吨税,并负责代征进口环节的增值税、消费税。在大部分地区,耕地占用税、契税现由地方财政部门征收和管理;在少数地区,上述税种由地方税务局负责征收和管理。税务部门是专门的税收征管机关,负责上述税种以外大部分税种的征管。国家税务局系统负责征收和管理的项目有:增值税、消费税、车辆购置税以及营业税、企业所得税、个人所得税、印花税、城市维护建设税、资源税的一部分。地方税务局系统负责征收和管理的税种有:房产税、城市房地产税、城镇土地使用税、土地增值税、车船税、烟叶税以及营业税、企业所得税、个人所得税、印花税、城市维护建设税、资源税的一部分,还有已经停征的固定资产投资方向调节税。

2. 纳税主体

纳税主体是税收法律关系中最重要的主体之一,是税法学的基本范畴,是税法学基础理论以及税法实践研究的重要课题。纳税主体资格的确定问题是税法中的基础性问题。纳税主体资格是普通民事主体在税收法律关系中的具体化。纳税主体,是指依照法律法规规定负有纳税义务的自然人、法人或非法人组织。纳税主体直接影响到征税的范围,因而是各税收实体法分支中首先必须予以明确的税法要素。

根据不同标准,纳税主体可以分成不同种类:

(1)纳税人与扣缴义务人,这是最一般的分类方式。第一,纳税人,即纳税义务人,是指在税收法律关系中直接负有纳税义务的一方当事人。第二,扣缴义务人,是指有义务从持有的纳税人收入中扣除其应纳税款,并代为缴纳的企业、单位或个人。对税法规定的扣缴义务人,税务机关应向其颁发代扣代缴证书,明确其代扣代缴义务。

(2)居民纳税人与非居民纳税人,这是个人所得税法中的分类方式,依据的是住所和居住时间两个标准。第一,居民纳税人,是指在中国境内有住所,或者无住所而在中国境内居住满一年的个人。居民纳税人应当负无限纳税义务,即就其从中国境内和境外取得的所得,均应按照税法规定在中国缴纳个人所得税。第二,非居民纳税人,是指在中国境内无住所又不居住或者无住所而在境内居住不满一年的个人。非居民纳税人只负有限纳税义务,即只就其来源于中国境内的所得,按照中国税法规定缴纳个人所得税。

(3)居民企业与非居民企业,这是企业所得税法中的分类方式,依据的是登记注册地和实际管理机构地两个标准。第一,居民企业,是指依法在中国境内成立,或者依照外国(地区)法律成立但实际管理机构在中国境内的企业。居民企业应当就其来源于中国境内、境外的所得缴纳企业所得税。第二,非居民企业,是指依照外国(地区)法律成立且实际管理机构不在中国境内,但在中国境内设立机构、场所的,或者在中国境内未设立机构、场所,但有来源于中国境内所得的企业。还可以进一步分成两种情况:一方面,非居民企业在中国境内设立机构、场所的,应当就其所设机构、场所取得的来源于中国境内的所得,以及发生在中国境外但与其所设机构、场所有实际联系的所得,缴纳企业所得税。另一方面,非居民企业在中国境内未设立机构、场所的,或者虽设立机构、场所但取得的所得与其所设机构、场所没有实际联系的,应当就其来源于中国境内的所得缴纳企业所得税。

(4) 一般纳税人与小规模纳税人,这是增值税法中的分类方式,依据的是生产经营规模和财会核算健全程度两个标准。第一,一般纳税人,是指年应征增值税销售额(以下简称年应税销售额,包括一个公历年度内的全部应税销售额)超过规定的小规模纳税人标准的企业和企业性单位。第二,小规模纳税人,是指年销售额在规定标准以下,并且会计核算不健全,不能按规定报送有关税务资料的增值税纳税人。

(5) 单独纳税人与连带纳税人,依据的是在税收征管和税收负担中义务性质不同的标准。第一,单独纳税人,是指负有纳税义务的仅有一人。第二,连带纳税人,是指同一纳税义务,数人同负清偿或担保责任,或数人因共有而负同一纳税义务,或经合并而负同一纳税义务。连带纳税人中任一纳税人依照法律法规履行纳税义务或提供纳税担保,其效力及于其他纳税人。

(二) 课税客体

课税客体,又称课税对象或征税对象,是指税法确定的产生纳税义务的标的或依据。课税客体是税法规定的征税的目的物,它说明对什么征税的问题。课税客体在税法要素中居于十分重要的地位,是区别各税种的重要标志,也是进行税收分类和税法分类的重要依据。从课税范围来看,课税客体包括物和行为,前者如商品、劳务、财产、资源等,后者如证券交易、购买凭证、举办筵席、屠宰牲畜等;因对象性质不同,课税客体可以分为商品、所得和财产。这种三分法影响整个税收实体法的分类。这三类课税客体是从性质和抽象的意义上所作的分类。税法上明确规定课税客体,关系到对某种税的征税期限,关系到税源的开发和税收负担的调节等问题。各税收实体法分支的课税客体还需要通过税目和计税依据的具体化,才能使税法得到有效实施。税目和计税依据分别是课税客体在质与量的方面的具体化。

所谓税目,就是税法规定的征税对象的具体项目,是征税的具体根据。它规定了征税对象的具体范围,反映了征税的广度。税目一般有两种:一种是列举法,就是按照每一种征税的产品或经营的项目分别设置税目,必要时还可以在一个税目下设置若干子目。另一种是概括法,即按照商品大类或行业设计税目。这两种方法在具体运用上各有优缺点,应有机地结合起来,灵活运用。税目并非每一税种的立法都必须具备的内容。有些税种的征税对象简单、明确,无进一步划分税目的必要,当某一税种的征税对象范围较广、内容复杂时,才需要将其划分为具体的税目。可见,划分税目是立法技术的需要,便于税法的实际操作。例如,消费税一共设置了14个税目,分别采用不尽相同的税率种类或税额标准;营业税一共设置了9个税目,一律采用不尽相同的比例税率;个人所得税一共设置了11个项目,税率种类和计算方法均不尽相同。

所谓计税依据,又称税基,是指根据税法规定所确定的用以计算应纳税额的依据,亦即据以计算应纳税额的基数。只有征税对象可以具体量化并作为应纳税额的基础时,才称为计税依据或税基。计税依据会直接影响到纳税人的税负。计税依据是指计算应纳税额的依据。计税依据可分为从价和从量两类标准。从价计征是指以征税对象的价值为计税依据;从量计征是指以征税对象的生产数量、销售数量、容积、重量等为计税依据。有些税种,计税依据与征税客体是一致的;有些税种,征税客体与计税依据不一致。当征税客体与计税依据不一致时,往往影响到纳税人的实际负担,这是分析税收负担时应当特别注意的。例如,增值税虽然以商品流通各环节或提供劳务的增值额为征税对象,但是增值税却是以计征增值税的销售额为基础设计的。增值税税基应包括计征增值税销售额、免征增值税的销售额和实行出口"免抵退"的销售额三项内容。

(三) 税率

税率,是指税法规定的每一纳税人的应纳税额与课税客体数额之间的数量关系或比率。它是衡量税负高低的重要指标,是税法的核心要素,它反映国家征税的深度和国家的经济政策,是极为重要的宏观调控手段。税率是计算应纳税额的尺度,体现了征税的深度。由于税率的高低直接体现国家的税收政策,关系着国家的财政收入和纳税人的税收负担,是国家和纳税人之间经济利益分配的调节手段,因而正确设计税率,是税收的中心环节。税率可以分为比例税率、累进税率和定额税率。这是税率的一种最重要的分类。

1. 比例税率

比例税率,是指对同一课税客体或同一税目,不论数额大小,均按同一比例计征的税率。这种税率不因课税客体数量的多少而变化,应纳税额与课税客体数量之间表现为一种等比关系。比例税率的优点,一是计算比较简便,有利于税收的征管效率;二是产品、行业或生产条件相同的采用一个比例税率,有利于企业在同等纳税条件下开展竞争;三是有利于企业加强经济核算,改善经营管理,降低成本,提高经济效益。其缺点是与纳税人的负担能力不完全相适应,在调节企业利润水平方面有一定的局限性。

2. 累进税率

累进税率,是指按征税对象数额的大小,划分若干等级,每个等级由低到高规定相应的税率,征税对象数额越大税率越高,数额越小税率越低。累进税率是一种税率随课税客体数额增大而逐步提高的税率。根据划分级距的标准和累进方式不同,可以分为以下三种:

(1) 全额累进税率,是对课税客体的全部数额都按照与之相适应的等级税率征税。全额累进税率是一种将征税对象按高的一级税率计税的税率制度。全额累进税率计算较为简单,取得的税收较多,但在累进临界点上下税负悬殊,负担不尽合理。我国现行税法中没有规定这种税率。

(2) 超额累进税率,是根据课税客体数额的不同级距规定不同的税率,对同一纳税人的课税客体数额按照不同的等级税率计税。如个人所得税工资薪金税目实行的九级超额累进税率。超额累进税率是一种将课税客体划分为若干等级,从低到高的每个等级都规定一个适用税率,每个等级部分,分别按其相应等级的税率计征税额的税率制度。超额累进税率的特点可以避免全额累进在两级临界处出现应纳税额增长超过征税对象增长的不合理现象,而且在累进方面比较缓和。超额累进税率的合理性表现为对收入差别的不同调节上,体现了合理负担的原则,因而被大多数国家所采纳。

(3) 超率累进税率,是把课税客体的一定数额作为一个计税基数,以这个基数为一倍,按不同超倍数额采用不同的累进税率计征。如土地增值税即实行四级超率累进税率,增值额不超过扣除项目金额50%的部分,税率是30%;增值额超过扣除项目金额50%—100%的部分,税率是40%;增值额超过扣除项目金额100%—200%的部分,税率是50%;增值额超过扣除项目金额200%的部分,税率是60%。

3. 定额税率

定额税率,又称固定税额,是按单位课税客体直接规定固定税额的一种税率形式,一般适用于从量计征的税种或某一税种的某些税目,如消费税、印花税的某些税目。定额税率的优点是计算简便、负担稳定、不受物价影响,同一征税对象单位数额相同、税额相同。具体运用上可以分为以下几种:

(1) 地区差别税额,即为了照顾不同地区的自然资源、生产水平和盈利水平的差别,根据各地区经济发展的不同情况对各地区分别制定不同的税额。如耕地占用税、城镇土地使用税的税额标准。

(2) 幅度税额,即中央只规定一个税额幅度,由各地根据本地区实际情况,在中央规定的幅度内,确定一个执行税额。如车船税的税额标准。

(3) 分类分级税额,即把征税对象划分为若干个类别和等级,对各类各级由低到高规定相应的税额,等级高的税额高,等级低的税额低,具有累进税的性质。如车船税、船舶吨税的税额标准。

(四) 纳税环节

纳税环节，是指在商品生产和流转过程中应当缴纳税款的环节。一种税具体确定在哪个或哪几个环节进行征税，不仅关系到税制结构、税种布局和税负平衡问题，而且对保证国家财政收入、便于纳税人交纳税款、促进企业加强经济核算、促进各地区税收收入的公平分配等都具有重要意义。纳税环节的存在，取决于课税客体的运动属性。纳税环节必须由税法明确规定，选择确定纳税环节，必须和价格制度、企业财务核算制度相适应，同纯收入在各个环节的分布情况相适应，以利于控制税源。选择纳税环节的原则：(1) 税源比较集中；(2) 征收比较方便。借以保证财政收入，加强税收的征收管理和监督。

(五) 纳税期限

纳税期限，又称纳税时间，是指纳税义务确定后，纳税单位和个人依法缴纳税款的期限。纳税期限可分为纳税计算期和税款缴库期两类。纳税计算期说明纳税人应多长时间计缴一次税款，反映了计税的频率。纳税计算期可分为按次计算和按期计算。按次计算是以纳税人从事应税行为的次数作为应纳税额的计算期限，一般较少适用。按期计算是以纳税人发生纳税义务的一定期限作为纳税计算期，通常可以日、月、季、年为一个期限。税法明确规定每一种税的纳税期限，是为了保证税收的稳定性和及时性。纳税人按纳税期限交纳税款，是税法规定的纳税人必须履行的义务。纳税人如不按期交纳税款，将受到加收滞纳金等处罚。

(六) 纳税地点

纳税地点是纳税人依据税法规定向征税机关申报、缴纳税款的具体场所，它说明纳税人应向哪里的征税机关申报纳税以及哪里的征税机关有权实施管辖的问题。税法明确规定纳税地点，其目的在于两点：一方面是为了避免对同一应税收入、应税行为重复征税或漏征税款；另一方面是为了保证各地方财政能在明确的地域范围内取得收入。不同税种的纳税地点不完全相同，就我国现行税法规定来看，纳税地点大致可分为以下几种情形：(1) 固定业户向其机构所在地主管税务机关申报纳税。(2) 固定业户到外县(市)经营的，应根据具体情况向固定业户所在地申报纳税,或向经营地主管税务机关申报纳税。(3) 非固定户或临时经营者,向经营地主管税务机关申报纳税。(4) 进口货物向报关地海关纳税。

(七) 税收优惠

税收优惠是指国家为了体现鼓励和扶持政策,在税收方面采取的激励和照顾措施。税收优惠以减轻纳税人的税负为主要内容,并往往与一定的政策诱导有关,因而称为税收诱因措施。税收优惠在广义上包罗甚广,形式包括减税、免税、退税、投资抵免、快速折旧、亏损结转抵补和延期纳税等。这些税收优惠措施的实行会直接影响到计税基数,从而会直接影响到纳税人的具体纳税义务,因而对税收征纳主体的利益和相关的经济、社会目标的实现,均会产生直接影响。税收优惠包罗甚广,与税法的宏观调控职能密切相关。税收优惠旨在发挥税收的调节作用,更好地促进国家的经济建设和各项事业的发展。

(八) 法律责任

税收法律责任,是由税法所规定的,相关主体在从事各种税收活动中所产生的法律责任,以怠于履行或不履行纳税义务作为归责的前提,忽略存在过错与否的因素,责任形式以制裁性的否定性法律后果为主,具有强制性。只能由具有法定资格的国家机关遵循法定条件和法定程序予以追究。法律责任是法学范畴体系的基本范畴,法律责任的认定、归结和执行是法律运行的保障机制和维护法制的关键环节。在法学理论中,法律责任自始至终占据重要地位。税收法律责任,依据其性质和形式不同,分为行政责任与刑事责任;依据承担责任的主体不同,分为纳税人的责任、扣缴义务人的责任、税务机关及其工作人员的责任。

三、税法的原则性要素

税法的原则性要素,即税法基本原则,是指在有关税收的立法、执法、司法等各个环节都必须遵循的基本准则。税法基本原则是税法精神最集中的体现,是指导税法的创制和实施的根本规则。研究某一部门法的原则,不仅具有理论意义,而且具有实践价值。税法基本原则是决定于税收分配规律和国家意志,调整税收关系的法律根本准则,它对各项税法制度和全部税法规范起统率作用,使众多的税法规范成为一个有机整体。税法基本原则是税法要素的核心部分,在税法规范性文件中以法律条文形式存在,其具有区别于一般税法规范的功能。

(一) 税法基本原则概述

税法基本原则不仅表现为一种立法精神,而且在税法规范性文件中以具体法律条文的形式存在,它具有与其他税法规范不同的调整功能与作用。税法基本原则对税收立法有指导作用,它是促使税法内容协调统一的保障。税法基本原则是税法解释的依据,是克服税收成文法局限,弥补税法规定之不足的重要措施。税法基本原则是守法的行为准则和进行税法宣传教育的思想武器。税法基本原则,通常是在一定的理论指导下构建,有其形成和发展的基础与依据,其核心是使税收法律关系适应一定生产关系的要求。

原则是人们观察事物、处理事物所依据的本原性准则。法律原则是决定于社会经济基础和掌握国家政权的阶级的政策的,反映法所调整的社会关系的本质和规律以及法本身的规律和方式的,集中法的性质和基本内容的基本准绳或标尺。简言之,法律原则是可以作为众多法律规则之基础或本原的综合性、稳定性的原理和准则。法律原则有助于人们深入认识法的本质,而且有助于人们在创制和实施法的过程中得到指导。税法基本原则是决定于税收分配规律和国家意志,调整税收关系的法律根本准则,它对各项税法制度和全部税法规范起统率作用,使众多的税法规范成为一个有机的整体。

税法基本原则的定义,反映了税法基本原则是统领所有税法规范的根本准则,是税法本质属性的集中反映,高度集中和概括了税法的基本内容。税法基本原则是税法构成的核心部分,并在税法规范性文件中以法律条文的形式存在,无疑它也具有税法所具有的功能。税法基本原则的功能也就有别于它所统领的一般税法规范的功能。在税法的创制和实现过程中,税法基本原则的功能主要有:立法指导功能、促使税法内容协调统一的保障、税法解释的依据、克服税收成文法局限、强化税法调整能力的工具、限定自由裁量权的合理范围、守法的行为准则和进行税法宣传教育的思想武器。

(二) 税收法定原则

税收法定原则,又称为税收法律主义、税收法定主义、租税法律主义、合法性原则等,是税法中一项十分重要的基本原则,已为当代各国所公认,其基本精神在各国宪法或税法中都有体现。关于税收法定原则的内涵,学者们的表述虽然不尽相同,但是其基本精神是一致的。这就是法律明文规定为应税行为和应税标的物的,必须依照法律规定征纳税;法律没有明文规定为应税标的的,不得征税。税法的这一基本原则是现代民主原则和法治原则在税收关系上的集中体现。税收法定原则,是指税法主体的权利义务必须由法律加以规定,税法的各类构成要素都必须且只能由法律予以明确规定;征纳主体的权利义务只以法律规定为依据,没有法律依据,任何主体不得征税或减免税收。

税收法定原则是在税收和税法产生很长一段历史之后确立的,它是资产阶级同封建贵族阶级作斗争的产物,在13世纪至17世纪之间,以英国为代表的西方社会中,封建贵族阶级日趋没落,新兴资产阶级逐渐成为社会财富的主宰,但他们并未控制政府的征税权,封建贵族仍利用征税权滥征税收,侵犯资产阶级的财产利益。为了争夺政府财权并最终打击封建势力,资产阶级提出了"无代表则无税"的口号,推动了当时不断发展的市民阶级抵抗独裁君主和封建贵族阶级肆意征税的运动,形成了课税权必须经过国民议会的同意,如不以国民代表议会制定的法律为依据,则不能行使课税权的思想。1215年英国大宪章规定:"一切盾金或援助金,如不基于朕王国的一般评议会的决定,则在朕之王国内不允许课征。"这一规定是对国王的课税权加以搁置,且明确国王课税权要依评议会的赞同,这是税收法定原则的萌芽。1629年的《权利请愿书》和1689年的《权利法案》进一步明确,非经国会同意,不得强迫任何人征收和缴付任何租税或此类负担。经过这种长期的斗争,新兴资产阶级所要求的税收法定思想最终在宪法中得以确立。

各国纷纷将税收法定思想作为宪法和税法的原则加以固定,税收法定原则已为各国立法所普遍接受。我国《宪法》第56条规定:

"中华人民共和国公民有依照法律纳税的义务。"一般认为,这是税收法定原则的宪法根据,体现了税收法定原则的精神,但表述不够全面和准确:(1)应当从征纳双方两个角度同时规定,即应明确规定征税必须依照法律规定;(2)应当规定单位(即法人和非法人单位)的纳税义务。因为在我国,单位是主要的纳税义务人,对单位课税应有宪法依据。《税收征管法》第3条规定:"税收的开征、停征以及减税、免税、退税、补税,依照法律的规定执行;法律授权国务院规定的,依照国务院制定的行政法规的规定执行。任何机关、单位和个人不得违反法律、行政法规的规定,擅自作出税收开征、停征以及减税、免税、退税、补税和其他同税收法律、行政法规相抵触的决定。"这一规定较为全面地反映了税收法定原则的要求,使税收法定原则在我国税法中得到进一步的确立和完善。综合学者的不同观点,税收法定原则的内容分为三个方面:

1. 课税要素法定原则

所谓课税要素法定原则,它是模拟刑法中罪刑法定主义而形成的税法原则,其含义是指课税要素的全部内容和税收的课征及其程序等都必须由法律规定。这项原则最重要的一点是法律与行政法规的关系问题。依课税要素法定原则,凡无法律根据而仅以行政法规或地方性法规确定新的课税要素是无效的,与法律规定相抵触的行政法规或地方性法规也是无效的。当然,就税收立法而言,有权制定法律的立法机关可以授权中央政府或地方政府制定有关税收方面的行政法规或地方性法规,但只限于税收的具体和个别事项。

2. 课税要素明确原则

所谓课税要素明确原则,是指在法律和授权立法的行政法规或地方性法规中,对课税要素和征收程序等内容的规定,必须尽量明确而不生歧义。如果规定模糊,就会产生行政机关确定课税要素的自由裁量权,容易导致征税权的滥用。

3. 程序合法原则

所谓程序合法原则,又称依法稽征原则,是指征税机关依法定程序征税,纳税人依法定程序纳税并有获得行政救济或司法救济的权利。同时,不允许征纳双方达成变更征纳税程序的协议。所有以排除强行法的适用为目的的一切税收协议都是无效的。

上述三个方面是税收原则的组成部分,是主要内容。但是笔者认为,从总的方面看,税收的体制、税收的种类和税收优惠政策等都必须由法律加以规定,不得随意变更税收体制,随意增减税收种类,随意"免税引资"等,这些内容都是税收法定原则不可分割的组成部分。

(三) 税收公平原则

社会物质财富在人民之间公平分配,这是人类社会无时无刻不在追求的理想。社会主义国家更加注重社会公平问题。运用税收可以促进社会公平,通过法律确认税收公平原则,使之上升为税法的基本原则,是国家运用法律手段干预经济生活的一种体现。税收公平原则是由英国古典经济学家亚当·斯密最早提出并系统加以阐述的税收首要原则。西方税收学上一般这样界定:"税收公平原则就是指国家征税要使各个纳税人承受的负担与其经济状况相适应,并使各个纳税人之间的负担水平保持均衡。"[1]我国学者一般认为,税收公平是指不同纳税人之间税收负担程度的比较:纳税人条件相同的纳同样的税,条件不同的纳不同的税。

理解税收公平原则,需进一步了解税收公平的衡量标准及其具体含义:横向公平与纵向公平。税收公平原则是指政府征税要使各个纳税人承受的负担与其经济状况相适应,并使各个纳税人之间的负担水平保持均衡。税收公平原则包括横向公平和纵向公平。前者是经济能力或纳税能力相同的人应当缴纳数额相同的税收,即以同等的方式对待条件相同的人。税收不应是专断的或有差别的。后者是经济能力或纳税能力不同的人应当缴纳数额不同的税收,即以不同的方式对待条件不同的人。衡量税收公平的标准有受益原则和负担能力原则。

1. 衡量税收公平的标准

衡量税收公平的标准大体有受益标准和能力标准两种。受益标

---

[1] 孙尚清主编:《商务国际惯例总览(财政税收卷)》,中国发展出版社1994年版,第382页。

准是根据纳税人从政府提供的公共服务中享受利益的多寡,判定其应纳多少税或者应分担多少税负。享受利益多者多纳税,享受利益少者少纳税,不受益者则可以不纳税。这种标准虽有一定合理性,但实践中难以实现和操作。能力标准是根据纳税人的纳税能力,判定其应纳多少税或其税负应为多大。纳税能力大的应多纳税,纳税能力弱的可以少纳税,无纳税能力的则不纳税。在税收上,按能力标准征税"是迄今公认的比较合理也易于实行的标准"。但是,用什么衡量纳税人的负担能力?目前国际上存在两种较为通行的主张,即客观说和主观说。客观说认为,纳税人能力的大小应依据纳税人拥有的财富来测定。由于财富由收入、财产和支出来表示,故而能力测定标准可分为收入、财产和支出三种,其中,收入通常被认为是测度纳税人的纳税能力的最佳尺度。主观说认为,每个纳税人的负担能力,按照其纳税以后感觉到的牺牲程度而定。牺牲程度的测定,又以纳税人纳税前后从其财富得到的满足或效用的差量为准。

2. 横向公平与纵向公平

按照纳税人之间的经济条件或纳税能力的相同点与不同点,税收公平有两层含义:

(1) 横向公平,是指经济条件或纳税能力相同的纳税人应负担相同数额的税收,即同等情况同等税负。这主要是从实质上来看的,要避免形式公平而实质不公平的情况。对同等纳税人在相同的情况下应同等征税,而不应当有所偏差。横向公平强调的是情况相同,则税收相同。而情况不同,说明纳税能力也不同,如果同等征税,则违反了征税的公平原则。

(2) 纵向公平,是指经济条件或纳税能力不同的人,应当缴纳不同的税,即不同情况不同税负。换言之,随着纳税人经济条件或纳税能力的升降,其税负也相应增减。高收入者应当比低收入者多纳税。一般采用累进税率以满足这种要求。从表面上看,税法适用不一,有违背税收公平原则之嫌,从实质上看,却是符合公平原则的。纵向公平也是相对而言的。

横向公平与纵向公平是辩证统一的关系。一系列不同层次的横向公平组成纵向公平,一系列纵向公平的同一层次则构成横向公平。

税收公平原则,是纳税人之间税负的平衡问题,是"法律面前人人平等"思想在税法中的体现和发展,成为"当今世界各国制定税收制度的首要准则"。税收公平性对于维持税收制度的正常运转是必不可少的,如果不解决社会长期存在的收入分配不公,而使人们之间的收入水平悬殊太大,就会引起社会的不稳定。在现代法治思想的指导下,税收公平原则不仅仅体现在税法创制过程中对税收公平的一种确认,使其上升为法律上的原则,更重要的是税收公平原则的贯彻与实现。因为从根本上说,即使是能够真实反映税收公平原则的最好的税法,也只能是法律条文上的公平,即形式意义上的公平。要使这种形式上的公平转化为现实生活中生动具体的事实上的公平,才能说税收公平原则真正成为税法的基本原则。关于税收公平原则的实现,和税法的实现一样需要一整套税法的实现机制来完成。

(四) 税收效率原则

判断一个良好税收体系的第一标准是公平、第二个重要标准是效率。税收效率原则就是要求政府征税有利于资源的有效配置和经济机制的有效运行,提高税务行政的管理效率。从资源配置的角度讲,税收要有利于资源的有效率的配置,使社会从可用资源的利用中获得最大效益;从经济机制的角度看,税收要有利于经济机制的有效运行,不仅可使微观经济效益提高,宏观经济也要稳定增长;从税务行政的角度说,税务行政要讲求效率,税收制度须简便,征纳双方的费用要节省。税收效率对社会资源配置和税收征管活动影响重大,将其作为税法基本原则之一,有利于税收立法时,通过法定程序选择税种、确定税基、制定相应税率,使税法规定细密明确、手续简便、成本低廉,提高税收效率,减少效率损失。税收效率包括税收的经济效率与税收的行政效率两种:

1. 税收的经济效率

税收的经济效率,是指政府向企业和个人征税不但是收入分配,也是资源转移,是对市场所决定的资源进行重新配置,它既会促进经济效率或效益提高,也会导致经济效率的损失。税收的经济效率体现为两方面的要求:一是尽量使税收保持中立性,让市场经济机制发挥有效配置资源的调节作用。税收不应伤害市场经济的这种调节作用,以避免影响或干扰纳税人的生产和投资决策、储蓄倾向以及消费选择。二是税收除了使纳税人因纳税而损失或牺牲这笔资金外,最好不要再导致其他经济损失或额外负担。税收效率原则,其内容除了消极地保持税收的中性化以外,还应当根据不同情况,通过运用税收对市场经济活动进行积极干预,诱导资源合理配置,调节供给与需要,促进市场经济机制发挥其最大效率。税法确定的税收效率原则,在指导税收立法时就要尽可能通过选择税种,确定税基,制定税率,考虑如何避免造成大的经济效率损失,如何改善资源配置,提高税收的经济效率。

2. 税收的行政效率

税收的行政效率,又称税收的制度效率,是指政府设计的税收制度能在筹集充分的收入基础上使税务费用最小化。税收行政效率的含义可以从两个方面来考察:一方面,从征税费用或管理费用角度分析,征税费用一般是指征税机关在对税收的征收管理过程中所应花费的各种费用,这项费用由政府承担。征税费用主要包括征税机关工作人员的工资、津贴,征税所需的工作环境的设备、用品和其他必要开支。征税费用占所征税额的比例称为征税效率。征税效率的高低和征税机关的工作效率也成正比。同时,设置的税种不同,其征税效率也不同。另一方面,从纳税费用的角度分析,纳税费用是纳税人依法办理纳税事务所发生的费用。这是由纳税人承担的费用。要提高税收的行政效率,既要提高征税效率,也要降低征税成本。提高税收行政效率,有利于税收整个成本的降低,有利于税收功能的充分发挥,有利于征税机关顺利执法,也有利于纳税人减轻税收负担,减少纳税人的逃税行为。

3. 税收效率与税收公平原则的协调

税法规范系统中,税法基本原则不止一个,每个税法基本原则的作用方向不同,甚至可能互相矛盾。税收公平原则,强调运用税收杠杆干预经济生活,缩小公民之间收入分配的过分悬殊,保持社会稳定;税收效率原则,强调税收应当是中性的,不应当干预经济活动和资源配置,从而实现资源的最优配置。坚持效率原则,有利于发挥市场机制优化资源配置的作用,促进经济发展;坚持公平原则,发挥宏观调控的作用,有利于保持经济总量平衡,促进经济结构优化,使收入差距趋于合理,防止两极分化,有利于社会稳定。显而易见,税收公平原则与税收效率原则存在着矛盾。然而,税收效率原则是市场经济的客观要求,税收公平原则是实现宏观调控的重要杠杆。因此,税收公平原则和效率原则都十分重要,都要坚持。

税收效率原则与税收公平原则,既对立,又统一。从统一的角度看,它们可以兼顾;从对立的角度看,它们需要协调。原因在于:(1)公平原则与效率原则的统一是有其客观基础的。二者之所以能够统一,从根本上说是由于在市场经济条件下,市场机制与宏观调控在一定的客观条件下可以相耦合。这是公平与效率统一的客观基础。(2)从微观与宏观统一的角度来理解公平与效率的统一。从微观角度看,遵循税收效率原则而设置的税种,有助于市场经济机制发挥内在力量,使效率损失达到最小,经济产业结构达到合理。从宏观角度看,按照公平原则,国家通过对税种的设置与调整来对市场行为主体进行必要的导向,以促进产业结构的优化和再分配的合理。在促进经济增长,提高经济效率方面,两者的目标是一致的。(3)按照"兼得管理的思想",税收的公平与效率二者是可以兼得的。兼得管理思想系指对管理中的对立双方都要兼顾,反对片面追求一方而排斥另一方。

第五节 税法的解释、渊源和体系

一、税法的解释

税法是一个技术性很强的法律部门,比起其他部门法,其法律适用难度更高。税法解释属于法律解释的范畴,其解释对象是税法规范,故一国的税法解释制度的现状主要受到该国法律规范体系和法律解释制度的影响。相比之下,税法解释比其他部门法的解释更加常规化。

(一)税法解释的概念

税法解释,是指由一定主体在具体的法律适用过程中对税收法律文本的意思所进行的理解和说明。税法解释可以分为法定解释和学理解释两种。具体来说,税法解释有三个基本特征:(1)解释主体的特定性,即可以对税收作出有权解释的主体都是特定的;(2)解释对象的固定性,即对象主要是作为法律意旨表达方式的税收法律规范的"条文";(3)解释目标的决定性,即目标是明确税收法律规范的法律意旨。

1. 法定解释

法定解释,又称有权解释,是由国家有关机关在其职权范围内对税法作出的解释。主要包括立法解释、司法解释和行政解释:

(1)立法解释,是指由立法机关(人民代表大会常务委员会,特别是全国人民代表大会常务委员会)对税法作出的解释。目前的税法渊源中法律很少,立法解释基本上无迹可寻。

(2)司法解释,是指由司法机关(包括审判机关和检察机关,特别是最高人民法院和最高人民检察院)在适用税法过程中对税法作出的解释。与其他部门法相比,税法中的司法解释要少得多,或者说,基本上没有。

(3)行政解释,是指由行政机关(国务院及其组成部门,主要是财政部、国家税务总局、海关总署)就税法的执行向下级机关发布的命令、指导中有关税法的解释。我国行政解释之多,超越正常的限度,从积极的方面讲,的确有需要,可以起到弥补税收立法不足的作用;但是,从消极的方面讲,政出多门,使得税收执法部门在适用税法过程中常常无所适从。

2. 学理解释

学理解释,是指任一主体依法学理论对税法作出的解释。主要包括文理解释和论理解释。

(1)文理解释,是指就税法文字的含义,依照文法作出的解释。文理解释主要是指文义解释法。

(2)论理解释,是指就法律的全体和各条文之间的内在联系进行的解释。论理解释包括系统解释法、历史解释法、目的解释法和合宪性解释法。

3. 目前有权解释存在的问题

目前,由于我国立法机关向行政机关过多让渡税收立法权,以及立法机关、司法机关怠于行使税法解释权,因此,税法解释制度呈现出行政解释垄断、立法解释与司法解释几乎空白的状况。立法机关考虑到自身工作的繁重,以及对税法专业知识、信息的欠缺,大量的税种都授权给行政机关立法征收,根据"谁立法谁有权解释"的立法原则,行政机关理所当然地对其制定的大量的行政法规、规章拥有解释权。这使得行政机关有充分理由对税法进行解释,行政机关由此取得"准立法"式的税法解释权限。行政诉讼不审查抽象行政行为的局限性以及税法部门的专业性,司法机关既无暇以顾、也无能为力于税法解释。

立法解释与司法解释失位的情况下,行政解释无可厚非地承担起税法解释的重任,实践中,以"通知""决定""命令"或"批复"命名的行政解释的强制约束力遍及纳税人,甚至代替其解释对象,成为指导税收执法的主要依据。行政解释的限制与监督不足,行政解释的过度繁荣,致使整个税法解释制度出现一些不可避免的问题:各相关行政机关、各级税法机关越权解释税法的情况普遍,致使税法解释体系相当混乱;行政解释随意性强,一定程度上违背了立法本意,侵犯了纳税人的权利;行政解释公布途径不完善,导致纳税人与征税机关存在严重的信息不对称等。税法解释制度存在的问题,使得其一定程度上违背了税法的基本原则。要完善目前有权解释存在的问题,必须从以下几个方面着手:

(1) 根据税收法定主义的要求,税法解释主体权限应有法定性,行政解释的内容不得涉及纳税主体、征税客体、税基、税率、计税依据、纳税环节、税收的增加和减免等基本要素;

(2) 根据税收公平主义的要求,税法解释的方法必须统一、科学,要使适用于某一人群的规则不会因地区、行业的不同而不适用于处于相同情况的其他人;

(3) 根据保护纳税人权利的要求,必须打破行政解释垄断的现状:行政解释中,行政机关既是征税主体,又是规则制定者,角色冲突明显,因此无法兼顾税收征纳双方的权益。

4. 税法解释的目的

税法解释的目的,是指解释者在法律解释活动中所要探求或阐释法律规范的意义。税法解释的目的是税法解释的前提和归宿,某种程度上说,决定着税法解释对象的选择和税法解释方法的运用。法律解释的目的有主观说与客观说:主观说认为法律解释的目的在于探求立法者制定法律时的意图;客观说认为法律解释的目的不在于探求历史上的立法者事实上的意思。法律从被颁布之日起,便具有它自己的意旨。法律的意义是作为客观存在的法律文本自身所固有的意义,与立法者的意图无关,甚至与解释者的感受也无关。法律解释是一个包括有立法者、法律文本、法律解释者三方主体的动态过程。税法解释的目的应当是探求现行税法文本的意义,既不与历史上立法者的意思或税法规范文本本身的意义同一,也不与其完全无关。简言之,税法解释必须考虑文义因素、历史因素、体系因素、目的因素和合宪性因素。

在大陆法系国家,税法解释是必不可少的,法律解释随着成文法的出现而自然产生。税法文本以高度抽象、概括的规范和概念的形式出现,而规范和概念又是以文字形式表达。法律解释有广义和狭义之分,狭义的法律解释,是指当法律规定不明确的时候,以文义、体系、法意、比较、目的、合宪等解释方法,澄清法律疑义,使法律含义明确化、具体化、正确化;广义的法律解释不仅包括狭义的法律解释还包括法律补充。法律补充分为价值补充和法律漏洞补充两个部分:价值补充,是指对不确定的法律概念及概括条款而言的一种解释方法;法律漏洞补充,是指法律对于应规定的事项由于立法者的疏忽或情势变更,致就某一法律事实未规定或规定不清,且依狭义的法律解释又不足以使规范明确时,法官应探求法律规范目的对法律漏洞加以补充。法律漏洞中无完全规定或规定有矛盾的事项,采取狭义的法律解释的方法予以填补;对法律完全没有予以规范的事项,则应采取法律补充的方式予以补充。

与税法解释问题紧密相关的一个问题,是采取某些立法措施,规定某些情况下如何适用税法。税法只是一般性的抽象描述,不可能预料到一个迅速变动的世界中所有的未来情形。因此,任何税法都会有一些缺陷和漏洞。某些漏洞可能是由于立法程序失范造成的。有时由于立法机关仓促通过一些修正案,没有机会考虑所有的细节,因此也没有机会去作必要的调整,从而造成一些漏洞。在一些国家中,立法机关认为有必要采取立法行动,以一般或具体的反滥用条款弥补法院无法通过解释法律减少滥用的不足。一方面,这种一般反滥用条款要求法院对税法进行宽泛或经济解释,如果法律组织的形式和交易有人为的特点,可以不考虑其表面形式;另一方面,几乎所有完备的税法制度都含有具体的反滥用规定,以针对某些具体的法律漏洞、缺陷。当然,法院解释税法的方法与一般的反滥用条款之间没有明显联系。

(二) 税法解释的基本原则

税法的解释,必须始终以税法解释的原则为指导。除遵循法律解释的一般原则外,税法解释的基本原则还有:实质课税原则、有利于纳税人原则。

1. 实质课税原则

实质课税原则是指在税法解释过程中,对于一项税法规范是否应适用于某一特定情况,除考虑该情况是否符合税法规定的课税要素外,还应根据实际情况,尤其要结合经济目的和经济生活的实质,来判断该种情况是否符合税法所规定的课税要素,以决定是否征税。实质课税原则主要是在经济生活多样化,交易手段复杂化的情况下,为了确保公平、合理、有效地进行税收征收而提出的一项解释原则。进行税法解释时,应深入分析特定交易或安排的经济实质,如果征税对象仅在名义上归属于某主体而在事实上实质归属于其他主体时,则应以实质归属人为纳税人。实质课税原则可以防止对税法的固定的、形式上的理解而给量能课税造成的损害,以利于税法公平的实现。税收法定主义是形式理性,实质课税原则是实质理性。

实质课税原则发端于德国税法,亦称经济实质原则或经济观察法,因在税法解释方面发挥着重要作用而逐渐成为税法的解释原则。该原则强调当行为的法律形式与经济实质不一致时,应当抛开法律形式的束缚,直接针对经济实质课税。德国的判例和通说主张从重视法的安定性的立场出发,依照税法规定的文句文理来解释税法,但并不否定税法解释时重视以税法的经济学意义为解释标准的立场。德国税法所确定的解释方法对大陆法系国家和地区产生了很大影响。过去几十年,美国法院一直借助普通法理念解释和适用税法,运用诸如实质高于形式、商业目的、虚伪交易和经济实质等法则,且越来越被税法理论和实务界所接纳。在税法中运用实质高于形式法则,与实质课税原则有异曲同工之妙。英美法系深受影响,认为在适用所得税法时,是商业交易的实质而不是形式,决定了税法的结果,虽然有少量例外。

2. 有利于纳税人原则

若国家主义盛行的话,"有利于国库"原则势必成为税法解释的价值取向。根据传统税法理论,税收的无偿性特征决定了国家无须承担任何税法上的义务,故税法的解释很少考虑纳税人的权利,仅仅应当关注如何促使行政机关运用最少的人力物力征得最多的税收。税法解释的价值取向因此偏重于"有利于国库"原则。随着纳税人权利的勃兴和私有财产保护的盛行,税法解释的原则逐渐转向"有利于纳税人"原则的价值取向,这是借鉴格式合同的解释原则——"疑义利益解释规则"或"不利解释规则"提出的:"对格式条款的理解发生争议的,应当按照通常理解予以解释。对格式条款有两种以上解释的,应当作出不利于提供格式条款一方的解释。"特别是行政解释将在相当长时间内保持一定的垄断程度的情况下,行政机关既是解释税法者、又是税收法律关系的一方当事人,存在很大的角色冲突,格式合同提供方的法律地位与税收法律关系中征税机关的法律地位,某种程度上是很相似的。因此,税法解释采取"有利于纳税人"原则,符合现代税法保护纳税人权利的根本价值取向。

(三) 税法解释的主要方法

税法解释的方法和一般的法律解释方法并无二致,即主要有文义解释法、系统解释法、目的解释法、历史解释法、合宪性解释法等。在税法领域,行政机关的强势地位,使得税法解释时必须特别强调对纳税人权利的重视,形式上表现为对税收法定主义的严格遵循。因此,充分运用文义解释法从严解释税法成为最主要的解释方法。

所谓文义解释法,又称字义解释或字面解释,是从法律规范条文所使用的字、词、句的含义出发确定法律规范的真实含义的方法。法律条文由文字词句所构成,要想确定法律的意义,须先了解所用词句,确定其词句的意义,因此法律解释必须由文义解释入手,其中文字的含义是文义解释的基础,语法规则是文义解释的基本规则。

文义解释法是税法解释最基本的方法,在税法解释方法中处于主导地位,它是文义解释原则在税法解释方法中的具体体现,侧重于解释活动操作的技术和规则,其研究的主要内容为如何对税法条文进行逐字逐句的解释。有权解释机关既可以按照狭义、字面的方法解释税法,也可以考虑税法的经济和社会目的,从而以更宽泛的方法解释税法。有权解释税法的国家机关解释税法的具体方法取决于法院一般解释法律的方法以及在一段历史时期内是否已经发展出了一些解释税法的特殊原则。

在对税法具体规定的法律含义进行解释时,应当明确区分其是固有概念还是借用概念。在解释固有概念时,应遵循税收法定原则,以客观的标准对其进行严格解释,并应当从禁止滥用行政权力,维护纳税人权利的角度来解释固有概念。在解释借用概念时,只要税法对此未作特别规定,一般应当按照民法中通常的理解来解释其在税法上的含义。

文义解释法并不是税法的唯一解释方法,而且有时文义解释往往难于确定法律条文的真正意义,而且文义解释可能未必能够揭示法律条文的真实内涵,必须结合其他解释方法。

二、税法的渊源

税法渊源,一般是指税法规范的存在和表现形式,即税法的效力渊源,也就是说,税法由什么国家机关制定或认可,因而具有不同法律效力或法律地位的各种法律类别。各国历史传统、国情不同,税法渊源有所不同,可能是制定法,也可能是判例法。我国的税法渊源集中于制定法,主要包括以下几种:

(一) 宪法

宪法是国家的根本大法。它由最高国家权力机关——全国人民代表大会制定、通过和修改的,具有最高的法律效力。宪法规定了当代中国根本的政治、经济和社会制度,规定了国家的根本任务和国家组织机构,规定了公民的基本权利和基本义务,是民法、经济法、行政法、刑法和诉讼法等其他各种部门法律的母法。我国现行《宪法》(1982年制定、2004年最新修订)第56条关于"公民有依照法律纳税的义务"的规定,是税收法律制定的基本依据。

一般认为,宪法是各种税法渊源之首。我国《宪法》直接规定税法内容的条文仅有一条。《宪法》总纲中有国家根本制度的一些规定。第5条规定:"一切国家机关和武装力量、各政党和各社会团体、各企业事业组织都必须遵守宪法和法律。一切违反宪法和法律的行为,必须予以追究";第33条规定:"中华人民共和国公民在法律面前一律平等";第56条规定:"中华人民共和国公民有依法纳税的义务。"从各国税收立法实践看,对国家征税基本原则和范围、国家财税体制、纳税人基本权利义务等税收基本问题应由宪法规定。

(二) 税收法律

税收法律是由全国人民代表大会及其常务委员会制定和颁布的税收规范性文件,是我国税法的主要法律渊源。《中华人民共和国立法法》第8条规定:"基本经济制度以及财政、税收、海关、金融和外贸的基本制度只能制定法律。"我国目前已经制定的专门税收法律仅仅有三部:《中华人民共和国个人所得税法》《中华人民共和国企业所得税法》和《中华人民共和国税收征收管理法》。其他法律,如《中华人民共和国海关法》《中华人民共和国刑法》中规定了某些涉税的法律条款。

贯彻依法治国、建设社会主义法治国家的方略,除了在宪法中明确规定税法基本原则等问题外,根据"一税一法"的立法模式,国家已经开征的增值税、消费税等主要税种应尽快制定单项的税收法律。以法律形式而不是行政法规、部门规章形式规定税收基本制度是我国《立法法》的明确要求。各国对税法的共同性问题予以规定的立法模式有两种:一种是将各种税收法律、法规编纂成法典,如美国的《国内收入法典》(Internal Revenue Code)、法国《普通税法典》,另一种是制定《税收基本法》或称《税收通则法》,集中规定适用税收单行法的一般规则,如德国《租税通则》、日本《国税通则法》、荷兰《总税收条例》、巴西《税收大典》等。

(三) 税收行政法规

税收行政法规是指国家最高行政机关即国务院根据宪法和法律制定的一种调整税收关系的规范性文件,其效力仅次于宪法和法律,是目前我国最主要的税法渊源。我国税收实体法除"个人所得税"和"企业所得税"制定为法律外,其他均为税收行政法规,例如《中华人民共和国增值税暂行条例》《中华人民共和国消费税暂行条例》和《中华人民共和国营业税暂行条例》等。

(四) 税收地方性法规、自治条例和单行条例、规章

税收地方性法规是指由省、自治区、直辖市的人民代表大会及其常委会制定的关于税收方面的法规。

税收自治条例和单行条例是指由民族自治地方的人民代表大会根据当地民族的特点制定的关于税收方面的法规。

目前我国实行的是近似集权式的税收管理体制,并非真正的分税制,对中央税、中央地方共享税和地方税的立法权、解释权,开征、停征权,税目、税率调整权,减免税权均集中在中央,地方税收立法的空间极小。

税收规章是指由国务院各部、各委员会、中国人民银行、审计署和具有行政管理职能的直属机构根据法律和行政法规,在本部门权限内制定的一种调整税收关系的规范性文件。省、自治区、直辖市的和较大的市的人民政府也可以制定税收规章。

税法渊源的现状,存在着宪法不足、法律不够、行政法规不力等问题,财政部、国家税务总局等部委和省级人民政府发布的部门规章和地方政府规章不得不承担大量的填补立法空白的工作,由此也导致税法规范的效力减损问题。

(五) 税法解释

作为税法渊源的税法解释,是指有权制定税收法律、法规的国家机关的立法解释,最高人民法院所作的司法解释,国务院及所属具有税收行政管理职能的机关和省级政府、较大的市的人民政府根据法律法规,在法定的权限内所作的行政解释。这三类解释都是有权解释。

因为我国习惯于在立法时强调"原则性与灵活性相结合",以给法律留足可自由解释的空间。正是这种"宜粗不宜细"的粗放型立法思维,造成了"有法必依"的巨大阻力。我国税收法律与行政法规的条款简约,由此形成的执法困难,造就了大量行政解释产生的可能性。各种行政解释具有可操作性强和灵活性的特点,问题却因此而生:既有前后连贯的问题,也有与原立法精神是否一致的问题。从目前行政解释的实施效果来看,它的确弥补了税收法律法规、行政规章不足的缺陷,但是,过多过滥的行政解释,不仅削弱了税法的效力、影响了法律的稳定性,而且也不利于保护纳税人的权利和国家利益,甚至造成了税收执法的另一种困境:过多过滥的行政解释,存在很多矛盾和冲突,使得税收征管机关执法时往往无所适从。

(六)国际税收条约、协定

国际税收条约、协议指我国同外国缔结的双边和多边条约、协定和其他具有条约、协议性质的文件。这也是我国税法的重要渊源。常见的有我国政府与他国政府签订的关于对所得避免双重征税和防止偷漏税等双边税收协定。

三、税法的体系

税法的体系是税法学的一个基本范畴,是研究税法一系列重要范畴的逻辑起点和理论框架。税法的体系,是指一国现行全部税收法律法规组成的有机联系的整体。税法是实体内容和征管程序相统一的法律部门。税法的体系主要包括实体税法与程序税法两大组成部分。

(一)实体税法

实体税法,即税收实体法,是指以规定和确认税法主体的权利和义务或职责为主的法律规范的总称。税收实体法调整税收分配关系,我国采取"一税一法"的立法模式。目前开征的税种有20个(其中固定资产投资方向调节税暂时停征),另外,还有3个由税务部门负责征收的非税财政收入项目:教育费附加、矿区使用费和文化事业建设费。省级人民政府还可以规定由税务机关征收社会保险费(主要包括基本养老保险费、基本医疗保险费、失业保险费和工伤保险费)。我国正在研究制定《税收基本法》或称《税收通则法》,即在宪法的规定下专门制定的用以系统全面调整税收法律关系的法律,是税收法律关系领域内的基本法律,在宪法与税收部门法之间担负着承上启下的作用。根据课税客体不同,税收实体法可以分为流转税法、所得税法、财产税法、行为税与特定目的税法以及资源税法等。

在税收立法和税收政策制定方面,我国实行税权集中、税政统一。税法的形式法律渊源有:(1) 税收法律,是由全国人民代表大会及其常务委员会制定的。目前,我国税法的法律效力层次普遍不高,税收实体法方面唯一两部法律是《个人所得税法》和《企业所得税法》。(2) 税收法规,是由国务院依据法律或者根据最高立法机关的授权制定的。目前已经制定的税收法规最多。(3) 税收规章,是由财政部、国家税务总局、海关总署、关税税则委员会等国务院组成部门或直属机构,根据法律法规的要求制定。此外,省级立法机关有权根据本行政区域的具体情况和实际需要,在不与法律法规相抵触的前提下,制定地方性法规;省级和较大市的行政机关有权制定相应的地方政府规章。实体税法包括以下几个组成部分:流转税法、所得税法、财产税法、行为税与特定目的税法以及资源税法等。

(二) 程序税法

程序税法,即税收程序法,是指以保证税法主体的权利和义务得以实施或者职权和职责得以履行的有关程序为主的法律,主要规定征税机关的税收征管程序和纳税人的纳税程序等内容。税收程序法调整税收征管关系。现代税收程序法的本质是通过程序,控制和规范国家征税权,保证税收实体法的实施,维护纳税人权益的"税收保障法"。税收程序的构建是在科学地反映税收征纳活动客观规律的基础上设计的,有助于减少征税机关的税收征收费用和纳税人的税收奉行费用,提高税收征纳效率。现代税收程序法不仅具有公正实现实体税法的"工具"价值,而且具有保护纳税人的民主参与、道德尊严、人格自治等基本权利的内在价值,使得人类追求税负公平、税收法治的理想得以实现。渊源于"自然正义"思想和"正当法律程序"原则的现代税收程序,可以有效地控制征税权力的行使。

我国现行主要的程序税法是《中华人民共和国税收征收管理

法》(以下简称《税收征管法》,该法 1992 年 9 月 4 日第七届全国人民代表大会常务委员会第 27 次会议通过、1995 年 2 月 28 日第八届全国人民代表大会常务委员会第 12 次会议修改、2001 年 4 月 28 日第九届全国人民代表大会常务委员会第 21 次会议修订,修订后自 2001 年 5 月 1 日起施行)。与之配套的行政法规是国务院于 2002 年颁布施行的《税收征收管理法实施细则》。《税收征管法》的主要内容包括税务登记、纳税鉴定、纳税申报、税款征收、账务和票证管理、税务检查、违章处理等。此外,我国还针对某些税种单独制定了程序性的税收法规。

第六节 税法的产生与发展

为了进一步理解税法的相关概念、理论和学说,有必要研究和考察税法的产生和发展过程。任何一项税收法律制度的产生,都有其深邃的思想渊源与深刻的理论根基。我国社会主义税法,既受到我国古代,尤其是封建社会延续下来的传统税法思想的影响,又因"西学东渐"之风而受到西方资本主义社会衍生出来的现代税法制度的作用。

一、中国古代税法的产生与发展

税法是一个历史范畴。和其他社会现象一样,税法有其自身产生和发展的历史,税法不是自古以来就有的,而是人类社会进入阶级社会后才出现的。国家从它产生那一天起,为了维护自己的存在,实现自己的职能,必须占有和消费一定的物质资料。而国家本身并不直接从事物质资料的生产,它所需要的物质资料,只能强制地、无偿地、固定地从生产物质资料的人们手中取得,然后根据多方面的需要进行再分配。如果没有国家制定或者认可,依靠国家强制力保证执行的法律作依据和保障,财政活动就无法有序进行。

(一)奴隶制社会税法的产生

人类社会进入阶级社会之前,曾经长期处于漫长的原始公社制社会的阶段。在这样的社会里,社会生产力和物质生产极不发达,人们通过劳动获得的物质资料极少,只能勉强维持简单的生活,而几乎没有剩余。为了生存,人们不得不共同劳动、共同消费。因此,在漫长的原始社会里,没有私有财产,也不存在人与人之间的剥削关系。随着生产的发展和劳动生产力的提高,物质资料除了满足自身消费需要外,开始有了剩余。剩余产品的出现,为私有制的产生准备了物质条件。而私有制正是产生阶级和剥削的根源。私有制的急剧发展,加速了原始社会氏族公社内部贫富的分化。由于债务等原因,氏族内大批贫穷的自由人逐渐沦为奴隶,而奴隶的劳动也逐渐成为社会的主要劳动。这样,人类进入奴隶制社会阶段。

奴隶制社会中,整个社会分裂成两大对立的阶级——奴隶阶级和奴隶主阶级,奴隶和奴隶主之间存在着激烈的阶级矛盾和斗争。奴隶主为了镇压奴隶的反抗,维护自己的阶级统治,迫切需要建立一个全新的组织作为特殊的强制机关。这种全新的组织就是国家,国家由此产生。可见,国家是阶级矛盾不可调和的产物和表现。国家与氏族不同,构成国家权力的不再是无形的舆论和虔诚的尊敬,而是军队、警察、监狱、法庭等国家机器。为了维持这些国家机器的运转,实现国家的阶级统治和社会管理的职能,必然要消耗一定的物质财富。而国家这个组织本身并不直接从事生产和创造财富,它所需要的物质财富只能从社会生产者手中取得。因此,国家需要强迫社会生产者将自己创造的财富的一部分固定地、无偿地交给国家。这样,就产生了反映奴隶主阶级意志的,由国家制定或认可并由国家强制力保证实施的税收行为规范——税法。至此,人类社会最早的税法历史类型——奴隶制税法应运而生。

夏、商、西周和春秋时期是我国历史上奴隶主统治的时代,也是税法发展的低级阶段。这一时期的税法较为简单,贡赋不分,租税合一,以土地税为主。奴隶制税法体现了税赋均平的思想,这种税法思想对后世影响深远,成为后世税法的重要准绳。奴隶制是奴隶主国家为了实现其职能,压迫和剥削奴隶及其他劳动者,维护奴隶主阶级专政的重要工具,是奴隶主阶级利益和意志的表现。但在不同的发展阶段,又各有其自己的特点。我国从夏朝开始就产生了征收贡赋的制度。中国自古以农立国,田赋是税收的主体,田赋的起源也最早。根据司马迁在《史记·夏本纪》中所述:"自虞、夏时,贡赋备矣"。《孟子·滕文公》篇中也有记载:"夏后氏五十而贡,殷人七十而助,周人百亩而彻,其实皆什一也。"

我国从夏朝开始就有了完备的征收贡赋的制度。夏朝的贡赋,包括万国之贡和平民之贡,是以若干年的收成平均数作为征收的标准的一种定额贡赋制度。商朝的贡赋,实行助法,公田的收入归国家,私田的收入归自己,是一种力役制度。西周的贡赋,实行彻法,按井田计亩征收税赋,是一种按亩征收实物的课税制度。西周时,税法已有一定发展。据《周礼·大宰》记载,西周有九种赋税,不仅有田赋和人头税,而且有商税和货税。春秋时期,随着生产的发展,荒地被大量开垦,私田数量不断增加,井田制日益瓦解,各诸侯国相继实行"履亩而税"的赋税制度。齐桓公任管仲为相,率先改革,实行"相地而衰征"的办法,按土地的好坏分等征税。据《春秋》记载,公元前594年,鲁宣公实行"初税亩",由按井田收税改为按亩收税,废除了井田赋制。所有这些,都标志着奴隶制税法向封建制税法的过渡。

(二) 封建制社会税法的历史沿革

自战国时代开始,我国进入封建社会阶段,在两千年的封建制税法的发展过程中,经历了由战国至秦汉的确立阶段、魏晋南北朝至隋唐的改革与定型完备阶段、宋至明清的发展与趋于解体的阶段。封建制税法同样经历了从不成文的习惯法演变到成文法的法律形式;从贯穿于整个封建制社会的诸法合体演变到清末开始法律规范编纂,经历了漫长的历史过程。极其丰富的封建制税法史料证明,各朝代几乎都有"食货志"专章,翔实记载各朝代的税法制度。战国时代,由于社会经济的发展和激烈的兼并战争的需要,各诸侯国都非常重视赋税制度的建设,并用法律的形式将其固定下来。在赵国,无论贵族还是平民,都要依法如数纳税,否则将被依法治罪。秦国在商鞅变法后,除按土地面积征收赋税外,还要按人头征收人头税。

秦统一后,承前代之社会变革,并发展了以往的赋税制度。公元前216年,秦颁布"使黔首自实田"的法令,规定有田的人都应自动向政府呈报占有土地的数量,并按规定缴纳赋税。《秦律》还规定,各级官吏已收田赋不上交即以匿田罪论处。秦朝的田赋包括田租、口赋和力役三种具体形式。西汉建立后,在赋税制度方面承袭秦制,既征收田租,又对人丁户口征税。同时,鉴于秦朝的苛政败亡,在税收立法上反映了"礼法并用""德主刑辅"的思想。"汉兴天下既定,高租约法省禁,轻田租,什五而税一;量吏禄,度官用,以赋于民。"汉代轻田赋,初为什五税一,后一直为三十税一,汉代对人丁户口的课税有算赋、口赋、更赋和户赋四种。汉武帝时,因常年对匈奴用兵而导致国家财政困难,遂颁布法令,规定对工商业者,高利贷者和车船所有者征收财产税,同时征收海税和关税。《汉律》还有关于不依法纳税的征罚规定:"占不以实,家长不身自书,皆罚金二斤,没入所不占物及贾钱县官也。"

三国两晋南北朝时期,我国封建制的税法有了进一步的发展。三国初期,魏武帝颁布法令:"其收田租四升,户出绢二匹,绵二斤而已,他不得擅兴发。"规定实行计亩而税,计户而征,开"户调"之先河。公元280年,晋武帝颁布了占田、课田和户调的法令,规定男子可占地七十亩,女子可占地三十亩,官府按人口征收固定的田租。在田租之外,还要交户调。公元485年,北魏孝文帝颁布均田令;次年,又以颁布新的租调制,规定一夫一妇每年出绢一匹,粟二石。以后又规定,耕牛二十头,从事耕织的奴婢八人或十五岁以上的未婚男女四人,应纳的租调分别相当于一夫一妇的负担数量。这些规定,促进了国家税负的均平。

隋唐时期,是我国封建社会的繁荣发展时期。在这一时期,封建制的税法渐趋完备,各项制度得以健全,所谓"文物仪章,莫备于唐"。隋朝的赋税制度主要是沿袭北周的。隋初规定,农民缴纳租调以"床"为单位,一夫一妻为一床。唐初的赋税实行租庸调制,租、庸、调是田租、力庸、户调三种赋税的统称,"有田则有租,有家则有调,有身则有庸"。除了租庸调这些主要税收外,唐代还有杂徭,以及按户等高下所征收的户税和按每亩交纳二升的地税。安史之乱后,以丁户为本的租庸调制不再适应政治经济形势发展的需要。公元780年,唐德宗正式废除租庸调制,颁行两税法。两税法以地税、户税为基础,把土地、资源划分户等定税,分夏秋两季征收。两税法是税法史上从以人丁为课税对象转向以财产为课税对象,从实物之征转向货币之征的开端,体现了赋税发展的规律。另外,在唐代的税法中,开始有关于租税减免的规定。例如,因天灾而减少产量的,可以减征或免征租税。《唐律》还规定了官吏在税收方面的法律责任,里正、州、县官负责按法令授田、收田、征课,三事失一者,则分别处以笞刑或杖刑。此外,课税违期也处笞杖刑。

宋元时期的税法,基本上是在唐代税法的基础上制定的。宋代的田赋分为公田之赋、民田之赋、城郭之赋、丁口之赋和杂变之赋共五类。公元1069年,宋神宗任用王安石变法,曾实行方田均税法。方田均税法以地划等,以土地数量和等级重新定税,并且规定,不服力役者可纳绢代役。这是税收法律制度的一大进步,标志着徭役向赋税的转化。元代课税繁重,而且南北田赋规定不一,北仿唐代的租庸调制,南袭唐代的两税法,"南重于粮,北重于役"。元朝制定了盐税法令,开始对盐征税。后来又实行包税制,弊端较多。

明清时期是我国封建社会的后期。这一时期的封建制税法更趋完善,管理制度也更为健全。明朝轻徭薄赋,重本抑末,基本上沿用两税法,规定征收夏税和秋粮两种田赋。1581年,张居正在全国推行"一条鞭法",实行赋役合一、计亩征银,把赋税和各种费用合并征收,简化稽征手续。一条鞭法是我国赋税史上的一次重大改革,它改变了近两千年来赋与役平行征收的形式,使两者合一,并基本完成了用货币征收代替实物征收的过程。清朝建立后,宣布沿用一条鞭法,并整修《赋役全书》。从康熙五十五年起,清政府开始推行地丁银制度,将丁税并入田亩征收。雍正初年,又在全国各地实行"摊丁入地,地丁合一"的办法,把康熙五十年固定的丁银平均摊入各地田赋银中,一体征收。地丁合一的推行,结束了长期以来地、户、丁分别征税的混乱现象,完成了赋役合并即人头税归入财产税的过程,同时取消了地主豪绅的免役特权。

鸦片战争后,我国逐渐沦为半封建半殖民地社会。晚清政权腐朽没落,关税的立法权、司法权开始丧失,盐税征收权也逐渐落入西方资本主义列强手中,税法成为外国侵略者掠夺我国人民的工具。北洋政府统治时期,曾借鉴西方国家的税制,颁布了一些单行税法。到了国民党政府统治时期,税收制度受西方影响更大,各个时期的法律在税收方面均有规定,在法律上统一了全国的税权。另外,从1931年至1946年,国民党政府还先后颁布了《营业税法》《所得税法》《印花税法》《货物税条例》《房产税条例》以及《契税条例》等一系列税收单行法律法规。

二、西方资本主义税法的产生与发展

税收思想古已有之,自从国家出现,就有了税收实践和税收思想。我国古代社会的税收思想极为丰富,长期的中央集权统治、广袤的领土和保存历史文献的优良传统为其发展提供了良好的基础。基于儒家法律思想的传统税收思想主张轻徭薄役、藏富于民,纳税人对财政的负担,力求公平合理。但是,这些停留在对税收表象的简单解释或是对具体税收征管方法就事论事的讨论上,缺乏全面和系统的理论体系。直到18世纪中叶,以亚当·斯密的伟大著作《国民财富的性质和原因的研究》(又译《国富论》)的出现为标志,科学意义上的财政学才宣告诞生。短短两百多年的发展,奠定了当下主流税收学体系中所隐含的最关键思想和现代税法学的框架。

(一) 资本主义国家税法的产生

进入近代社会以后,资本主义制度开始在西欧各国确立起来,资本主义国家税法也伴随着资本主义生产方式的确立和资产阶级国家的产生而产生。

资产阶级革命胜利后,资本主义国家纷纷制定宪法和宪法性法律文件,用法律的形式确立自己统治的方式,确认革命胜利的成果。在所有这些宪法或宪法性文件中,都毫不例外地肯定了资产阶级国家的征税权。在英国,《英国民权法》《权利法案》等几部资产阶级革命初期的宪法性文件都有依法征税、反对随意征税的内容。1791年的《法国宪法》规定:"为了……公共赋税就成为必不可少的;赋税应在全体公民之间按其能力作平等的分摊。"在美国,1776年制定的《独立宣言》明确提出反对英国殖民者的繁重课税,而《联邦组织法》《联邦条例》和1787年的《美利坚合众国宪法》确立了美国的赋税制度。在日本,1889年制定的《日本帝国宪法》的第21条明确规定:"日本臣民,遵从法律所定,有纳税之义务。"并在"会计"一章中专门规定了有关赋税的原则和方法。后来,各国历次制定的宪法中也都有类似的规定。所有这些规定,都标志着资本主义国家税法的产生。

可见,资本主义国家税法是在资产阶级反对封建专制制度的过程中产生的,是伴随着资本主义国家的产生而产生的。

(二) 资本主义国家税法的历史沿革

无论是哪一历史类型的税收法律制度,都有其历史演变过程,都经历了一定的历史发展阶段。资本主义国家税法也不例外,它经历了一个由幼稚到成熟的发展过程。

在 20 世纪初期,各资本主义国家以消费税和关税等间接税为主要的税收收入,间接税法也是当时各国主要的税法部门。英国当时一直施行消费税法;美国于 1787 年根据宪法征收国内消费税,又于 1789 年实施《关税法令》。法国是这一时期广泛推行间接税法的主要代表。法国自资产阶级夺取政权之后,先后补充和增设了酒税、酒精税、糖税、盐税、烟草税、火柴税、奶油税、印花税、营业牌照税等,加上原来的关税,间接税达几十种,税收收入也远远大于直接税的收入。当时,各资本主义国家之所以如此重视间接税法,是有着深刻的社会历史原因的。一方面,间接税是资产阶级削弱封建贵族势力的主要手段。当时被征税的商品大多由封建贵族消费,广大劳动人民的购买力非常有限。对此类商品征税,有助于资产阶级在经济上削弱封建贵族和大地主的势力。另一方面,间接税有利于资本主义工商业的发展。间接税是对商品征税,只要被征税商品能够按较高的价格顺利销售出去,税负就可以转嫁到征税商品的购买者或消费者身上,资本家个人并不负担任何税款,不会侵犯资本家的利益。这对发展资本主义工商业非常有利。另外,对进口的工业品征收关税,也有利于保护国内资本主义工商业的发展。

但是,随着资本主义生产的发展和经济交往的加强,以间接税为主的税收法律制度显示出诸多弊端,原有的间接税日益成为商品流通的障碍。此时,以所得税为代表并伴以财产税的直接税法便日益受到重视。英国是资本主义国家中最早施行现代所得税法的国家。早在 1779 年,英国就开始征收所得税,此后又多次颁布和修改所得税法令。美国于1791年废除国内州际关税,并于1913年颁布了《联邦所得税法》。此后,法国、德国也相继实行所得税。在亚洲,日本推行所得税方面走在前列。日本于1887年引进了所得税,并于1957年听取"夏普劝告",建立了类似英美的以所得税为主体的税制模式。根据1936年的《社会保险法案》,美国又于1937年颁行了《社会保险税法》。随后,其他许多资本主义国家也相继施行了"社会保险税法令"。此外,在大力发展直接税法的同时,一些资本主义国家也对原有的间接税法进行了改革。1954年,法国对原来的间接税法进行了重大改革,并首创增值税。1968年以后,欧洲各国相继推出了增值税,同时,亚洲、非洲、拉丁美洲的许多资本主义国家也先后推行了增值税。

资本主义国家税法发展的另一个表现就是独立的税收法典的制定。早在20世纪初,法国就制定了《普通税法典》和《海关法典》。此后,美国于1939年和1954年两次编纂了《国内收入法典》,其中,1954年的《国内收入法典》虽然屡经修改却一直沿用至今,它与司法判例、财政部的税法解释一起共同构成了美国税法的基本内容。此外,日本制定有《国税通则法》,德国有《税收通则法》,荷兰有《总税收条例》,巴西有《税收大典》。独立的税收法典的出现,表明资本主义国家税法正成长为一个相对自成体系的部门法。

综上所述,资本主义国家税法经历了一个从幼稚到成熟、从低级到高级的发展过程。当前,资本主义国家税法有以下几个特点:首先,随着资本主义的发展,所得税制已成为资本主义国家税收法律制度的中心内容。这是由所得税制度适应性强、征收合理、计算方便等特点决定的。其次,资本主义国家广泛利用税收作为调节经济的杠杆。随着资本主义的发展,资本主义国家除了把税收当作筹集财政收入的主要手段外,还把它当作实现经济政策、发挥经济杠杆作用的重要工具。再次,货币征收成为资本主义国家税法规定的占统治地位的税收形式。当然,实物形式和力役形式并没有完全被取消。最后,与资本主义以前的剥削阶级国家的人头税和简单的直接税相比,资本主义国家的税法具有很强的欺骗性和隐蔽性。

三、新中国社会主义税法的产生与发展

中华人民共和国的诞生,标志着我国政权性质和法律制度的根本转变。新中国社会主义税法制度,是在新中国成立前革命根据地时期税收法律制度的基础上,建立和发展起来的。革命根据地即已颁布了一些税收法令。早在1928年12月颁布的《井冈山土地法》中就规定:"土地税依照生产情形分为三种:一、百分之十五;二、百分之十;三、百分之五。"1931年,根据《中华苏维埃共和国中央执行委员会第一次会议关于颁布暂行税则的决议》,颁布了《中华苏维埃共和国暂行税则》,规定征收农业税、工业税、营业税和关税等税种;1933年,又颁布了《农业税暂行税则》;1940年5月30日,陕甘宁边区政府颁布了《陕甘宁边区货物税暂行条例》;1941年和1942年,晋察冀边区和晋冀鲁边区政府分别颁布了《统一累进税条例》;此外,1945年,陕甘宁边区政府还颁布了《陕甘宁边区酒类牌照税暂行办法》和《陕甘宁边区烟类税暂行条例》。革命根据地的这些税收法令,是社会主义税法制度的雏形。

(一)新中国成立之初税法制度的创立

新中国成立之初,我国的税法制度很不统一,各地实行的税种、税目、税率和征收办法都不一致。在老解放区,革命根据地时期的税法制度得以继续沿用,而在新解放区,为了及时开展税收工作,满足革命战争和国民经济恢复工作的需要,根据党中央关于"暂时沿用旧税法,部分废除,在征收中逐步整理"的指示,在废止原国民党统治时期反动名目税种的同时,暂时沿用了旧税法。

为了适应全国政治上统一,经济上迅速恢复和发展的需要,政务院根据《中国人民政治协商会议共同纲领》第40条的规定,于1950年1月颁布了新中国第一个统一税收法规——《全国税政实施要则》。该《实施要则》的颁布标志着我国社会主义统一税法制度的建立。《全国税政实施要则》规定在全国范围内征收货物税、工商业税、盐税、关税、薪给报酬所得税、存款利息所得税、印花税、遗产税、交易税、屠宰税、房产税、地产税、特种消费行为税和车船使用牌照税共十四种税,其中,薪给报酬所得税和遗产税实际并未开征。此外,

《全国税政实施要则》还规定了高度统一的税收管理体制。这主要表现在两个方面：一方面，税收立法权和税种的开征、停征、税目与税率增减调整的权力属于中央；另一方面，税收的减免权大部分由中央政府掌握。

除了《全国税政实施要则》外，政务院还先后公布实施了《契税暂行条例》《公营企业缴纳工商业税暂行办法》《房产税暂行条例（草案）》《地产税暂行条例（草案）》《利息所得税暂行条例》《屠宰税暂行条例》《印花税暂行条例》《货物税暂行条例》《特种消费行为税暂行条例》《车船使用牌照税暂行条例》《全国各级税务机关暂行组织规程》等税收法规。所有这些税收法规，对于统一和建立我国社会主义的税法制度，恢复和发展国民经济，起了非常重要的作用。到1950年，社会主义税法制度初步建立起来。

（二）改革开放前税法制度的调整

从初步建立社会主义税法制度到1978年实行改革开放政策前，新中国税法制度经历了1953年、1958年和1973年等三次大的调整。

1. 1953年工商税法的修正

经过三年的恢复时期，到1952年，恢复国民经济的任务基本完成。从1953年起，我国进入了经济建设和社会主义改造时期。为了适应这种新情况，1952年12月31日，政务院发布了《关于税制若干修正及实行日期的通告》，同时公布了《商品流通税试行办法》，遵照"保证税收、简化税制"的原则，对原工商税制作了若干重要修正，并从1953年1月1日起施行。这次税法修正的主要内容包括：试行商品流通税；简化货物税；修订工商营业税；把棉纱统销税和棉花交易税并入商品流通税；取消特种消费行为税，改征文化娱乐税；把粮食、土布交易税改为征收货物税；停征药材交易税；交易税中只保留牲畜交易税等。这次税法的修正，扶植和保护了社会主义经济，减少了纳税环节和征税手续，使我国的工商税制能够适应当时改造资本主义工商业、促进个体经济走合作化道路的形势发展的需要。

2. 1958年工商税制的改革和全国农业税法的统一

到1956年，我国对生产资料私有制的社会主义改造已基本完成,社会主义公有制经济基本上成为单一的所有制形式,原来配合对私有制改造的多种税、多次征收的税法制度已经不能适应这一新情况。在这种情况下,按照"基本上在原有税负的基础上简化税制"的方针,全国人民代表大会常务委员会于1958年9月原则通过了《中华人民共和国工商统一税条例(草案)》,对原工商税制进行重大改革,试行工商统一税。其主要内容包括:简化税种,将原来的商品流通税、营业税、货物税、印花税合并为工商统一税;简化纳税环节和征税办法;调整了部分税率;将工商业税中的所得税改为独立的工商所得税等。这次税制改革使税种大大减少,税制也进一步简化。这次税制改革后,又有一些小的变动,如1959年停征了利息所得税,1966年停征了文化娱乐税等。

在进行工商税制改革的同时,全国人民代表大会常务委员会于1958年6月通过了《中华人民共和国农业税条例》,在全国范围内施行。该条例废除了原来在新解放区实行的累进税制,规定在全国统一按地区差别比例税率征收农业税,并贯彻了稳定负担、增产不增税的政策。这是新中国成立以来我国农业税收法律制度的一次重大变革,对保证农村经济的发展发挥了巨大的作用。

3. 1973年的工商税制改革

虽然1958年的工商税制改革大大减少了税种,简化了税制,但是,受"文化大革命"极"左"思想的影响,税收虚无主义盛行。许多人仍然认为当时工商税的税种太多,税目税率太多太杂。于是,税务主管部门在基本保持原有税负的前提下,按照"合并税种,简化征收方法,改革不合理的工商税收制度"的原则,拟定了《中华人民共和国工商税条例(草案)》,国务院于1972年3月批准,从1973年1月起在全国试行。其主要内容包括:把工商统一税及其附加、城市房地产税、车船使用牌照税和屠宰税合并为工商税;简化税目和税率,对少数税率作了调整;改革征收制度,把一部分税收管理权限下放给地方掌握。这次工商税制改革,由于受当时"左"的指导思想的影响,片面强调合并税种,简化税目、税率,简化征收办法。这破坏了课税要素的统一规范性,使税收的经济调节职能大为削弱。经过这次税制改革,我国的工商税收在很长一段时间内只剩下工商税、工商所得税、盐税、关税、屠宰税、城市房地产税、车船使用牌照税、集市交易税、牲畜交易税和契税共十种税,连同农业税也只有十一种。

(三) 改革开放后税法制度的革新

党的十一届三中全会确定的路线,标志着我国进入了"以经济建设为中心"的社会主义现代化建设的新时期,我国大力推行经济体制改革和实行对外开放。原有的过于简单的税制已难以适应变化着的复杂的现实情况,难以满足经济体制改革和对外开放形势发展的需要。在这种情况下,为了推动国家的经济体制改革,为了适应国家的对外开放政策,国家对社会主义税法制度进行了全面深刻的改革,使我国社会主义税法制度得到很大的发展。

改革开放以来,国家对社会主义税法制度的全面改革可以进一步分为以下五个阶段:

1. 1979年至1982年

这一阶段主要是适应改革开放初期的要求,调整若干税法规定,开征若干新税,建立涉外税制。其具体内容包括:第一,建立和健全涉外税制。为了适应对外经济交往日益发展的新形势和新要求,1980年和1981年,国家先后制定颁布了《中外合资经营企业所得税法》、《外国企业所得税法》和《个人所得税法》等三个涉外税法。第二,减轻农村税收负担。为了扶植社队企业,加速农业现代化进程,促进农业生产发展,国务院先后批转、发布了《财政部关于减轻农村税收负担问题的报告》和《关于调整农村社队企业工商税收负担的若干规定》等税收法规。第三,按照鼓励发展集体经济,对个体经济调整政策的精神,国务院于1980年10月批准"减轻合作商店和个体经济的税收负担"。第四,从1982年7月1日起,开征烧油特别税,在全国范围内试行增值税。

2. 1983年至1984年

这一阶段主要是进行了国营企业利改税的两步改革和工商税制的全面改革。所谓国营企业利改税,是指国营企业利润上交财政形式的一种改变,即把过去由企业向国家上交利润的分配形式,改变为国家征税的分配形式,由企业按照国家规定的税种及税率交纳税金,税后利润归企业支配,逐步把国家与国营企业的分配关系用税收形式固定下来。国营企业的利改税分为两步。第一步利改税是根据国务院于1983年颁布施行的《关于国营企业利改税试行办法》进行的,主要内容包括:第一,在全国范围内开征国营企业所得税,对有盈利的大中型国营企业,按照55%的比例税率交纳所得税,税后利润再以各种形式在国家和企业之间进行分配。第二,对有盈利的小型国营企业,按八级超额累进税率缴纳所得税,税后利润归企业自行支配、自负盈亏,国家不再拨款。第一步利改税进展得比较顺利,但有一些问题没有得到解决,主要是没有完全以税代利,税种比较单一,不能发挥税收的经济杠杆作用。

接着,国务院于1984年批准公布了《国营企业第二步利改税试行办法》,并陆续颁布各税条例(草案)和征收办法,开始了国营企业利改税的第二步。第二步利改税的主要内容包括:第一,把国家原来对企业在生产流通领域中征收的综合性工商税改为按产品、按行业、按各个生产环节的增值额的不同,分别征收产品税、营业增值税以及盐税,分别适用于各个不同的企业。第二,恢复城市维护建设税、土地使用税、房产税和车船使用税等四个地方税,并开征了资源税。第三,对国营企业形成的纯收益、利润,在进入分配领域时,对有盈余的国营企业继续征收所得税,并开征调节税。第四,明确了第二步利改税适用的范围,对亏损企业或微利企业进行补贴或减免税。1984年10月开始的第二步利改税,是一个逐步实现采用税收这种形式对国营企业的利润进行分配的过程。

在进行国营企业利改税两步改革的同时,国务院还于1983年发布《建筑税征收暂行办法》,从1983年10月1日起开征了建筑税。另外,在税收优惠方面,国务院于1984年11月制定发布了《国务院关于经济特区和沿海14个港口城市减征、免征企业所得税和工商统一税的暂行规定》。

3. 1985年至1987年

这一阶段主要是在国营企业利改税的基础上,进一步改革和完善国家税法制度。其主要内容包括:第一,开征了国营企业工资调节税。国务院发布《国营企业工资调节税暂行规定》,决定从1985年度起开征国营企业工资调节税。第二,为了平衡企业税收负担,调节企业、单位奖金的发放,从1985年1月起开征集体企业奖金税和事业单位奖金税。第三,国务院先后发布《集体企业所得税暂行条例》和《城乡个体工商业户所得税暂行条例》,以集体所得税和个体工商业户所得税取代工商所得税。第四,把对中国公民征收的个人所得税改为个人收入调节税,并从1987年4月1日起开征耕地占用税。第五,从1986年度起,把农业税征收实物的办法改为按货币计算征收,以适应和促进商品经济的发展。

4. 1988年至1992年

这一阶段主要是在对税收治理整顿的同时进行改革和完善社会主义税法制度。其主要内容包括:第一,恢复征收印花税,并开征了私营企业所得税、城镇土地使用税、特别消费税以及"国家预算调节基金"等新税种。第二,颁布《外商投资企业和外国企业所得税法》,统一涉外企业所得税,把原来的中外合资经营企业所得税和外国企业所得税合并为外商投资企业和外国企业所得税,从1991年7月1日起施行。第三,颁布《税收征收管理法》,统一全国的税收征管办法。第四,从1991年起,把建筑税改为固定资产投资方向调节税。第五,在税收优惠方面,给海南经济特区和高新技术产业开发区以更大的优惠。

5. 1993年至1994年

党的十一届三中全会后,经过上述税法制度的全面改革,我国社会主义税法制度已从过去较为单一化的税制,发展成为多税种、多环节、多层次的复合税制调节体系。1992年,党的十四大确定要在我国建立和完善社会主义市场经济体制,国家的整个形势由此发生了重大变化。原有的税法制度带有浓厚的计划经济体制色彩,不能发挥税收在社会主义市场经济下应有的宏观调控作用。正是在这种历史条件下,我国社会主义税法制度迎来了全面、结构性的改革,从1994年1月1日起全面推行分税制的新税制。

根据《中共中央关于建立社会主义市场经济体制若干问题的决定》,国务院于1993年12月25日批转了国家税务总局《工商税制改革实施方案》,按照统一税法、公平税负、简化税制、合理分权,理顺分配关系,保障财政收入,建立符合社会主义市场经济要求的税制体系的指导思想,全面深化工商税制改革。

与工商税制改革相适应,我国社会主义税收立法取得了重大成就,初步形成了与社会主义市场经济体制相适应的社会主义税法体系。1993年10月31日,第八届全国人大常委会通过了《关于修改〈中华人民共和国个人所得税法〉的决定》,初步建立了较为规范的个人所得税法律制度。1993年12月,国务院先后发布了《增值税暂行条例》《消费税暂行条例》《营业税暂行条例》《企业所得税暂行条例》和《资源税暂行条例》等多个税收暂行条例,以保障工商税制改革的顺利进行。在涉外税法方面,1993年12月29日,第八届全国人大常委会通过了《关于外商投资企业和外国企业适用增值税、消费税、营业税等税收暂行条例的决定》。

1993年至1994年税制改革的主要内容包括:

(1) 流转税制的改革

流转税是我国税制结构的主体,也是此次税制改革的重心所在。流转税改革的目标,是按照公平、中性、透明、普遍的原则,形成有利于资源优化配置的税收分配机制,贯彻公平税负、鼓励竞争、促进专业化合作的精神,并使总的税收负担基本维持原来的水平。

改革前,我国的工商流转税,主要有产品税、增值税、营业税和工商统一税四种,另外还有城市维护建设税、集市交易税和牲畜交易税三种。改革后,形成以增值税为主体的增值税、消费税、营业税三税并立、双层次调节的新工商流转税制调整模式。在生产流通环节普遍征收增值税,在此基础上,再选择少数消费品征收一道工业环节的消费税,对提供一般劳务服务、转让无形资产和销售不动产仍维持征收营业税。外商投资企业和外国企业统一适用新的工商流转税制,同时取消原工商统一税。另外,取消已过时的集市交易税和牲畜交易税两个小税种;原来征收产品税的农、林、牧、水产品,改为征收农业特产税和屠宰税。另外,为了适应"复关"的需要,在关税方面,合理减让了关税。

应当指出的是,全面推行增值税是流转税制改革的重点。为了适应建立和发展社会主义市场经济的要求,借鉴国际上公平、简明、普遍和规范化的增值税制,结合我国实际情况,国家对原来的增值税制进行了重大改革。具体包括:改价内税为价外税;简并税率,采取基本税率再加一档低税率和零税率的模式;实行凭专用发票扣抵税款的计征方法;对增值税纳税人进行税务登记;使用增值税专用发票等。

(2) 所得税制的改革

在企业所得税改革方面,针对原来按经济性质分立税种和课征制度缺乏规范化所存在的矛盾,核心是建立在一个刚性的、统一的企业所得税制,来规范国家与企业的利润分配关系,促进企业在公平竞争条件下真正走向市场。企业所得税制改革的主要内容是:合并原国营企业所得税、集体企业所得税、私营企业所得税为统一的内资企业所得税,即企业所得税,同时取消国营企业调节税。

在个人所得税制改革方面,针对原来个人所得税三税并存的问题,本着调节高收入、照顾中低收入、缓解社会分配不公的宗旨,重新修订了《个人所得税法》,废止了原个人收入调节税和城乡个体工商户所得税条例,把这两种税统一归并到重新修订的新的个人所得税之中。另外,规定个人所得税的费用扣除额为每月 800 元,对工资、薪金所得实行九级超额累进税率,对有生产、经营所得的企事业单位的承包经营所得实行五级超额累进税率,对劳务报酬所得、稿酬所得、特许权使用费所得实行比例税率。

(3) 其他税制的改革

主要包括以下几个方面:第一,改革资源税,扩大其征税范围,采取按产品类别从量定额征税的办法;第二,为了规范土地、房地产市场交易秩序,合理调节土地增值收益,新开征了土地增值税;第三,1994 年的税制改革方案还确定在适当时候开征证券交易税和遗产税;第四,将屠宰税和筵席税的开征停征权下放给地方。

(4) 税收征收管理制度的改革

新税制实行后,税务机关的主要职能发生了变化。因此,在进行具体税种的税制改革的同时,也应该推行税收征收管理制度的改革。税收征收管理制度改革的目标是:到 20 世纪末,彻底改变目前征管制度不严密、征管手段落后的局面,从根本上提高税收征管水平,建立起适应社会主义市场经济要求的、具有现代技术支持的征收、管理、稽查相互制约、相互促进,申报、代理、稽查相互监督、相互配合的科学严密的税收征收管理制度。

这次税收征收管理制度改革的主要内容有:第一,普遍建立严格的纳税申报制度。对不按期申报、不据实申报的,均视为偷税行为,依法严惩。第二,积极推行和逐步规范税务代理制度,鼓励由社会中介机构代理办税。第三,建立严格的税务稽查制度,把税务机关的主要力量转向日常的、重点的税务稽查。第四,加速推进税收征管计算机化的进程,建立严密、有效的税收监控网络。第五,适应分税制的需要,组织中央税收和地方税收两套税务机构。

1994年1月1日起开始全面实施的新税制,是我国社会主义市场经济体制条件下税收法制建设的一个重要里程碑。它使我国税收机制的功能有了很大的转变和加强,从而大大促进了我国社会主义市场经济体制的建立和发展。

(四) 最新的税制改革与税法制度的优化

经历了1994年的工商税制改革以后,在相当长的一段时期内,中国的税制都是为了巩固和完善1994年税制改革的成果,主要是一些细微调整,没有太多的突破。自2001年公布"十五"计划以来,我国税制现正酝酿新一轮的税制改革,并为此作出局部改革、试点等准备工作。自2006年启动"十一五"规划以后,这一轮税制改革逐步朝向纵深推进。

2001年3月15日,第九届全国人民代表大会第四次会议批准的《国民经济和社会发展第十个五年计划纲要(2001—2005)》,我国将深化财税体制改革,积极稳妥地推进税费改革,清理整顿行政事业性收费和政府性基金,建立政府统一预算。健全税收制度,改革生产型增值税税制,完善消费税和营业税,逐步统一内外资企业所得税,建立综合与分类相结合的个人所得税制度,适时开征社会保障税和遗产税,完善地方税税制。依法加强税收征管,打击偷、漏、骗税的行为,清缴欠税,严禁越权减、免、退税。强化税收对收入分配的调节功能。

2003年10月,中共中央十六届三中全会《关于完善社会主义市场经济体制若干问题的决定》再次明确分步实施税收制度改革的主要内容,即按照简税制、宽税基、低税率、严征管的原则,稳步推进税收改革。改革出口退税制度。统一各类企业税收制度。增值税由生产型改为消费型,将设备投资纳入增值税抵扣范围。完善消费税,适当扩大税基。改进个人所得税,实行综合和分类相结合的个人所得税制。实施城镇建设税费改革,条件具备时对不动产开征统一规范的物业税,相应取消有关收费。在统一税政前提下,赋予地方适当的税政管理权。创造条件逐步实现城乡税制统一。

2006年3月,第十届全国人民代表大会第四次会议批准的《国民经济和社会发展第十一个五年规划纲要(2006—2010)》,第三十二章"推进财政税收体制改革"指出:"调整和规范中央与地方、地方各级政府间的收支关系,建立健全与事权相匹配的财税体制。实行有利于促进科技进步、转变增长方式、优化经济结构的财税制度。"其中第二节"完善税收制度"指出:"在全国范围内实现增值税由生产型转为消费型。适当调整消费税征收范围,合理调整部分应税品目税负水平和征缴办法。适时开征燃油税。合理调整营业税征税范围和税目。完善出口退税制度。统一各类企业税收制度。实行综合和分类相结合的个人所得税制度。改革房地产税收制度,稳步推行物业税并相应取消有关收费。改革资源税制度。完善城市维护建设税、耕地占用税、印花税。"

现阶段税制改革的内容主要体现在以下几个方面:

1. 积极稳妥地推进税费改革,清理整顿行政事业性收费和政府性基金

首先,农村税费改革是中国税收法制建设的重要课题。解决好农业、农村、农民问题,长期以来都是党和政府工作的重中之重。农村税费改革包括两个部分的内容:(1)农村收费制度的改革并非完全取消收费,统统改为税费,而是根据实际情况,进行税费分流:一是要对现有的农村收费项目进行彻底清理,摸清底细,对收费的依据、对象、标准、数额用途和存量都要登记造册;二是税费分流;三是对"三提五统"的去向要具体分析。(2)农村税收制度改革。一是要建立科学的农业税收体系;二是要做好农业税收的立法工作,使农业税收征有法可依;三是要规范管理,依法治税。

自 2000 年中共中央、国务院发布《关于进行农村税费改革试点工作的通知》(中发[2000]7号)以来,税费改革通过试点到扩大试点最终全面推进试点工作,成为农村税收法制改革与完善的核心内容。2004 年 3 月,《政府工作报告》提出五年内取消农业税的目标,并减少了农业特产税的征收范围,使得农业税收法制建设进入了一个新阶段。2005 年 3 月,《政府工作报告》指出:自 2006 年起在全国全部免征农业税。原定 5 年取消农业税的目标,3 年即已实现。为了贯彻国家的税费改革政策,国家税务总局出台了相关规章,规范农业税收征收管理工作。

其次,税费改革不限于农村领域。根据 1999 年第九届全国人大常委会第十二次会议通过的《关于修改〈中华人民共和国公路法〉的决定》和 2000 年 10 月 22 日经国务院批准转发的财政部、国家发展计划委员会等部门拟订的《交通和车辆税费改革实施方案》(以下简称《方案》),我国于 2001 年开征车辆购置税,并计划在适当时候出台《燃油税暂行条例》及其征收管理办法,开征燃油税。

2. 逐步完善现行税种制度,巩固 1994 年税制改革成果

首先,实行增值税改革试点,探索改革方向。财政部、国家税务总局根据中共中央、国务院《关于实施东北地区等老工业基地振兴战略的若干意见》,制定了《东北地区扩大增值税抵扣范围若干问题的规定》(自 2004 年 7 月 1 日起执行),对于黑龙江省、吉林省、辽宁省和大连市从事装备制造业、石油化工业、冶金业、船舶制造业、汽车制造业、农产品加工业产品生产为主的增值税一般纳税人的进项税额的抵扣作了专门规定。这既是国家通过税收进行宏观调控的重要举措,也是增值税转型改革的试点。东北试点的研究报告表明,自 2004 年 7 月 1 日到 2005 年 6 月试点第一年,东北三省新增机器设备共发生进项税额四十多亿元。根据推算,如果全国在八个行业扩大增值税抵扣范围,按增量抵扣的方式,影响财政收入大约在 400 亿元左右。按东北的方案在全国实行增值税转型,带来的减收财政完全能够承受。财政部、国家税务总局《中部地区扩大增值税抵扣范围暂行办法》(自 2007 年 7 月 1 日起执行),决定对中部地区 26 个老工业基地城市的八大行业实行扩大增值税抵扣范围的试点改革。既是

中央为促进中部地区崛起采取的重大措施,也是为今后全国实施增值税转型改革积累经验。

其次,不断调整消费税、营业税等税种的征税范围和税率,以适应社会经济发展的需要。1994年税制改革,国家制定了《消费税暂行条例》《营业税暂行条例》及其相应的实施细则。之后,财政部、国家税务总局先后发布了《消费税若干具体问题的规定》《消费税征收范围注释》《营业税税目注释(实行稿)》等规范性文件,完善了我国的消费税法制度。2001年,财政部又对烟酒消费税进行了调整,有选择地对某些特殊消费品征收消费税,使之在增值税普遍调节的基础上进行特殊调节。目前,关于汽车消费税的调整也是消费税法改革的重要问题。财政部、国家税务总局2006年3月联合下发通知,从4月1日起,将对我国现行消费税的税目、税率及相关政策进行调整。消费税调整从目前的11大类扩大到14大类,促进环保和资源可持续利用,以及限制奢侈品消费。这次消费税政策调整的指导思想是:按照贯彻落实科学发展观、建设节约型社会和构建和谐社会的要求,适应社会经济形势的客观发展需要,对消费税税目、税率及相关政策进行调整,完善消费税制,加强税收征管,进一步增强消费税的调控功能,更好地发挥其组织财政收入、促进资源配置、引导生产消费等方面的作用。在营业税领域,税率的高低一直在不断的变化中进行完善。

再次,致力于所得税制的改革。在企业所得税方面,一是不断完善扣除标准、优惠措施等具体内容,二是加强对企业纳税的监控,尤其是关联企业之间的纳税监管。企业所得税与外商投资企业和外国企业所得税已经于2007年3月16日完成合并,《企业所得税法实施条例》亦于2007年11月28日通过,《企业所得税法》及其实施条例均于2008年1月1日起施行。在个人所得税方面,一是1999年8月、2005年10月、2007年6月、2007年12月先后多次对《个人所得税法》进行了几次小幅修订,完善了征税范围,先后两次调高了税前扣除标准以及将储蓄存款利息所得税的开征、减征、停征权授予国务院等问题。《个人所得税法实施条例》于2005年12月、2008年2月先后两次进行了修订。二是加强个人所得税的征收管理及其执法监督。

最后,调整部分税种、停征部分税种、新征某些税种、酝酿开征某些税种。修订调整城镇土地使用税;将车船使用税与车船使用牌照税合并为车船税;屠宰税、农业税(含农业税、农业特产税、牧业税)等已经于2006年废止,多年停征的筵席税于2008年明文废止;固定资产投资方向调节税现正停征;新征烟叶税;重新颁布《耕地占用税暂行条例》等。新税制改革以来,政策文件中多次提及,将在适当时机考虑开征燃油税、物业税、社会保障税、遗产与赠与税、证券交易税、环境保护税等新税种,改革资源税等。

3. 应对"入世"要求,削减关税,逐步取消非关税措施

我国自2001年12月11日加入世界贸易组织(WTO)后,一直按照承诺履行义务。在税法领域集中体现为关税税率的削减和非关税措施的取消。到2005年,我国关税水平将降到WTO要求的发展中国家水平以下,并将最高关税一般的约束在15%以下。我国还承诺停止出口补贴,在入世后2—3年内取消大部分非关税措施,5年内取消所有的配额和数量限制。此外,我国于2000年修正了《海关法》,2003年10月重新发布《进出口关税条例》,2004年8月通过《进出口货物原产地条例》,2005年1月通过了《海关进出口货物征税管理办法》。这些法律结合入世承诺以及我国的实际情况,有效完善了我国的关税法律制度。自2008年1月1日起,我国将进一步调整进出口关税,主要涉及最惠国税率、年度暂定税率、协定税率和特惠税率等方面。调整后,2008年的关税总水平为9.8%,其中,农产品平均税率为15.2%,工业品平均税率为8.9%。

不仅如此,2004年12月29日,海关总署还就部分纺织品征收出口关税发出公告(参见海关总署[2004]44号文),公告指出,2005年1月1日起,纺织品贸易实现一体化,为了促进全球纺织品贸易的稳定发展,同时考虑到一些国家面临着产业调整的困难,经国务院批准,自2005年1月1日起,我国对部分服装征收出口关税。

4. 改革出口退税机制,加强税收征管工作

对出口产品实行退税是国际通行做法,符合WTO的要求。我国从1985年开始实行出口退税政策,1994年的税制改革后继续对

出口产品实行退税。2003年10月13日,国务院《关于改革现行出口退税机制的决定》指出,我国现行的出口退税机制存在一些亟待解决的矛盾和问题,必须从改革机制入手抓紧解决出口欠退税问题。并就改革的指导思想和具体内容作了规范:在"新账不欠,老账要还,完善机制,共同负担,推动改革,促进发展"的原则指导下,适当降低出口退税率,加大中央财政对出口退税的支持力度,建立中央和地方共同负担出口退税的新机制,推进外贸体制改革,调整出口产品结构,累计欠退税由中央财政负担。

根据"十五"计划发展纲要中关于"依法加强税收征管,打击偷、漏、骗税的行为,清缴欠税,严禁越权减、免、退税"的要求,我国于2001年修订了《税收征收管理法》,在强调纳税人权利的同时,也加强了对偷漏税、随意减免税的监管。与此同时,税务机关稽查部门在全国范围内建立起来,对税务稽查、税款征收工作的顺利进行起了重要作用。2003年的十六届三中全会《关于完善社会主义市场经济体制若干问题的决定》将"严征管"作为现行税制改革的重要原则之一,也是致使我国近年来税收高速增长的最直接的原因之一。2004年,国家税务总局发布《欠税公告办法(试行)》,更是强化了税款征收。面对WTO关于法律规范性、透明度的基本要求,我国的税收征管法律制度还需要不断完善。

5. 推进地方税改革,改革地方税管理

自1994年分税制改革以来,分税制没有真正落到实处的最大原因在于地方税的改革没有真正开展起来。2007年12月,全国地方税工作会议在福建举行,国家税务总局强调各地地方税管理部门要深入贯彻科学发展观,积极推进地方税改革,切实加强地方税管理。近年来,各级地税部门大力组织地方税收入,为地方经济社会建设提供了资金支持。在2004—2006年中,地方税收入年均增长26.37%。地方税调节经济、调节收入分配的作用进一步发挥;全面取消农业税,为解决"三农"问题作出历史性贡献;地方税改革取得积极进展,地方税管理成效显著,地方税干部队伍素质不断提高。近年来地方税工作的实践表明,围绕大局服务地方是地方税工作的基本宗旨,不断改进和加强征管是地方税工作的根本职责,锐意改革勇于创新是推动地方税事业发展的不竭动力,综合治税科技兴税是提高地方税管理水平的必然要求,因税制宜因地制宜是做好地方税工作的重要方法。

本章小结

　　税收的形式特征,即"税收三性",包括强制性、无偿性和固定性。本书对税收概念的界定:税收是以实现国家公共财政职能为目的,基于政治权力和法律规定,由政府专门机构向居民和非居民就其财产或特定行为实施的强制、非罚与不直接偿还的金钱课征,是一种财政收入的形式。根据征税对象的性质和特点的不同,税收可以分为流转税、所得税、财产税、行为税和资源税。税法是调整税收关系的法律规范系统。税法属于以公法为主、公法私法相融合的经济法体系内的范畴,是经济法的子部门法。税法渊源中存在的宪法不足、法律不够、行政法规不力、行政规章与行政解释过多等问题。现行税法解释制度呈现出行政解释垄断、立法解释与司法解释几乎空白的状况。税法解释特有的基本原则是实质课税原则和有利于纳税人原则。充分运用文义解释法从严解释税法是最主要的解释方法。税法要素是一国税法中必不可少的主要内涵与抽象概括,可以分为税法的定义性要素,规则性要素和原则性要素,即税法的法律术语、行为规范和基本原则。税法要素包括税法主体、课税客体、税率、纳税环节、纳税期限、纳税地点、税收优惠、法律责任等。诸多税法基本原则中,最重要的是税收法定原则、税收公平原则、税收效率原则。税收法定原则要求课税要素法定、课税要素明确、程序合法;税收公平原则既强调横向公平,也关注纵向公平;税收效率原则既要从经济效率上体现,又要从行政效率上落实。税法的体系包括实体税法与程序税法。实体税法可以分为流转税法、所得税法、财产税法、行为税与特定目的税法以及资源税法等。

思考题

1. 税收的经济学认识对理解税收概念有什么意义?
2. 什么是税收的形式特征(即税收三性)?
3. 如何从税法的角度认识和界定税收概念?

4. 根据征税对象的性质和特点的不同,税收应当分为哪些种类?
5. 税法的调整对象对认识其法律地位有何意义?
6. 税法解释应当遵循哪些基本原则?
7. 税法解释最基本的方法是什么?为什么?
8. 最新的税制改革思路对我国税法制度优化有何指导意义?
9. 税法的八大规则性要素包括哪些?
10. 怎样区分课税客体、税目、计税依据、税基等概念?
11. 如何理解税率的设计是税收立法的中心环节?
12. 税收法定原则包括哪些具体内容?
13. 税收公平原则与税收效率原则有何区别与联系?
14. 税收的经济效率与税收的行政效率各自是指什么?
15. 为什么一国税法体系的核心要么是所得税法,要么是流转税法?

第二章 税权与纳税人权利

第一节 税收法律关系概述

一、税收法律关系的概念和特征

税收法律关系,是指由税法确认和保护的在征税主体与纳税人之间基于税法事实而形成的权利义务关系。

税收法律关系作为一种法律关系,具有与一般法律关系所共有的本质属性。同时,由于税法不同于其他法律部门,税收关系也不同于其他经济关系,因而税收法律关系也有其自身的一些特征。这些特征主要表现为以下几点:

(一)税收法律关系是由税法确认和保护的社会关系

税法是调整税收关系的法律规范系统。税法的调整,就是确认和保护税收关系。由于各种不同部门的法律规范所调整的社会关系不同,因而形成了内容和性质不同的法律关系。税法在调整税收关系时,即在确认和保护税收关系中,就形成了税收法律关系。因此,税收法律关系产生的法律前提是税法,税法是产生税收法律关系的法律根据。

(二)税收法律关系是基于税法事实而产生的法律关系

税法事实是税法规范所设定的能引起税收法律关系发生、变更和消灭的条件或根据。税法事实多种多样,但归纳起来无非是两类:事件和行为。事件是指不以人们的意志为转移的客观现象。行为是指人们有意识的某种实际行动。税法事实是产生税收法律关系的事实前提或根据。

(三)税收法律关系的主体一方始终是代表国家行使税权的税收机关

由于税收活动是一种以国家为主导一方的分配活动,因而税收关系是在国家与单位、个人之间的一种特殊分配关系。没有国家参加的分配关系不是税收关系。因此,由税法调整的税收关系所形成的税收法律关系,其主体一方不论是谁,另一方必须是也只能是国家征税机关。没有国家征税机关作为主体一方参加的税收法律关系是不存在的。

(四)税收法律关系中的财产所有权或者使用权向国家转移的无偿性

税收法律关系与民事关系不同,与财政法律关系也不完全相同。在财政法律关系中,国家与单位、个人之间的财产转移,虽然绝大多数是无偿的,但是财政收入和财政支出在财产转移方向上是相反的,既有流向国家的,也有从国家向单位和个人转移的。而税收只能是单位和个人的财产向国家方面的无偿转移,而不是相反。但是,认为税收法律关系是一种单方面的权利义务关系,也是不够准确的。因为,在税收法律关系中征税机关与纳税人都有其各自的权利(力)和义务。

二、税收法律关系的构成要素

任何法律关系都是由主体、内容、客体三要素构成的,税收法律关系也不例外,其三要素之间是互相联系、不可分割的统一整体。

(一)税收法律关系的主体

税收法律关系的主体,简称税法主体,是指税收法律关系的参加者,即承担税收权利(力)义务的双方当事人,包括征税主体和纳税主体。税法主体的资格由国家税法直接规定。

1. 征税主体

征税主体指税收法律关系中享有税权的一方当事人。由于国家的税权是通过税收机关行使的,因此征税主体包括国家税务机关和财政机关。此外,海关负责关税的征收管理,因而也享有征税主体的权力,是征税主体的组成部分。

2. 纳税主体

纳税主体即税收法律关系中负有纳税义务的一方当事人。按照纳税人身份的不同,纳税主体可以分为法人、非法人组织和自然人三类;按照承担纳税义务程度的不同,可以分为无限纳税义务人与有限纳税义务人。在纳税人之外,纳税主体还应包括纳税担保人,即以自己的信誉或财产保证纳税人履行纳税义务者。纳税担保人与纳税人一样负有法律上的纳税义务,但是两者又有明显的不同:一是纳税人在税法中普遍存在,没有纳税人,税收法律关系就无法形成,而纳税担保人只有在纳税人有逃避纳税嫌疑等特殊情况时被要求设置;二是纳税人承担的纳税义务是税法中直接规定的,无法选择的,而其他人只有在承诺作为纳税担保人,并且纳税人不能履行纳税义务时,才代为承担税法上的纳税义务;三是从法律责任上看,纳税人缴纳的税金只能由自己承担,而纳税担保人缴纳税金后,可以依法向被担保的纳税人追偿。

(二) 税收法律关系的内容

税收法律关系的内容,是指税收法律关系主体双方在征纳活动中依法享有的权利(力)和承担的义务,即税法主体权利和税法主体义务。它决定了税收法律关系的实质,是其核心。从范围上看,税收法律关系的内容包括征税主体的权力义务和纳税主体的权利义务。在税收法律关系中,征税主体的权力与纳税主体的义务,征税主体的义务与纳税主体的权利往往是相互对应的。

(三) 税收法律关系的客体

税收法律关系的客体,简称税法客体,是指税收法律关系主体双方的权利和义务所共同指向和作用的客观对象。它是税收法律关系产生的前提、存在的载体,又是税收权利和义务联系的中介。税收法律关系的客体包括应税商品、货物、财产、资源、所得等物质财富和主体的应税行为。从物质实体看,税收法律关系客体与征税对象较为接近,但两者又有所不同:税收法律关系的客体是一个法学范畴,侧重于其连接征税主体与纳税主体之间权利义务关系的作用,不注重其具体形态及数量关系,较为抽象;而征税对象属于税收学范畴,侧重于表明国家与纳税人之间物质利益转移的形式、数量关系及其范围,较为具体。税收法律关系客体与征税对象在许多情况下是重叠的,但是有时两者并不一致,这在实体税法中表现得较为明显。

三、税收法律关系的产生、变更和终止

与其他法律关系一样,税收法律关系也是处于不断发展变化之中的,这一发展变化过程可以概括为税收法律关系的产生、变更和终止。

（一）税收法律关系的产生

税收法律关系的产生是指在税收法律关系主体之间形成权利义务关系。税收法律关系的产生以引发纳税义务的法律事实为基础和标志,而纳税义务产生的标志是纳税主体进行的应当课税的行为,如销售货物,取得应税收入等,不是征税主体或其他主体的行为。国家颁布新税法,出现新的纳税主体都可能引发新的纳税行为,但其本身并不直接产生纳税义务。税收法律关系的产生只能以税收法律事实的出现为标志。

（二）税收法律关系的变更

税收法律关系的变更是指由于某一税收法律事实的发生,使税收法律关系的主体、内容或客体发生变化。引起税收法律关系变更的原因多种多样,归纳起来,主要有以下几个方面：

1. 纳税人自身的组织状况发生变化。例如纳税人发生改组、分立、合并、联营、迁移等情况需要向税务机关申报办理变更登记或重新登记,从而引起税收法律关系的变更。

2. 纳税人的经营或财产情况发生变化。例如,某企业由商品生产变为服务性经营,则由缴纳增值税改为缴纳营业税,税收法律关系因此而变更。

3. 税收机关组织结构或管理方式的变化。例如,国家税务局与地方税务局分设后,某些纳税人需要变更税务登记；申报大厅的设立,也会带来税收法律关系的某些变更。

4. 税法的修订或调整。例如,1994年实行新税制以后,原有的许多减免税取消,纳税人由享受一定的减免税照顾变为必须依法纳税。诸如此类的税法修订或调整,会使税收法律关系发生量或质的变更。

5. 不可抗力。不可抗力是不能预见、不能避免并且不能克服的客观事件,如地震、洪水、战争等。由于发生不可抗力,往往给纳税人

造成重大财产损失,迫使纳税人停产、减产等。在此情形下,如果纳税人向主管税务机关申请减免税得到批准,则税收法律关系发生变更。

(三)税收法律关系的终止

税收法律关系的终止是指这一法律关系的消灭,即其主体间权利义务关系的终止。税收法律关系终止的原因主要表现为:

1. 纳税人完全履行纳税义务。这是最常见的税收法律关系终止的原因,它包括纳税人依法如期履行纳税义务和税务机关采取必要的法律手段,强制纳税人履行纳税义务。

2. 纳税义务因超过法定期限而消灭。我国《税收征管法》规定,未征、少征税款的一般追缴期限为3年。超过3年,除法定的特殊情况外,即使纳税人没有履行纳税义务,税务机关也不能再追缴税款,从而使税收法律关系消灭。

3. 纳税义务人具备免税的条件。纳税人符合法定免税条件,并经税务机关审核确认后,纳税义务免除,导致税收法律关系消灭。

4. 有关税法的废止。例如,1994年我国实行新税法后,原有的"烧油特别税"废止,从而使相应的税收法律关系归于消灭。

5. 纳税人的消失。纳税主体的消失,可以导致相应的税收法律关系消灭。例如,企业的破产、撤销和个人居民纳税人的死亡等。

应注意的是,第3、4、5种情况下通常是相关的税收法律关系不发生。只有在相应的税收法律关系产生以后再出现这些情况,才会使其归于消灭。

第二节 税权及其基本权能

一、税权的概念和特征

税权,也称课税权、征税权,是指由宪法和法律赋予政府开征、停征及减税、免税、退税、补税和管理税收事务的权力的总称。税权是由法律规定的,是国家权力在税收上的表现。需要注意的是,税权与税法主体权利有密切联系,税权的行使除抽象行政行为外,须通过具体的税收法律关系来实现,由此,其权能与征税主体的权利相联系。但是,税权与税法主体权利是两个不同的概念,彼此之间的区别也是十分明显:首先,税权为国家所独有,可授权征税机关行使,而税法主体权利既可由税务、财政和海关等征税主体享有,也可由自然人、法人和非法人组织等纳税主体所享有,且一般情况下国家只有在对外税收关系中才成为具体的税法主体,从而享有税法主体权利。其次,税权着重于国家权力的命令与服从,而税法主体权利着重于权利与义务的对应或对等。由此可见,税权与国家公共权力存在着密切的联系。

税权作为一个特定的税法范畴,具有以下特征:

(一) 专属性

这是税权在主体方面的特征。税权是国家税收关系在法律上的表现。国家是税收关系中唯一的征税主体。因此,税权的权力主体总是国家,国家作为权力主体具有唯一性和统一性。这种唯一性和统一性,表明国家拥有的税权是国家之外任何其他主体不能拥有的,具有国家专属性。财政机关、税务机关和海关是代表国家行使税权的职能部门,它们拥有国家授予的征税职权,但不能说它们拥有国家税权。

(二) 法定性

税权是法定权利,为国家的宪法和法律所设定。在现代世界各国,政府是否拥有税权必须通过宪法或有关法律作出严格规定。美国宪法规定,依照权力征税,必须按照议会通过的法律进行,并在议会中专门规定税收议案的审议程序。法国宪法及税收法典均规定,各税种、税率及税款征收方法都要由议会制定法律加以明确。加拿大、比利时等国也在宪法中规定,没有法律依据不能征税。我国宪法规定,公民有依照法律纳税的义务(反衬出国家拥有税权)。我国《税收征管法》第3条第1款规定:"税收的开征、停征以及减税、免税、退税、补税,依照法律的规定执行;法律授权国务院规定的,依照国务院制定的行政法规的规定执行。"可见,严格由法律规定是税权的一个重要特征。

(三) 优益性

税权不同于公民和市场主体的一般经济权利，它体现国家和全体人民的意志，涉及国家和全社会的利益。因此，税收机关代表国家行使税权时，享有一定的优益条件，实现国家的优先受益。这种优益性在征税行为方面表现为效力先定性。我国《税收征管法》第88条规定："纳税人、扣缴义务人、纳税担保人同税务机关在纳税上发生争议时，必须先依照税务机关的纳税决定缴纳或者解缴税款及滞纳金或者提供相应的担保，然后可以依法申请行政复议；对行政复议决定不服的，可以依法向人民法院起诉。"

(四) 公示性

这是税权某项具体内容发生变更时表现出的特征。由于税权的义务主体十分广泛，税权的某项内容的变更涉及众多纳税人的利益。为了切实贯彻税权法定原则，约束税收机关的行为，保护纳税人的利益，凡是税权内容发生变更，都必须将变更的内容以法定方式公开，使纳税人知晓。税权的公示必然有利于防止税收机关及其工作人员滥用职权行为的发生，有利于监督各项税收工作。可见，税权的公示性是依法治税的内在属性。

(五) 不可处分性

税权是政府的一种经济职权。税收机关有权实施税权，但无权对它作任意处分。税权的不可处分性表现为两个方面：一是税权机关不得自由转让税权，除非符合一定的法律条件并经过一定的法律程序；二是税权机关不得自由放弃税权。从这个意义上说，税权同时也是税权机关的一项法定义务。税权的不可处分性是它区别于一般经济权利的重要特征。

二、税权的基本权能

税权的内容是指税权中包含的具体权能。税收的开征、停征、减税、免税、退税、补税和征收管理是税权的统一的不可缺少的权能。

(一) 开征权

开征权是税权的核心权能，它是指国家选择某一征税对象向相应纳税人强制无偿征收一定比例的货币或实物的决策权。简而言之，开征权是指国家决定开征某一种税收的权利。国家开征一种新税，就意味着将某一类财产或特定的行为确定为征税对象，而将征税对象所涉及的某些单位和个人确定为纳税义务人。国家开征一种税，是将一部分财产从纳税人所有转为国家所有。这种财产所有权的转移必须通过一定的形式才能得以实现。开征权是国家参与部分社会产品和国民收入分配、再分配的经济关系在法律上的表现。因此，只有国家才是开征权的权力主体，但是国家征税的权力是集中通过国家最高权力机关及其授权的国家行政机关以立法形式实施的。

（二）停征权

停征权是指国家决定停止征收某一种税收的决策权。开征权的行使导致某一种新的税收的出现，而停征权的行使导致某一种旧的税收的终止。停征权的权力主体也是国家，具体表现为国家的最高权力机关及其授权的国家行政机关。

（三）减税权

减税是对纳税人应征税款减除一部分，从而减轻纳税人的纳税义务。减税权是决定对某些纳税人减税的权力。减税权的权力主体是国家最高权力机关及其授权的国家行政机关。征税机关也可以依法享有一定的减税权，例如，某些纳税人遇到特殊的暂时困难时，税务机关可依照税收管理权限的规定临时批准减税。

（四）免税权

免税是将纳税人的应纳税额全部免除，从而使纳税人不再承担纳税义务。豁免也是一种免税，它是指按照税法的规定，经过批准对全部应纳税款或欠税免予缴纳。免税权是决定对某些纳税人免税的权利。

（五）退税权

退税是将已经征收入库的税款，按照法定程序退还给原纳税人的行为，包括误征退税、政策退税和其他退税三种类型。退税权是征税机关拥有的依法办理退税的权利。

（六）加征权

税收加征是指在按税法规定的税率计算出纳税人的纳税额基础上，再按此纳税额加征一定成数或倍数的税收。在加征的情况下，纳税人的应纳税额为按税率计算的纳税额与加征额两项之和。可见，加征增加了纳税人的税负，它实际上是提高税率的一种方式。加征权是税收机关依法对某些纳税人按照纳税额加征一定成数或倍数税款的权利。国家赋予税收机关加征权，其目的在于限制某些经营或防止纳税人取得过多利润，调节经济和收入分配。

(七) 税收检查权

税收检查权是税收机关依法对纳税人履行纳税义务的情况进行检查监督和对税收违章行为进行查处的权利。税收检查权是税收机关进行税收检查活动的依据，是贯彻和实施税法，保证税收收入的重要法律手段。税收检查权的内容，我国《税收征管法》作出了明确规定，包括查账权、场地检查权、责成提供资料权、询问权、查证权和查核存款账户权等。

(八) 税收调整权

税收调整权是指国家最高权力机关及其授权的国家行政机关对税法规定的部分税收内容进行增减、修订和补充的权利。

第三节　税收管理体制

一、税收管理体制的概念

税收管理体制，作为一项基本的税收法律制度，是指确认和保护中央政府和地方政府之间税权关系的法律制度。它的核心内容是划分中央政府和地方政府之间的税权权限。税收管理体制是国家税法制度的一个重要组成部分，也是国家财政管理体制的一项重要内容。

依照中央与地方之间税权划分状况，可以将税收管理体制分为三种类型：第一，中央集权型。其税权集中于中央政府，地方政府的权限很小。第二，地方分权型。其税权集中于地方政府，中央政府的权限较小。第三，集权与分权兼顾型。中央政府集中掌握主要的税权和税种收入，地方政府掌握次要的税权和税种收入。

合理确定中央与地方之间的税权，建立符合本国国情和经济体制要求的税收管理体制，正确处理税收管理中的集权与分权的关系，对于调动中央和地方两个积极性具有十分重要的意义。因此,税收管理体制的建立应当遵循一定的原则。我国税收管理体制建立的原则主要有以下几项:第一,统一领导,分级管理的原则;第二,权、责、利有机统一的原则;第三,按收入归属划分税收管理权限的原则;第四,有利于发展社会主义市场经济的原则。

二、我国税收管理体制的历史沿革

中华人民共和国成立近六十年来,税收管理体制根据不同时期的政治经济形势的发展,与整个财政经济管理体制的变化相适应,经历了几次较大的改革与发展。

(一) 新中国成立初期的税收管理体制

新中国成立初期,国家为了迅速恢复国民经济,平衡财政收支,稳定金融物价,实行了与当时整个财政经济体制相适应的集权型的税收管理体制。1950年政务院颁布的《全国税政实施要则》对新中国成立初期税收管理体制的主要内容作出了规定:各项税法和有关全国性的税收条例和施行细则由中央制定;税种和开征、停征以及税率的增减调整,都由中央集中掌握;减税、免税基本是集中在中央,只有一部分地方性税收和减免权授权地方行使。

(二) 1958年确定的税收管理体制

1958年全国性生产资料私有制的社会主义改造已基本完成,经济建设进入第二个五年计划时期。为了适应这种政治经济形势的发展,1958年6月,国务院发布了《关于改进税收管理体制的规定》,确定了中央集权与地方分权兼顾的税收管理体制。在这种情况下,凡属可以由省、市、自治区管理的税收,都交给省、市、自治区管理,允许省、市、自治区对某些利润较大的土特产品和副业产品开征地区性税收,中央下放了部分税权给地方,扩大了地方税权,调动了地方的积极性。

(三) 1961年确立的税收管理体制

1961年中国经济发展处于困难时期,为了克服困难,中央根据"调整、巩固、充实、提高"的八字方针,决定适当收回部分税权:工商统一税税目的增减和税率的调整及盐税税款的调整,应报中央批准;

工商统一税纳税环节的变动,牵涉一个大区内两省、市、自治区以上的,应报经中央局批准;牵涉两个大区的,应报经中央批准;开征地区性税收、地方各税税目、税率的变动,以及在中央规定的所得税税率范围内确定具体税率,须报中央局批准。

(四) 1973年确立的税收管理体制

1973年简化税制,全面试行了工商税,对税权也作了相应的调整。1973年公布实施《工商税条例(草案)》,规定属于个别产品和纳税人适用税目、税率以及减免税,均由省、直辖市、自治区决定。显然,地方税权的扩大有利于调动地方的积极性。

(五) 1977年以来的税收管理体制

1977年11月国务院发布了《关于税收管理体制的规定》。这一规定对税权作出了进一步的明确划分,部分税权收回中央,对继续留给地方的一些税权也增加了一定的限制性条款。1977年我国还没有实行对外开放和经济改革的政策,税收管理体制没有太大的变动。1978年以后,我国开始实行改革开放的方针。随着对外开放和经济体制改革的不断深入,我国税收管理体制也在不断改革:1980—1984年实行"划分收支,分级包干"的财税管理体制;1985—1987年实行"划分税种,核定收支,分级包干"的体制;1988—1993年实行各种包干体制以及进行分税制的试点工作,为1994年的分税制改革提供了经验。

三、分税制下的税收管理体制

根据党的十四届三中全会的决定,为了进一步理顺中央与地方的财政分配关系,增强中央的宏观调控能力,促进社会主义市场经济体制的建立,国务院决定自1994年1月1日起实行分税制。

分税制是指中央与地方政府之间,根据各自的事权范围划分税种和管理权限,实行收支挂钩的分级管理财政体制。分税制财政管理体制,从税收管理体制看,主要是按照税种统一划分为中央税、地方税、中央地方共享税,并建立行使中央税权和地方税权的执行体系,分设中央和地方两套税务机构分别征管。

世界上大多数国家均实行分税制,但采取的类型不同。有的实行彻底分税制,即中央与地方税权彻底分开,中央税与地方税税种完全不同,不存在中央与地方共享税的分税制;有的实行不彻底分税制,即中央与地方税权有交叉,设有共享税税种的一种分税制。我国现行的分税制属于不彻底分税制类型。

按照国务院《关于实行分税制财政管理体制的决定》,我国中央政府与地方政府税收收入的划分情况如下:

1. 中央政府固定的税收收入。中央政府固定收入包括:国内消费税、关税、海关代征增值税和消费税。

2. 地方政府固定的税收收入。地方政府固定收入包括:个人所得税、城镇土地使用税、耕地占用税、固定资产投资方向调节税、土地增值税、房产税、城市房地产税、遗产税(尚未开征)、车船使用税,车船使用牌照税、契税、屠宰税、筵席税、农业税、牧业税及其他地方附加。

3. 中央政府与地方政府共享的税收收入。中央政府与地方政府共享的税收收入包括:(1)国内增值税,其中中央政府享有75%,地方政府享有25%;(2)营业税,其中铁道部、各银行总行、各保险总公司集中缴纳的部分,金融、保险企业按照提高3%税率缴纳的部分归中央政府享有,其余部分归地方政府;(3)企业所得税,其中中央企业、地方银行、非银行金融机构缴纳的部分归中央政府享有,其余企业所得税归地方政府;(4)外商投资企业和外国企业所得税,其中外资银行缴纳的部分归中央政府享有,其余部分归地方政府享有;(5)资源税,其中海洋石油企业缴纳的部分归中央政府享有,其余部分归地方政府;(6)城市维护建设税,其中铁道部、各银行总行、各保险总公司集中缴纳的部分归中央政府享有,其余部分归地方政府;(7)印花税,其中股票交易印花税收入的88%归中央政府享有,其余12%和其他印花税收入归地方政府;(8)证券交易税(尚未开征),也是共享税。

第四节 纳税人权利

一、纳税人权利的界定

权利,法律关系的内容之一,是指法律对法律关系主体能够作出或者不作出一定行为,以及其要求他人相应作出或不作出一定行为的许可和保障。纳税人权利是指纳税人在税收法律关系中为了满足自己的利益和维护自己的权益,能够作出或者不作出一定行为,以及其要求征税主体相应作出或不作出一定行为的许可和保障。纳税人权利有广义和狭义之分。广义的纳税人权利包括自然权利和税收法律关系中的权利。而此处所指纳税人权利采狭义上的概念,即纳税人在税收法律关系所享有的权利,包括实体法方面的权利,也包括程序法方面的权利。需要注意,此处所指"纳税人"包括纳税人和扣缴义务人。法律、行政法规规定负有纳税义务的单位和个人为纳税人。法律、行政法规规定负有代扣代缴、代收代缴税款义务的单位和个人为扣缴义务人。

二、我国现行税法规定的纳税人权利

现代税法日趋重视对纳税人权利的确认和保障。我国的纳税人权利集中体现在《税收征管法》中,具体内容如下:

1. 税收知情权

《税收征管法》第 8 条第 1 款规定:"纳税人、扣缴义务人有权向税务机关了解国家税收法律、行政法规的规定以及与纳税程序有关的情况。"

2. 要求保密权

《税收征管法》第 8 条第 2 款规定:"纳税人、扣缴义务人有权要求税务机关为纳税人、扣缴义务人的情况保密。税务机关应当依法为纳税人、扣缴义务人的情况保密。"

3. 申请减免权

《税收征管法》第 8 条第 3 款规定:"纳税人依法享有申请减税、

免税、退税的权利。"第 33 条规定:"纳税人可以依照法律、行政法规的规定书面申请减税、免税。"

4. 申请退税权

根据《税收征管法》第 8 条、第 51 条的规定,纳税人超过应纳税额缴纳的税款,税务机关发现后应当立即退还;纳税人自结算缴纳税款之日起三年内发现的,可以向税务机关要求退还多缴的税款并加算银行同期存款利息,税务机关及时查实后应当立即退还。

5. 陈述申辩权

《税收征管法》第 8 条第 4 款规定:"纳税人、扣缴义务人对税务机关所作出的决定,享有陈述权、申辩权。"

6. 请求回避权

《税收征管法》第 12 条规定:"税务人员征收税款和查处税收违法案件,与纳税人、扣缴义务人或者税收违法案件有利害关系的,应当回避。"

7. 选择纳税申报方式权

《税收征管法》第 26 条规定:"纳税人、扣缴义务人可以直接到税务机关办理纳税申报或者报送代扣代缴、代收代缴税款报告表,也可以按照规定采取邮寄、数据电文或者其他方式办理上述申报、报送事项。"

8. 申请延期申报权

《税收征管法》第 27 条第 1 款规定:"纳税人、扣缴义务人不能按期办理纳税申报或者报送代扣代缴、代收代缴税款报告表的,经税务机关核准,可以延期申报。"

9. 申请延期缴纳税款权

《税收征管法》第 31 条第 2 款规定:"纳税人因有特殊困难,不能按期缴纳税款的,经省、自治区、直辖市国家税务局、地方税务局批准,可以延期缴纳税款;但最长不得超过三个月。"

10. 拒绝检查权

《税收征管法》第 59 条规定:"税务机关派出的人员进行税务检查时,应当出示税务检查证和税务检查通知书,并有责任为被检查人保守秘密;未出示税务检查证和税务检查通知书的,被检查人有权拒绝检查。"

11. 委托税务代理权

《税收征管法》第 89 条规定:"纳税人、扣缴义务人可以委托税务代理人代为办理税务事宜。"

12. 取得代扣、代收手续费权

《税收征管法》第 30 条第 3 款规定:"税务机关按照规定付给扣缴义务人代扣、代收手续费。"

13. 索取完税凭证权

《税收征管法》第 34 条规定:"税务机关征收税款时,必须给纳税人开具完税凭证。扣缴义务人代扣、代收税款时,纳税人要求扣缴义务人开具代扣、代收税款凭证时,扣缴义务人应当开具。"

14. 索取收据或清单权

《税收征管法》第 47 条规定:"税务机关扣押商品、货物或其他财产时,必须开付收据;查封商品、货物或者其他财产时,必须开付清单。"

15. 税收救济权

根据《税收征管法》第 8 条、第 88 条规定,纳税人、扣缴义务人对税务机关所作出的决定,依法享有申请行政复议、提起行政诉讼的权利。

16. 请求国家赔偿权

根据《税收征管法》第 8 条、第 39 条、第 43 条规定,纳税人、扣缴义务人对税务机关所作出的决定,享有请求国家赔偿的权利;税务机关滥用职权违法采取税收保全措施、强制执行措施,或者采取税收保全措施、强制执行措施不当,使纳税人、扣缴义务人或者纳税担保人的合法权益遭受损失的,应当依法承担赔偿责任。

17. 控告、检举、举报权

《税收征管法》第 8 条第 5 款规定:"纳税人、扣缴义务人有权控告和检举税务机关、税务人员的违法违纪行为。"《税收征管法》第 13 条规定:"任何单位和个人都有权检举违反税收法律、行政法规的行为。收到检举的机关和负责查处的机关应当为检举人保密。税务机关应当按照规定给予奖励。"

三、我国税法对纳税人权利保障的进步与不足

目前实施的税收法律总体上而言,对纳税人的权利还是给予了比较充分的保护,尤其是2001年4月修订的新《税收征管法》及其后出台的《实施细则》,基本上形成了一个较为完整的纳税人权利保护体系。新《税收征管法》对纳税人权利的规定比原《税收征管法》更具体明确,规定了纳税人的知情权;保密权;申请减、免、退税权;陈述权;申辩权;申请行政复议权;提起行政诉讼权;请求国家赔偿权;控告权;检举权等等。而《实施细则》一方面给予了进一步具体明确的规定;另一方面在保护纳税人合法权益方面实现了突破,如第67条第2款规定,继续使用被查封的财产不会减少其价值的,税务机关可以允许被执行人继续使用;第36条规定,对实行定期定额缴纳税款的纳税人,可以实行简易申报、简易征收等申报纳税方式。这些规定都体现了保护纳税人合法权益的精神。

但是,在看到立法进步的同时,我们也应当关注其中存在的不足之处:

其一,在中国宪法中缺乏对纳税人权利的明确规定。宪法是国家的根本大法,它为其他基本法律提供了明确的立法依据和立法渊源。然而,中国宪法仅仅规定了公民有依照法律纳税的义务,对于纳税人权利却未能作明确规定,从而有悖于宪法宣示公民基本权利的法律功能。而且,税收法定原则也应该在宪法上有所体现。实际上,各国宪法都对税收的立法权属进行了严格规定,明确指出,一切征税必须经过立法机关制定法律,在法律授权下方可征税,否则,任何机构和个人都无权征税。而中国在这些方面却是空白,所以,在税收执法过程中、在纳税人权益维护上,想要获得宪法层次上的救济,是无据可依的。这样一种状况,很不利于纳税人权利的保障,因而现实的状况迫切要求我们应从宪法的高度上来寻求对纳税人利益更为根本的维护。

其二,中国法律法规对于纳税人权利的规定只是维护纳税人权利的一个方面,更为重要的是如何使这些法定权利落到实处。目前,我国部分地区,尤其是经济落后、税源不丰的地区而言,时有执行状

况不理想的情形出现,有的税收执法人员为完成税收征管任务甚至会漠视法律法规的存在,仅仅将纳税人作为单纯被动的执法对象,使得法定的纳税人权利被彻底架空。因此,如何在更为全面的领域里贯彻既有的法定纳税人权利,已经是摆在我们面前的当务之急。

其三,权利救济方式的执行不佳。税收执法过程中,纳税人权利无法得到保障的另一个重要方面正在于救济方式的执行不佳。这客观上纵容了税收执法中的不法现象的发生。例如,纳税人在对税收执法人员的执法活动存有疑问时,可能会要求举行听证程序,毕竟该程序相对而言在公开性、公平性等方面更有保障,但往往会由于对该程序的了解不足,或者是基于税收执法机关在设置该程序上的拖延或其他横生枝节的情形,最终不得不放弃。我们认为,纳税人权利意识的提高并不等同于其权利的实现。尤其是在当前中国法治环境有较大改进的大背景下,纳税人往往会有保护自身合法权益的意识,且此种意识表现得颇为强烈,却无法在最后转换为真正的现实权利,在这其中,最大的障碍正是由于救济方式的不足,因而使维权意识与现实权益缺少了必要的沟通渠道。

四、完善我国纳税人权利保障的法律思考

(一) 尊重人权,树立以纳税人为本的税法理念

人权的保障,在当代法治国家已经成为最为重要的宣言。但是,人权作为普遍的最低限度的道德标准,其作用与意义绝不止于其自身,它必须并且能够作为一种价值内涵,融入、贯彻于人类所享有一切其他法定权利之中。具体到税收执法领域,纳税人经常面对的是强大的征税主体,其势力的弱小、手段的缺乏、信息的不对称等先天的不足,使其权利很容易就被税收执法机关所忽视乃至非法剥夺。因此,在国家权力往往会对国民财产权造成侵犯的税收执法领域中贯彻与实现人权,必然要求对纳税人的权益给予合法而足够的关注,这是人权普遍性的具体表现,也是对纳税人进行人权保障的必然要求。只有从人权的高度来看待纳税人权益的保护,才能给纳税人权利以更为有力的理论基础保障,也才能从更根本的角度来切实地维护其正当合法权益。因此,笔者认为,尊重人权、以人为本,在税法领

域必然要求体现为纳税人权利本位。

提倡以纳税人为本的税法理念,必须有与之相配合的途径加以实施。这些途径主要有:首先,应从法律上确保征纳税双方的地位平等。强调征纳税双方的法律平等,是"以纳税人为本"理念的基本前提,这也是当前各地国家税务机关的普遍感受并加以大力提倡的重要做法。其次,要有高效优质的服务,并真正地实现税收执法从监督管理型向管理服务型的转变。高效优质的服务,是确保"以纳税人为本"的税法理念得以实现的外部手段,也是当前税收执法机关在观念上的一次革命。而且,还需要执法机关将税收执法从传统意义上的纯粹监督管理型向当前的管理服务型转变,从而在实现自身职能的前提下,又切实地做到"以纳税人为本"的理念,最终体现税收执法中宝贵的人文关怀精神。

最后,税收执法必须坚持公开、公平、公正执法。强调"以纳税人为本"的税法理念,对于税收执法机关还提出了更为严格的要求,即公正执法。新形势下税收服务体系的主要特点就是要保障纳税人的合法权益,而仅仅依靠优质服务是不够的,还必须更新观念,建立以公正执法为依托的新型服务体系。新型服务体系的关键是公正执法。没有了执法的公正性,纳税人连基本的待遇问题都无法保证,更遑论服务纳税人、"以纳税人为本"的税法理念的实施了。而公正执法的前提就是坚持公开、公平原则。

(二) 制定税法通则,全面保障纳税人权利

制定一部系统彰显纳税人权利的法案,既是发达国家与国际公约立法的成功经验,更是我国尊重人权、以人为本理念的必然要求。"法典是人民自由的圣经",权利需要彰显,将纳税人的权利从范畴上进行合理的界定,并用一部基本法律予以规范和体现,是体现税收法律对人的主体性,对人的人格尊严和自由权利的确认和保障,也是税收立法价值转换和创新的根本体现。立法机关和税法学界对此都已有共识,自1995年以来,连续三次将《税法通则》的起草列入立法规划,但如何制定一部合理的税法通则,是需要我们进一步研究的重要课题,需要参考和借鉴国外立法经验。

（三）建立协调税收执法权与纳税人权利冲突的机制

毫无疑问，对于纳税人权利造成冲击最大的，莫过于税务执法权的不当行使。税收执法权与纳税人权利冲突现象频频发生，其最根本原因还在于税收执法权在本质上所具有的对公众权利的天然侵犯因素。所以，探究这两种权利（力）的冲突，不能不从其各自独有的性质上着眼，以此寻求出一种较为适当的机制，来对税收执法权进行合理的规制，并促进纳税人权利的充分行使，从而协调二者在实践中的不和谐之处。

要建立协调税收执法权与纳税人权利冲突的机制，可以从以下几个方面着手：首先，明确税收执法权的权限。权力的行使最重要的是要清楚权力的边界，否则，就容易发生滥用权力的情形。税收执法权应当是一系列权力的复合体，具体而言，应该包括税款征收权、税务稽查权、税务检查权、税务处罚权及税务行政复议裁决权等方面。需要注意，我国的税收执法权分别为税务机关、海关、财政部门等主体行使。因此，明确不同主体之间的权力界限，也十分重要。其次，强化税收执法机关与其他机构之间的协助。主要是加强银行、工商、公安等部门与税务部门之间的信息交流和资源共享。最后，需要完善税收执法监督。要实现税收执法权与纳税人权利的协调，单纯地依靠税收执法权的制约是远远不够的，还需要有一个强有力的外部环境对该权力的正确行使进行监督。由此可见，如果税收执法监督这一环节能够得到进一步加强，相信纳税人的权利会得到更好的维护，税收执法权与纳税人权利的协调也才能营造出更为良好的外部氛围。

本章小结

税收法律关系是指由税法确认和保护的在国家征税主体与纳税人之间的基于税法事实而形成的权利义务关系，包括主体、内容、客体等基本组成部分。税收法律的性质与税法的体系架构、价值取向密切相关，但税收关系的复杂性决定了不能对税收法律关系的性质作一元化的界定，而要根据具体关系所在层面进行界定。税权和纳税人基本权利是税收法律关系内容的核心。税权是税法理论中的一个基本概念，是国家税法制度的核心内容，由宪法和法律赋予有关国家机关全面、广泛而明确的税权,是世界各国税收制度的普遍做法。但征税机关的税权不是无限的,要受到纳税人权益保障的制约。纳税人权利是纳税人在税收法律关系中享有的具体权利,纳税人在行使权利的同时也要履行相关义务,纳税人的权利和义务要对等。我国在纳税人权利保护方面还存在一定问题,应通过相关制度的构建切实保障纳税人的合法权益。

思考题

1. 什么是税收法律关系,其特点是什么?
2. 怎样理解税收法律关系的三大构成要素?
3. 什么原因会引起税收法律关系的产生、变更和终止?
4. 如何理解税权的概念?其特征有哪些?
5. 税权的基本权能包括哪些?
6. 什么是税收管理体制?怎样理解我国现行分税制税收管理体制?
7. 如何理解纳税人权利的概念?
8. 我国现行税法规定了哪些具体的纳税人权利?
9. 我国税法对纳税人权利的保障存在哪些进步和不足?
10. 如何理解保障我国纳税人权利的几点完善建议?

第三章 增值税法

第一节 增值税法概述

一、增值税的概念和类型

(一) 增值税的概念

增值税是以生产、销售货物或者提供劳务过程中实现的增值额为征税对象的一种税。增值税是世界各国和地区普遍征收的一种税收,但对增值税的称呼并不完全一致,如加拿大称为货物及服务税,新加坡、斯里兰卡称为商品劳务税,巴西称为进口及商品流转税,墨西哥称为生产经营税,日本称为消费税,德国以及我国台湾地区称为营业加值税。

理解增值税的征税对象,关键是要明白理论增值额和法定增值额的区别。理论增值额是指企业或个人在生产经营过程中新创造的价值,即相当于商品价值$(C+V+M)$的$V+M$,包括工资、奖金、利息、利润和其他增值性费用。对此,可以从两个方面理解:其一,就某一生产单位而言,其理论增值额是该单位在一定时期内销售货物或提供劳务实现的商品销售额或经营收入额扣除为获得该销售额或收入额而付出的物质成本(相对于工资、奖金等人工成本而言,如外购原材料、燃料、动力、固定资产折旧、包装物和低值易耗品摊销等)后的余额,大体上相当于该企业活劳动所创造的价值。其二,就某一商品生产流通全过程而言,其理论增值额是该商品生产、流通各环节的增值额之和,相当于该商品流转到某一或最后环节时实现的销售额。

在各国的增值税征收实践中,据以征税的增值额并非理论增值额,而是普遍采用的法定增值额。所谓法定增值额,是指各国政府根据各自的国情、政策需要,在其增值税法中明确规定的增值额。法定增值额与理论增值额可能一致,也可能不一致。原因在于,各国在确定法定增值额时,其允许从销售额或收入额中扣除的项目或范围不同,主要表现为对外购固定资产的处理办法不同。增值税法中采用法定增值额作为征税对象,既可保证增值税计征的统一性,便于操作;又可根据国情和政策要求,作出合理的规定。

(二) 增值税的类型

各国在增值税立法中,出于财政收入目的或投资政策的考虑,在确定法定增值额时,除对一般性外购生产资料(指非固定资产项目)都普遍实行扣除外,对于某一纳税人的外购生产资料中的固定资产的价值扣除,则往往作出不同的立法规定。根据确定增值额时扣除项目中对外购固定资产的处理方法的不同,可将增值税分为生产型增值税、收入型增值税和消费型增值税三种课征类型。

1. 生产型增值税

生产型增值税,对于外购的固定资产不允许作任何扣除。在此类型中,作为课税对象的法定增值额既包括新创造的价值,又包括当期计入成本的固定资产部分,即大致为理论增值额与固定资产折旧之和。从整个社会经济而言,它相当于国民生产总值,故被称为生产型增值税。生产型增值税不利于避免重复征税,但对确保财政收入和限制投资有一定的作用。我国及少数发展中国家实行的增值税就属于这种类型。

2. 收入型增值税

收入型增值税,只允许在纳税期内扣除固定资产当期的折旧部分。在此类型中,作为课税对象的法定增值额为工资、奖金、利息、利润和其他增值性费用之和,就整个社会来说,它相当于国民收入,故称为收入型增值税。收入型增值税不利于采用规范的发票抵扣法,在避免重复征税方面不够彻底,且对投资有一定的限制作用。目前,采用这种类型的国家较少,主要限于拉丁美洲的一些国家。

3. 消费型增值税

消费型增值税,允许将纳税期内当期购进的固定资产价值从当期的销售额中一次性全部扣除。在此类型中,作为课税对象的法定增值额为当期全部销售额或收入额扣除全部外购生产资料价款后的余额。从整个社会经济来看,它相当于征税对象排除了任何投资,只限于消费资料,故称为消费型增值税。消费型增值税,尽管在一定程度上会减少国家财政收入,但由于外购固定资产的成本可凭发票一次性全部扣除,更便于操作和管理,也有利于鼓励投资,加速设备更新,因而被认为是最先进、最能体现增值税优越性的一种类型。西方发达国家多实行这种增值税。我国正在进行中的"增值税转型",即是从生产型增值税转向消费型增值税。

二、增值税的特点和作用

(一) 增值税的特点

增值税和传统的流转税相比,具有以下四个方面的突出特点:

1. 避免重复征税,具有税中性。增值税只对商品在生产流通过程中的价值增值额征收,具有税不重征的特点。从而彻底避免了传统流转税"道道征税、税上加税"的税负累积现象,使同一售价的商品,不受流转环节多少的影响,始终保持同等的税收含量。这样有利于生产的专业化分工,不会对资源配置产生不利影响,符合市场经济发展的要求。

2. 税源广阔,具有普遍性。增值税具有普遍征收的特点。增值税不但可以对制造业征收,而且可以对服务业征收;不但可以在生产环节征收,而且可以延伸到进口、批发、零售诸环节。一切从事生产经营活动并取得经营收入的单位和个人都要缴纳增值税。故有普遍征收的特点。

3. 增值税具有较强的经济适应性。由于增值税避免了传统流转税与商品经济发展不相适应的矛盾,各生产经营单位和商品不因生产组织形式、商品生产结构的不同和流转环节的多少而发生税负的变化,国家税收也不会因这些方面的变化而受到影响。因此,该税具有较强的经济适应性。

4. 增值税的计算采用购进扣税法,凭进货发票注明税额抵扣税款,并在出口环节实行零税率征收。这样,在出口退税和税收勾稽方面有着传统流转税无法替代的优点。

(二) 增值税的作用

增值税的上述特点,决定其在组织财政收入、促进经济发展、拓

展对外贸易等方面具有其他税种不可替代的作用:

1. 税收具有中性,不会干扰资源配置。由于增值税只对增值额征税,纳税人的税负不因商品生产结构的改变和流通环节多少的不同而不同,因而课征增值税对纳税人的生产经营决策影响较小,不会扭曲市场资源的配置。

2. 有利于保障财政收入的稳定增长。因为:(1)增值税实行普遍征收,税基较为广阔;(2)增值税对商品销售和劳务提供征收,其收入能随消费的增长而自然增长;(3)增值税收入不受企业生产组织形式、商品生产结构和流转环节变化的影响;(4)增值税实行凭发票注明税额抵扣制度,环环相扣,只要发票印制、管理得法,可以有效地防止偷漏税。

3. 有利于国际贸易的开展。由于只对增值额征税,避免了重复征税的因素,且出口环节实行零税率。一方面,对出口国家来说可以准确计算退税,可避免退税不尽或退税过多的现象发生,有利于商品出口;另一方面,对于进口国家来说,可对进口商品足额征税,使其与本国商品负担同等的税收,便于保护本国民族工业的发展。凡此种种都有利于国际贸易的开展。

4. 具有相互勾稽机制,有利于防止偷漏税现象的发生。由于对纳税人的应纳税额实行凭进货发票抵扣税额的办法进行,据此可以建立起纳税人之间相互勾稽的机制。因为,对增值税来说,只要该商品的最后售价相同,其总体税负就是相同的。因此,上一环节少纳了税,下一环节就要多纳税,而凭发票抵扣就可促使购买方向销售者索要发票,从而在买卖双方建立起相互制约关系,税务部门也可以通过发票对纳税人进行交叉审计,防止并及时发现偷漏税。

三、增值税的产生和发展

增值税是在传统流转税的基础上发展起来的。传统流转税以商品流转额全额为计税依据,实行多环节征税。这种课税具有征税普遍、及时,收入稳定、可靠,计算简便等特点,适应于社会分工不发达、专业化程度较低的简单商品社会。而随着商品经济的发展,生产的专业化、社会化程度日益提高,社会分工越来越细,商品交易范围的加大和交易环节的增加,传统流转税按交易全额征税的弊端——台阶式重复征税、税上加税;鼓励大而全、小而全企业,不利于专业化分工协作;不利于拓展贸易范围(尤其是国际贸易的发展)等越来越明显。对此,世界各国都在努力找寻解决之道。

早在第一次世界大战后,德国和美国就有人提出增值税的设想,但未被采纳。1936年,法国曾尝试在工业生产领域的产成品阶段实行一次性课征的"生产税"以替代过去按流转全额"道道征税"的营业税,未能成功。1948年,法国对生产税进行改造,将一次课征制改为分段征收,道道扣税,并允许从应纳税额中扣除购进原材料、零部件或半成品价款中的已纳税款,从而使传统流转税有了实质性的进步,开始具有增值税的特征。1954年,法国又对生产税作了进一步的改进,将扣除范围扩大到生产经营所用的一切投入物,包括购入的固定资产,同时把征收范围延伸到商业批发环节,并改其名为增值税。所以,现在人们一般认为增值税发端于1954年的法国。

由于增值税既保留了传统流转税课征普遍、收入稳定、及时等特点,又有效地防止了重复征税、税上加税的现象发生,适应了专业化分工协作和拓展贸易范围等方面的需要,从而普遍受到各国政府的青睐,被许多国家采用。正如国际知名的增值税专家爱伦·A. 泰特所言:"增值税的兴起堪称税收史上一绝。没有别的任何税种能像增值税那样,在短短30年左右的时间里,从实践到理论横扫世界,使许多原先对其抱怀疑的学者们回心转意,令不少本来将其拒之门外的国家改弦更张……可以把增值税比喻为世界的马哈利特,多少人被其吸引倾倒……到终了谁也挡不住她的诱惑。"[①]到目前为止,世界上已有一百二十多个国家实行了增值税,增值税成为一个具有国际性的税种。

我国于1979年引进增值税并开始在重复课税严重的机器机械行业、农机行业和日用机械产品等行业进行试点。在经过几年试点、积累了一定经验的基础上,国务院于1984年9月18日发布

---

① 朱文忠编著:《税务博览》,中国税务出版社1995年版,第167页。

了《中华人民共和国增值税条例(草案)》,自同年10月1日起实行。这标志着增值税作为一个独立的税种在我国正式建立。但随着社会主义市场经济体制目标的确立,原增值税的实施范围和增值税条例的内容已不能适应新形势发展的需要,迫切需要进行改革,需要建立一个对经济活动具有较强适应性的规范化的增值税制度。为此,国务院及其财政部门本着适应发展社会主义市场经济需要,借鉴国际成功经验,结合我国具体国情的基本精神,于1993年颁布了现行的《增值税暂行条例》(国务院令[1993]134号)和《增值税暂行条例实施细则》(财法[1993]38号),此即为1994年的增值税改革。

1994年的增值税改革坚持了以下基本立法原则:第一,普遍征收的原则。普遍征收是规范增值税的基本要求。没有普遍征收,就谈不上增值税的中性和简化,增值税的优越性就得不到充分发挥。我国增值税改革的终极目标是对所有的经营活动都征收增值税,但这在目前难以完全做到。因此,1994年的增值税改革主要从扩大征收范围、扩大纳税人范围(分为一般纳税人和小规模纳税人)等方面体现了普遍性征收的原则。第二,中性、简化原则。确立增值税立法的中性、简化原则,有利于市场经济对经济资源配置起基础性调节作用。1994年的增值税改革从以下四个方面体现了该原则:扩大征收范围、简化合并税率档次;扩大税基、规范扣除项目,实行价外税;统一实行购进扣税法和凭发票注明税款扣税制度;对小规模纳税人实行简易征收方法。第三,多环节、多次征原则。即对商品生产、批发、零售,以及提供加工、修理修配劳务等各个环节,实行道道征收增值税。

2003年以来,我国开始实施增值税转型试点,这也是中国新一轮税制改革中的重头戏。中共中央、国务院联合发布的《关于实施东北地区等老工业基地振兴战略的若干意见》(中发[2003]11号)明确提出,"在财政税收政策方面对老工业基地予以适当支持",涉及增值税改革的主要内容包括:"对装备制造业、石油化工业、冶金工业、船舶制造业、汽车制造业、高新技术产业、军品工业和农产品加工业等行业,允许新购进机器设备所含增值税税金予以抵扣。"2004

年3月,温家宝总理在第十届全国人大第二次会议上做的政府工作报告中明确把增值税转型作为新一轮税制改革的重点。同年7月1日开始在东北地区部分行业率先实行了扩大增值税抵扣范围的试点。2004年9月14日,财政部、国家税务总局发布了《东北地区扩大增值税抵扣范围若干问题的规定》(财税[2004]156号),适用于黑龙江省、吉林省、辽宁省和大连市从事装备制造业、石油化工业、冶金业、船舶制造业、汽车制造业、农产品加工业产品生产为主的增值税一般纳税人。

2007年5月11日,财政部、国家税务总局根据《中共中央国务院关于促进中部地区崛起的若干意见》(中发[2006]10号)在中部地区实行增值税转型的精神和《国务院办公厅关于中部六省比照实施振兴东北地区等老工业基地和西部大开发有关政策范围的通知》(国办函[2007]2号)确定的范围,制定了《中部地区扩大增值税抵扣范围暂行办法》,选择中部地区26个老工业基地城市的部分行业试行扩大增值税抵扣范围的试点,适用于试点地区从事装备制造业、石油化工业、冶金业、汽车制造业、农产品加工业、采掘业、电力业、高新技术产业为主的增值税一般纳税人。

东北和中部地区上述税收政策规定,扩大试点地区规定行业的增值税抵扣范围,允许纳税人发生下列项目的进项税额按照规定抵扣:(1)购进(包括接受捐赠和实物投资)固定资产;(2)用于自制(含改扩建、安装)固定资产的购进货物或应税劳务;(3)通过融资租赁方式取得的固定资产,凡出租方按照《国家税务总局关于融资租赁业务征收流转税问题的通知》(国税函[2000]514号)的规定缴纳增值税的;(4)为固定资产所支付的运输费用。纳税人当年准予抵扣的上述进项税额不得超过当年新增增值税税额,当年没有新增增值税税额或新增增值税税额不足抵扣的,未抵扣的进项税额应留待下年抵扣。纳税人有欠交增值税的,应先抵减欠税。

第二节 我国增值税法的主要内容

一、增值税的纳税人

(一) 增值税纳税人的概念

根据我国《增值税暂行条例》及《增值税暂行条例实施细则》的规定,增值税的纳税人是指在我国境内销售货物或者提供加工、修理修配劳务以及进口货物的单位和个人。其中,"单位"是指国有企业、集体企业、私营企业、外商投资企业、外国企业、股份制企业、其他企业和行政单位、事业单位、军事单位、社会团体及其他单位;"个人"是指个体经营者及其他个人。所谓境内,是指销售货物的起运地或所在地在境内,以及销售的应税劳务发生在境内。

以下几种特殊情况下,增值税纳税人为:

1. 企业租赁或承包给他人经营的,以承租人或承包人为纳税人。

2. 报关进口的货物,以其收货人或办理报关手续的单位和个人为纳税人。

3. 代理进口的货物,以海关开具的完税凭证上的纳税人为增值税的纳税人。即凡海关的完税凭证开具给委托方的,对代理方不征增值税;凡海关的完税凭证开具给代理方的,对代理方应按规定征收增值税。

4. 货物为期货交易的,增值税的纳税环节为期货的实物交割环节。交割时采取由期货交易所开具发票的,以期货交易所为纳税人;交割时采取由供货的会员单位直接将发票开给购货会员单位的,以供货的会员单位为纳税人。

5. 中国境外的单位或者个人在中国境内销售应税劳务,没有在中国境内设立机构的,其应纳增值税税款以其代理人为扣缴义务人;没有代理人的,以购买者为扣缴义务人。

(二) 增值税纳税人的分类

由于增值税实行凭增值税专用发票抵扣税款的制度,因此要求增值税纳税会计核算健全,并能够准确核算销项税额、进项税额和应纳税额。鉴于目前我国众多纳税人的会计核算水平参差不齐,加上某些经营规模小的纳税人因其销售货物或提供应税劳务的对象多是最终消费者而无须开具增值税专用发票,因此,我国现行增值税法依据纳税人经营规模大小以及会计核算是否健全的标准,将增值税的纳税人分为一般纳税人和小规模纳税人,具体认定权限归属于县级以上税务机关。

区分一般纳税人和小规模纳税人的主要意义在于,二者在增值税法中的地位不同:一般纳税人可以领购增值税专用发票,采用抵扣法缴纳增值税款;而小规模纳税人缴纳增值税款只能采取简易方法,不能采用抵扣法,无权使用增值税专用发票。但是,为了既有利于加强专用发票的管理,又不影响小规模企业的销售,对会计核算暂时不健全,但能够认真履行纳税义务的小规模企业,经县(市)主管税务机关批准,在规定期限内其销售货物或提供应税劳务,可由所在地税务所代开增值税专用发票。

1. 一般纳税人

增值税一般纳税人是指年应征增值税销售额(以下称年应税销售额,包括一个公历年度内的全部应税销售额)超过财政部规定的小规模纳税人标准的企业和企业性单位(以下简称企业)。凡增值税一般纳税人(以下简称一般纳税人),均应依照《增值税一般纳税人申请认定办法》等规定,向其企业所在地主管税务机关申请办理一般纳税人认定手续,以取得法定资格。一般纳税人总分支机构不在同一县(市)的,应分别向其机构所在地主管税务机关申请办理一般纳税人认定手续。对符合一般纳税人条件但不申请办理一般纳税人认定手续的纳税人,应按销售额依照增值税税率计算应纳税额,不得抵扣进项税额,也不得使用增值税专用发票。

根据我国现行增值税法的规定,认定增值税一般纳税人的具体标准是:(1)生产货物或者提供应税劳务的纳税人,以及以生产货物或者提供应税劳务为主(这部分销售额超过全年应税销售额的50%)、兼营货物批发或者零售的纳税人,年应税销售额超过100万元的。(2)从事货物批发或者零售经营,年应税销售额超过180万元的。此外,年应税销售额未超过标准的小规模企业(未超过标准的企业和企业性单位),账簿健全,能准确核算并提供销项税额、进项税额,并能按规定报送有关税务资料的,经企业申请,税务部门可将其认定为一般纳税人。

2. 小规模纳税人

增值税的小规模纳税人是指年销售额在规定标准以下,并且会计核算不健全,不能按规定报送有关税务资料的增值税纳税人。所称会计核算不健全是指不能正确核算增值税的销项税额,进项税额和应纳税额。对符合条件的小规模纳税人,由征管税务机关依照税法规定的标准认定。

根据《增值税暂行条例实施细则》的规定,认定小规模纳税人的具体标准是:(1)从事货物生产或提供应税劳务的纳税人,以及以从事货物生产或提供应税劳务为主(这部分销售额超过全年应税销售额的50%),并兼营货物批发或零售的纳税人,年应税销售额在100万元以下的。(2)从事货物批发或者零售经营的纳税人,年应税销售额在180万元以下的(不包括销售成品油的加油站)。此外,年应税销售额超过小规模纳税人标准的个人、非企业性单位、不经常发生应税行为的企业,视同小规模纳税人纳税。

虽然小规模纳税人实行简易征税办法,并一般不使用增值税专用发票,但基于增值税征收管理中,一般纳税人与小规模纳税人之间客观存在的经济往来的实际情况,国家税务总局专门颁布了《增值税小规模纳税人征收管理办法》,加强对小规模纳税人缴纳增值税的管理,也帮助小规模纳税人提高经营管理水平。

二、增值税的征税范围

(一)征税范围的一般规定

根据《增值税暂行条例》的规定,我国增值税的征税范围为销售货物、进口货物和提供加工、修理修配劳务。具体包括:

1. 销售或者进口货物

销售货物构成增值税的征税范围,必须是纳税人有偿转让货物的所有权。其中,"货物"是指有形动产,包括电力、热力和气体在内,不包括不动产和无形资产。销售不动产、转让无形资产属于营业税的征税范围。进口货物是指货物从国外进入我国海关境内。

2. 提供应税劳务

提供应税劳务是指纳税人有偿提供加工、修理修配劳务,不包括单位或个体经营者聘用的员工为本单位或雇主提供加工、修理修配劳务。其中,"加工"是指受托加工货物,即委托方提供原料及主要材料,受托方按照委托方的要求制造货物并收取加工费的业务;"修配"是指受托对损伤和丧失功能的货物进行修复,使其恢复原状和功能的业务;"有偿"包括从购买方取得货币、货物或其他经济利益。

(二) 属于征税范围的特殊行为

1. 视同销售货物的行为

具体是指增值税纳税人的下列行为:

(1) 将货物交付给他人代销;

(2) 销售代销货物;

(3) 设有两个以上机构并实行统一核算的纳税人,将货物从一个机构移送其他机构用于销售,但相关机构设在同一县(市)的除外;

(4) 将自产或委托加工的货物用于非应税项目、集体福利或个人消费;

(5) 将自产、委托加工或购买的货物作为投资,提供给其他单位或个体经营者;

(6) 将自产、委托加工或购买的货物分配给股东或投资者,或无偿赠送他人。

此外,根据财政部、国家税务总局颁布的《东北地区扩大增值税抵扣范围若干问题的规定》和《中部地区扩大增值税抵扣范围暂行办法》的规定,增值税转型试点地区符合条件的纳税人的下列行为,视同销售货物:(1) 将自制或委托加工的固定资产专用于非应税项目;(2) 将自制或委托加工的固定资产专用于免税项目;(3) 将自制、委托加工或购进的固定资产作为投资,提供给其他单位或个体经营者;(4) 将自制、委托加工或购进的固定资产分配给股东或投资者;(5) 将自制、委托加工的固定资产专用于集体福利或个人消费;

(6)将自制、委托加工或购进的固定资产无偿赠送他人。纳税人有上述视同销售货物行为而未作销售的,以视同销售固定资产的净值为销售额。

对上述视同销售货物行为征收增值税,其确定的目的有两个:一是保证增值税税款抵扣制度的实施,不致因发生上述行为而造成税款抵扣环节的中断;二是避免因发生上述行为而造成货物销售税负负担不平衡的矛盾,防止以上述行为逃避纳税的现象。

2. 混合销售行为

具体是指增值税纳税人的一项销售行为(如销售货物并负责运输)既涉及货物又涉及非应税劳务(指营业税法规定的应税服务,不包括加工、修理修配业务)。混合销售行为的特点是:非应税劳务是为了直接销售一批货物而提供的,二者之间是紧密相连的从属关系,它与一般既从事这个税的应税项目,又从事另一个税的应税项目,二者之间没有直接从属关系的兼营行为是完全不同的。纳税人的销售行为是否属于混合销售行为,由国家税务总局所属征收机关确定。

目前,我国增值税法中关于混合销售行为的具体规定有:(1)从事货物生产、批发或零售的企业、企业性单位及个体经营者(包括以货物生产、批发、零售为主,兼营非应税劳务者)所从事的混合销售行为,视为销售货物,应当按照其全部销售收入征收增值税。其他企业、单位、个人的混合销售行为,视为销售非应税劳务,不征收增值税,征收营业税。(2)纳税人虽以从事非增值税应税劳务为主,并兼营货物的销售,但如果其设立单独的机构经营货物销售并单独核算,该单独机构应视为从事货物的生产、批发或零售的企业、企业性单位,其发生的混合销售行为应当征收增值税。(3)从事运输业务的单位与个人,发生销售货物并负责运输所销售货物的混合销售行为,一律征收增值税。(4)生产、销售铝合金门窗、玻璃幕墙的企业、企业性单位及个人经营者,其销售铝合金门窗、玻璃幕墙同时负责安装的,属于混合销售行为,对其取得的应税收入统一征收增值税。

3. 兼营非应税劳务行为

具体是指纳税人在从事应税货物销售或提供应税劳务的同时,还从事非应税劳务(即营业税法规定的各项劳务),且从事的非应税劳务与某一项销售货物或提供应税劳务并无直接的联系和从属关系。对此，我国增值税法规定，应分别核算货物或应税劳务和非应税劳务的销售额。不分别核算或者不能准确核算的，其非应税劳务应与货物或应税劳务一并征收增值税。纳税人兼营的非应税劳务是否应当一并征收增值税，由国家税务总局所属征收机关确定。

比较混合销售行为与兼营非应税劳务行为，两者的相同之处是都包括销售货物与提供非应税劳务两种行为；不同之处是混合销售行为强调在同一项销售行为(同一业务)中存在两者的混合，即销售货物与提供非应税劳务紧密相连以致混合为一体(如销售空调并负责安装)，货物销售款与非应税劳务款同时从同一购买者(客户)那里取得而难以分清；而兼营行为强调的是在同一纳税人的经营活动中存在着两类不同性质的应税项目，它们不是在同一销售行为(同一业务)中发生的，即不同时发生在同一个购买者(客户)身上。因此，判断某纳税人的行为究竟是混合销售行为还是兼营行为，主要是看其销售货物行为与提供非应税劳务的行为是否同时发生在同一业务中(即其货物销售与非应税劳务的提供是否同时服务于同一客户)，如果是，则为混合销售行为；如果不是，则为兼营行为。正因为混合销售行为与兼营行为的性质不同，故其纳税原则也不相同。前者是以纳税人的"经营主业"为标准划分，就全部销售收入(营业额)只征一种税，或征增值税，或征营业税。而后者是会计核算为标准，纳税人能够分别核算、准确核算，则分别征税(即销售行为征增值税、非应税劳务行为征营业税)；如果不能分别核算或者不能准确核算，则非应税劳务行为也要一并征收增值税。

4. 兼营不同税率的货物或应税劳务行为

具体是指纳税人生产、销售不同税率的货物，或者既销售货物又提供应税劳务的行为。对此，我国增值税法规定，应当分别核算不同税率货物或者应税劳务的销售额；未分别核算销售额的，从高适用税率。这样规定，有利于促进纳税人健全账簿，正确核算应纳税额。

(三) 属于征税范围的特殊项目

属于征税范围的特殊项目，具体是指其他应征增值税的业务，主要包括：(1) 货物期货，包括商品期货和贵金属期货，在期货的实物交割环节纳税;(2)银行销售金银的业务;(3)典当业死当物品销售业务和寄售业代委托人销售寄售物品的业务;(4)集邮商品(包括邮票、小型张、小本票、明信片、首日封等)的生产、调拨,以及邮政部门以外的其他单位与个人销售集邮商品;(5)邮政部门以外的其他单位和个人发行报刊;(6)单纯销售无线寻呼机、移动电话,不提供有关的电信劳务服务的;(7)缝纫业务;(8)基本建设单位和从事建筑安装业务的企业附设的工厂、车间生产的水泥预制构件、其他构件或建筑材料用于本单位或本企业的建筑工程的,应在移送使用时征收增值税。

(四)不征收增值税的项目

根据我国现行增值税法的规定,下列项目不征收增值税(而征营业税):(1)基本建设单位和从事建筑安装业务的企业附设的工厂、车间在建筑现场制造的预制构件;(2)因转让著作所有权而发生的销售电影母片、录像带母片、录音磁带母带业务,以及因转让专利技术和非专利技术的所有权而发生的销售计算机软件的业务;(3)供应或开采未经加工的天然水(如水库供应农业灌溉用水,工厂自采地下水);(4)邮政部门、集邮公司销售(包括调拨)集邮商品;(5)邮政部门发行报刊;(6)电信部门(电信局及经电信局批准的其他从事电信业务的单位)自己销售无线寻呼机、移动电话,并为客户提供有关的电信服务的混合销售行为;(7)融资租赁业务(无论租赁物的所有权是否转让给承租方);(8)国家管理部门行使其管理职能时,发放执照、牌照和有关证书取得的工本收入;(9)体育彩票的发行收入。

三、增值税的税率

(一)增值税税率的种类

由于增值税的中性税收特征及其一般实行税款抵扣的计税方法,增值税的税率档次不宜过多。从世界各国增值税税率的设置情况来看,一般有以下几种类型:

1. 基本税率。这是根据一国生产力发展水平、财政政策的需要、消费者的承受能力并考虑历史上流转税税负水平后确定的适用于绝大多数货物和应税劳务的税率。

2. 低税率。即对基本生活用品和劳务确定的适用税率。由于增值税税负最终构成消费者的支出,所以设置低税率的根本目的是鼓励某些货物或劳务的消费,或者说是为了照顾消费者的利益,保证消费者对基本生活用品的消费。各国一般对实行低税率的货物和劳务采取在税制中单独列举品目的方式。一般来说,采用低税率的货物和劳务不宜过多,否则会影响增值税发挥其应有的作用。

3. 高税率。即对奢侈品、非生活必需品或劳务确定的适用税率。采用高税率是为了发挥增值税的宏观调控作用,限制某些货物和劳务的消费,增加财政收入。

4. 零税率。一般来说,各国增值税都规定有零税率,其实施范围主要是出口货物。

如果不包括对出口货物实施的零税率在内,一般来说,实行增值税的国家凡采取两档税率的,大都是一个基本税率、一个低税率;凡采取三档税率的,大都是一个基本税率、一个低税率和一个高税率,或者是一个基本税率、两个低税率;有少数国家采用三档以上的税率。

(二) 我国的增值税税率

我国现行增值税法对一般纳税人和小规模纳税人适用不同的计税方法和税率。对一般纳税人设置了一档基本税率、一档低税率,此外对其出口货物实行零税率;对小规模纳税人则实行6%或4%的征收率。增值税税率和征收率的调整,由国务院决定。

1. 基本税率

增值税一般纳税人销售或者进口货物,提供加工、修理修配劳务,除低税率适用范围和销售个别旧货适用征收率外,税率一律为17%,这就是通常所说的基本税率。

2. 低税率

增值税一般纳税人销售或者进口生活必需品和农用品、矿产品等货物,适用13%的低税率。具体税目参见本章表3.1。[①]

---

① 本表摘自刘佐著:《中国税制概览》,经济科学出版社2007年版,第22页。

表 3.1 增值税税目、税率表

税目	征收范围	税率（%）
一、出口货物	包括各类出口货物，但是规定的部分货物（如矿砂及精矿、钢铁初级产品、稀土金属矿、原油、车用汽油、煤炭、焦炭、原木、木炭、纸、石灰、尿素产品、杀虫脒、山羊绒、鳗鱼苗、某些援外货物等）和国家禁止出口的货物（如天然牛黄、麝香、铜和铜基合金等）除外	0
二、农业产品	包括粮食、蔬菜、烟叶（不包括复烤烟叶）、茶叶（包括各种毛茶）、园艺植物、药用植物、纤维植物、糖料植物、林业产品、其他植物、水产品、畜牧产品、动物皮张、动物毛绒和其他动物组织	13
三、粮食复制品	包括切面、饺子皮、混沌皮、面皮、米粉等	13
四、食用植物油	包括芝麻油、花生油、豆油、菜籽油、葵花籽油、棉籽油、玉米胚油、茶油、胡麻油和以上述油为原料生产的混合油	13
五、自来水		13
六、暖气、热气、热水、冷气	含利用工业余热生产、回收的暖气、热气和热水	13
七、煤气	包括焦炉煤气、发生炉煤气和液化煤气	13
八、石油液化气		13
九、天然气	包括气田天然气、油田天然气、煤田天然气和其他天然气	13
十、沼气	包括天然沼气和人工生产的沼气	13
十一、居民用煤炭制品	包括煤球、煤饼、蜂窝煤和引火炭	13
十二、图书、报刊、音像制品、电子出版物	不包括邮政部门发行的报刊	13

(续表)

税目	征收范围	税率(%)
十三、饲料	包括单一饲料、混合饲料和配合饲料。不包括直接用于动物饲养的粮食和饲料添加剂	13
十四、化肥	包括化学氮肥、磷肥、钾肥、复合肥料、微量元素肥和其他化肥	13
十五、农药	包括杀虫剂、杀菌剂、除草剂、植物生长调节剂、植物性农药、卫生用药和其他农药原药、农药制剂	13
十六、农业机械	包括拖拉机、土壤耕整机械、农田基本建设机械、种植机械、植物保护管理机械、收获机械、场上作业机械、排灌机械、农副产品加工机械、农业运输机械(不包括三轮农用运输车以外的农用汽车)、畜牧业机械、渔业机械(不包括机动渔船)、林业机械(不包括森林砍伐机械和集体机械)、小农具(不包括农业机械零部件)	13
十七、农用塑料薄膜		13
十八、金属矿采选产品	包括黑色金属矿和有色金属矿采选产品	13
十九、非金属矿采选产品		13
二十、煤炭	包括原煤、洗煤、选煤等	13
二十一、原油	包括天然原油和人造原油	17
二十二、井矿盐		17
二十三、其他货物	包括纳税人销售或者进口的除上述货物以外的其他货物	17
二十四、加工、修理、修配劳务		17

3. 零税率

增值税纳税人出口货物(一是报关出境的货物;二是输往海关管理的保税工厂、保税仓库和保税区的货物),适用零税率。须注意,零税率和免税是两个完全不同的概念。零税率仅适用于出口环节,是鼓励出口的优惠政策。零税率的适用结果是,国家将对某一出口货物报关出境以前所有环节征收的增值税全部退还,这样国家对离境出口的货物自始没有征收到任何增值税。简言之,零税率意味着出口退税:一方面,国家对出口货物,先逐环节征税,至出口时退还,最终是没有征税;另一方面,对出口商来说,购进时付出进项税额,出口时获得退还,实际上不承担税负。免税是指国家对特定纳税人的某一商品或劳务在特定环节(期间)免征全部税款。在免税的情况下,纳税人先发生一个为正数的应纳税额,通过申请而获得免除。因此,免税是纳税人对国家的纳税义务被免除,而零税率适用的结果是产生国家对纳税人(即出口商)的义务,通过退税而获得清偿。可见,零税率与免税在性质上根本不同,不可混淆。

4. 征收率

征收率主要适用于小规模纳税人。根据我国现行增值税法的规定,小规模纳税人按照简易办法计算应纳增值税税额,即按照销售货物或者提供应税劳务取得的销售额和规定的适用征收率计税,连同销售价款一并向买方收取,然后上缴税务机关。需要注意,依据国家税务主管部门的特别规定,在特定情形下,增值税一般纳税人也可能适用征收率来计算其应纳增值税税额。例如,根据财政部、国家税务总局《关于调整农业产品增值税税率和若干项目征免增值税的通知》(财税字[1994]第004号)等文件的规定,生产下列货物的一般纳税人,除了可以按照大多数一般纳税人适用的(购进)扣税法计算缴纳增值税以外,也可以选择采用小规模纳税人的做法,即适用6%征收率简易计征(但是计税办法一经选定后3年内不得改变),并可由其自己开具增值税专用发票:(1)县以下小型水力发电单位生产的电力;(2)建筑用和生产建筑材料所用的砂、土、石料;(3)以自己采掘的砂、土、石料或其他矿物连续生产的砖、瓦、石灰;(4)原料中掺有煤矸石、石煤、粉煤灰、烧煤锅炉的炉底渣及其他废渣(不包括高炉水渣)生产的墙体材料;(5)用微生物、微生物代谢产物、动物毒素、人或动物的血液或组织制成的生物制品;(6)自来水(征税时可以抵扣纳税人购进独立核算水厂销售的自来水时取得的增值税专用发票上注明的、按照6%征收率开具的)。此外,一般纳税人生产销售的商品混凝土,也可以按照6%的征收率计算缴纳增值税,但是不能开具增值税专用发票。

从事货物批发或者零售,以及以货物批发或者零售业务为主、兼营货物生产或者提供应税劳务的小规模纳税人,其增值税适用征收率为4%;其他小规模纳税人的增值税适用征收率为6%。此外,寄售商店代销寄售物品,典当业销售死当物品,销售旧货,经过批准设立的免税商店零售免税货物,拍卖行受托拍卖应税货物,也按照4%的征收率征收增值税。

四、增值税应纳税额的计算

增值税的计算方法有直接计算法和间接计算法之分。所谓直接计算法是指先直接计算出增值额,再乘以税率,求出应纳增值税的方法。具体运用上又分为加法(将构成增值额的各要素相加)和减法(又称扣额法,以产品销售额扣除法定扣除额后的余额作为增值额)。所谓间接计算法,又称扣税法,是指并不直接计算增值额,而采用抵扣税款的方法,计算应纳增值税的税额。

目前,我国除对小规模纳税人采用简易征收法外,对一般纳税人均采用国际上通行的(购进)扣税法,在计算纳税人的应纳增值税税额时,可以按照税法规定的范围凭进货发票注明的税额,从当期的销项税额中抵扣购进货物或者应税劳务已缴纳的增值税税额(即进项税额)。其计算公式为:

应纳税额 = 当期销项税额 – 当期进项税额

从计算公式不难看出,增值税的计算取决于当期的销项税额和当期的进项税额两个因素。其中,"当期"具体是指税务机关依照税法规定对纳税人确定的纳税期限,即只有在纳税期限内实际发生的销项税额、进项税额,才是法定的当期销项税额或当期进项税额。

(一) 销项税额的确定

销项税额是指纳税人销售货物或者提供应税劳务,按照销售额或应税劳务收入和规定的税率计算并向购买方收取的增值税税额。其公式为:

$$销项税额 = 当期销售额 \times 适用税率$$

1. 销售额的确定

增值税的应税销售额为纳税人销售货物或者提供应税劳务从购买方收取的全部价款和一切价外费用。其中,价外费用是指纳税人向购买方价外收取的手续费、补贴、基金、集资费、返还利润、奖励费、违约金、延期付款利息、包装费、包装物租金、储备费、优质费、运输装卸费、代收款项、代垫款项及其他各种性质的价外收费。但下列项目不包括在内:(1) 向购买方收取的销项税额;(2) 受托加工应征消费税的消费品所代收代缴的消费税;(3) 同时符合以下两个条件的代垫运费:第一,承运部门的运费发票开具给购货方的;第二,纳税人将该项发票转交给购货方的。

凡随同销售货物或提供应税劳务向购买方收取的价外费用,无论其会计制度如何核算,均应并入纳税人的销售额计算应纳税额。这主要是为了防止以各种名目的收费减少销售额逃避纳税的现象。

2. 销售额的计算

(1) 货物和应税劳务的销售额均以人民币计算。纳税人以外汇结算销售额的,应当先按照销售额发生的当天或者当月 1 日的汇价折算成人民币,然后计算缴纳增值税。不论以什么时候的汇价折算,纳税人都应当事先确定,而且确定以后一年之内不能变更。

(2) 纳税人进口货物,以组成计税价格为计算其应纳增值税的计税依据,公式为:

$$组成计税价格 = 关税完税价格 + 关税$$

如进口属于应征消费税的货物范围的,其组成计税价格还应包括消费税税额在内,公式为:

$$组成计税价格 = 关税完税价格 + 关税 + 消费税$$

(3) 一般纳税人销售货物或者提供应税劳务采用销售额和销项税额合并定价的,应当按照以下公式计算不含增值税的销售额:

销售额 = 含税销售额 ÷ (1 + 税率)

(4) 混合销售行为和兼营的非应税劳务,按规定应当征收增值税的,其销售额分别为货物与非应税劳务的销售额的合计,货物或者应税劳务与非应税劳务的销售额的合计。

(5) 纳税人销售货物或者提供应税劳务的价格明显偏低而无正当理由的,或者有规定的视同销售行为而无销售额的,由主管税务机关按下列顺序核定其销售额:第一,按纳税人当月同类货物的平均销售价格确定;第二,按纳税人最近时期同类货物的平均销售价格确定;第三,按组成计税价格确定。其计算公式为:

组成计税价格 = 成本 × (1 + 成本利润率)

如该货物属于应征消费税的范围,其组成计税价格还应加计消费税税额。即:

组成计税价格 = 成本 × (1 + 成本利润率) + 消费税税额

或

$$组成计税价格 = \frac{成本 \times (1 + 成本利润率)}{1 - 消费税税率}$$

上述公式中的成本,是指销售自产货物的实际生产成本或销售外购货物的实际采购成本;成本利润率为10%,但属于从价定率征收消费税的货物,其组成计税价格中的成本利润率为消费税法规中规定的成本利润率。

(6) 对纳税人为销售货物而出租出借包装物收取的押金,单独记账核算且时间在一年以内的,不并入销售额征税。但对逾期未收回包装物而不再退还的押金,应并入销售额,按所包装货物的适用税率征税。当然,在将包装物押金并入销项税额征税时,需要先将该押金换算为不含税价,再并入销售额征税。

(7) 对纳税人采取折扣方式销售货物,销售额和折扣额在同一张发票上注明的,可按冲减折扣额后的销售额征收增值税;将折扣额另开发票的,不论在财务上如何处理,在征收增值税时,折扣额不得冲减销售额。

(8) 纳税人采取以旧换新方式销售货物,应按新货物的同期销售价格确定销售额(但对金银首饰以旧换新业务,可按销售方实际收取的不含增值税的全部价款征收增值税);采取还本销售方式销售货物的,不得从销售额中减除还本支出。

(二) 进项税额的确定

增值税的进项税额是指纳税人购进货物或接受应税劳务时随价所支付或负担的增值税税额。进项税额是与销项税额相对应的一个概念,在开具增值税专用发票的情况下,它们之间的对应关系是,销售方收取的销项税额,就是购买方支付的进项税额。对于任何一个增值税的一般纳税人而言,其在经营活动中,既会发生销售货物或提供应税劳务,又会发生购进货物或者接受应税劳务,因此,每一个一般纳税人都会有收取的销项税额和支付的进项税额。增值税的核心就是用纳税人收取的销项税额抵扣其支付的进项税额,其余额即为纳税人实际应缴纳的增值税税额。当然,哪些进项税额准予抵扣,在各国的增值税法中都是有严格规定的。纳税人违反规定,随意抵扣进项税额,在法律上将以偷税论处。

1. 准予从销项税额中抵扣的进项税额项目

根据我国现行增值税法的规定,下列进项税额准予从销项税额中抵扣:

(1) 纳税人购进货物(包括外购原材料、燃料、动力等)或者接受应税劳务,从销售方取得的增值税专用发票上注明的增值税税额。

(2) 纳税人进口货物,从海关取得的完税凭证上注明的增值税税额。

(3) 纳税人购进农业生产者、小规模纳税人销售的农业产品和国有粮食购销企业销售的免税粮食,可以分别按照收购凭证、销售发票所列金额和法律规定的扣除率(13%)计算进项税额。计算公式:进项税额 = 购进金额 × 扣除率。

理解该项准予扣除的进项税额,需要注意两点:第一,所谓"农业产品"是指直接从事植物的种植、收割和动物的饲养、捕捞的单位和个人销售的免征增值税的自产农业产品。农业产品所包括的具体品目按照财政部、国家税务总局印发的《农业产品征税范围注释》确定。第二,购买农业产品的买价,仅限于主管税务机关批准使用的收购凭证上注明的价款。

(4)纳税人外购货物(不包括固定资产)和销售货物所支付的运输费用,根据运费结算单据(普通发票)所列运费金额(运输单位开具的货票上注明的运费、建设基金,不包括随运费支付的装卸费、保险费等杂费),依照7%的扣除率计算的进项税额。但纳税人外购或者销售免税货物所支付的运费不得计算进项税额抵扣。

(5)使用废旧物资的生产企业购进废旧物资,依据经主管税务机关批准使用的收购凭证上注明的收购金额,按10%的扣除率计算进项税额。

(6)一般纳税人取得由税务所为小规模纳税人代开的专用发票,可以专用发票上填写的税额为进项税额予以抵扣。

(7)混合销售行为和兼营的非应税劳务,按规定应当征收增值税的,该混合销售行为所涉及的非应税劳务和兼营的非应税劳务所用购进货物的进项税额,凡符合规定允许扣除的,准予从销项税额中抵扣。

此外,在实践操作中,还须注意以下几点:

第一,增值税纳税人购进货物或应税劳务以后,申请抵扣防伪税控系统开具的增值税专用发票,必须从该发票开具之日起90日内到税务机关认证,否则不能抵扣进项税额。认证通过的防伪税控系统开具的增值税专用发票,应当在认证通过当月,按照规定核算当期进项税额并申报抵扣,否则也不能抵扣进项税额。

第二,增值税纳税人购进货物或应税劳务以后,申请抵扣非防伪税控系统开具的增值税专用发票,其进项税额申报抵扣的时间:工业生产企业为购进货物验收入库以后;商业企业为购进货物付款以后,购进应税劳务为劳务费用支付以后。

第三,如果纳税人符合一般纳税人条件,却未经税务机关办理有关认定手续,或者会计核算不健全,不能提供准确的税务资料,税务机关将按照纳税人的销项税额征收增值税,不允许其抵扣进项税额,也不允许其使用增值税专用发票。

第四,纳税人购进货物和应税劳务,没有按照规定取得并保存增值税扣税凭证,或者增值税扣税凭证上没有按照规定注明增值税税额和其他有关事项的,其进项税额不得从销项税额中抵扣。

2. 不得从销项税额中抵扣的进项税额项目

根据我国现行增值税法的规定,下列项目的进项税额不得从销项税额中抵扣:

(1)购进固定资产(包括使用期限超过1年的机器、机械、运输工具和其他与生产、经营有关的设备、工具、器具,单位价值2000元以上,并且使用期限超过2年的不属于生产、经营主要设备的物品)的进项税额。实行增值税转型试点的东北和中部地区扩大增值税抵扣范围的行业和企业除外。

(2)用于非应税项目(包括提供非应税劳务、转让无形资产、销售不动产和固定资产在建工程等)的购进货物或者应税劳务的进项税额。

(3)用于免税项目的购进货物或者应税劳务的进项税额。

(4)用于集体福利或者个人消费的购进货物或者应税劳务的进项税额。

(5)非正常损失(如由于自然灾害、管理不善等原因造成的损失)购进货物的进项税额。

(6)非正常损失的在产品、产成品耗用的购进货物或者应税劳务的进项税额。

此外,在实践操作中,还须注意以下几点:

第一,小规模纳税人不得抵扣进项税额。

第二,纳税人进口货物,不得抵扣任何进项税额。

第三,纳税人因进货退出或折让而收回的增值税税额,应当从发生进货退出或折让当期的进项税额中扣减。

第四,纳税人发生了按规定不允许抵扣而已经抵扣进项税额的行为的,应当将该进项税额从当期发生的进项税额中扣减。无法准确确定该进项税额的,按当期实际成本计算应扣减的进项税额。

第五,纳税人兼营免税项目或非应税项目(不包括固定资产在建工程)而无法准确划分不得抵扣的进项税额的,按下列公式计算不得抵扣的进项税额:

不得抵扣的进项税额=【当月全部的进项税额-(当月可以准确划分用于应税项目、免税项目和非应税项目的进项税额)】×【(当月免税项目销售额、非应税项目营业额合计)÷(当月全部销售额、营业额合计)】+当月可以准确划分用于免税项目和非应税项目的进项税额

(三)增值税应纳税额的计算

1. 小规模纳税人应纳税额的计算

小规模纳税人销售货物或者提供应税劳务,按照销售额和规定的征收率,实行简易办法计算应纳税额,不得抵扣进项税额。其计算公式为:

$$应纳税额 = 销售额 \times 征收率$$

小规模纳税人销售货物和提供应税劳务,采用销售额与应纳税增值税税额合并定价方法的,应当按照以下公式计算不含增值税的销售额:

$$销售额 = 含税销售额 \div (1 + 征收率)$$

小规模纳税人由于销货退回或者折让退还给购买方的销售额,应当从当期的销售额中扣减。

2. 一般纳税人应纳税额的计算

一般纳税人销售货物或提供应税劳务,应纳税额为当期销项税额抵扣当期进项税额后的余额。因当期销项税额小于当期进项税额不足抵扣时,其不足的部分可结转下期继续抵扣。计算公式为:

$$应纳税额 = 当期销项税额 - 当期进项税额$$

一般纳税人进口应税货物,按照组成计税价格和规定的增值税税率计算应纳税额,不得抵扣任何税额。计算公式为:

$$应纳税额 = 组成计税价格 \times 税率$$

$$组成计税价格 = 关税完税价格 + 关税$$

如果纳税人进口应当缴纳消费税的货物,在组成计税价格中,还应当加上消费税税额。

五、增值税的税收优惠制度

(一)起征点

根据《增值税暂行条例》及其实施细则规定,个人销售额未达到起征点的,免征增值税;达到或超过起征点的,就其销售额全额征收

增值税。起征点的具体幅度如下：

1. 销售货物的起征点为月销售额 600—2000 元；
2. 销售应税劳务的起征点为月销售额 200—800 元；
3. 按次纳税的起征点为每次(日)销售额 50—80 元。

国家税务总局直属分局应在规定的幅度内,根据实际情况确定本地区适用的起征点,并报国家税务总局备案。

(二) 减免规定

根据我国现行增值税法的规定,下列项目免征增值税：

1. 种子、种苗、农用塑料薄膜和规定的农业机械、化肥、农药、饲料等农业生产资料,农业(包括种植业、养殖业、林业、牧业、水产业)生产单位和个人销售的自产初级农业产品。

2. 来料加工复出口的货物。

3. 下列企业(项目)进口规定的自用设备和按照合同随同设备进口的技术及配套件、备件：(1) 国家鼓励、支持发展的外商投资项目和国内投资项目在投资总额内进口的；(2) 企业为生产中国科学技术部等部门制定的《国家高新技术产品目录》中所列的产品而进口的；(3) 软件企业进口的；(4) 已经设立的鼓励类和限制乙类外商投资企业、外商投资研究开发中心、先进技术型和产品出口型外商投资企业的技术改造,在批准的生产、经营范围以内,利用投资总额以外的自由资金进口的；(5) 外商投资设立的研究开发中心在投资总额以内进口的；(6) 符合中西部省、自治区、直辖市利用外资优势产业和优势项目目录的项目,在投资总额以内进口的(在投资总额以外利用自有资金进口者也可以享受一定的税收优惠)。

4. 集成电路生产企业引进集成电路技术和成套生产设备,单项进口集成电路专用设备和仪器,符合国家规定的；以及符合国家规定的集成电路生产企业进口自用的原材料、消耗品。

5. 企业为引进中国科学技术部制定的《国家高新技术产品目录》中所列的先进技术而向境外支付的软件费。

6. 利用外国政府贷款和国际金融组织贷款项目进口的设备。

7. 避孕药品和用具。

8. 向社会收购的古旧图书。

9. 国家规定的科研机构和学校,以科学研究和教学为目的,在合理数量范围内进口国内不能生产或者性能不能满足需要的科学研究和教学用品。

10. 直接用于农业科研、试验的进口仪器、设备。

11. 外国政府、国际组织无偿援助、赠送的进口物资和设备,外国政府和国际组织无偿援助项目在中国境内采购的货物。

12. 中国境外的自然人、法人和其他组织按照规定无偿向受赠人捐赠进口的直接用于扶贫、慈善事业的物资。

13. 中国境外的捐赠人按照规定无偿捐赠的直接用于各类职业学校、高中、初中、小学、幼儿园教育的教学仪器、图书、资料和一般学习用品。

14. 符合国家规定的进口供残疾人专用的物品。

15. 个人销售自己使用过的物品;单位和个体经营者销售自己使用过的属于货物的固定资产,但是不包括售价超过原值的机动车、摩托车和游艇(售价超过原值的,按照4%的征收率减半征税)。

16. 承担粮食收储任务的国有粮食购销企业销售的粮食;其他企业经营的军队用粮、救灾救济粮和水库移民口粮;销售政府储备食用植物油。

17. 军事工业企业、军队和公安、司法等部门所属企业和一般企业生产的规定的军、警用品。

18. 专供残疾人使用的假肢、轮椅、矫型器。

19. 个体残疾劳动者提供的加工和修理、修配劳务。

20. 符合国家规定的利用废渣生产的建材产品。

21. 血站供给医疗机构的临床用血。

22. 非营利性医疗机构自产自用的制剂。营利性医疗机构取得的收入直接用于改善医疗卫生条件的,自其取得执业登记之日起3年以内,自产自用的制剂也可以免征增值税。

23. 废旧物资回收经营企业经营的废旧物资。

24. 小规模纳税人出口的自产货物。

25. 边境居民通过互市贸易进口的生活用品,每人每日价值在人民币3000元以下的部分,可以免征进口环节的增值税。

增值税的其他免税、减税项目由国务院规定。

须注意的是,纳税人兼营免税、减征增值税的项目,应当单独核算免税、减税项目的销售额。如果纳税人不单独核算其免税、减税项目的销售额的,税务机关将不予办理免税、减税。

六、增值税的纳税义务发生时间、纳税地点和纳税期限

（一）纳税义务发生时间

1. 纳税人销售货物和应税劳务,其增值税纳税义务发生时间为收讫销售款或者取得索取销售款凭据的当天。主要有以下几种情况：

（1）采取直接收款方式销售货物的,不论货物是否发出,均为收到销售款或者取得索取销售款的凭据,并将提货单交给买方的当天；

（2）采取托收承付和银行收款方式销售货物的,为发出货物并办妥托收手续的当天；

（3）采取赊销和分期收款方式销售货物的,为合同约定的收款日期的当天；

（4）采取预收货款方式销售货物的,为货物发出的当天；

（5）委托他人代销货物的,为收到代销单位销售的代销清单的当天；

（6）销售应税劳务的,为提供劳务同时收讫销售款或者索取销售额凭据的当天；

（7）纳税人发生按规定视同销售货物的行为（委托他人代销、销售代销货物除外）的,为货物移送的当天。

2. 纳税人进口货物,其增值税纳税义务发生时间为报关进口的当天。

（二）纳税地点

1. 固定业户应当向其机构所在地的主管税务机关申报纳税。总机构和分支机构不在同一县（市）的,应当分别向各自所在地主管税务机关申报纳税。经国家税务总局或其授权的税务机关批准,分支机构应纳的税款也可以由总机构汇总向总机构所在地的主管税务机关申报纳税。

2. 固定业户到外县(市)销售货物的,应当向其机构所在地的主管税务机关申请开具外出经营活动税收管理证明,向其机构所在地的主管税务机关申报纳税。需向购货方开具增值税专用发票的,也应当回其机构所在地补开。

未持有其机构所在地的主管税务机关核发的外出经营活动税收管理证明,到外县(市)销售货物或者应税劳务的,应当向销售地的主管税务机关申报纳税;没有向销售地的主管税务机关申报纳税的,由其机构所在地的主管税务机关补征税款。

3. 非固定业户销售货物或者应税劳务,应当向销售地的主管税务机关申报纳税。

4. 非固定业户到外县(市)销售货物或者应税劳务,没有向销售地的主管税务机关申报缴纳增值税的,由其机构所在地或者居住地的主管税务机关补征税款。

5. 跨地区经营的直营连锁企业,即连锁店的门店均由总部全资或者控股开设,在总部领导下统一经营的连锁企业,凡按照规定采取微机联网,实行统一采购配送商品,统一核算,统一规范化管理和经营,并符合以下条件的,可对总店和分店实行由总店向其所在地主管税务机关统一申报缴纳增值税:(1)在省(自治区、直辖市、计划单列市)范围内连锁经营的企业,报经本省(自治区、直辖市、计划单列市)国家税务局会同同级财政部门审批同意;(2)在同一县(市)范围内连锁经营的企业,报经本县(市)国家税务局会同同级财政局审批同意。

6. 进口货物应当由进口人或其代理人向报关地海关申报缴纳增值税。

(三) 纳税期限

增值税的纳税期限,由主管税务机关根据纳税人应纳税额的大小,分别核定为1日、3日、5日、10日、15日或者1个月。纳税人不能按照固定期限纳税的,可以按照每次取得的销售收入计算纳税。

纳税人以1个月为一期缴纳增值税的,应当自期满之日起10日之内申报纳税;以1日、3日、5日、10日或者15日为一期纳税的,应当自期满之日起5日之内预缴税款,于次月1日起10日之内申报纳税,并结清上月应纳税款。

纳税人进口货物,应当从海关填发税款缴纳凭证的次日起7日之内向指定银行缴纳税款。

第三节 我国增值税法的特殊征管制度

一、增值税的出口退(免)税管理规定

所谓出口货物退(免)税,是指货物报关出口销售后,将其国内所缴纳的税收(间接税)退还给货物出口企业或对出口企业给予免税的一种制度。对出口产品实行退税政策是国际惯例,是国家支持外贸出口的重要手段。根据WTO规则要求,各成员国可以对本国出口产品实行退税,但退税的最大限度不能超过出口产品在国内已征的税款。在此范围内,各成员国可以根据自身的经济发展需要和国家财政承受能力,确定恰当的出口退税水平。国际通行的税收规则,一般都是以法定的征税税率确定出口货物的退税率,其目的在于鼓励本国产品出口,以不含税价格进入国际市场,增强产品的竞争能力。

在我国,纳税人出口适用零税率的货物,向海关办理报关出口手续以后,凭出口报关单等有关凭证,可以按照规定向税务机关申办办理该出口货物的退税。出口货物准予退(免)的税收仅限于已征收的增值税、消费税。其现行制度依据主要是财政部、国家税务总局颁布的相关的办法、规程和通知等政策性文件。例如,1994年制定的《出口货物退(免)税管理办法》、2002年制定的《生产企业出口货物"免、抵、退"税管理操作规程(试行)》,等等。目前,出口退(免)税已经成为我国调整产业结构和出口结构、促进外贸发展、保证国际收支平衡的重要宏观调控手段。

(一)出口货物退(免)税的范围

1. 有出口经营权的企业(以下简称"出口企业")出口或代理出口的货物,在报关离境并在财务上作对外销售处理后,除国家明确规定不予退(免)税的货物外,都属于出口退(免)税的范围,可凭有关

凭证按月报送税务机关批准退还增值税。在一般情况下,出口企业应当从货物报关出口之日(以出口货物报关单上注明的出口日期为准)起90日以内,向税务机关申报办理出口货物退(免)税手续。

2. 生产企业自营出口或者委托外贸企业代理出口(以下简称生产企业出口)的自产货物,除了另有规定者以外,一律实行免税、抵税、退税的办法。免税,是指对生产企业出口的自产货物免征生产销售环节的增值税;抵税,是指生产企业出口的自产货物所耗用的原材料、零部件、燃料、动力等所含应当予以退还的进项税额,抵顶内销货物应纳的增值税;退税,是指生产企业出口的自产货物当月应当抵顶的进项税额大于应纳增值税税额的时候,对没有抵顶完的部分予以退税。上述免税、抵税、退税的金额应当按照规定的退税率、出口货物的离岸价格和汇率计算。

生产企业承接国外修理、修配业务;利用国际金融组织或者外国政府贷款,采用国际招标方式,国内企业中标,或者外国企业中标以后分包给国内企业的机电产品,可以比照上述规定办理。

3. 国家规定特准退还或者免征增值税的项目主要有:(1) 对外承包工程公司运出境外,用于对外承包项目的货物;(2) 企业在国内采购以后运出境外,作为在境外投资的货物;(3) 境外带料加工装配业务使用(包括实物性投资)的出境设备、原材料和散件;利用中国政府的援外优惠贷款和援外合资合作项目基金方式出口的货物;(4) 外轮供应公司、远洋运输供应公司销售给外轮和远洋国轮,并收取外汇的货物;(5) 出境口岸免税店销售的货物;(6) 出口企业从小规模纳税人处购进并且持普通发票的特殊货物;(7) 保税区内的企业从保税区外国内购进货物,用于出口或者加工以后出口的;(8) 出口加工区外的企业销售给出口加工区内的企业,并运入出口加工区供区内企业使用的国产设备、原材料和零部件等;(9) 出口加工区内的生产企业生产出口货物所耗用的水、电、气;(10) 外商投资企业在投资总额以内采购国家规定的免税范围内的国产设备(包括随设备购进的部分料、件);(11) 经国务院批准设立、享有进出口经营权的中外合资商业企业收购自营出口的国产货物;(12) 外贸企业承接国外修理、修配业务;(13) 外国驻华使馆、领事馆等机构和外交代表、领事官员等人员在中国境内购买的货物和劳务。

4. 不准退(免)税的货物。除经国家批准属于进料加工复出口贸易外,下列出口货物不予退(免)税:(1) 原油、柴油和中外合作油(气)田开采的天然气;(2) 援外出口物资;(3) 国家禁止出口的物资,包括天然牛黄、麝香、铜及铜基合金、白金等;(4) 糖。

出口不予退税的货物,应按照出口货物所取得的销售收入征收增值税。计算公式为:

$$应纳税额 = 出口货物销售收入 \times 外汇人民币牌价 \times 规定税率 - 进项税额$$

此外,出口货物办理增值税退税以后发生退货或者退关的,纳税人应当按照规定补缴已经退还的增值税税款。

(二) 出口货物适用的退税率

出口货物的退税率,是出口货物的实际退税额与退税计税依据的比例。它是出口退税的中心环节。和整个国家的宏观经济形势相适应,我国的出口退税率变化比较频繁。自1995年7月1日以来,曾多次调整增值税出口退税率(既包括调高或调低出口退税率,也包括取消出口退税率的政策调整)。但整体来看,现行一般纳税人的出口退税率根据出口货物的不同,基本分为五档:17%、13%、11%、8%、5%。

1. 17%,适用于船舶、汽车及其关键零部件、航空器天器、铁道机车、起重和工程用机械、程控电话、医疗仪器和器械,规定的若干类信息技术产品(如集成电路、无线电话、数控机床等),等等。

2. 13%,适用于不适用17%税率的机械和设备、电器和电子产品、运输工具、仪器仪表、服装、鞋、钟表、有机化工原料、无机化工原料、涂料、颜料、橡胶制品、玩具、运动用品、旅行用品、箱包、大米、小麦、玉米、棉花,等等。

3. 11%,适用于水泥、玻璃、纺织品、家具和塑料,等等。

4. 8%,适用于陶瓷、精矿,等等。

5. 5%,适用于部分特种钢材及不锈钢板、冷轧产品、有色金属材料和农业产品,等等。

从小规模纳税人商贸企业购进的货物,出口退税率为4%;从小规模纳税人工业企业购进的货物,农产品的退税率为5%;其他产品的退税率为6%。

出口企业应将不同税率的货物分开核算和申报,凡划分不清的,一律从低适用退税率计算退(免)税。

(三) 出口货物退(免)税的管理

我国从1985年开始实行出口货物退(免)税政策,对增强我国出口产品的国际竞争力,推动外贸体制改革和出口增长发挥了重要作用。2003年10月13日,国务院发布了《关于改革现行出口退税机制的决定》(国发〔2003〕24号),对我国的出口退税机制进行改革,改革的基本原则是:"新账不欠,老账要还,完善机制,共同负担,推动改革,促进发展。"改革的主要内容是:(1) 对出口退税率进行结构性调整,适当降低出口退税率。(2) 加大中央财政对出口退税的支持力度。(3) 建立中央和地方财政共同负担出口退税的新机制。(4) 结合出口退税机制改革推进外贸体制改革。(5) 累计欠退税由中央财政负担。

根据我国现行法律的规定,出口货物退(免)税的管理,主要包括登记管理、出口退税的申报和审批二个方面。

1. 出口退税登记管理

(1) 凡是经批准有出口经营权的企业,应持对外经济贸易部及其授权单位批准其出口经营权的批件和工商营业执照,于批准之日起30日内向所在地主管退税业务的税务机关办理退税登记证。未办理退税登记证或没有重新认定的出口企业,一律不予办理出口货物退(免)税。出口企业如发生撤并、变更情况,应于批准撤并、变更之日起30日内向所在地主管出口退税业务的税务机关办理注销或变更登记手续。

(2) 设置出口退税专职办税员和稽核员。为加强出口货物退(免)税管理,各企业应设专职办税员,负责办理本企业的出口退税工作。为防止骗税等问题的发生,保证出口退税及时、准确,各地经贸主管部门、各外贸、工贸专业总公司都必须设立主管出口退税工作的专职稽核员。

2. 出口退税的申报

出口企业应在货物报关出口并在财务上作销售处理后,按月填报《出口货物退(免)税申请表》,并据实填报出口货物的名称、出口货物报关单编号、出口销售数量、销售金额、进项金额、税额、退税税种、税率及退税金额,并提供办理出口退税所必需的购进出口货物的增值税专用发票(税款抵扣联)或普通发票、增值税专用缴款书、出口货物销售明细账、盖有海关验讫章的出口货物报关单(出口退税联)、出口收汇核销单等凭证,先报外经贸部主管部门稽核盖章后,再报主管出口退税的税务机关申请退税。

3. 出口退税的审批

负责审核出口退税的税务机关在接到企业退税申请表后,必须严格按照出口货物退税规定审核无误后,逐级报请负责出口退税审批的税务机关审查批准后,才可填写《收入退还书》,送当地银行(国库)办理退税手续。对一些出口货物,退税机关在审批退税时,必须实施税收函调制度,经调查核实,确认无误后,退税机关方可给予退税。出口货物办理退税手续后,如发生退关、国外退货或转为内销等情形时,企业必须向所在地主管出口退税的税务机关办理申报手续,补交已退(免)的税款。

为了更好地支持出口企业出口创汇,促进我国国民经济的发展,本着既保证出口退税及时、足额到位,又有效防范和打击骗取出口退税违法犯罪行为的原则,国家税务总局于 1998 年 6 月 8 日发布《关于出口货物退(免)税实行按企业分类管理的通知》,自 1998 年 7 月 1 日起对出口货物退(免)税实行按企业分类管理、简化退税申报凭证的办法。其主要内容包括:(1) 企业的分类标准及相应管理办法;(2) 各类企业名单的审定与调整;(3) 骗税的惩罚;等等。

二、增值税专用发票管理规定

我国对增值税实行国际通行的"扣税法",即凭进项发票注明税款进行抵扣。现行增值税的扣税凭证包括增值税专用发票、从海关取得的完税凭证、购进免税农产品取得的经主管税务机关批准使用的收购凭证和普通发票、收购废旧物资取得的经主管税务机关批准使用的收购凭证、支付运输费取得的由运输部门和运输单位开具的结算单据(普通发票)。其中,增值税专用发票是指增值税一般纳税人销售货物或者提供应税劳务开具的发票,是购买方支付增值税税额并可按照增值税有关规定据以抵扣增值税进项税额的凭证。它是根据增值税征收管理需要而设计的,是最主要、最重要的扣税凭证,对增值税的计算和管理起着决定性的作用。为此,1993年12月27日国家税务总局制定了《增值税专用发票使用规定》,自1994年1月1日起实行。随着实际情况的发展,2006年10月17日,国家税务总局发布了《关于修订〈增值税专用发票使用规定〉的通知》(国税发〔2006〕156号),公布了修订后的规定,自2007年1月1日起施行。同时废止了1993年制定的《增值税专用发票使用规定》。

(一) 增值税专用发票的基本联次

增值税专用发票由基本联次或者基本联次附加其他联次构成,基本联次为三联:发票联、抵扣联和记账联。发票联,作为购买方核算采购成本和增值税进项税额的记账凭证;抵扣联,作为购买方报送主管税务机关认证和留存备查的凭证;记账联,作为销售方核算销售收入和增值税销项税额的记账凭证。其他联次的用途,由一般纳税人自行确定。

(二) 增值税专用发票的领购要求

1. 领购专用设备和办理初始发行

增值税一般纳税人在领购专用发票之前,必须先领购专用设备(金税卡、IC卡、读卡器和其他设备),并凭《最高开票限额申请表》《发票领购簿》到主管税务机关办理初始发行。所称"初始发行",是指主管税务机关将一般纳税人的下列信息载入空白金税卡和IC卡的行为。(1)企业名称;(2)税务登记代码;(3)开票限额;(4)购票限量;(5)购票人员姓名、密码;(6)开票机数量;(7)国家税务总局规定的其他信息。上列第(1)、(3)、(4)、(5)、(6)、(7)项信息发生变化时,一般纳税人应向主管税务机关申请变更发行;发生第(2)项信息变化,应向主管税务机关申请注销发行。

2. 领购专用发票

增值税一般纳税人凭《发票领购簿》、IC卡和经办人身份证明领购专用发票。

一般纳税人有下列情形之一的,不得领购开具专用发票:(1)会计核算不健全,不能向税务机关准确提供增值税销项税额、进项税额、应纳税额数据及其他有关增值税税务资料的。上列其他有关增值税税务资料的内容,由省、自治区、直辖市和计划单列市国家税务局确定。(2)有《税收征管法》规定的税收违法行为,拒不接受税务机关处理的。(3)有下列行为之一,经税务机关责令限期改正而仍未改正的:虚开增值税专用发票;私自印制专用发票;向税务机关以外的单位和个人买取专用发票;借用他人专用发票;未按《增值税专用发票使用规定》第11条开具专用发票;未按规定保管专用发票和专用设备;未按规定申请办理防伪税控系统变更发行;未按规定接受税务机关检查。

有下列情形之一的,属于上述"未按规定保管专用发票和专用设备"的行为:(1)未设专人保管专用发票和专用设备;(2)未按税务机关要求存放专用发票和专用设备;(3)未将认证相符的专用发票抵扣联、《认证结果通知书》和《认证结果清单》装订成册;(4)未经税务机关查验,擅自销毁专用发票基本联次。

一般纳税人注销税务登记或者转为小规模纳税人,应将专用设备和结存未用的纸质专用发票送交主管税务机关。主管税务机关应缴销其专用发票,并按有关安全管理的要求处理专用设备。被缴销的纸质专用发票应退还纳税人。

(三) 增值税专用发票的开具要求

一般纳税人销售货物或者提供应税劳务,应通过增值税防伪税控系统向购买方开具专用发票。商业企业一般纳税人零售的烟、酒、食品、服装、鞋帽(不包括劳保专用部分)、化妆品等消费品不得开具专用发票。增值税小规模纳税人(以下简称小规模纳税人)需要开具专用发票的,可向主管税务机关申请代开。销售免税货物不得开具专用发票,法律、法规及国家税务总局另有规定的除外。

专用发票应按下列要求开具:(1)项目齐全,与实际交易相符;(2)字迹清楚,不得压线、错格;(3)发票联和抵扣联加盖财务专用章或者发票专用章;(4)按照增值税纳税义务的发生时间开具。对不符合上列要求的专用发票,购买方有权拒收。

一般纳税人销售货物或者提供应税劳务可汇总开具专用发票。汇总开具专用发票的,同时使用防伪税控系统开具《销售货物或者提供应税劳务清单》,并加盖财务专用章或者发票专用章。

(四)增值税专用发票的作废处理

根据《增值税专用发票使用规定》的规定,同时具有下列情形的,属于达到了作废条件:(1)收到退回的发票联、抵扣联时间未超过销售方开票当月;(2)销售方未报税并且未记账;(3)购买方未认证或者认证结果为"纳税人识别号认证不符""专用发票代码、号码认证不符"。

一般纳税人在开具专用发票当月,发生销货退回、开票有误等情形,收到退回的发票联、抵扣联符合作废条件的,按作废处理;开具时发现有误的,可即时作废。作废专用发票须在防伪税控系统中将相应的数据电文按"作废"处理,在纸质专用发票(含未打印的专用发票)各联次上注明"作废"字样,全联次留存。

一般纳税人取得专用发票后,发生销货退回、开票有误等情形但不符合作废条件的,或者因销货部分退回及发生销售折让的,购买方应向主管税务机关填报《开具红字增值税专用发票申请单》(以下简称《申请单》)。《申请单》所对应的蓝字专用发票应经税务机关认证。经认证结果为"认证相符"并且已经抵扣增值税进项税额的,一般纳税人在填报《申请单》时不填写相对应的蓝字专用发票信息。经认证结果为"纳税人识别号认证不符""专用发票代码、号码认证不符"的,一般纳税人在填报《申请单》时应填写相对应的蓝字专用发票信息。

主管税务机关对一般纳税人填报的《申请单》进行审核后,出具《开具红字增值税专用发票通知单》(以下简称《通知单》)。《通知单》应与《申请单》一一对应。购买方必须暂依《通知单》所列增值税税额从当期进项税额中转出,未抵扣增值税进项税额的可列入当期进项税额,待取得销售方开具的红字专用发票后,与留存的《通知单》一并作为记账凭证。销售方凭购买方提供的《通知单》开具红字专用发票,在防伪税控系统中以销项负数开具。红字专用发票应与

《通知单》一一对应。

(五) 增值税专用发票的丢失处理

一般纳税人丢失已开具专用发票的发票联和抵扣联,如果丢失前已认证相符的,购买方凭销售方提供的相应专用发票记账联复印件及销售方所在地主管税务机关出具的《丢失增值税专用发票已报税证明单》,经购买方主管税务机关审核同意后,可作为增值税进项税额的抵扣凭证;如果丢失前未认证的,购买方凭销售方提供的相应专用发票记账联复印件到主管税务机关进行认证,认证相符的凭该专用发票记账联复印件及销售方所在地主管税务机关出具的《丢失增值税专用发票已报税证明单》,经购买方主管税务机关审核同意后,可作为增值税进项税额的抵扣凭证。

一般纳税人丢失已开具专用发票的抵扣联,如果丢失前已认证相符的,可使用专用发票发票联复印件留存备查;如果丢失前未认证的,可使用专用发票发票联到主管税务机关认证,专用发票发票联复印件留存备查。

一般纳税人丢失已开具专用发票的发票联,可将专用发票抵扣联作为记账凭证,专用发票抵扣联复印件留存备查。

(六) 增值税专用发票的认证处理

一般纳税人开具专用发票应在增值税纳税申报期内向主管税务机关报税,在申报所属月份内可分次向主管税务机关报税。

用于抵扣增值税进项税额的专用发票应经税务机关认证相符(国家税务总局另有规定的除外)。认证相符的专用发票应作为购买方的记账凭证,不得退还销售方。

经认证,有下列情形之一的,不得作为增值税进项税额的抵扣凭证,税务机关退还原件,购买方可要求销售方重新开具专用发票:(1) 无法认证。即专用发票所列密文或者明文不能辨认,无法产生认证结果。(2) 纳税人识别号认证不符。即专用发票所列购买方纳税人识别号有误。(3) 专用发票代码、号码认证不符。即专用发票所列密文解译后与明文的代码或者号码不一致。

经认证,有下列情形之一的,暂不得作为增值税进项税额的抵扣凭证,税务机关扣留原件,查明原因,分别情况进行处理:(1) 重复认证。即已经认证相符的同一张专用发票再次认证。(2)密文有误。即专用发票所列密文无法解译。(3)认证不符。即纳税人识别号有误,或者专用发票所列密文解译后与明文不一致。(4)列为失控专用发票。即认证时的专用发票已被登记为失控专用发票。

(七)增值税专用发票使用的处罚规定

1. 凡违反专用发票使用规定的,应按照《中华人民共和国发票管理办法》及《中华人民共和国税收征收管理法》的有关处罚规定办理。

2. 虚开、伪造和非法出售增值税专用发票,情节严重,构成犯罪的,依照《中华人民共和国刑法》的有关规定追究刑事责任。

本章小结

根据确定增值额时扣除项目中对外购固定资产的处理方法的不同,可将增值税分为生产型增值税、收入型增值税和消费型增值税三种课征类型。增值税的特点是:(1)避免重复征税,具有税中性。(2)税源广阔,具有普遍性。(3)增值税具有较强的经济适应性。(4)增值税的计算采用购进扣税法,凭进货发票注明税额抵扣税款、并在出口环节实行零税率征收。

根据我国现行增值税法的规定,增值税的纳税人是指在我国境内销售货物或者提供加工、修理修配劳务以及进口货物的单位和个人。依据纳税人经营规模大小以及会计核算是否健全的标准,增值税的纳税人分为一般纳税人和小规模纳税人。法律对属于增值税征税范围的特殊项目和不征税项目做了规定。我国现行增值税法对一般纳税人设置了一档基本税率、一档低税率,此外对其出口货物实行零税率;对小规模纳税人则实行6%或4%的征收率。我国除对小规模纳税人采用简易征收法外,对一般纳税人均采用国际上通行的(购进)扣税法,在计算纳税人的应纳增值税税额时,可以按照税法规定的范围凭进货发票注明的税额,从当期的销项税额中抵扣购进货物或者应税劳务已缴纳的增值税税额(即进项税额)。增值税法中的特殊征管制度,主要包括出口货物退(免)税和增值税专用发票制度。

思考题

1. 增值税的概念及其类型有哪些?
2. 何谓法定增值额?何谓理论增值额?区分法定增值额和理论增值额有什么意义?
3. 增值税为何受到各国政府的普遍重视和广泛采用?
4. 我国增值税的立法原则有哪些?
5. 增值税的征收范围和营业税、消费税的征收范围有何关联?
6. 区分一般纳税人和小规模纳税人的标准和意义是什么?
7. 我国对增值税的税率(包括征收率)有哪些规定?
8. 何谓退税率?我国政府为什么要规定退税率而不按法定税率退税?
9. 我国税法对增值税专用发票的管理作了哪些规定?
10. 思考我国增值税转型的背景、原因和意义以及我国增值税法律制度的进一步改革与完善问题。

第四章 消费税法与营业税法

第一节 消费税与营业税概述

一、消费税概述

(一) 消费税的概念、特点及其作用

消费税是对税法规定的特定消费品或者消费行为的流转额征收的一种税。它是世界各国普遍征收的一种税,在各国的财政收入、尤其是在发展中国家财政收入中占有相当大的比重。

消费税与增值税、营业税等税种同属于对流转额课征的税种,但和这些流转税相比,消费税具有以下显著特点:

1. 课征范围具有选择性。消费税的课税品目一般是有选择的,表现出明显的调节目的和政策导向性。

2. 征税环节具有单一性。消费税不是在生产、流通、消费全过程的各个环节征收,而只是选择在生产或零售等某一环节征收。出于节省征收成本、提高征收效率、防止税源流失的考虑,各国对多数产品一般选择在生产环节征税。

3. 税率设计具有灵活性、差别性。消费税的平均税率较高,而且往往针对不同品目的商品设置高低不同的税率,以体现消费税的调节作用。

4. 征收方法具有多样性。消费税既可从价定率征收,又可从量定额征收,还可复合征税,计税准确、管理简便、易于操作。

5. 税款征收具有重叠性。消费税的课税品目同时也往往是进口关税和增值税的课税品目,是在普遍征收增值税的基础上,再加征一道消费税。因而,这些流转税具有重叠课征的性质。

6. 税收负担具有转嫁性。消费税是间接税,尽管立法确定在产制环节征收,但其立法预期是纳税人可以通过销售价格的调整将所纳的消费税转嫁给消费者,从而达到调节消费的目的。

消费税的上述特点,决定了消费税具有两大作用。一是调节作用,通过课税范围的选择、税率高低不同的设计和征收环节的确定,可以起到调整产业结构、调整消费结构、调节收入分配的作用。二是收入作用,通过选择税源集中、收入比较稳定的高档消费品作为征税对象,以及设计较高的税率等,可以为政府筹措稳定的财政收入。

(二) 消费税的产生和发展

消费税的历史源远流长,欧洲古希腊雅典时期的内陆关税、罗马时期的盐税,实质上都是对货物征收的消费税。封建社会中后期,商品经济日渐发达,消费税的课征范围也就随之扩大,到资本主义初期达到鼎盛阶段,成为政府财政收入的支柱。20世纪以后,随着累进所得税的推行,消费税的主体税种地位在西方许多发达资本主义国家受到削弱,为所得税替代。但因消费税的独特调节作用,在这些国家的税制中,消费税仍然是一个不可缺少的辅助税种。而在广大的发展中国家,消费税至今仍是整个国家税制中十分重要的税种。

在我国,早在春秋战国时期,就已开征过"关市之赋""山泽之赋",皆不外是对特定的物品征收的消费税。其后,各朝代又较为普遍地征收过盐税、酒税和茶税。国民党政府时期,为取得财政收入,更开征了专门的货物税。

新中国成立初期,我国征收的货物税,50年代征收的商品流通税,1958—1973年征收的工商统一税,1973—1983年征收的工商税中相当于货物税的部分,1983—1993年征收的产品税、增值税,实际上相当或部分相当于消费税,只是未以"消费税"命名罢了。而我国在1983年开征的烧油特别税,1988年曾对彩色电视机和小轿车征收的特别消费税,更是一种选择性消费税。至于作为独立税种的消费税的正式确立和开征,是从1994年1月1日开始的,是在原产品税、增值税、工商统一税的基础上形成的。它是在普遍征收增值税的基础上,根据消费政策、产业政策的要求,有选择地对部分消费品征收,故我国的消费税属于选择性消费税。消费税的特殊调节和增值税的普遍调节相配合,构成我国流转税的双层调节机制。

目前,我国调整消费税征纳关系的依据主要包括:《中华人民共和国消费税暂行条例》(1993年12月13日国务院发布,自1994年1月1日起施行)、《中华人民共和国消费税暂行条例实施细则》(1993年12月25日财政部发布,自1994年1月1日起施行)及国家税务总局发布的《消费税征收范围注释》(1993年12月27日发布)、《消费税若干具体问题的规定》(1993年12月28日发布)和《金银首饰消费税征收管理办法》(1994年12月26日发布),财政部、国家税务总局发布的《关于调整酒类产品消费税政策的通知》(2001年5月11日财税[2001]84号)、《关于调整烟类产品消费税政策的通知》(2001年6月4日财税[2001]91号)、《关于钻石及上海钻石交易所有关税收政策的通知》(2001年11月15日财税[2001]176号)、《关于调整和完善消费税政策的通知》(2006年3月24日财税[2006]33号)等。

二、营业税概述

(一) 营业税的概念及特点

营业税,或称销售税,是以纳税人从事生产经营活动的营业额(销售额)为课税对象征收的一种流转税。营业税一般不区分商品或劳务,而着眼于营业行为(销售行为),只要纳税人发生了营业行为(销售行为),就要对其营业收入额(销售收入额)征税。我国现行的营业税是对我国境内提供应税劳务、转让无形资产或销售不动产的单位和个人就其营业额征收的一种流转税。

历史上,营业税因具有征税对象广泛、多环节课征、平均税负较低、征收简便易行等特点,曾成为世界各国普遍征收的一种重要税收。但由于它是一种传统的流转税,故和产品税、货物税一样也存在税负累积的弊端,因此,在实行增值税的国家,营业税大多已被增值税取代,保留下来的营业税,其征收范围也大大缩小,一般只对一些第三产业征收。

我国现行的营业税和增值税、消费税相配合,共同构成我国新的流转税体系。表现为:在工业生产领域和商业批发零售环节普遍征收增值税,选择少数消费品交叉征收消费税,对不实行增值税的劳务征收营业税。在建立营业税制的过程中贯彻了不增加税负、公平税负、鼓励竞争、统一税政、简化税制的原则。因此,我国现行的营业税具有以下特点:

1. 征收范围有较大程度的缩小。1994年税制改革前,营业税是对商品批发、零售环节的商品流转额和服务性营业收入普遍征收的一种税。改革后,缩小了营业税的征收范围,将商品批发和零售业务以及工业加工、修理修配业务都划入了增值税的征收范围,营业税则对转让无形资产、销售不动产和提供劳务服务征税。这样,营业税实际已成为主要对提供劳务所取得的营业收入(亦即对第三产业)征收的一种税。

2. 简并和调整了税目税率,均衡税负。改革前的营业税税目有12个,税率分为3%、5%、10%、15%和按进销差价征税的10%五档,税率差距较大。改革后经调整只设置了9个税目,税率档次也简并为3档(1997年金融保险业税率由5%提高至8%,从而使税率档次增为4档),大部分税目实行3%、5%的税率,对娱乐业设计了5%—20%的幅度税率,授权地方政府在幅度范围内确定当地适用的税率。这样,税目得以简化,税负相对减轻且各行业间较为均衡,有利于开展公平竞争。

3. 税收收入比较稳定可靠。营业税主要对服务业(第三产业)征税,且纳税人一旦取得营业收入,不论成本高低、盈亏与否,均需按照规定税率纳税,税额随第三产业发展、随营业额增加而同步增长。因而具有收入稳定的特点,是我国地方政府财政收入中最主要的来源。

4. 改革了营业税的优惠政策。针对过去营业税法规减税、免税规定较多,越权减免、擅自减免屡禁不止的现象,改革后的营业税暂行条例规定,除税法统一规定的减税免税(包括起征点规定)项目外,任何部门和地区都无权减免税,税务机关也不再办理临时性、困难性减免事项。营业税的税目、税率调整要由国务院决定。

(二) 营业税的产生和发展

营业税是世界各国较为普遍实行的一个税种,在我国也是一个古老的税种。但在各个不同时期,营业税的征收范围是在不断调整的。早在新中国成立初期,营业税就是工商税的一个组成部分,征税范围较为普遍。1958年进行工商税制改革,将工商业营业税和货物税、商品流通税、印花税合并简化为工商统一税。1973年又将国营和集体企业缴纳的工商统一税及其附加、城市房地产税、车船使用牌照税、屠宰税以及盐税、临时商业税合并为工商税,营业税作为单独的税种不复存在。1984年第二步利改税和工商税制全面改革时,为适应在改革开放过程中形成的商品流通领域出现的多种经济成分、多种流通渠道、多种经济方式的新情况,又把工商税中对商品、服务业征税的部分划分出来,征收营业税,恢复成为一个独立的税种。从1994年开始实施的税制改革,适应建立社会主义市场经济体制的要求,对我国的流转税制又作了进一步的重大改革和调整,在工业生产领域和商业批发、零售环节普遍征收增值税,选择少数消费品交叉征收消费税,对不实行增值税的劳务和第三产业征收营业税。营业税的实施,对于更好地发挥税收的调节作用,保证国家财政收入尤其是地方政府收入,繁荣第三产业,促进市场的发育和完善具有重要的意义。

目前,我国调整营业税征纳关系的法规、规章主要有:1993年12月13日国务院发布、自1994年1月1日起施行的《中华人民共和国消费税暂行条例》,1993年12月25日财政部发布、自1994年1月1日起施行的《中华人民共和国消费税暂行条例实施细则》,国家税务总局于1993年12月27日发布的《营业税税目注释(试行稿)》、1994年4月30日发布的《关于人民银行贷款业务不征收营业税的具体范围的通知》、1994年7月18日发布的《关于营业税若干征税问题的通知》、1995年4月17日印发的《营业税问题解答(之一)的通知》、1995年4月26日发布的《关于营业税若干问题的通知》、2002年1月30日发布的《金融保险业营业税申报管理办法》、2月10日发布的《关于交通运输企业征收营业税问题的通知》、5月12日发布的《关于贷款业务征收营业税问题的通知》、9月11日发布的

《关于纳税人销售自产货物提供增值税劳务并同时提供建筑业劳务征收流转税问题的通知》、11月5日发布的《关于对已缴纳过营业税的递延收入不再征收营业税问题的通知》,财政部、国家税务总局1994年3月29日发布的《关于对若干项目免征营业税的通知》、1995年6月2日发布的《关于营业税几个政策问题的通知》、1995年8月11日发布的《关于金融业征收营业税有关问题的通知》、1997年5月21日发布的《关于对社会团体收取的会费收入不征收营业税的通知》、1997年5月22日发布的《关于调整行政事业性收费(基金)营业税政策的通知》、2001年3月7日发布的《关于降低金融保险业营业税税率的通知》、4月19日发布的《关于调整部分娱乐业营业税税率的通知》等。

第二节 我国消费税法的主要内容

一、消费税的征税范围与纳税人

(一) 征税范围

消费税的征税范围限于在中国境内生产、委托加工和进口《消费税暂行条例》规定的应税消费品。

这些"应税消费品"是根据我国现阶段经济发展状况,居民的消费水平和消费结构及财政的需要,并借鉴国外成功的经验和通行作法,以正列举的方法加以确立的,一般生活必需品未列入征税范围。列入消费税征税范围的消费品分为以下五类:

1. 过度消费会对人类健康、社会秩序、生态环境等方面造成危害的特殊消费品。如烟、酒及酒精、鞭炮和焰火等。
2. 奢侈品和非生活必需品。如贵重首饰及珠宝玉石、化妆品等。
3. 高能耗及高档消费品。如小汽车、摩托车。
4. 不能再生和替代的石油类消费品。如汽油、柴油。
5. 具有一定财政意义的产品。如护肤护发品、汽车轮胎。

消费税的征税范围,可以根据国家经济发展变化和消费结构的变化情况作适当调整。

(二) 纳税人

消费税的纳税人是在中国境内从事生产、委托加工和进口上述征税范围的应税消费品的单位和个人。

所谓在"中国境内",是指生产、委托加工和进口应税消费品的起运地或所在地在境内。

所称"单位"是指从事生产、委托加工和进口应税消费品的国有企业、集体企业、私营企业、外商投资企业、外国企业、股份制企业、其他企业和行政单位、事业单位、军事单位、社会团体及其他单位。"个人"是指个体经营者及包括中国公民、外国公民在内的其他个人。

具体而言,消费税的纳税人为:

1. 生产销售(包括自产自用)的应税消费品,以生产销售的单位和个人为纳税人,由生产者直接纳税。

2. 委托加工的应税消费品,以委托加工的单位和个人为纳税人,由受托方代收代缴税款(但受托人为个体经营者时,则应由委托方收回应税消费品后在委托方所在地缴纳消费税)。

3. 进口应税消费品,以进口的单位和个人为纳税人,由海关代征进口环节的消费税。

但自1995年1月1日起,金银首饰消费税由生产销售环节(亦包括进口环节)改为零售环节征收,相应的金银首饰消费税的纳税人,是在我国境内从事金银首饰零售业务或受托加工(另有规定者除外)、受托代销金银首饰的受托方(包括单位和个人)。自2002年1月1日起,钻石及钻石饰品亦由生产、进口环节改为零售环节纳税,相应地,钻石及钻石饰品消费税的纳税人,是在我国境内从事钻石及钻石饰品零售业务的单位和个人。

二、消费税的税目及税率

消费税税目采取正列举方式,即凡征税的消费品才列入税目,不征税的不列入。1994年的消费税一共设置了11个税目,13个子目。这些应税项目都是在原产品税和增值税的基础上经过选择、修改后确定的。通过税目的设计界定了征与不征的范围,并可根据不同的税目(子目)设计高低不等的税率,以确定各种应税消费品的税负,体现国家在消费方面的奖限政策。

1994年的消费税的税率采取比例税率和定额税率两种形式。对于那些供求基本平衡、价格差异和变化不大、计量单位规范的消费品,实行计税简便的定额税率。如黄酒、啤酒、汽油、柴油。对于那些供求矛盾突出、价格差异较大、变化大,且计量单位不规范的消费品,采用税价浮动的比例税率。如烟、白酒、化妆品、护肤护发品、鞭炮、焰火、汽车轮胎、贵重首饰、珠宝玉石、摩托车、小汽车等。消费税税率共有14档。其中,比例税率为10档,最低3%,最高45%;定额税率为4档,最高为每征税单位240元,最低为每征税单位0.1元。消费税的税率(税额)设计主要考虑了五个方面:第一,能够体现国家的产业政策和消费政策;第二,能够正确引导消费方向,抑制超前消费,起到调节供求关系的作用;第三,能够适应消费者的货币支付能力和心理承受能力;第四,要有一定的财政意义;第五,适当考虑消费品原有的负担水平。

按《消费税暂行条例》的规定,消费税税目、税率(税额标准)的调整权在国务院。在《增值税暂行条例》的实施过程中,国家根据形势的变化,对消费税的征税税目和税率作了多次的调整。如,1996年1月1日起对摩托车胎减按5%的税率征税,1998年将甲类卷烟的税率调整为50%,雪茄烟、烟丝调整为25%等。特别是2001年,经报国务院批准,财政部、国家税务总局发布的《关于调整酒类产品消费税政策的通知》(2001年5月11日财税[2001]84号)、《关于调整烟类产品消费税政策的通知》(2001年6月4日财税[2001]91号)决定分别自2001年5月1日和6月1日起,对酒类产品和卷烟的税率再次进行调整。即对白酒实行从价和从量相结合的复合计税方法:对粮食白酒和薯类白酒在仍维持现行按出厂价依25%和15%的税率从价定率征收消费税办法不变的前提下,再对每斤白酒按

0.5元从量定额征收一道消费税。适当调整啤酒的单位税额,按照产品的出厂价格划分两档定额税率:每吨啤酒出厂价格(含包装物及包装物押金)在3000元(含3000元,不含增值税)以上的,单位税额250元/吨;每吨啤酒出厂价格在3000元(不含3000元,不含增值税)以下的,单位税额220元/吨;娱乐业、饮食业自制啤酒,单位税额250元/吨。对卷烟消费税政策的调整,主要是将从价定率的计税方法改为从量定额与从价定率相结合的复合计税方法,同时对税率进行适当调整。即对卷烟首先征收一道从量定额税,单位税额为每大箱(5万支)150元;然后按照调拨价格(或者核定价格)再从价征税:每标准条(200支)调拨价格在50元以下的卷烟(不含50元,不含增值税),税率为30%;每标准条调拨价格在50元(含50元,不含增值税)以上的卷烟和进口卷烟、白包卷烟、手工卷烟等,税率为45%。2001年11月15日,经报国务院批准,财政部、国家税务总局联合发布《关于钻石及上海钻石交易所有关税收政策的通知》,自2002年1月1日起对钻石及钻石饰品的消费税税率由10%调整为5%。

  2006年3月20日,财政部、国家税务总局联合发布了《关于调整和完善消费税政策的通知》(财税[2006]33号),决定自2006年4月1日起,对消费税税目、税率及相关政策进行调整。具体内容:一是新增了高尔夫球及球具、高档手表、游艇、木制一次性筷子、实木地板等税目,并将汽油、柴油两个税目取消,增列成品油税目,汽油、柴油作为该税目下的两个子税目,同时将石脑油、溶剂油、燃料油、航空煤油等油品作为五个子目征收消费税;二是取消了"护肤护发品"税目,同时将原属于护肤护发品征税范围的高档护肤类化妆品列入化妆品税目,同时将原属于护肤护发品征税范围的高档护肤类化妆品列入化妆品税目。

  消费税税目、税率(税额)可列表如下①:

---

① 本表摘自刘佐著:《中国税制概览》,经济科学出版社2007年版,第43页。

税目	税率（税额）	计税单位	征税范围	说明
一、烟				
1. 卷烟 定额税率	150元	每标准箱	每标准箱（50000支）150元。仅限于卷烟	自2001年6月1日起，卷烟消费税计税办法由《中华人民共和国消费税暂行条例》规定的实行从价定率计算应纳税额的办法调整为实行从量定额和从价定率相结合计算应纳税额的复合计税办法。应纳税额计算公式：应纳税额 = 销售数量 × 定额税率 + 销售额 × 比例税率
比例税率 （1）每标准条（200支）调拨价格在50元（含50元，不合增值税）以上的卷烟	45%	条	下列卷烟一律适用45%的比例税率：进口卷烟、白包卷烟、手工卷烟、自产自用没有同牌号、规格调拨价格的卷烟、委托加工没有同牌号、规格调拨价格的卷烟、未经国务院批准纳入计划的企业和个人生产的卷烟	
（2）每标准条调拨价格在50元（不含增值税）以下的卷烟	30%	条		
2. 雪茄烟	25%		包括各种规格、型号的雪茄烟	1998年7月1日起将雪茄烟由40%调减至25%
3. 烟丝	30%		包括以烟叶为原料加工生产的不经卷制的散装烟	
二、酒及酒精				
1. 粮食、薯类白酒	20%			自2001年5月1日起，粮食白酒、薯类白酒计税办法由《中华人民共和国消费税暂行条例》规定的实行从价定率计算应纳税额的办法调整为实行从量定额和从价定率相结合计算应纳税额的复合计税办法。粮食白酒、薯类白酒的定额税率为每斤（500克）0.5元。计算公式：应纳税额 = 销售数量 × 定额税率 + 销售额 × 比例税率
	0.5元	500克		

(续表)

税目	税率 (税额)	计税 单位	征税 范围	说明
2. 黄酒	240 元	吨	包括各种原料酿制的黄酒和酒度超过 12 度(含 12 度)的土甜酒	
3. 啤酒	220 元或 250 元	吨	包括包装和散装的啤酒	(一)每吨啤酒出厂价格(含包装物及包装物押金)在 3000 元(含 3000 元,不含增值税)以上的,单位税额 250 元/吨；(二)每吨啤酒出厂价格在 3000 元(不含 3000 元,不含增值税)以下的,单位税额 220 元/吨。(三)娱乐业、饮食业自制啤酒,单位税额 250 元/吨
4. 其他酒	10%		包括糠麸白酒,其他原料白酒、土甜酒、复制酒、果木酒、汽酒、药酒	用稗子酿制的白酒比照糠麸酒征收
5. 酒精	5%		包括用蒸馏法和合成方法生产的各种工业酒精、医药酒精、食用酒精	
三、化妆品	30%		包括成套化妆品	
四、贵重首饰及珠宝玉石				
1. 金银首饰	5%		仅限于金、银和金基、银基合金首饰,以及金银和金基、银基合金的镶嵌首饰	1995 年 1 月 1 日起在零售环节征收消费税
2. 非金银首饰	10%		包括各种珠宝首饰和经采掘、打磨、加工的各种珠宝玉石	在生产环节销售环节征收消费税
3. 钻石和钻石饰品	5%			2002 年 1 月 1 日起在零售环节征收消费税

(续表)

税目	税率(税额)	计税单位	征税范围	说明
五、鞭炮、焰火	15%		包括各种鞭炮、焰火	体育上用的发令纸,鞭炮药引线,不按本税目征收
六、成品油	0.2元	升	汽油、石脑油、溶剂油、润滑油	进口石脑油、国产石脑油、国产用作化工原料的石脑油免征消费税
	0.1元	升	航空煤油、燃料油、柴油	
七、汽车轮胎	3%			
八、小汽车	3%、5%、9%、12%、15%、20%等			根据排气量的大小,确定不同的税率
九、摩托车	3%、10%			
十、高尔夫球及球具	10%			
十一、高档手表	20%	只	10000元及以上/只	
十二、游艇	10%			
十三、木制一次性筷子	5%			
十四、实木地板	5%			

纳税人将不同税率的应税消费品组成成套消费品销售的,应从高适用税率(税额)。纳税人兼营适用不同消费税税率(税额)的应税消费品,应当分别核算其销售额、销售数量。未分别核算销售额、销售数量的,从高适用税率计征消费税。

三、消费税的计算

(一)消费税的一般计税方法

消费税主要采用从价定率计税和从量定额计税的方法计算应纳税额。前者以应税消费品的销售额(含消费税而不含增值税的销售额)为计税依据,按照规定的税率计算应纳税额;后者以应税消费品的销售数量为计税依据,按照规定的单位税额计算应纳税额。但自2001年5月1日和6月1日起,先后对粮食白酒、薯类白酒和卷烟实行从价定率和从量定额复合计税的办法计算应纳税额。计算公式为:

从价定率计征消费税消费品的应纳税额
　　= 应税消费品的销售额 × 适用税率
从量定额计征消费税消费品的应纳税额
　　= 应税消费品的销售数量 × 单位税额
复合计税计征消费税消费品的应纳税额
　　= 应税消费品的销售额 × 适用税率
　　+ 应税消费品的销售数量 × 单位税额

1. 应税消费品销售额的确定

应税消费品的销售额,是指纳税人销售应税消费品向买方收取的全部价款和价外费用。价外费用是指价外收取的基金、集资费、返还利润、补贴、违约金、延期付款利息、手续费、包装费、储备费、优质费、运输装卸费、代收款项、代垫款项以及其他各种性质的价外费用,无论其是否属于纳税人的收入,均应并入销售额计算征税。但价外费用不包括向购买方收取的增值税税款、承运部门的运费发票开具给购货方和纳税人将该项发票转交给购货方的款项。

根据不同情况,销售额的确定还有以下问题应予注意:

(1) 应税消费品的销售额中未扣除或因不得开具增值税专用发票而不允许扣除增值税税款,发生价款和增值税的税款合并收取的,在计算消费税时,应当换算为不含增值税税款的销售额(也即消费税的计税依据和增值税的计税依据是一样的)。换算公式为:

应税消费品的销售额 = 含增值税的销售额
　　　　　　　　　　÷(1 + 增值税的税率或征收率)

(2) 应税消费品连同包装物销售的,无论包装物是否单独计价,也不论在会计上如何核算,均应并入应税消费品的销售额中征收消费税。如果包装物不作价随同产品销售,而是收取押金的,此项押金则不应并入应税消费品的销售额中征税。但对因逾期未收回的包装物不再退还和已收取一年以上的押金,应并入应税消费品的销售额,按照应税消费品的适用税率征收消费税。另外,对于酒类产品生产企业销售酒类产品而收取的包装物押金,无论包装物是否返还和在会计上如何核算,均需并入酒类产品销售额中,依酒类产品的适用税率征收消费税。

对既作价随同应税消费品销售,又另外收取押金的包装物的押金,凡纳税人在规定的期限内不予退还的,均应并入应税消费品的销售额,按照应税消费品的适用税率征收消费税。

(3)应税消费品的销售额以人民币计算。纳税人以外汇结算销售额的,应当按照结算当天或者当月1日中国人民银行公布的人民币对外国货币的基准汇价(或者按照有关规定套算得出的汇价)折合为人民币,然后计算缴纳消费税。纳税人应在事先确定采用何种折合率,在确定后1年内不得变更。

2. 应税消费品销售数量的确定

应税消费品的销售数量,分别以下情况确定:

(1)销售应税消费品的,为应税消费品的销售数量;

(2)自产自用应税消费品的,为应税消费品的移送使用数量;

(3)委托加工应税消费品的,为纳税人收回的应税消费品的数量;

(4)进口的应税消费品,为海关核定的应税消费品进口征税的数量。

销售数量计量单位的换算标准为:

(1)啤酒1吨=988升

(2)黄酒1吨=962升

(3)汽油1吨=1388升

(4)柴油1吨=1176升

(5)石脑油1吨=1385升

(6)溶剂油1吨=1282升

(7)润滑油1吨=1126升

(8)燃料油1吨=1015升

(9)航空煤油1吨=1246升

(二) 自产自用应税消费品的计税方法

纳税人自产自用的应税消费品，用于连续生产应税消费品的，不纳消费税；用于其他方面（用于生产非应税消费品和在建工程、管理部门、非生产机构、提供劳务，及用于馈赠、赞助、集资、广告、样品、职工福利、奖励等方面的应税消费品）的，在移送使用时应缴纳消费税。其计税依据为纳税人生产的同类消费品的销售价格，即纳税人当月销售的同类消费品的销售价格，如果当月同类消费品各期销售价格高低不同，应按销售数量加权平均计算。但销售的应税消费品有下列情况之一的，不得列入加权平均计算：(1) 销售价格明显偏低又无正当理由的；(2) 无销售价格的，如果当月无销售或者当月未完结，则应按同类消费品上月或最近月份的销售价格作为同类产品的销售价格；没有同类消费品销售价格的，可按组成计税价格计算纳税。

自产自用应税消费品应纳税额的计算公式为：

应纳税额 = 组成计税价格 × 税率

组成计税价格 = (成本 + 利润) ÷ (1 − 消费税税率)

公式中的"成本"是指应税消费品的产品生产成本；"利润"是指根据应税消费品的全国平均成本利润率计算的利润。应税消费品的全国平均成本利润率由国家税务总局确定。

(三) 委托加工应税消费品的计税方法

委托加工的应税消费品，是指由委托方提供原料和主要材料，受托方只收取加工费和代垫部分辅助材料加工的应税消费品。这种应税消费品虽然没有实现销售，但为了平衡税收负担，也应按照受托方同类消费品的销售价格计算纳税，并由受托方在向委托方交货时代收代缴；没有同类消费品销售价格的，则应按照组成计税价格计算纳税。计算公式为：

应纳税额 = 组成计税价格 × 税率

组成计税价格 = (材料成本 + 加工费)
÷ (1 − 消费税税率)

公式中的"材料成本"，是指委托方所提供加工材料的实际成本。委托加工应税消费品的纳税人，必须在委托加工合同上注明

（或以其他方式提供）材料成本，凡未提供材料成本的，受托方所在地的主管税务机关有权核定其材料成本。

公式中的"加工费"，是指受托方加工应税消费品向委托方所收取的全部费用（包括代垫辅助材料的实际成本，但不包括收取的增值税税额）。

对于由受托方提供原材料生产的应税消费品，或者受托方先将原材料卖给委托方，然后再接受加工的应税消费品，以及由受托方以委托方名义购进原材料生产的应税消费品，不论纳税人在财务上是否作销售处理，都不得作为委托加工应税消费品，而应当按照销售自制应税消费品缴纳消费税。

（四）进口应税消费品的计税方法

1. 进口实行从价定率计征的应税消费品，按照组成计税价格和规定的税率计算纳税。计算公式为：

应纳税额 ＝ 组成计税价格 × 税率

组成计税价格 ＝ （关税完税价格 ＋ 关税）
$\div$（1 － 消费税税率）

如果纳税人申报的应税消费品的计税价格明显偏低，又没有正当理由，主管税务机关将按照核定的计税价格征收消费税。

2. 进口实行从量定额计征的应税消费品，计税方法与非进口的同类消费品相同（应纳税额＝应税消费品进口数量×税率）。

3. 进口实行从价定率和从量定额混合征收办法的应税消费品的应纳税额＝组成计税价格×消费税率＋应税消费品数量×消费税单位税额。

4. 进口卷烟应纳消费税计算

根据财税[2004]22号《关于调整进口卷烟消费税税率的通知》的规定，为统一进口卷烟与国产卷烟的消费税政策，自2004年3月1日起，进口卷烟消费税适用比例税率按以下办法确定：

（1）每标准条进口卷烟（200支）确定消费税适用比例税率的价格＝（关税完税价格＋关税＋消费税定额税率）/（1－消费税税率）。

其中，关税完税价格和关税为每标准条的关税完税价格及关税税额；消费税定额税率为每标准条（200支）0.6元（依据现行消费定额税率折算而成);消费税税率固定为30%。

(2)每标准条进口卷烟(200支)确定消费税适用比例税率的价格≥50元人民币的,适用比例税率为45%;每标准条进口卷烟(200支)确定消费税适用比例税率的价格<50元人民币的,适用比例税率为30%。

依据上述确定的消费税适用比例税率,计算进口卷烟消费税组成计税价格和应纳消费税税额。

(1)进口卷烟消费税组成计税价格=(关税完税价格+关税+消费税定额税)/(1-进口卷烟消费税适用比例税率)。

(2)应纳消费税税额=进口卷烟消费税组成计税价格×进口卷烟消费税适用比例税率+消费税定额税。其中,消费税定额税=海关核定的进口卷烟数量×消费税定额税率,消费税定额税率为每标准箱(50000支)150元。

(五)其他特殊情况下应纳消费税的计算

1. 纳税人通过自设非独立核算门市部销售实行从量定额征收的自产应税消费品,应当按照门市部对外销售数量计算征收消费税。

2. 外购或委托加工收回的下列应税消费品,用于连续生产应税消费品的,已缴纳的消费税税款准予从应纳的消费税额中抵扣:

(1)外购或委托加工收回的烟丝生产的卷烟;

(2)外购或委托加工收回的已税化妆品为原料生产的化妆品;

(3)外购或委托加工收回的已税珠宝玉石为原料生产的贵重首饰及珠宝玉石;

(4)外购或委托加工收回的已税鞭炮、焰火为原料生产的鞭炮、焰火;

(5)外购或委托加工收回的已税汽车轮胎(内胎和外胎)为原料生产的汽车轮胎;

(6)外购或委托加工收回的已税摩托车为原料生产的摩托车(如用外购两轮摩托车改装三轮摩托车);

(7)外购或委托加工收回的已税杆头、杆身和握把为原料生产的高尔夫球杆;

(8)外购或委托加工收回的已税木制一次性筷子为原料生产的

木制一次性筷子；

（9）外购或委托加工收回的已税实木地板为原料生产的实木地板；

（10）外购或委托加工收回的已税石脑油为原料生产的应税消费品；

（11）外购或委托加工收回的已税润滑油为原料生产的润滑油。

从 2001 年 5 月 1 日起，停止执行生产领用外购酒和酒精已纳消费税税款准予抵扣的政策。2001 年 5 月 1 日以前购进的已税酒及酒精，已纳消费税税款没有抵扣完的一律停止抵扣。

当期准予扣除的外购或委托加工收回的应税消费品的已纳消费税税款，应当按当期生产领用数量计算。计算公式如下：

（1）当期准予扣除的外购应税消费品的已纳税额 = 当期准予扣除的外购应税消费品买价 × 外购应税消费品适用税率

当期准予扣除的外购应税消费品买价 = 期初库存的外购应税消费品的买价 + 当期购进的应税消费品的买价 − 期末库存的外购应税消费品的买价

外购应税消费品买价是指购货发票上注明的销售额（不包括增值税税款）。

纳税人用外购已税或用委托加工收回的已税珠宝玉石生产的改在零售环节征收消费税的金银首饰，在计税时一律不得扣除外购或委托加工收回的珠宝玉石的已纳税款。

（2）当期准予扣除的委托加工应税消费品已纳税款 = 期初库存的委托加工应税消费品已纳税款 + 当期收回的委托加工应税消费品已纳税款 − 期末库存的委托加工应税消费品已纳税款

委托加工应税消费品已纳税款是指由受托方代收代缴的税款。

3. 纳税人用于换取生产资料和消费资料，投资入股和抵偿债务等方面的应税消费品，应当以纳税人同类应税消费品的最高销售价格作为计税依据计算纳税。

四、消费税的征收管理

（一）消费税的纳税环节

消费税最终虽然是由消费者负担，但其纳税环节除特殊情况外，一般都确定在生产环节。这样做的原因是生产环节的纳税人较消费环节要少得多，选择在该环节纳税，可以降低征收费用，减少征税的阻力。而且采用源泉控制，可以减少税款流失的风险，保证国家的财政收入。

我国现行法规关于纳税环节的具体规定如下：

1. 纳税人生产的应税消费品，于销售时纳税。

2. 纳税人自产自用的，除用于连续生产外，用于其他方面的应税消费品，于移送使用时纳税。

3. 委托加工的应税消费品，由受托方在向委托方交货时代收代缴税款（但受托人为个体经营者时，则应由委托方收回应税消费品后在委托方所在地缴纳消费税）。

4. 进口的应税消费品，于报关进口时纳税。

5. 纳税人零售的金银首饰（含以旧换新），于零售时纳税；用于馈赠、赞助、集资、广告、样品、职工福利、奖励等方面的金银首饰，于移送时纳税；带料加工、翻新改制的金银首饰，于受托方交货时纳税。

6. 钻石及钻石饰品的纳税环节自2002年1月1日起由生产环节、进口环节改为零售环节纳税。

（二）消费税的纳税义务发生时间

1. 纳税人销售的应税消费品，其纳税义务发生时间分为以下情况：

（1）纳税人采取赊销和分期付款结算方式的，为销售合同规定的收款日期的当天。

（2）纳税人采取预收货款结算方式的，为发出应税消费品的当天。

（3）纳税人采取托收承付和委托银行收款结算方式的，为发出应税消费品并办妥托收手续的当天。

（4）纳税人采取其他结算方式的，为收讫销售款或者取得索取销售款的凭据的当天。

（5）纳税人零售金银首饰,为收讫销货款或者取得索取销货凭据的当天;用于馈赠、赞助、集资、广告、样品、职工福利、奖励等方面的金银首饰,为移送的当天;带料加工、翻新改制的金银首饰,为受托方交货的当天。

2. 纳税人自产自用的应税消费品,其纳税义务发生时间为移送使用的当天。

3. 纳税人委托加工的应税消费品,其纳税义务发生时间为纳税人提货的当天。

4. 纳税人进口的货物(含个人携带、邮寄金银首饰进境),其纳税义务发生时间为报关进口的当天。但经营单位进口金银首饰于零售环节征收。

(三) 消费税的纳税期限

消费税的纳税期限,由主管税务机关根据纳税人应纳消费税税额的大小,分别核定为1日、3日、5日、10日、15日或者1个月。纳税人不能按照固定期限纳税的,可以按照每次取得的销售收入或销售数量计算纳税。

纳税人以1个月为一期纳税的,应从期满之日起10日之内申报纳税;以1日、3日、5日、10日、15日为一期纳税的,应当自期满之日起5日之内预缴税款,于次月1日起10日之内申报纳税,并结清上月应纳税款。

纳税人进口应税消费品,应当自海关填发税款缴款书之日起15日内缴纳税款。

(四) 消费税的纳税地点

1. 纳税人销售的应税消费品和自产自用的应税消费品,应当向纳税人核算地主管税务机关申报纳税。

2. 纳税人到外县(市)销售或者委托外县(市)代销自产应税消费品的,应当在应税消费品销售之后回纳税人核算地或所在地缴纳消费税。

但到外县(市)临时零售金银首饰的固定业户,应当向其机构所在地主管税务局申请开具外出经营活动税收管理证明,回其机构所在地向主管税务局申报纳税;如未持有其机构所在地主管税务局核发的外出经营活动税收管理证明的,销售地主管税务局一律按规定征收消费税;其在销售地发生的销售额,回机构所在地后仍应按规定申报纳税,在销售地缴纳的消费税税款不得从已纳税额中扣减。

3. 纳税人的总机构与分支机构不在同一县(市)的,应当在生产应税消费品的分支机构所在地缴纳消费税。经过国家税务总局和省级国家税务局批准,纳税人分支机构应纳的消费税税款也可以由总机构汇总向总机构所在地的主管税务机关缴纳。其中,总机构与分支机构不在同一省(自治区、直辖市)内的,需经国家税务总局批准;总机构与分支机构在同一省(自治区、直辖市)内,不在同一县(市)内的,由省级国家税务局批准。

4. 委托加工的应税消费品,一般由受托方向所在地的主管税务机关解缴消费税税款。但是,纳税人委托个体经营者加工的应税消费品,一律由委托方收回之后在委托方所在地缴纳消费税。

5. 进口的应税消费品,由进口人或其代理人向报关地海关申报缴纳消费税。

第三节 我国营业税法的主要内容

一、征税范围

按照《营业税暂行条例》的规定,中国的营业税是对在中国境内提供应税劳务、转让无形资产和销售不动产的单位和个人,就其业务收入额课征的一种税。因此,我国营业税的征税范围是在中国境内有偿提供应税劳务、转让无形资产或者销售不动产的行为。

所谓在"中国境内"是指:(1) 所提供的劳务发生在境内;(2) 在境内载运旅客或者货物出境;(3) 在境内组织旅客出境旅游;(4) 所转让的无形资产在境内使用;(5) 所销售的不动产在境内;(6) 境内保险机构提供的保险业务,但境内保险机构为出口提供的保险除外;(7) 境外保险机构以在境内的物品为标的提供的保险劳务。

所谓"应税劳务"是指属于交通运输业、建筑业、金融保险业、邮电通信业、文化体育业、娱乐业、服务业税目征收范围的劳务。加工、修理修配劳务不属于营业税的应税劳务。单位或个体经营者聘用的员工为本单位或雇主提供应税劳务,不属于有偿提供应税劳务的范围,按规定不征收营业税。

所谓"有偿",是指提供应税劳务、转让无形资产、销售不动产时,是有偿的,即以取得货币、货物或者其他经济利益为条件而进行提供、转让或销售行为。但是,下列行为亦视为有偿,应征收营业税:(1)单位或者个人自己新建建筑物后出售,其自建行为视同提供应税劳务,应当征收营业税;(2)转让不动产有限产权或永久产权,以及单位将不动产无偿赠与他人,视同销售不动产,应当征收营业税。

此外,营业税的征收范围还有以下特殊规定:

(1)金融机构(包括银行和非银行金融机构)从事的外汇、有价证券、期货买卖业务应征营业税;非金融机构和个人买卖外汇、有价证券或期货不征收营业税。

其中,期货是指非货物期货,货物期货不征收营业税,而征收增值税。

(2)如果一项销售行为既涉及应税劳务又涉及货物,为混合销售行为。从事货物的生产、批发或者零售的企业、企业性单位及个体经营者(包括以货物的生产、批发、零售为主,兼营应税劳务者)的混合销售行为,视为销售货物,征收增值税,不征营业税;其他单位和个人的混合销售行为,视为提供应税劳务,应当征收营业税。但从事运输业务的单位和个人,发生销售货物并负责运输所售货物的混合销售行为,不征收营业税(而应征增值税)。

纳税人的混合销售行为,由国家税务总局所属征收机关确定。

(3)纳税人兼营应税劳务与货物或非应税劳务的,应分别核算应税劳务的营业额和货物或非应税劳务的销售额。不能分别核算或不能准确核算的,其应税劳务与货物或非应税劳务一并征收增值税,不征营业税。

纳税人兼营的应税劳务是否应当一并征收增值税,由国家税务总局所属征收机关确定。

二、纳税人与扣缴义务人

（一）纳税人

营业税的纳税人是在中国境内提供应税劳务、转让无形资产或者销售不动产的单位和个人。

单位，包括独立核算和非独立核算的单位，具体是指国有企业、集体企业、私营企业、外商投资企业、外国企业、股份制企业、其他企业和行政单位、事业单位、军事单位、社会团体及其他单位。

个人，是指个体工商业户和其他有经营行为的个人。

此外，营业税的纳税人尚有以下特殊规定：

1. 铁路运输的纳税人：(1) 中央铁路运营业务的纳税人为铁道部；(2) 合资铁路运营业务的纳税人为合资铁路公司；(3) 地方铁路运营业务的纳税人为地方铁路管理机构；(4) 基建临管线运营业务的纳税人为基建临管线管理机构；(5) 铁路专用线运营业务的纳税人为企业或其指定的管理机构。

2. 从事水路运输、航空运输、管道运输或其他陆路运输业务并负有营业税纳税义务的单位，为从事运输业务并计算盈亏的单位。从事运输业务并计算盈亏的单位是指具备以下条件的单位：一是利用运输工具，从事运输业务，取得运输收入；二是在银行开设有结算账户；三是在财务上计算营业收入、营业支出、经营利润。

3. 企业租赁或承包给他人经营的，以承租人或承包人为纳税人。承租人或承包人是指有独立的经营权，在财务上独立核算，并定期向出租者或发包者上缴租金或承包费的承租人或承包人。

4. 建筑安装业实行分包或者转包的，以分包者或转包者为纳税人。

5. 金融保险业的纳税人包括：(1) 银行，包括人民银行、商业银行、政策性银行；(2) 信用合作社；(3) 证券公司；(4) 金融租赁公司、证券基金管理公司、财务公司、信托投资公司、证券投资基金；(5) 保险公司；(6) 其他经中国人民银行、中国证监会、中国保监会批准成立且经营金融保险业务的机构等。

(二) 扣缴义务人

营业税的扣缴义务人是指根据税法的规定,负有扣缴纳税人应纳税款义务的单位和个人。营业税的扣缴义务人主要有以下几种:

1. 委托金融机构发放贷款的,其应纳税款以委托发放贷款的金融机构为扣缴义务人;金融机构接受其他单位或个人的委托,为其办理委托贷款业务时,如果将委托方的资金转给经办机构,由经办机构将资金贷给使用单位或个人,由最终将贷款发放给使用单位或个人并取得贷款利息的经办机构代扣委托方应纳的营业税。

2. 建筑安装业务实行分包或者转包的,其应纳税款以总承包人为扣缴义务人。

3. 境外单位或者个人在境内发生应税行为而在境内未设有机构的,其应纳税款以代理人为扣缴义务人;没有代理人的,以受让者或者购买者为扣缴义务人。

4. 单位或者个人进行演出,由他人售票的,其应纳税款以售票者为扣缴义务人,演出经纪人为个人的,其办理演出业务的应纳税款也以售票者为扣缴义务人。

5. 分保险业务,其应纳税额以初保人为扣缴义务人。

6. 个人转让专利权、非专利技术、商标权、著作权、商誉的,其应纳税款以受让者为扣缴义务人。

7. 财政部规定的其他扣缴义务人。

三、营业税的税目与税率

(一) 营业税的税目

营业税的税目是征收范围的具体化。我国营业税的税目是按行业设计的,共有9个税目,为便于执行,有的税目下还设有若干子目。具体包括:

1. 交通运输业

交通运输业,是指使用运输工具或人力、畜力将货物或旅客送达目的地,使其空间位置得到转移的劳务活动。征收范围包括陆路(包括铁路、公路、缆车、索道)运输、水路(包括江、河、湖、海)运输、航空运输、管道运输、装卸搬运。

凡与运营业务有关的各项劳务活动,均属本税目的征收范围。

2. 建筑业

建筑业是指建筑安装工程作业。征收范围包括:建筑、安装、修缮、装饰和其他工程作业。

3. 金融保险业

金融保险业是指经营金融、保险的业务。征收范围包括金融(包括贷款、融资租赁、金融商品转让、金融经纪业和其他金融业务,但人民银行的贷款业务除外)、保险。

4. 邮电通信业

邮电通信业是指专门办理信息传递的业务活动。征收范围包括:(1)邮电,包括传递函件和包件、邮汇、报刊发行、邮务物品销售、邮政储蓄等;(2)电信,包括电报、电传、电话、电话机安装、电信物品销售等。

5. 文化体育业

文化体育业是指经营文化、体育活动的业务。征收范围包括:(1)文化业,包括表演、播映、展览、培训、讲座、图书(资料)借阅、经营游览场所等;(2)体育业,包括举办体育比赛和为体育活动提供场所。

6. 娱乐业

娱乐业是指为娱乐活动提供场所和服务的业务。征收范围包括:经营歌厅、舞厅、卡拉OK歌舞厅、音乐茶座、台球、高尔夫球、保龄球场、游艺场等娱乐场所,以及娱乐场所为顾客进行娱乐活动提供服务的业务。

7. 服务业

服务业是指利用设备、工具、场所、信息或技能为社会提供服务的业务。征收范围包括:代理业、旅店业、饮食业、旅游业、仓储业、租赁业、广告业及其他服务业。

8. 转让无形资产

转让无形资产是指转让无形资产的所有权或使用权的行为。征收范围包括转让土地使用权、专利权、非专利技术、商标权、著作权、商誉及出租电影拷贝。

自2003年1月1日起,以无形资产投资入股,参与接受投资方的利润分配、共同承担风险的行为,不征收营业税。在投资后转让该项股权的也不征收营业税。

土地租赁,不按本税目征税。

9. 销售不动产

销售不动产是指有偿转让不动产所有权的行为。征收范围包括:销售建筑物或构筑物、销售其他土地附着物。

单位将不动产无偿赠与他人,视同销售不动产。在销售不动产时连同不动产所占土地的使用权一并转让的行为,比照销售不动产征税。

自2003年1月1日起,以无形资产投资入股,参与接受投资方的利润分配、共同承担投资风险的行为,不征收营业税。在投资后转让其股权的也不征收营业税。

对个人无偿赠送不动产的行为,不征营业税。

不动产租赁,不按本税目征税。

(二) 营业税的税率

营业税实行行业差别比例税率,共有四档税率。具体规定是:

1. 交通运输业、建筑业、文化体育业、邮电通信业的税率为3%。
2. 转让无形资产、销售不动产和服务业的税率为5%。
3. 1994年税制改革时,金融保险业的税率为5%。但自1997年1月1日到2000年12月31日止统一执行8%的税率。自2001年起,每年下调1个百分点,分3年将税率从8%降低到5%。2003年1月1日起金融保险业的税率为5%。

自2001年10月1日起,对农村信用社减按5%的税率计征营业税。

4. 娱乐业实行5%—20%的幅度税率,纳税人的具体适用税率由各省、自治区、直辖市人民政府根据当地的实际情况在税法规定的幅度范围内决定。

从2001年5月1日起,对夜总会、歌厅、舞厅、射击、狩猎、跑马、游戏、高尔夫球、游艺、电子游戏厅等娱乐行为,一律按20%的税率征收营业税。

自 2004 年 7 月 1 日起,保龄球、台球减按 5% 的税率征收营业税,税目仍属于"娱乐业"。

纳税人兼有不同营业税税目的应税收入,应当分别核算不同税目的营业额、转让额、销售额;未分别核算的,从高适用税率。

营业税税目、税率的调整,由国务院决定。

四、营业税应纳税额的计算

(一) 营业税的计税依据

营业税的计税依据为纳税人提供应税劳务、转让无形资产或者销售不动产所取得的营业额(转让额、销售额,下同)。

1. 确定营业额的一般规定

在一般情况下,营业额为纳税人提供应税劳务、转让无形资产或者销售不动产向对方收取的全部价款和价外费用。其中,价外费用包括向对方收取的手续费、基金、集资费、代收款项、代垫款项以及其他各种性质的价外费用。

凡价外费用,无论会计制度规定如何核算,均应并入营业额计算应纳税额。

2. 特殊情况下营业额的确定

(1) 下列情况下以营业额余额为计税依据

① 运输企业自中国境内运输旅客或者货物出境,在境外改由其他运输企业承运的,以全程运费减去付给该承运企业的运费之后的余额为营业额。

② 旅游企业组织旅游团到中国境外旅游,在中国境外改由其他旅游企业接团的,以全程旅游费减去付给该接团企业的旅游费之后的余额为营业额。

③ 建筑业的总承包人将工程分包或者转包给他人的,以工程的全部承包额减去付给分包人或者转包人的价款之后的余额为营业额。

纳税人从事建筑、修缮、装饰工程作业,无论与对方如何结算,其营业额均应包括工程所用原材料及其他物资和动力的价款在内。纳税人从事安装工程作业,凡所安装的设备的价值作为安装工程价值的,其营业额应包括设备的价值在内。

自建行为和单位将不动产无偿赠送他人,由主管税务机关按以下(2)之规定顺序核定营业额。自建行为是指纳税人自己建造房屋的行为。纳税人自建自用的房屋不纳税;如纳税人(不包括个人自建自用住房销售)将自建的房屋对外销售,其自建行为应按建筑业缴纳营业税,再按照销售不动产征收营业税。

④ 转贷业务以贷款利息减去借款利息后的余额为营业额。

转贷业务是指将借入的资金贷与他人使用的业务;将吸收的单位或个人的存款或者自有资本金贷与他人使用的业务,不属于转贷业务。

⑤ 银行和非银行金融机构的外汇、有价证券、非货物期货买卖业务,以卖出价减去买入价后的余额为营业额。

⑥ 保险业实行分保险,并且由初保人和分保人分别缴纳营业税的,初保业务以全部保费收入减去支付给分保人的保费收入之后的余额为营业额(为简化手续,也可以由初保人按照全部保费收入计算纳税,分保人不再纳税)。

⑦ 单位或者个人举行演出,以全部票价收入或者包场收入减去付给有关单位、经纪人的费用之后的余额为营业额。

⑧ 国内旅游业务,以全部收费减去为旅游者支付给其他单位的食、宿、交通、门票等费用之后的余额为营业额。

⑨ 运输企业从事联运业务,以实际取得的收入为营业额。

⑩ 代理业以纳税人从事代理业务向委托方实际收取的报酬为营业额。

⑪ 纳税人经营融资租赁业务,以其向承租人收取的全部价款和价外费用(包括残值)减去出租方承担的出租货物的实际成本之后的余额为营业额。

⑫ 财政部规定的其他情形。

(2) 下列情况下税务机关有权核定其营业额

① 纳税人提供应税劳务、转让无形资产或者销售不动产,价格明显偏低且无正当理由的。

② 纳税人自己新建建筑物后出售。

③ 单位将不动产无偿赠与他人。

主管税务机关按以下顺序核定其营业额：

① 按纳税人当月提供的同类应税劳务或者销售的同类不动产的平均价格核定。

② 按纳税人最近时期提供的同类应税劳务或者销售的同类不动产的平均价格核定。

③ 按照成本加一定利润组成的计税价格，核定其营业额。公式为：

计税价格 = 营业成本或工程成本 × (1 + 成本利润率) ÷ (1 - 营业税税率)

其中，成本利润率由省、自治区、直辖市人民政府所属税务机关确定。

3. 其他规定

营业额以人民币计算。纳税人以外汇结算营业额的，一般应按照取得外汇收入当天或者当月1日中国人民银行公布的人民币对外国货币的基准汇价（或者按照有关规定套算得出的汇价）折合成人民币，然后计算缴纳营业税。

但金融企业以外汇结算营业额的，按照其收到的外汇的当天或者当季季末中国人民银行公布的基准汇价折算；保险企业以外汇结算营业额的，按照其收到的外汇的当天或者当月月末中国人民银行公布的基准汇价折算。

不论以什么时候的汇价折算，纳税人都应当事先确定，且确定以后1年之内不能变更。

（二）营业税应纳税额的计算

纳税人提供应税劳务、转让无形资产或销售不动产，按照营业额和规定的税率计算应纳税额。计算公式为：

应纳税额 = 营业额 × 税率

五、营业税的减免优惠

（一）免税项目

按照规定，下列项目可以免征营业税：

1. 托儿所、幼儿园、养老院、残疾人福利机构提供的养育服务,婚姻介绍,殡葬服务。

2. 残疾人员个人为社会提供的劳务。

3. 医院、诊所和其他医疗机构提供的医疗服务。

4. 普通学校以及经地、市以上人民政府的教育行政部门批准成立,国家承认其学员学历的各类学校提供的教育劳务,学生勤工俭学提供的劳务。

5. 农业机耕、排灌、病虫害防治、植物保护、农牧业保险以及相关的技术培训业务,家禽、牲畜、水生动物的配种和疾病防治。

6. 纪念馆、博物馆、文化馆、美术馆、展览馆、书画院、图书馆、文物保护单位举办文化活动的门票收入(指第一道门票销售收入),宗教场所举办文化、宗教活动的门票收入。

7. 经过中央和省级财政部门批准,纳入财政预算管理或者财政专户管理的行政事业性收费和基金。

8. 保险公司开办的一年期以上、到期返还本利的普通人寿保险、养老金保险、健康保险等保险业务的保费收入。

9. 个人转让著作权收入。

10. 科学研究单位取得的技术转让(指有偿转让专利和非专利技术的所有权或者使用权的行为)收入。

11. 将土地使用权转让给农业生产者用于农业生产的。

12. 中国人民保险公司办理的出口信用保险业务。

13. 在中国境内经过国家社团主管部门批准成立的非营利性的社会团体(如协会、学会、联合会、研究会、基金会、联谊会、促进会、商会等),按照财政部门或者民政部门规定的标准收取的会费。各党派、工会、共青团、妇联等组织收取的党费、会费、团费等,可以比照上述规定,免征营业税。

14. 金融企业联行、金融企业与人民银行及同业之间的资金往来,暂不征收营业税。

15. 在经济特区内设立的外商投资和外国金融企业来源于特区内的营业收入,从注册之日起,可以免征营业税5年。

16. 学校举办的企业为本校教学、科研提供的应税劳务(不包括旅店业、饮食业、娱乐业),可以暂免征收营业税。

17. 从事服务业(不包括广告业)的民政福利企业,安置残疾人员占企业生产人员35%以上的,可以暂免征收营业税。

18. 下岗职工从事社区居民服务业取得的营业收入,3年内免征营业税。

19. 对住房公积金管理中心用住房公积金在指定的委托银行发放个人住房贷款取得的收入,免征营业税。

20. 对按政府规定价格出租的公有住房和廉租住房暂免征营业税;对个人按照市场价格出租的居民住房,暂按3%的税率征收营业税。

21. 保险公司的摊回分保费用、金融机构的出纳长款收入,不征收营业税。

22. 人民银行对金融机构的贷款业务,不征收营业税。人民银行对企业贷款或委托金融机构贷款的业务应当征收营业税。

23. 对个人购买并居住超过1年的普通住宅,销售时免征营业税;个人购买并居住不足1年的普通住宅,销售时营业税按销售价减去购入原价后的差额计征;个人自建自用住房,销售时免征营业税。对企业、行政事业单位按房改成本价、标准价出售住房的收入,暂免征收营业税。

24. 整体转让企业产权的行为,不征收营业税。

25. 对地方商业银行转贷用于清偿农村合作基金会债务的专项贷款利息收入免征营业税。专项贷款是指由中国人民银行向地方商业银行提供,并由商业银行转贷给地方政府,专项用于清偿农村合作基金会债务的贷款。

26. 对纳入全国试点范围的非营利性中小企业信用担保、再担保机构,可由地方政府确定,对其从事担保业务收入,3年内免征营业税。

27. 对社保基金理事会、社保基金投资管理人运用社保基金买卖证券投资基金、股票、债券的差价收入,暂免征收营业税。

28. 自2002年1月1日起,福利彩票机构发行销售福利彩票取得的收入,不征收营业税;但对福利彩票机构以外的代销单位销售福利彩票取得的手续费收入应按规定征收营业税。

(二)起征点规定

根据《营业税暂行条例》的规定,个人纳税人的营业额没有达到财政部规定的起征点的,可以免征营业税。现行规定为:

1. 按期纳税的,起征点为月销售额200—800元。
2. 按次纳税的,起征点为每次(日)营业额50元。

纳税人营业额达到起征点的,应按照营业额全额计算应纳税额。

各省、自治区、直辖市地方税务局可以在上述规定的幅度范围之内,根据实际情况确定本地区适用的起征点,并报国家税务总局备案。

3. 根据财税[2002]208号文,《财政部、国家税务总局关于下岗失业人员再就业有关税收政策问题的通知》的规定,对下岗失业人员再就业的,自2003年1月1日起至2005年12月31日止,提高营业税的起征点:将按期纳税的起征点幅度由现行月销售额200—800元提高到1000—5000元;将按次纳税的起征点由现行每次(日)营业额50元提高到每次(日)营业额100元。

营业税的其他免税、减税项目由国务院规定。

纳税人兼营免征、减征营业税的项目,应当单独核算免税、减税项目的营业额。如果纳税人不单独核算其免税、减税项目的营业额的,税务机关将不予办理免税、减税。

六、营业税的缴纳

(一)营业税的纳税义务发生时间

营业税的纳税义务发生时间,为纳税人收讫营业收入款项或者取得索取营业收入款项凭据的当天。具体规定为:

1. 纳税人转让土地使用权或者销售不动产,采用预收款方式的,其纳税义务发生时间为收到预收款的当天。
2. 纳税人自建建筑物销售,其纳税义务发生时间为其销售自建建筑物并收讫营业额或者取得索取营业额的凭据的当天。
3. 纳税人将不动产无偿赠与他人,其纳税义务发生时间为不动产所有权转移的当天。

4. 会员费、席位费和资格保证金纳税义务发生时间为会员组织收讫会员费、席位费、资格保证金和其他类似费用款项或者取得索取这些款项凭据的当天。

5. 营业税的扣缴义务发生时间,为扣缴义务人代纳税人收讫营业收入款项或者取得索取营业收入款项凭据的当天。

6. 建筑业的纳税义务发生时间,分为以下几种情况:(1)实行合同完成后一次性结算价款办法的工程项目,其纳税义务发生时间为施工单位与发包单位进行工程合同价款结算的当天;(2)实行旬末或月中预支、月终结算、竣工后清算办法的工程项目,其纳税义务发生时间为月份终了与发包单位进行已完工程价款结算的当天;(3)实行按工程形象进度划分不同阶段结算价款办法的工程项目,其纳税义务发生时间为各月份终了与发包单位进行已完工程价款结算的当天;(4)实行其他结算方式的工程项目,其纳税义务发生时间为与发包单位结算工程价款的当天。

7. 贷款业务。自2003年度起,金融企业发放的逾期贷款(含展期)90天(含90天)尚未收回的,纳税义务发生时间为纳税人取得利息收入权利的当天。原有的应收未受贷款利息逾期90天以上的,该笔贷款新发生的应收未收利息,其纳税义务发生时间为实际收到利息的当天。

8. 金融商品转让业务,纳税义务发生时间为金融商品所有权转移之日。

9. 融资租赁业务,纳税义务发生时间为取得租金收入或取得索取租金收入价款凭据的当天。

10. 金融经纪业和其他金融业务,纳税义务发生时间为取得营业收入或取得索取营业收入价款凭据的当天。

11. 保险业务,纳税义务发生时间为取得保费收入或取得索取保费收入价款凭据的当天。

12. 金融企业承办委托贷款业务营业税的扣缴义务发生时间,为受托发放贷款的金融机构代委托人收讫贷款利息的当天。

13. 电信部门销售有价电话卡的纳税义务发生时间,为售出电话卡并取得售卡收入或取得索取售卡收入凭据的当天。

(二) 营业税的纳税期限

营业税的纳税期限,由主管税务机关根据纳税人应纳营业税税额的大小,分别核定为5日、10日、15日或者1个月。纳税人不能按固定期限纳税的,可以按次纳税。金融业(不含典当业)和保险业的纳税期限分别为1个季度、1个月。

纳税人以一个月为一期纳税的,自期满之日起10日之内申报纳税;以5日、10日或者15日为一期纳税的,自期满之日起5日之内预缴税款,于次月10日之内申报纳税,并结清上月应纳税款。金融业(不含典当业)从纳税期满之日起10日之内申报纳税。

扣缴义务人解缴营业税税款的期限,比照上述规定执行。

(三) 营业税的纳税地点

营业税的纳税地点,根据纳税人的不同情况和便于征收管理的原则确定。具体规定如下:

1. 纳税人提供应税劳务,应当向应税劳务发生地主管税务机关申报纳税。
2. 纳税人从事运输业务,应当向其机构所在地主管税务机关申报纳税。
3. 纳税人转让土地使用权,应当向其土地所在地主管税务机关申报纳税。
4. 纳税人转让其他无形资产,应当向其机构所在地主管税务机关申报纳税。
5. 纳税人销售不动产,应当向不动产所在地主管税务机关申报纳税。
6. 纳税人提供的应税劳务发生在外县(市),应当向劳务发生地主管税务机关申报纳税而未申报纳税的,由其机构所在地或者居住地主管税务机关补征。
7. 纳税人承包的工程跨省、自治区、直辖市的,向其机构所在地主管税务机关申报纳税。
8. 纳税人在本省、自治区、直辖市范围内发生应税行为,其纳税地点需要调整的,由省、自治区、直辖市人民政府所属税务机关确定。
9. 各航空公司所属分公司,无论是否单独计算盈亏,均应作为纳税人向分公司所在地主管税务机关缴纳营业税。

10. 扣缴义务人应当向其机构所在地的主管税务机关申报缴纳其扣缴的营业税税款。但建筑安装工程业务的总承包人,扣缴分包或者转包的非跨省(自治区、直辖市)工程的营业税税款,应当向分包或转包工程的劳务发生地主管税务机关解缴。

本章小结

消费税是对税法规定的特定消费品或者消费行为的流转额征收的一种税,具有课征范围的选择性、征税环节单一性、税率设计灵活性、差别性、征收方法多样性、税款征收重叠性、税负转嫁性的特征。营业税是以纳税人从事生产经营活动的营业额(销售额)为课税对象征收的一种流转税,具有征税对象广泛、多环节课征、平均税负较低、征收简便易行等特点。在中国境内从事生产、委托加工和进口应税消费品的单位和个人是消费税的纳税人,现行的消费税税目有14类,分别适用不同的税率,主要采用从价定率计税和从量定额计税的方法计算应纳税额,纳税人自产自用的应税消费品,用于连续生产应税消费品的,不纳消费税,用于其他方面的,在移送使用时应缴纳消费税,委托加工的应税消费品,由受托方在向委托方交货时代收代缴消费税。营业税的纳税人是在中国境内提供应税劳务、转让无形资产或者销售不动产的单位和个人,扣缴义务人是指根据税法的规定,负有扣缴纳税人应纳税款义务的单位和个人,营业税的税目有9项,分别适用不同的税率,计税依据是营业额,应纳税额为营业额与适用税率的乘积,纳税人应按照税法规定的纳税期限、地点履行纳税义务。

思考题

1. 如何理解消费税和营业税的特点?
2. 请思考消费税、营业税与增值税之间的关系。
3. 在确定消费税征税范围时,应考虑哪些因素?
4. 我国现行消费税法有哪些税目?
5. 消费税的一般计税方法、自产自用应税消费品的计税方法及委托加工应税消费品的计税方法各是什么?

6. 营业税的征税范围是什么?
7. 营业税有哪些税目?
8. 营业税的计税依据和应纳税额的计算方法是什么?

第五章　个人所得税法

个人所得税法是调整个人所得税征纳关系的法律规范的总称。个人所得税是一个世界性的重要的税种，绝大多数国家都开征这一税种，迄今已经有一百多个国家开征，特别是发达国家，个人所得税已成为国家最重要的财政收入。个人所得税是公认的良税，既是筹集财政收入的重要来源，又是调节个人收入分配的主要手段。目前，我国个人所得税收入的总体规模虽然不算大，却有很大的增长空间，现已成为税收体系的第四大税种，占全国税收收入总量的 6.5%。本章主要介绍个人所得税的概念及其特点，我国个人所得税法的历史沿革，个人所得税制的模式及其选择，个人所得税的纳税人、税源、征税对象、税率结构、应纳税所得额的确定与计算，个人所得税的税收优惠，特殊规定以及申报与缴纳等程序性立法等内容。

第一节　个人所得税概述

个人所得税法是个人所得税征纳的法律依据。个人所得税法，广义上是指调整征税机关与个人之间在个人所得税征管过程中发生的社会关系的法律规范的总称。狭义上是指调整个人所得税征纳关系的基本法典，就我国来说，即指《中华人民共和国个人所得税法》。在我国目前税收立法效力层次普遍较低的现状下，个人所得税法是为数不多的几部税收法律之一，很好地体现了税收法定原则。本节主要介绍个人所得税的概念及其特点、个人所得税课税模式及我国的选择、我国个人所得税的历史沿革等内容。

一、个人所得税的概念及其特点

在各税种中，个人所得税算是一个年轻的税种，自 1799 年英国首创三步课征捐（实际为累进税）算起，至今不过二百余年的历史。

个人所得税制度的完善和成熟程度已超越了其历史较短的限制。不知是巧合还是有什么因果联系,所得税的发展总是与战争相关。美国财政学家塞里格曼认为:所得税最初发生形态为战时税,旨在补充战时财政之不足。英国首相 W. 皮特最初创设所得税,是作为一种临时性的收入措施,为对法国的战争筹措经费。直到 19 世纪初,才通过正式立法成为稳定的税种。美国于 1860 年引进个人所得税,此时正值南北战争期间。此后,个人所得税因有违宪的嫌疑而被废止。直到 1903 年通过宪法第 16 号修正案,才允许联邦政府征收个人所得税。与英、美两国相似,法国克服了法律上对政府征收直接税的限制,在 1914 年引进个人所得税。德国长期以来坚持一条不成文的规定:"间接税归帝国,直接税归各州。"直到第一次世界大战末期,德国中央政府才改弦更张,开征个人所得税。

其后,所得税的发展,亦与战时需要有着相当程度的关联。虽然各国所得税的产生主要受到本国历史影响,但这一税种的迅速发展,却得力于战争的鞭策。因此,西方国家多在第一次世界大战前后,即 19 世纪末 20 世纪初,开征个人所得税,这一时期个人所得税发展形成第一次飞跃。在许多国家,战争筹款是所得税得以采用或者扩张的主要原因。个人所得税的另一次大发展是在第二次世界大战期间,由于筹措战争经费的需要,各国此时均调整了个人所得税的税率,提高了税收负担,到战争结束后,重建家园同样需要更大量的资金,因此个人所得税得到更大的发展空间。与发达国家的情况不甚相同,发展中国家个人所得税的开征多数是受到其宗主国的影响。第二次世界大战结束后,所得税才成为一种"大众税",广泛适用于工业化国家的绝大部分公民。个人所得税作为一种财政收入形式和经济调节工具,具有社会属性和经济属性,其在较短时期内获得较快发展,成为人们公认的良税,主要还在于其功能和机制的特性。

在所得税的国际发展中,有三个国家——德国、英国和美国——其影响居于主导地位。其他国家的所得税制基本上均可以在这三个国家找到源头,有些则是三者的综合。例如,法国最早的所得税法就是受德国和英国所得税法的共同影响。英国的所得税法至今仍保留着 1803 年所得税法对所得的分类界定。这部法律也影响了其他欧洲国家的所得界定方法,主要是通过德国间接影响。与此不同,美国在它1862年最早颁行的所得税法中即采用了所得的综合界定,并且在19世纪末期和20世纪初期恢复开征所得税时仍保留了这一方法。总体而言,各国所得税的共性非常明显,即使所得征税的形式在理论上几乎具有无限的多样性。大多数国家采用一种基本相同的方法对所得的主要形式(工薪和经营所得)征税,但对来源于资本的各种所得形式则有诸多不同的征税方法,但差异的程度极为有限。

个人所得税,是以个人(自然人)在一定期间内取得的各项应税所得征收的一种税。个人所得税是以个人所得为征税对象,并且由获取所得的个人缴纳的一种税。个人应税所得,是指居民来源于本国境内、境外的应税所得以及非居民来源于本国境内的应税所得。个人所得税在性质上属于直接税,既可能是中央税,也可能是地方税,还可能是中央地方共享税。在我国,个人所得税本来是地方税,自2002年起也成为中央地方共享税,其中,个人储蓄存款利息所得的个人所得税税目由国家税务局系统负责征收,其他个人所得税税目由地方税务局系统负责征收。个人所得税税负由取得应税所得的个人直接承担,因此对纳税人的实际收入和生活影响较大,征管也存在相当的难度。我国正处在经济社会转型期,社会矛盾丛生,公民依法纳税意识不强,公私权力(利)冲突现象严重,个人所得税的配套制度不健全,税款流失情况较为严重。

一般认为,个人所得税具有课税公平、富有弹性、不易形成重复征税等特点。课税公平是指个人所得税以纯收入为计征依据,实行多所得多征,少所得少征的累进征税方法,同时规定免征额、税前扣除项目等,合乎支付能力原则。富有弹性是指税收与所得及国民收入具有高度相关关系,税收随所得及国民收入的变化而变化。不易形成重复征税是因为其是对纳税人最终收入的课征,游离在商品流通之外,因而一般不存在重复征税。同时,个人所得税也有一些缺点,主要表现在三个方面:第一,个人所得税的边际税率过高会在一定程度上压抑纳税人的生产和工作积极性的充分发挥;第二,个人所得税的施行条件和要求比其他税种要高;第三,个人所得税对税收征管水平有较高的要求。个人所得税通常采取自行申报制度,这对纳税人的税收观念有一定要求,而这种观念的形成又需要较为全面的法治传统。因此,在发展中国家,个人所得税只能逐步发展,不能采用突进的模式。

20世纪80年代以来,个人所得税制改革已经遍及世界上许多国家,包括发展中国家。个人所得税制改革是指调整税法以符合某些合适税制的标准。个人所得税制的改革原因不仅包括原有税制不能满足合适税制的要求,如税制无效率、不公平、不简化和征收成本高等直接原因,还包括宏观经济的原因和社会原因等间接原因。各国的个人所得税制改革的主要目的是提高税制的效率、增进税制的公平、简化税制以及实现政府的其他经济、政治和社会政策。各国对个人所得税的高边际税率越来越不满意,都在不同程度上降低了个人所得税率的边际税率并减少了税率级次。大多数国家都力图重构个人所得税税基和简化个人所得税制度,并对股息进行某种形式的税收减免以减轻或消除对股息的经济性双重征税问题。

二、个人所得税课税模式及我国的选择

世界各国对个人所得课税的基本模式,不外乎以下三种:即分类所得税制、综合所得税制、分类综合所得税制(或称混合所得税制)。

所谓分类所得税制,是指这样一种所得课税模式,即在这种税制下,归属于一个纳税人的各类所得或各部分所得,每一类都要按照单独的税率纳税。也就是说,分类所得税制将纳税人的所得根据其性质不同划分为若干类别,对不同类别的所得额规定不同的费用扣除标准、不同的税前扣除办法并可能适用不同的税率,分项计征个人所得税。从理论上说,分类所得课税模式表现为由以各类所得作为课税对象的一整套互相并列的各个独立税种组成个人所得税。分类所得税制的优点在于:可以对纳税人不同种类的所得区别对待,而且能够广泛采用源泉扣缴法,便于计征税款;其缺点在于:纳税人一定期间的收入与费用无法综合考虑,难以按照纳税人的全面税收负担能力征税;多种来源所得分别征税,容易造成税收逃避。

所谓综合所得税制,是指这样一种所得课税模式,即在这种制度下,归属于同一纳税人的各种所得,不管其所得来源何处,都作为一

个所得总体来看待,并按一个(套)税率公式计算纳税。也就是说,综合所得税制将纳税人全年的各种所得汇总求和,统一扣除费用和规定扣除项目后,就其余额按照统一的累进税率计征所得税。这种税制模式的指导思想认为个人所得税既然是一种对人税,其应纳税所得理所当然地应当综合个人全年各种所得的总额,减除各项法定的宽免额和扣除额的净额,然后按照统一的一个(套)税率课征。与分类所得税制相比,这种模式在全面考核纳税人所得的基础上进行征税,能够较好地体现纳税人的实际税收负担水平,显然更具有合理性。但由于它对纳税申报有很强的依赖性,要付诸实施必须满足一定的条件,如纳税人普遍具有良好的纳税意识,建立健全的税收征管制度。

所谓混合所得税制,即分类综合所得税制,是分类所得税制与综合所得税制的重叠使用,是指对同种所得按照分类所得税制模式征税后,再采用综合所得税制的模式征税。也就是说,混合所得税制对某些种类所得采用源泉征税,到纳税年度终了时再将各类所得汇总,统一计税。这种税制模式的理论依据是分类所得税制模式在对个人所得税负担分配时不能充分地、公开地累进。在各国具体税收实践中,混合所得税制已经泛化,即将收入根据不同的来源进行分类,对某些收入项目分类单独计征所得税,而对某些项目进行合并,适用累进税率计征税收。这种模式能够区别对待纳税人不同种类的所得,兼顾纳税人全面的支付能力,但是,对税收管理仍有较高的要求。

当今世界上,综合所得课税模式占据统治地位,采用纯分类性所得课税模式的国家很少,只是在拉美、非洲和中东地区的一些国家实行二元税制。一般来说,对所得课税模式的选择与经济发展水平无关,也就是说,分类所得税制和混合所得税制并不是所得税制发展过程中必不可少的阶段。发展中国家所得课税模式的选择很大程度上受到宗主国曾经选用过的课税模式的影响,而且这种影响一直延续到其独立后。对任何一种税制而言,公平和效率方面的考虑是必不可少的。表面的或内含的公平标准决定了税收负担在纳税主体间如何分配。税收必须反映出公众所公认的并被广泛接受的税收公平原则。简明、确定和清晰的税收制度是税收效率标准的一部分。所得课税模式的选择是制定所得税法总体框架的基础,因此,运用公平和效率原则对所得课税模式的优劣进行考察并作出适合我国现阶段国情的选择意义重大。

从公平原则和效率原则出发,对上述三种所得课税模式进行考察:从公平原则的角度看,综合所得税制具有公平税负的优势,而分类所得税制的公平性较差,混合所得税制的本意是增进分类所得税制的公平性,但是效果不甚理想。综合所得税制的公平性优势因此非常突出。从效率原则的角度看,尽管综合所得税制对征管水平和纳税人素质的要求很高,税收执行成本较高,但是,从应纳税所得的全额认定看,分类所得税制在税收征管方面的要求也并不低。至于混合所得税制,因为其复杂程度带来的税收征管难度,更加不容小觑。无论采用何种所得课税模式,个人所得税的充分实施都必须依赖高税收征管水平的配合,并需要不断提高纳税人的纳税意识。因此,各国对个人所得税课税模式的选择,都比较偏好综合所得税制。

我国现行个人所得税法采用的是分类所得税制,将个人取得的各种所得划分为 11 种,这意味着凡是被列举征税的项目才征税,没有列举的项目则不征税。对不同种类的所得扣除标准不一,适用的税率和税前扣除项目各异,且各类所得不再汇总计税。考察各国个人所得税课税模式并进行理论上的分析,目的在于为我国选择一个合适的个人所得税课税模式。从我国目前个人所得税法律实践状况来看,无论是公平方面还是效率方面都缺失明显,而要对个人所得税法进行全面改造虽然势在必行,但难度很大,还需要整个国家法律环境与公民守法意识提升的配合。一般认为,我国个人所得税课税模式应转为综合所得税制,如果不能一步到位的话,可以先实行混合所得税制,再在合适时机下过渡到综合所得税制。自 2007 年起,法定范围内的个人所得税纳税人自行申报纳税的税收征管模式启动,标志着我国个人所得税税制改革的一个很大的突破,为我国个人所得税课税模式的转型开了一个好头。

三、我国个人所得税制的历史沿革

我国长期处于封建社会,缺乏实行所得税制的社会经济条件。个人所得税制的创建受欧美国家和日本建立个人所得税制的影响,始议于20世纪之初,但屡议屡辍。清末宣统年间(大约为1910年),曾经起草过《所得税章程》,其中包括对个人所得征税的内容,但是未能公布施行。1912年,中华民国成立后,曾经以上述章程为基础制定过《所得税条例》,并于1914年年初公布,但是在此后的二十多年间未能真正实行。民国期间,1936年7月筹备开征所得税,国民政府于7月21日公布《所得税暂行条例》,按照不同征税项目,包括薪给报酬所得税与证券存款利息所得税,分别从同年10月1日和次年1月1日起征收,这是我国历史上第一次开征所得税。民国期间的个人所得税仿行英制。法规颁布不到半年,大战爆发,所得税的征收难度可想而知。1937年以后又陆续开征营利事业所得税、非常时期过分利得税、财产租赁出卖所得税等。这些所得税构成国民党政府时期的直接税系统。在积极备战之时创办所得税,以期趁此改革税制,其历史功绩不可埋没。1943年,国民政府公布《所得税法》,是我国历史上第一部所得税法。1946年修正的所得税法更进了一步。

1949年,新中国成立后,废除了旧的所得税制度。政务院于1950年颁布《全国税政实施要则》,其中,规定的所得税类型有薪给报酬所得税、存款利息所得税和工商所得税。由于当时全国的平均薪金水平较低,薪给报酬所得税实际上并未开征。针对个人的存款利息所得、公债和其他证券利息所得以及其他利息所得征收的所得税于1959年停征。工商所得税包括在工商业税中,自1950年开征后征税办法虽然几经修改,但一直没有停止征收。从新中国成立到1956年间,我国财税部门曾经几次研究开征个人所得税问题,并起草了税法草案,但是,由于种种原因,专门开征个人所得税的计划还是被无限期搁置了。至改革开放前,始终没有形成一套独立、完整、统一的个人所得税制度。与当时的经济、计划、财政、企业财务管理体制相适应,国营企业一直实行利润上缴制度,不缴纳所得税。基于当时中国的所有制结构、财政分配体制和税制结构,财政收入最主要的来源是国营企业上缴的利润,各项税收收入占财政收入的比重比较小,所得税所占比重微乎其微,对国家经济影响非常微弱。

20世纪70年代末至80年代初,国家实行改革开放政策,为了适应对外开放和利用外资的需要,财税部门提出了对来华工作的外国人的所得进行征税的意见。为满足国家管理的需要,参与社会产品和国民收入的分配和再分配,筹集财政收入,调节收入分配、缩小收入差距、实现收入分配公平以及平衡和稳定经济,国家决定遵循国际惯例,开征个人所得税。1980年9月10日,第五届全国人民代表大会第三次会议通过并公布施行《中华人民共和国个人所得税法》(简称《个人所得税法》),这是新中国成立后制定的第一部个人所得税法,历经数次修订,一直沿用至今。同年12月14日,国务院发布《个人所得税法实施细则》。

个人所得税的纳税人为在中国境内居住满一年的个人和虽然不在中国境内居住但是有来源于中国境内的所得的个人。征税所得包括工资、薪金所得,劳务报酬所得,特许权使用费所得,利息、股息、红利所得,财产租赁所得和中国财政部确定征税的其他所得等六类所得。其中,除了利息、股息、红利所得和其他所得不得减除费用,按照每次收入金额计税以外,另外四类所得均可以减除一定费用以后计税。工资、薪金所得按照六级超额累进税率计算应纳税额,税率从5%至45%不等,其他五类所得均按照20%的税率计税。免税所得包括科学、技术、文化成果奖金,在中国国家银行和信用合作社储蓄存款的利息,福利费、抚恤金、救济金,保险赔款,军队干部、战士的转业费、复员费,干部、职工的退职费、退休费,各国驻华使馆、领事馆的外交官员薪金所得,中国政府参加的国际公约、签订的协议中规定免税的所得,经中国财政部批准免税的所得等九类所得。

为适应个体工商业户迅速发展的情况,稳定国家与个体工商户之间的分配关系,并对其中的高收入户加以适当的税收调节,1986年1月7日,国务院发布《中华人民共和国城乡个体工商业户所得税暂行条例》,自1986年度起施行,适用于城乡个体工商业户所得税的纳税人为从事工业、商业、服务业、建筑安装业、交通运输业和其他行业,经工商行政管理部门批准开业的城乡个体工商户。征税所得包括纳税人的生产、经营所得和其他所得,以其每年收入总额减除成本、费用、损失和某些税金以后的余额为应纳税所得额。按照十级超额累进税率计算应纳税额,税率从7%到60%不等(对高收入者还可以加征一定比例的税额)。孤寡老人、残疾人和烈属从事个体生产、经营的,某些社会急需、劳动强度大、收入低的纳税人,纳税确有困难的,可以由省级人民政府确定,定期减税、免税。

  为进一步调节个人收入,防止社会成员之间差距悬殊,1986年9月25日,国务院发布《中华人民共和国个人收入调节税暂行条例》,自1987年1月1日起施行。个人收入调节税的纳税人为在中国境内居住的中国公民。对个人收入达到应税标准的中国公民征收个人收入调节税,以解决改革开放后出现的公民收入水平差距拉大的问题,并不再对其征收个人所得税。征税收入包括工资、薪金收入,承包、转包收入,劳务报酬收入,财产租赁收入,专利权的转让、专利实施许可和非专利技术的提供、转让收入,投稿、翻译收入,利息、股息、红利收入和其他收入等八类收入。其中,前四类收入按月合并为综合收入,减除一定费用以后,按照五级超倍累进税率计算应纳税额,税率从20%到60%不等;第五类至第七类收入按照20%的税率计税(其中第五类收入和第六类收入可以减除一定的费用),第八类收入的适用税率由财政部确定。免税收入包括省级人民政府、国务院部委以上单位颁发的科学、技术、文化成果等奖金,国库券利息、国家发行的金融债券利息,在国家银行、信用合作社、邮政储蓄存款利息,按照国家统一规定发给的补贴、津贴、福利费、抚恤金、救济金,保险赔款,军队干部、战士的转业费、复员费,按照国家统一规定发给干部、职工的安家费、退职费、退休金、离休工资、离休干部生活补助费,经财政部批准免税的其他收入等九类收入。

  至此,原《个人所得税法》仅适用于外籍人员,形成个人所得税方面三个税收法律法规并存的状况。这些税收法律法规积极促进了对外经济技术交流与合作,缓解了社会分配不公的矛盾,并增加了财政收入。随着经济发展,三足鼎立的状况已经暴露出很多问题,纳税主体间的税负差距日渐加大,也不符合社会主义市场经济体制的要求。故此很有必要统一税法、公平税负、简化税制,规定一部统一的既适用于中、外籍纳税人,也适用于个体工商业户和其他人员的个人所得税法。因此,我国于1993年起着手实行个人所得税制的全面改革,将原来按照纳税人的类型分别设立的个人所得税、个人收入调节税和个体工商业户所得税合并为统一的个人所得税,并从纳税人、征税项目、免税项目、税率、费用扣除等方面加以完善,从而形成了一套比较完整、统一的,适应经济发展需要的,符合我国国情的个人所得税制。

1993年10月31日,第八届全国人民代表大会常务委员会第四次会议第一次修改《个人所得税法》,这一次是全面修订,自1994年1月1日起施行,同时废止《城乡个体工商业户暂行条例》和《个人收入调节税暂行条例》。1994年1月28日,《个人所得税法实施条例》颁布施行,国务院1987年8月8日发布的《关于对来华工作的外籍人员工资、薪金所得减征个人所得税的暂行规定》同时废止。新的个人所得税的纳税人为在中国境内有住所,或者无住所而在中国境内居住满一年,从中国境内外取得所得的个人和在中国境内无住所又不居住或者无住所而在中国境内居住不满一年,从中国境内取得所得的个人;征税对象为工资、薪金所得,个体工商户的生产、经营所得,对企业、事业单位的承包经营、承租经营所得,劳务报酬所得,稿酬所得,特许权使用费所得,利息、股息、红利所得,财产租赁所得,财产转让所得,偶然所得和其他所得等十一类所得。

1999年8月30日,第九届全国人民代表大会常务委员会第十一次会议第二次修订《个人所得税法》,同日起实施,这一次是小幅修订。本次修订删去第4条第2款"储蓄存款利息"免征个人所得税的项目,亦即决定开征"个人储蓄存款利息所得税"。同年9月30日,国务院发布《对储蓄存款利息所得征收个人所得税的实施办法》,自同年11月1日起施行。2005年9月14日,国家税务总局、中国人民银行、教育部联合发布《教育储蓄存款利息所得免征个人所得税实施办法》,加强储蓄存款利息所得个人所得税征收管理,规范教育储蓄利息所得免征利息税管理。2000年6月20日,国务院《关于个人独资企业和合伙企业征收所得税问题的通知》(国发2000

[16]号)规定:自2000年1月1日起,对个人独资企业和合伙企业停止征收企业所得税,其投资者的生产经营所得,比照个体工商户的生产、经营所得征收个人所得税。2000年9月19日,财政部、国家税务总局颁布实施的《关于个人独资企业和合伙企业投资者征收个人所得税的规定》规定:自2000年1月1日起,个人独资企业和合伙企业投资者依法缴纳个人所得税,而不再缴纳企业所得税。

为促进社会主义市场经济的健康发展,进一步规范中央和地方政府之间的分配关系,建立合理的分配机制,防止重复建设,减缓地区间财力差距的扩大,支持西部大开发,逐步实现共同富裕,2001年12月31日,国务院颁布《所得税收入分享改革方案》,规定"改革按企业隶属关系划分所得税收入的办法,对个人所得税收入实行中央和地方按比例分享"。自2002年1月1日,个人所得税按改革方案规定的分享比例分别缴入中央国库和地方国库。2002年个人所得税收入中央分享50%,地方分享50%;2003年个人所得税收入中央分享60%,地方分享40%;2003年及以后年份的分享比例根据实际收入情况再行考虑。同时规定,以2001年为基期,按改革方案确定的分享范围和比例计算,地方分享的所得税收入,如果小于地方实际所得税收入,差额部分由中央作为基数返还地方;如果大于地方实际所得税收入,差额部分由地方作为基数上解中央。

2005年10月27日,第十届全国人民代表大会常务委员会第十八次会议第三次修订《个人所得税法》,自2006年1月1日起施行,这一次修订幅度不大。第6条第1款第1项修改为:"工资、薪金所得,以每月收入额减除费用一千六百元后的余额,为应纳税所得额。"第8条修改为:"个人所得税,以所得人为纳税义务人,以支付所得的单位或者个人为扣缴义务人。个人所得超过国务院规定数额的,在两处以上取得工资、薪金所得或者没有扣缴义务人的,以及具有国务院规定的其他情形的,纳税义务人应当按照国家规定办理纳税申报。扣缴义务人应当按照国家规定办理全员全额扣缴申报。"2005年12月19日,《个人所得税法实施条例》第一次修订,自2006年1月1日起施行。2007年6月29日,第十届全国人民代表大会常务委员会第二十八次会议第四次修订《个人所得税法》,自公布之日起施行,这一次也是小幅修订。第12条修改为:"对储蓄存款利息所得开征、减征、停征个人所得税及其具体办法,由国务院规定。"2007年12月29日,第十届全国人民代表大会常务委员会第三十一次会议第五次修订《个人所得税法》,自2008年3月1日起施行,这次修订再次调整了工资、薪金所得的税前扣除标准,第6条第1款第一项再次修改:"工资、薪金所得,以每月收入额减除费用两千元后的余额,为应纳税所得额。"与此相应,2008年2月18日,《个人所得税法实施条例》第二次修订,自2008年3月1日起施行。

尽管个人所得税开征以来,在调节个人收入、缓解社会分配不公和增加财政收入等方面起到了积极的作用。但个人所得税组织财政收入和调节收入差距等职能都未能充分发挥。自1994年税制改革以来,个人所得税的增长明显,是增速最快的税种,除了经济快速发展的因素外,更主要的原因是加强了征管。2005年7月6日,国家税务总局公布实施《个人所得税管理办法》,自2005年10月1日起生效。加强和规范税务机关对个人所得税的征收管理工作,促进个人所得税科学化、精细化管理,提高个人所得税征收管理质量和效率。国家税务总局2006年11月8日发布《个人所得税自行纳税申报办法(试行)》,明确年所得12万元以上的纳税人须向税务机关进行自行申报的五种情形,以及申报内容等相关操作办法。共分8章、44条,分别从制定办法的依据、申报对象、申报内容、申报地点、申报期限、申报方式、申报管理、法律责任、执行时间等方面,明确了自行纳税申报的具体操作方法。

第二节 我国个人所得税法的主要内容

税法理论上,课税要素至关重要。要全面了解个人所得税法,必须研究其课税要素。课税要素的确立是税收立法的核心内容,缺少课税要素的个人所得税方面的立法必然有所缺失。根据我国个人所得税法的基本理论和现行《个人所得税法》及其实施条例的立法实践,个人所得税法的基本内容取决于个人所得税的课税要素,个人所得税由不同课税要素构成,包括纳税人、征税对象、税率、应纳税所得额的确定、应纳税额的计算、税前扣除标准以及境外所得的税额扣除等。各课税要素对个人所得税的水平形成制约,并使个人所得税的课征成为可能。个人所得税的税收政策,也必须通过各项课税要素的调整来实现。本节主要从理论结合实践的角度介绍我国个人所得税法的主要内容。

一、个人所得税纳税主体

个人所得税的纳税主体,是指取得个人应税所得并负有相应纳税义务的个人。根据住所和居住时间两个标准,个人所得税纳税主体分为居民纳税人和非居民纳税人。

(一)居民纳税人

居民纳税人是指在中国境内有住所,或者无住所而在境内居住满一年的个人。符合住所标准和居住时间标准的纳税主体即为个人所得税的居民纳税人,应当承担无限纳税义务,应就其来源于境内外的全部所得缴纳个人所得税。具体的判断标准如下:

1. 住所标准。住所,根据民法一般原理,是指一个人所拥有的固定或永久性居住地。一个人在某地是否有住所,主要考虑两个因素:(1)是否有久住的权利;(2)是否有久住的意思。在中国境内有住所的个人,是指因户籍、家庭、经济利益关系而在中国境内习惯性居住的个人。所谓习惯性居住,是指个人在中国有久住的权利且有久住的意思,是判定纳税人是否为居民的一个法律标准,并非指实际居住或在某一个特定时期内的居住。在中国境内有住所的个人,无论是否实际居住,均为居民纳税人;在中国境内无住所但在一个纳税年度内居住满365日(不超出法定临时离境天数的包括在内)的个人,均为居民纳税人。

2. 居住时间标准。居住时间标准适用于无住所的个人,它一般根据纳税年度制定,即个人在一个纳税年度中在本国连续或累计居住的天数所应达到的标准。我国纳税年度是公历年度,即从每年1月1日起至12月31日止。在中国境内居住满一年的个人,即在一个纳税年度中在中国境内居住满365日。在一个纳税年度内一次临时离境不超过30日或者多次临时离境累计不超过90日的,不扣减日数。国务院《个人所得税法实施条例》(2005年12月29日)有特别规定,即在中国境内无住所,但是居住一年以上五年以下的个人,其来源于中国境外的所得,经主管税务机关批准,可以只就由中国境内公司、企业以及其他经济组织或者个人支付的部分缴纳个人所得税;居住超过五年的个人,从第六年起,应当就其来源于中国境外的全部所得缴纳个人所得税。

(二) 非居民纳税人

非居民纳税人是指凡在中国境内无住所又不居住或者无住所而在境内居住不满一年的个人。因而仅就其来源于中国境内的所得,依法缴纳个人所得税。非居民纳税人承担有限纳税义务,仅就其来源于境内的所得缴纳个人所得税。对于所得是否属于来源于境内,并不以款项的支付地为认定标准,也不以取得者是否居住在中国境内为认定标准,而是以受雇活动的所在地、提供个人劳务的所在地、财产坐落地以及资金、产权的实际运用地等标准来确定。下列所得,不论支付地点是否在境内,均为来源于境内的所得:

(1) 因任职、受雇、履约等而在中国境内提供劳务取得的所得;

(2) 将财产出租给承租人在中国境内使用而取得的所得;

(3) 转让中国境内的建筑物、土地使用权等财产或者在中国境内转让其他财产取得的所得;

(4) 许可各种特许权在中国境内使用而取得的所得;

(5) 从中国境内的公司、企业以及其他经济组织或者个人取得的利息、股息、红利所得。

依据所得来源地税收管辖权原则,确定以下自然人为非居民纳税人:(1) 在我国境内无住所又不居住在我国的自然人;(2) 在我国境内无住所而居住在我国境内不满1年的自然人;(3) 在我国境内无住所,但居住满一年,且在一个纳税年度内一次离境超过30日或者多次离境累计超过90日的自然人。此外,在我国境内无住所,但在一个纳税年度中在我国境内连续或者累计居住不超过90日的个人,其来源于我国境内的所得,由境外雇主支付并且不由该雇主的我国境内的机构、场所负担的部分,免予缴纳个人所得税。

二、个人所得税征税对象

我国个人所得税法以个人取得的各项应税所得为征税对象,区别对待境内所得和境外所得。我国实行分类所得税制,根据所得的性质、纳税人取得所得的途径和方式不同,个人所得税法具体列举了11项应征税的个人所得,分别为:

1. 工资、薪金所得,即个人因任职或者受雇而取得的工资、薪金、奖金、年终加薪、劳动分红、津贴、补贴以及与任职或者受雇有关的其他所得。

2. 个体工商户的生产、经营所得,包括个体工商户从事工业、手工业、建筑业、交通运输业、商业、饮食业、服务业、修理业以及其他行业生产、经营,或者从事办学、医疗、咨询以及其他有偿服务活动取得的所得,以及与生产、经营有关的各项应纳税所得。

此外,对于个人独资企业和合伙企业的投资者的生产、经营所得,亦比照个体工商户的生产、经营所得征收个人所得税,而不再征收企业所得税。

3. 对企事业单位的承包经营、承租经营所得,即个人承包经营、承租经营以及转包、转租取得的所得,包括个人按月或者按次取得的工资、薪金性质的所得。承包项目可分多种,如生产经营、采购、销售、建筑安装等各种承包。

4. 劳务报酬所得,是指个人从事设计、装潢、安装、制图、化验、测试、医疗、法律、会计、咨询、讲学、新闻、广播、翻译、审稿、书画、雕刻、影视、录音、录像、演出、表演、广告、展览、技术服务、介绍服务、经纪服务、代办服务以及其他劳务取得的所得。需要指出的是,个人担任董事职务取得的收入应属劳务报酬所得,并不视为工资薪金所得。

5. 稿酬所得,是指个人因其作品以图书、报刊形式出版、发表而取得的所得。作品出版、发表,属于作者或著作权人行使著作财产权的行为,即特许出版社、报社、杂志社等单位出版、发表其作品。稿酬所得具有特许权使用费所得的性质。

6. 特许权使用费所得,是指个人提供专利权、商标权、著作权、非专利技术以及其他特许权的使用权取得的所得。提供著作权的使用权取得的所得,不包括稿酬所得。

7. 利息、股息、红利所得,是指个人拥有债权、股权而取得的利息、股息、红利所得。利息是个人因拥有债权而获取的利息收入,包括存款利息、发放贷款利息和持有各种债券的利息。股息、红利是股东从公司利润中取得的收入。股息是指股份公司按固定的股息率和股东持有的股份数分派给股东的投资报酬;红利是指股份公司在支付优先股股息后,向普通股股东分配的利润。有限责任公司的个人股东从公司获得的利润,亦属于红利。

8. 财产租赁所得,是指个人出租建筑物、土地使用权、机器设备、车船以及其他财产取得的所得。除土地使用权出租所得外,其他一般为有形动产和不动产租赁所得。而专利、商标等知识产权的许可作用所获得的收入属于特许权使用费所得项目。

9. 财产转让所得,是指个人转让有价证券、股权、建筑物、土地使用权、机器设备、车船以及其他财产取得的所得。个人转让财产主要是转让个人财产的所有权。根据国务院的有关规定,对股票转让所得暂不征收个人所得税。

10. 偶然所得,是指个人得奖、中奖、中彩以及其他偶然性质的所得。得奖是指参加各种有奖竞赛活动,取得名次获得的奖金;中奖、中彩是指参加有奖销售、有奖储蓄或购买彩票等有奖活动,经过规定程序抽中、摇中号码而获得的奖金。另外,个人取得单张有奖发票奖金所得不超过 800 元(含 800 元)的,暂免征收个人所得税;个人取得单张有奖发票奖金所得超过 800 元的,应全额按照个人所得税法规定的本税目征收个人所得税。

11. 经国务院财政部门确定征税的其他所得:除上述列举的各项个人应税所得外,其他确有必要征税的个人所得,由国务院财政部门确定。

个人取得的所得,难以界定应纳税所得项目的,由主管税务机关确定。纳税义务人兼有上述二项或者二项以上所得的,按项分别计算纳税。在中国境内二处或者二处以上取得上述第 1、2、3 项所得的,同项所得合并计算纳税。

三、个人所得税的税率结构

我国实行分类所得税的课税模式,区别对待应税的各种个人所得税项目,为体现税收公平原则,分别规定了不同的税率,形式上既有超额累进税率,也有比例税率,具体规定如下:

(一)实行超额累进税率的个人所得税目

为贯彻量能课税原则,实行超额累进税率的个人所得税目有两项:其一,工资、薪金所得;其二,个体工商户的生产、经营所得和对企事业单位的承包经营、承租经营所得。

1. 工资、薪金所得,适用5%—45%的超额累进税率

级数	全月应纳税所得额 (含税级距)	全月应纳税所得额 (不含税级距)	税率 (%)	速算扣除数 (元)
1	不超过500元的	不超过475元的	5	0
2	超过500元至2000元的部分	超过475元至1825元的部分	10	25
3	超过2000元至5000元的部分	超过1825元至4375元的部分	15	125
4	超过5000元至20000元的部分	超过4375元至16375元的部分	20	375
5	超过20000元至40000元的部分	超过16375元至31375元的部分	25	1375
6	超过40000元至60000元的部分	超过31375元至45375元的部分	30	3375
7	超过60000元至80000元的部分	超过45375元至58375元的部分	35	6375
8	超过80000元至100000元的部分	超过58375元至70375元的部分	40	10375
9	超过100000元的部分	超过70375元的部分	45	15375

2. 个体工商户的生产、经营所得和对企事业单位的承包经营、承租经营所得,适用5%—35%的超额累进税率

级数	全年应纳税所得额 (含税级距)	全年应纳税所得额 (不含税级距)	税率 (%)	速算扣除数 (元)
1	不超过5000元的	不超过4750元的	5	0
2	超过5000元至10000元的部分	超过4750元至9250元的部分	10	250
3	超过10000元至30000元的部分	超过9250元至25250元的部分	20	1250
4	超过30000元至50000元的部分	超过25250元至39250元的部分	30	4250
5	超过50000元部分	超过39250元的部分	35	6750

(二) 实行比例税率的个人所得税目

实行比例税率的个人所得税目主要有：稿酬所得,劳务报酬所得,特许权使用费所得,利息、股息、红利所得,财产租赁所得,财产转让所得,偶然所得和其他所得等。

1. 稿酬所得,适用20%的比例税率,考虑到纳税主体为取得稿酬而付出的时间、精力和其他成本,并按应纳税额减征30%。

2. 劳务报酬所得,适用20%的比例税率。对劳务报酬所得一次收入畸高的,可以实行加成征收。但是,劳务报酬所得与工资薪金所得都属于付出劳动后取得的收入,界限难以严格区分,即使可以区分,也有悖于税收公平原则。

级数	每次应纳税所得额 (含税级距)	每次应纳税所得额 (不含税级距)	税率 (%)	速算扣除数 (元)
1	不超过20000元的	不超过16000元的	20	0
2	超过20000元至50000元的部分	超过16000元至37000元的部分	30	2000
3	超过50000元的部分	超过37000元的部分	40	7000

3. 特许权使用费所得,利息、股息、红利所得,财产租赁所得,财产转让所得,偶然所得和其他所得,适用20%的比例税率。考虑到纳税主体并未或者很少为取得上述所得而支付成本,因而适用统一的比例税率,因为基本上不作任何税前扣除。

自2007年8月15日起,储蓄存款利息所得个人所得税的适用税率减按5%的比例税率执行。

四、个人所得税应纳税所得额

个人所得税计税依据是纳税人取得的应纳税所得额,即个人取得的每项收入减去税法规定扣除项目或扣除金额后的余额。个人取得的应纳税所得,包括现金、实物、有价证券和其他形式的经济利益。所得为实物的,应当按照取得的凭证上所注明的价格计算应纳税所得额;无凭证的实物或者凭证上所注明的价格明显偏低的,参照市场价格核定应纳税所得额。所得为有价证券的,根据票面价格和市场价格核定应纳税所得额。所得为其他形式的经济利益的,参照市场价格核定应纳税所得额。所得为有价证券的,由主管税务机关根据票面价格和市场价格核定应纳税所得额。个人所得税法分别对每项应税所得的费用扣除范围和标准作了规定:

1. 工资、薪金所得,以每月收入额减除费用2000元后的余额,为应纳税所得额。

2. 个体工商户的生产、经营所得,以每一纳税年度的收入总额,减除成本、费用以及损失后的余额,为应纳税所得额。成本、费用,是指纳税义务人从事生产、经营所发生的各项直接支出和分配计入成本的间接费用以及销售费用、管理费用、财务费用;损失,是指纳税义务人在生产、经营过程中发生的各项营业外支出。

从事生产、经营的纳税义务人未提供完整、准确的纳税资料,不能正确计算应纳税所得额的,由主管税务机关核定其应纳税所得额。个人独资企业和合伙企业每一纳税年度的收入总额减除成本、费用以及损失后的余额,作为投资者个人的生产经营所得,比照"个体工商户的生产经营所得"应税项目,计算征收个人所得税。个人独资企业的投资者以全部生产经营所得为应纳税所得额;合伙企业的投资者按照合伙企业的全部生产经营所得和合伙协议约定的分配比例确定应纳税所得额,合伙协议没有约定分配比例的,以全部生产经营所得和合伙人数量平均计算每个投资者的应纳税所得额。

2006年4月,财政部、国家税务总局《关于调整个体工商户业主个人独资企业和合伙企业投资者个人所得税费用扣除标准的通知》规定:个体工商户业主、个人独资企业和合伙企业投资者的生产经营所得依法计征个人所得税时,业主和投资者的费用扣除标准统一确定为19200元/年(1600元/月)。投资者的工资不得在税前扣除。

3. 对企事业单位的承包经营、承租经营所得,以每一纳税年度的收入总额,减除必要费用后的余额,为应纳税所得额。

每一纳税年度的收入总额,是指纳税义务人按照承包经营、承租经营合同规定分得的经营利润和工资、薪金性质的所得;所说的减除必要费用,是指按月减除2000元。

4. 劳务报酬所得、稿酬所得、特许权使用费所得、财产租赁所得,每次收入不超过4000元的,减除费用800元;4000元以上的,减除20%的费用,其余额为应纳税所得额。每次收入,是指:(1)劳务报酬所得,属于一次性收入的,以取得该项收入为一次;属于同一项目连续性收入的,以一个月内取得的收入为一次;(2)稿酬所得,以每次出版、发表取得的收入为一次;(3)特许权使用费所得,以一项特许权的一次许可使用所取得的收入为一次;(4)财产租赁所得,以一个月内取得的收入为一次。

5. 财产转让所得,以转让财产的收入额减除财产原值和合理费用后的余额,为应纳税所得额。首先,财产原值,是指:(1)有价证券,为买入价以及买入时按照规定交纳的有关费用;(2)建筑物,为建造费或者购进价格以及其他有关费用;(3)土地使用权,为取得土地使用权所支付的金额、开发土地的费用以及其他有关费用;(4)机器设备、车船,为购进价格、运输费、安装费以及其他有关费用;(5)其他财产,参照以上方法确定。纳税义务人未提供完整、准确的财产原值凭证,不能正确计算财产原值的,由主管税务机关核定其财产原值。其次,合理费用,是指卖出财产时按照规定支付的有关费用。最后,财产转让所得,按照一次转让财产的收入额减除财产原值和合理费用后的余额,计算纳税。

6. 利息、股息、红利所得,偶然所得和其他所得,以每次收入额为应纳税所得额。

每次收入,是指:(1)利息、股息、红利所得,以支付利息、股息、红利时取得的收入为一次。利息,包括储户取款时结付利息、活期存款结息日结付利息和办理储蓄存款自动转存业务时结付利息等。自2005年6月13日起,对个人投资者、证券投资基金从上市公司取得的股息红利所得,暂减按50%计入个人应纳税所得额。(2)偶然所得,以每次取得该项收入为一次。

五、个人所得税税前扣除标准

为进一步促进社会公益事业发展,对公益救济性捐赠所得税税前扣除政策及相关管理问题,财政部、国家税务总局在2007年1月8日发布《关于公益救济性捐赠税前扣除政策及相关管理问题的通知》规定,经民政部门批准成立的非营利的公益性社会团体和基金会,凡符合有关规定条件,并经财政税务部门确认后,纳税人通过其用于公益救济性的捐赠,可按现行税收法律法规及相关政策规定,准予在计算缴纳企业和个人所得税时在所得税税前扣除。个人将其所得对教育事业和其他公益事业捐赠的部分,即个人将其所得通过中国境内的社会团体、国家机关向教育和其他社会公益事业以及遭受严重自然灾害地区、贫困地区的捐赠,按照国务院有关规定从应纳税所得中扣除。捐赠额未超过纳税义务人申报的应纳税所得额30%的部分或者全部,可以从其应纳税所得额中扣除,税前扣除标准的变动较为频繁,截至2007年年底,具体规定有如下一些:

(一) 准予在个人所得税前全额扣除的项目

为支持教育、科学、文化、人口、卫生、体育、环保等社会事业的发展,根据个人所得税法的规定,经国务院批准,财政部、国家税务总局规定个人通过中国境内的非营利的社会团体、国家机关进行的下列各项捐赠,允许在缴纳个人所得税前全额扣除:

1. 基本养老保险费、基本医疗保险费、失业保险费和住房公积金

(1) 个人按照国家或省、自治区、直辖市人民政府规定的缴费比例或办法实际缴付的基本养老保险费、基本医疗保险费和失业保险费,允许在个人应纳税所得额中扣除。个人超过规定的比例和标准缴付的基本养老保险费、基本医疗保险费和失业保险费,应将超过部分并入个人当期的工资、薪金收入,计征个人所得税。

(2) 单位和个人分别在不超过职工本人上一年度月平均工资12%的幅度内,其实际缴存的住房公积金,允许在个人应纳税所得额中扣除。单位和职工个人缴存住房公积金的月平均工资不得超过职工工作地所在设区城市上一年度职工月平均工资的3倍,具体标准按照各地有关规定执行。单位和个人超过上述规定比例和标准缴付的住房公积金,应将超过部分并入个人当期的工资、薪金收入,计征个人所得税。

(3) 个人实际领(支)取原提存的基本养老保险金、基本医疗保险金、失业保险金和住房公积金时,免征个人所得税。

2. 自2006年1月1日起,对个人通过中国医药卫生事业发展

基金会、中国教育发展基金会、中国老龄事业发展基金会、中国华文教育基金会、中国绿化基金会、中国妇女发展基金会、中国关心下一代健康体育基金会、中国生物多样性保护基金会、中国儿童少年基金会和中国光彩事业基金会用于公益救济性捐赠,准予在缴纳个人所得税前全额扣除。

3. 通过资助非关联的科研机构和高等学校研究开发新产品、新技术、新工艺所发生的研究开发经费,经主管税务机关审核确认的,准予在缴纳个人所得税前全额扣除。

4. 对公益性青少年活动场所(其中包括新建)的捐赠,准予在缴纳个人所得税前全额扣除。

5. 向红十字事业、福利性、非营利性的老年服务机构或慈善机构、基金会等非营利性机构的公益救济性捐赠,准予在缴纳个人所得税前全额扣除。

6. 通过宋庆龄基金会、中国福利会、中国残疾人福利基金会、中国扶贫基金会、中国煤矿尘肺病治疗基金会、中华环境保护基金会用于公益救济性的捐赠,准予在缴纳个人所得税前全额扣除。

7. 对企业以提供免费服务的形式,通过非营利性社会团体和国家机关向"寄宿制学校建设工程"的公益救济性捐赠,准予在缴纳个人所得税前全额扣除。

8. 向中华健康快车基金会、孙冶方经济科学基金会、中华慈善总会、中国法律援助基金会、中华见义勇为基金会的公益救济性捐赠,准予在缴纳个人所得税前全额扣除。

9. 向农村义务教育的公益救济性捐赠(仅指乡、村),准予在缴纳个人所得税前全额扣除。

(二) 准予在个人所得税前扣除30%的项目

个人将其所得对教育事业、宣传文化事业和社会公益事业的捐赠,即通过国家批准成立的非营利性的公益组织或国家机关对教育事业、宣传文化事业和社会公益事业以及遭受严重自然灾害地区、贫困地区的捐赠。经税务机关审核后,纳税人缴纳个人所得税时,捐赠额未超过纳税人申报的应纳税所得额30%的部分,可以从其应纳税所得额中据实扣除:

1. 对个人通过中国禁毒基金会、香江社会救助基金会、中国经济改革研究基金会、中国高级检察官教育基金会、民政部紧急救援促进中心的公益、救济性捐赠,未超过申报的个人所得税应纳税所得额30%的部分,准予在缴纳个人所得税前据实扣除。

2. 自2006年1月1日起至2010年12月31日,对个人通过国家批准成立的非营利性的公益组织或国家机关对宣传文化事业的公益性捐赠。经税务机关审核后,纳税人缴纳个人所得税时,捐赠额未超过纳税人申报的应纳税所得额30%的部分,可从其应纳税所得额中扣除:

(1) 对国家重点交响乐团、芭蕾舞团、歌剧团、京剧团和其他民族艺术表演团体的捐赠。

(2) 对公益性的图书馆、博物馆、科技馆、美术馆、革命历史纪念馆的捐赠。

(3) 对重点文物保护单位的捐赠。

(4) 对文化行政管理部门所属的非生产经营性的文化馆或群众艺术馆接受的社会公益性活动、项目和文化设施等方面的捐赠。

上述国家重点艺术表演团体和重点文物保护单位的认定办法由文化部和国家文物局会同财政部、国家税务总局及有关行业行政主管部门另行制定。

3. 自2006年1月1日起,对个人通过中国华侨经济文化基金会、中国少数民族文化艺术基金会、中国文物保护基金会和北京大学教育基金会用于公益救济性的捐赠,个人在申报应纳税所得额30%以内的部分,准予在计算缴纳个人所得税时实行税前扣除。

4. 自2006年1月1日起,对个人通过中国金融教育发展基金会、中国国际民间组织合作促进会、中国社会工作协会孤残儿童救助基金管理委员会、中国发展研究基金会、陈嘉庚科学奖基金会、中国友好和平发展基金会、中华文学基金会、中华农业科教基金会、中国少年儿童文化艺术基金会和中国公安英烈基金会用于公益救济性捐赠,个人在申报应纳税所得额30%以内的部分,准予在计算缴纳个人所得税税前扣除。

5. 向科技馆、自然博物馆、对公众开放的天文馆(站、台)和气象台(站)、地震台(站)、高等院校和科研机构对公众开放的科普基地的公益救济性捐赠,个人在申报应纳税所得额30%以内的部分,准予在计算缴纳个人所得税税前扣除。

6. 向光华科技基金会、中国人口福利基金会、中国法律援助基金会、中华环境保护基金会、中国初级卫生保健基金会等的公益救济性捐赠,个人在申报应纳税所得额30%以内的部分,准予在计算缴纳个人所得税税前扣除。

7. 对中华社会文化发展基金会所列举的宣传文化事业的公益救济性捐赠,个人在申报应纳税所得额30%以内的部分,准予在计算缴纳个人所得税税前扣除。

8. 通过阎宝航教育基金会的公益救济性捐赠,个人在申报应纳税所得额30%以内的部分,准予在计算缴纳个人所得税税前扣除。

9. 自2007年7月1日起,通过中国青少年社会教育基金会、中国职工发展基金会、中国西部人才开发基金会、中远慈善基金会、张学良基金会、周培源基金会、中国孔子基金会、中华思源工程扶贫基金会、中国交响乐发展基金会、中国肝炎防治基金会、中国电影基金会、中华环保联合会、中国社会工作协会、中国麻风防治协会、中国扶贫开发协会和中国国际战略研究基金会等16家单位用于公益救济性的捐赠,个人在申报应纳税所得额30%以内的部分,准予在计算缴纳个人所得税税前扣除。

需要特别指出的是,纳税人直接向受赠人的捐赠,不准许在征收个人所得税税前扣除。

六、个人所得税减免优惠

除满足国家取得财政收入的目的外,个人所得税还具有宏观调控经济的作用。为促进科技进步,支持社会福利、慈善事业的发展,减轻某些纳税人的实际困难,个人所得税法除了规制一般性税收征纳关系的法律规范外,还规定了一些税收减免优惠待遇,突显税收法定原则和量能课税原则的结合。有关个人所得的税收优惠有层次之分,根据现行法律法规规定,可以归纳为免税优惠项目、减税优惠项目、暂免征税优惠项目以及特别免税优惠项目四类。

(一) 免税优惠项目

根据《个人所得税法》第4条及《个人所得税法实施条例》的相关规定,下列各项所得,免征个人所得税:

1. 省级人民政府、国务院部委和中国人民解放军军以上单位,以及外国组织、国际组织颁发的科学、教育、技术、文化、卫生、体育、环境保护等方面的奖金。

2. 国债和国家发行的金融债券利息。

国债利息是指个人持有财政部发行债券而取得的利息所得。国家发行的金融债券利息,是指个人持有经国务院批准发行的金融债券而取得的利息所得。

3. 按照国家统一规定发给的补贴、津贴。

国家统一规定发给的补贴、津贴,是指按照国务院规定发给的政府特殊津贴、院士津贴、资深院士津贴,以及国务院规定免纳个人所得税的其他补贴、津贴。

4. 福利费、抚恤金、救济金。

福利费,是指根据国家有关规定,从企业、事业单位、国家机关、社会团体提留的福利费或者工会经费中支付给个人的生活补助费。救济金,是指国家民政部门支付给个人的生活困难补助费。

5. 保险赔款。

6. 军人的转业费、复员费。

7. 按照国家统一规定发给干部、职工的安家费、退职费、退休工资、离休工资、离休生活补助费。

8. 依照我国有关法律规定应予免税的各国驻华使馆、领事馆的外交代表、领事官员和其他人员的所得。

目前主要是指依照《外交特权与豁免条例》和《领事特权与豁免条例》规定免税的所得。

9. 中国政府参加的国际公约、签订的协议中规定免税的所得。

10. 对乡、镇(含乡、镇)以上人民政府或经县(含县)以上人民政府主管部门批准成立的有机构、有章程的见义勇为基金或者类似性质组织,奖励见义勇为者的奖金或奖品,经主管税务机关核准,免征个人所得税。

11. 单位和个人按照省级以上人民政府规定的比例提取并缴付的住房公积金、基本医疗保险金、基本养老保险金、失业保险金,不计入个人当期的工资、薪金收入,免予征收个人所得税。超过规定比例交付的部分计征个人所得税。个人领取原提存的住房公积金、医疗保险金、基本养老保险金时,免予征收个人所得税。

12. 对个人取得的教育储蓄存款利息所得以及国务院财政部门确定的其他专项储蓄存款或者储蓄性专项基金存款的利息所得,免征个人所得税。

13. 储蓄机构内从事代扣代缴工作的办税人员取得的扣缴利息税手续费所得,免征个人所得税。

14. 经国务院财政部门批准免税的所得。

(二) 减税优惠项目

根据《个人所得税法》第4条及《个人所得税法实施条例》的相关规定,有下列情形之一的,经批准可以减征个人所得税:

1. 残疾、孤老人员和烈属的所得;
2. 因严重自然灾害造成重大损失的;
3. 其他经国务院财政部门批准减税的。

减征个人所得税的具体减征的幅度和期限由省、自治区、直辖市人民政府规定。

(三) 暂免征收优惠项目

税收公平原则,要求不同纳税人之间的税收负担程度相当;纳税人条件相同的纳同样的税,条件不同的纳不同的税。但某些特殊情形,基于特殊的政策和目标,可以在适用个人所得税法时变通执行,但变通需依法而行。根据财政部、国家税务总局《关于个人所得税若干政策问题的通知》的规定,有下列情形之一的,暂免征收个人所得税:

1. 外籍个人取得的下列所得,可免征个人所得税:(1) 以非现金形式或实报实销形式取得的住房补贴、伙食补贴、搬迁费、洗衣费;(2) 按合理标准取得的境内、境外出差补贴;(3) 取得的探亲费、语言训练费、子女教育费等,经当地税务机关审核批准为合理的部分;(4) 从外商投资企业取得的股息、红利所得。

2. 凡符合下列条件之一的外籍专家取得的工资、薪金所得,可免征个人所得税:(1)根据世界银行专项贷款协议由世界银行直接派往我国工作的外国专家;(2)联合国组织直接派往我国工作的专家;(3)为联合国援助项目来华工作的专家;(4)援助国派往我国专为该国援助项目工作的专家;(5)根据两国政府签订的文化交流项目来华工作两年以内的文教专家,其工资、薪金所得由该国负担的;(6)根据我国大专院校国际交流项目来华工作两年以内的文教专家,其工资、薪金所得由该国负担的;(7)通过民间科研协定来华工作的专家,其工资、薪金所得由该国政府机构负担的。

3. 个人举报、协查各种违法、犯罪行为而获得的奖金。

4. 个人办理代扣代缴手续,按规定取得的扣缴手续费。

5. 个人转让自用达5年以上并且是唯一的家庭生活用房取得的所得。

6. 对个人购买福利彩票、体育彩票,一次中奖收入在1万元以下的(含1万元)暂免征收个人所得税,超过1万元的全额征收个人所得税。

7. 达到离休、退休年龄,但确因工作需要,适当延长离休、退休年龄的高级专家(指享受国家发放的政府特殊津贴的专家、学者),其在延长离休、退休期间的工资、薪金所得,视同离休、退休工资免征个人所得税。

8. 对国有企业职工,因企业宣告破产,从破产企业取得的一次性安置费收入,免予征收个人所得税。

9. 国有企业职工与企业解除劳动合同取得的一次性补偿收入,在当地上一年企业职工年平均工资的3倍数额内,可免征个人所得税。具体免征标准由各省、自治区、直辖市和计划单列市地方税务局规定。

10. 城镇企业事业单位及其职工个人按照《失业保险条例》规定的比例,实际缴付的失业保险费,均不计入职工个人当期的工资、薪金收入,免予征收个人所得税。城镇企业事业单位和职工个人超过上述规定的比例缴付失业保险费的,应将其超过规定比例缴付的部分计入职工个人当期的工资、薪金收入,依法计征个人所得税。

11. 具备《失业保险条例》规定条件的失业人员,领取的失业保险金,免予征收个人所得税。

12. 下岗职工从事社区居民服务业,对其取得的经营所得和劳务报酬所得,从事个体经营的自其领取税务登记证之日起、从事独立劳务服务的自其持下岗证明在当地主管税务机关备案之日起,3年内免征个人所得税;但第一年免税期满后由县以上主管税务机关就免税主体及范围按规定逐年审核,符合条件的,可继续免征1至2年。

13. 股票转让所得,暂免征收个人所得税。

14. 科研机构、高等学校转化职务科技成果,以股份、出资、比例等股权形式给予个人的奖励。

15. 国家机关及其工作人员违法行使职权,侵犯公民的合法权益,造成损害的,对受害人依法取得的赔偿金不予征税。

(四) 特别免税优惠项目

为有利于发展对外经济交流与合作,本着从宽、从简的原则,我国对在中国境内无住所的纳税人给予一定的特别优惠。

1. 在中国境内无住所,但是居住一年以上五年以下的个人,其来源于中国境外的所得,经主管税务机关批准,可以只就由中国境内公司、企业以及其他经济组织或者个人支付的部分缴纳个人所得税;居住超过五年的个人,从第六年起,应当就其来源于中国境外的全部所得缴纳个人所得税。

2. 在中国境内无住所,但是在一个纳税年度中在中国境内连续或者累计居住不超过90日的个人,其来源于中国境内的所得,由境外雇主支付并且不由该雇主在中国境内的机构、场所负担的部分,免予缴纳个人所得税。

3. 对在中国境内无住所而在中国境内取得工资、薪金所得的纳税义务人和在中国境内有住所而在中国境外取得工资、薪金所得的纳税义务人,可以根据其平均收入水平、生活水平以及汇率变化情况确定附加减除费用,附加减除费用适用的范围和标准由国务院规定。目前,附加减除费用的标准为4800元。

七、个人所得税应纳税额的计算

个人所得税应纳税额的计算是一个技术性的问题,以下将分别从适用超额累进税率和比例税率这两类个人所得税目来归纳应纳税额的计算公式。

(一)适用超额累进税率的计算方法

1. 累加法:应纳税额为(每一级距所得×相应税率)相加而得。
2. 简易法:应纳税额=应纳税所得额×适用税率-速算扣除数

速算扣除数是指在采用超额累进税率征税的情况下,根据超额累进税率表中划分的应纳税所得额级距和税率,先用全额累进方法计算出税额,再减去用超额累进方法计算的应征税额以后的差额。当超额累进税税率表中的级距和税率确定以后,各级速算扣除数也固定不变,成为计算应纳税额时的常数。

(二)适用比例税率的计算方法

应纳税额=应纳税所得额×适用税率

稿酬所得由于税法规定按应纳税额减征30%,因此,其计算公式为:应纳税额=应纳税所得额×适用税率×(1-30%);

利息、股息、红利所得、偶然所得和其他所得,不扣除费用,所以其计算公式为:应纳税额=应纳税所得额×适用税率=每次收入额×20%。

八、境外所得的税额扣除

在对纳税人的境外所得征税时,会存在其境外所得已在来源国或地区缴税的实际情况。基于国家之间对同一所得应避免双重征税的原则,我国对纳税人的境外所得行使税收管辖权时,对该所得在境外已纳税额采取了区分不同情况从应征税额中扣除的做法。纳税义务人从中国境外取得的所得,准予其在应纳税额中扣除已在境外缴纳的个人所得税税额,但扣除额不得超过该纳税义务人境外所得依照本法规定计算的应纳税额。已在境外缴纳的个人所得税税额,是指纳税义务人从中国境外取得的所得,依照该所得来源国家或者地区的法律应当缴纳并且实际已经缴纳的税额。

依照税法规定计算的应纳税额,是指纳税义务人从中国境外取得的所得,区别不同国家或者地区和不同应税项目,依照税法规定的费用减除标准和适用税率计算的应纳税额;同一国家或者地区内不同应税项目的应纳税额之和,为该国家或者地区的扣除限额。纳税义务人在中国境外一个国家或者地区实际已经缴纳的个人所得税税额,低于依照前款规定计算出的该国家或者地区扣除限额的,应当在中国缴纳差额部分的税款;超过该国家或者地区扣除限额的,其超过部分不得在本纳税年度的应纳税额中扣除,但是可以在以后纳税年度的该国家或者地区扣除限额的余额中补扣。补扣期限最长不得超过五年。申请扣除已在境外缴纳的个人所得税税额时,应当提供境外税务机关填发的完税凭证原件。

第三节 个人所得税的特殊征管规定

由于个人所得税对施行条件和税收征管水平的要求比其他税种要高很多,而且,个人所得税在核算上的复杂程度,亦要求税务机关工作人员具有较高的素质。个人所得税是对纳税人经济利益的直接扣除,容易引起争端。因此,要求制定科学合理的个人所得税征管制度,从而也增加了个人所得税法的立法难度。除《个人所得税法》及其实施条例外,国务院、财政部、国家税务总局陆续颁布了一些行政法规、部门规章、行政解释、行政批复或其他规范性文件等规范个人所得税的税收征纳行为。本节主要介绍除了一般税收征管规定外,专门用于规制个人所得税的特殊税收征管规定。尤其是,由于税收观念较为薄弱,我国个人所得税法虽已引入国际通行的自行申报方式,目前仍然主要依赖源泉扣缴的方式征收个人所得税。

一、计算个人所得税应纳税额的特殊规定

除《个人所得税法》及其实施条例对个人所得税所作的一般性规定外,还有关于个人所得税应纳税额计算的特殊规定:

(一)个人取得全年一次性奖金的计税方法

2005年1月,国家税务总局《关于调整个人取得全年一次性奖

金等计算征收个人所得税方法问题的通知》规定：全年一次性奖金，是指行政机关、企事业单位等扣缴义务人根据其全年经济效益和对雇员全年工作业绩的综合考核情况，向雇员发放的一次性奖金。一次性奖金包括年终加薪、实行年薪制和绩效工资办法的单位根据考核情况兑现的年薪和绩效工资。纳税人取得全年一次性奖金，单独作为一个月工资、薪金所得计算纳税，并按以下计税办法，由扣缴义务人发放时代扣代缴：

1. 先将雇员当月内取得的全年一次性奖金，除以12个月，按其商数确定适用税率和速算扣除数。如果在发放年终一次性奖金的当月，雇员当月工资薪金所得低于税法规定的费用扣除额，应将全年一次性奖金减除"雇员当月工资薪金所得与费用扣除额的差额"后的余额，按上述办法确定全年一次性奖金的适用税率和速算扣除数。

2. 将雇员个人当月内取得的全年一次性奖金，按前项确定的适用税率和速算扣除数计算征税，计算公式如下：如果雇员当月工资薪金所得高于（或等于）税法规定的费用扣除额的，适用公式为：应纳税额＝雇员当月取得全年一次性奖金×适用税率－速算扣除数；如果雇员当月工资薪金所得低于税法规定的费用扣除额的，适用公式为：应纳税额＝（雇员当月取得全年一次性奖金－雇员当月工资薪金所得与费用扣除额的差额）×适用税率－速算扣除数。在一个纳税年度内，对每一个纳税人，该计税办法只允许采用一次。

实行年薪制和绩效工资的单位，个人取得年终兑现的年薪和绩效工资按上述计算方法执行。雇员取得除全年一次性奖金以外的其他各种名目奖金，如半年奖、季度奖、加班奖、先进奖、考勤奖等，一律与当月工资、薪金收入合并，按税法规定缴纳个人所得税。对无住所个人取得前述各种名目奖金的，如果该个人当月在我国境内没有纳税义务，或者该个人由于出入境原因导致当月在我国工作时间不满一个月的，仍按照《国家税务总局关于在我国境内无住所的个人取得奖金征税问题的通知》计征纳税。

（二）采掘业等特定行业职工工资、薪金所得的计税方法

特定行业的工资、薪金所得应纳的税款，可以实行按年计算、分月预缴的方式计征，具体办法由国务院规定。采掘业、远洋运输业、

远洋捕捞业以及国务院财政部门、税务主管部门确定的其他行业,由于其生产受季节等因素的影响,职工收入波动较大,对其职工取得的工资、薪金所得可采用以下计税方法:按月预缴,年度终了后30日内合计其全年工资、薪金所得并按12个月平均,再据以计算实际应纳的税款,多退少补。其计算公式为:应纳所得税税额=[(全年工资、薪金收入/12-费用扣除标准)×适用税率-速算扣除数]×12;汇算清缴税额=全年应纳所得税税额-全年已预缴所得税税额。

(三)雇用和派遣单位分别支付工资、薪金的计税方法

在外商投资企业、外国企业和外国驻华机构工作的中方人员取得的工资、薪金收入,凡是由雇用单位和派遣单位分别支付的,由各支付单位分别按税法规定扣缴税款。为便于征管,采取由支付者中的一方减除费用的方法,即只允许雇用单位在支付工资、薪金时,按税法规定减除费用,计算扣缴税款;派遣单位支付的工资、薪金不再减除费用,以支付全额直接确定适用税率,计算扣缴税款。同时,纳税人应按规定向雇用单位或派遣单位所属税务机关申报每月工资、薪金收入,以每月从各处获得的全部工资、薪金收入减除费用后的余额为应纳税所得额,汇算清缴应纳的个人所得税。

(四)雇主为雇员负担税款的计税方法

实际工作中,雇用单位或个人时常为雇员负担个人所得税税款,即支付给纳税人的报酬是不含税的净所得或税后所得。此时,应根据纳税人取得的不含税收入推导出应纳税所得额,再计算应纳税额。其推导或计算公式为:(1)应纳税所得额=(不含税收入额-费用扣除标准-速算扣除数)÷(1-适用税率);(2)应纳税额=应纳税所得额×适用税率-速算扣除数。公式(1)中的税率,是指按税率表中全月应纳税所得额(不含税级距)确定的适用税率;公式(2)中的税率,则是指按税率表中全月应纳税所得额(含税级距)确定的适用税率。两个公式中的适用税率应该相等。

二、个人所得税的税收征管模式

个人所得税征管法是个人所得税法的重要组成部分,是个人所得税法的程序法规范。这一规范一边包括税务登记、纳税申报、税款

征收、纳税资料处理和稽核、税务诉讼和税收责任等方面。其总的目标是采用科学、有效的方法,以尽可能少的征管力量和费用,有效地控制个人所得税的应税对象,把应征收的个人所得税款及时足额地征收上来。由于各国国情各异,个人所得税的税收征管方式各异。总的来说,个人所得税的税收征管模式主要有源泉扣缴、分期预付税款、自行申报和税务机关稽征相结合等。其中,自行申报模式在各国个人所得税征收中普遍采用。采用何种税收征管模式与一国税收征管的软件与硬件配套密切相关。

(一) 源泉扣缴模式

由于经济发展水平较低、税收制度较不健全、公民法律意识与纳税意识相对薄弱、税收征管水平较低、税务机关工作人员素质不高等现实情况,我国目前个人所得税的税收征管仍然较为倚重源泉扣缴的征管模式,现行分类所得税制也适应了源泉扣缴的要求。

个人所得税,以所得人为纳税义务人,以支付所得的单位或个人为扣缴义务人。扣缴义务人应当按照国家规定办理全员全额扣缴申报。支付包括现金支付、汇拨支付、转账支付和以有价证券、实物以及其他形式的支付。全员全额扣缴申报,是指扣缴义务人在代扣税款的次月内,向主管税务机关报送其支付所得个人的基本信息、支付所得数额、扣缴税款的具体数额和总额以及其他相关涉税信息。扣缴义务人每月所扣的税款,自行申报纳税人每月应纳的税款,都应当在次月 7 日内缴入国库,并向税务机关报送纳税申报表。对扣缴义务人按照所扣缴的税款,付给 2% 的手续费。扣缴义务人在向个人支付应税款项时,应当依照税法规定代扣税款,按时缴库,并专项记载备查。

2005 年 12 月,国家税务总局《个人所得税全员全额扣缴申报管理暂行办法》(国税发[2005]205 号)规定:实行个人所得税全员全额扣缴申报的应税所得包括:工资、薪金所得;劳务报酬所得;稿酬所得;特许权使用费所得;利息、股息、红利所得;财产租赁所得;财产转让所得;偶然所得;经国务院财政部门确定征税的其他所得。扣缴义务人可以直接到税务机关办理扣缴申报,也可以按照规定采取邮寄、数据电文或者其他方式办理扣缴申报。

(二) 自行申报模式

美国个人所得税纳税就是建立在自行申报的基础上,即纳税人根据其必要的资料,填报纳税申报表,据此纳税。这要求纳税人必须自觉遵纪守法,也要求联邦税务局对申报表进行细致的稽核。自行申报模式在大多数国家的个人所得税税收征管中得到运用,充分说明这种征管模式是十分可行的。其优势明显,但对税收征管环境的要求较高。我国自2007年起启动新的个人所得税的自行申报模式,为个人所得税课税模式迈向综合所得税制开了一个好头。

《个人所得税法实施条例》第36条规定,纳税义务人有下列情形之一的,应当按照规定到主管税务机关办理纳税申报:(1) 年所得12万元以上的;(2) 从中国境内二处或者二处以上取得工资、薪金所得的;(3) 从中国境外取得所得的;(4) 取得应纳税所得,没有扣缴义务人的;(5) 国务院规定的其他情形。年所得12万元以上的纳税义务人,在年度终了后3个月内到主管税务机关办理纳税申报。纳税义务人办理纳税申报的地点以及其他有关事项的管理办法,由国家税务总局制定。国家税务总局在《个人所得税自行纳税申报方法(试行)》自行申报的纳税义务人,在申报纳税时,其在中国境内已扣缴的税款,准予按照规定从应纳税额中扣除。个体工商户的生产、经营所得应纳的税款,按年计算,分月预缴,由纳税义务人在次月7日内预缴,年度终了后3个月内汇算清缴,多退少补。对企事业单位的承包经营、承租经营所得应纳的税款,按年计算,由纳税义务人在年度终了后30日内缴入国库,并向税务机关报送纳税申报表。纳税义务人在一年内分次取得承包经营、承租经营所得的,应当在取得每次所得后的7日内预缴,年度终了后3个月内汇算清缴,多退少补。从中国境外取得所得的纳税义务人,应当在年度终了后30日内,将应纳的税款缴入国库,并向税务机关报送纳税申报表。由纳税义务人在年度终了后30日内将应纳的税款缴入国库,是指在年终一次性取得承包经营、承租经营所得的纳税义务人,自取得收入之日起30日内将应纳的税款缴入国库。

综上,我国目前采取源泉扣缴、分期预付税款、自行申报和税务机关稽核相结合的税收征管模式。采用自行申报模式的条件是很高的,其实施必须具备法制健全、人们纳税意识较高的社会环境。征收管理的电脑化是推行自行申报模式的必备条件,而税收服务的社会化则是推行自行申报模式的先决条件。这种税收征管模式代表着个人所得税征管的发展趋势。

三、个人所得税的具体征管规定

为进一步加强和规范税务机关对个人所得税的征收管理,促进个人所得税征管的科学化、精细化,不断提高征管效率和质量,国家税务总局于2005年7月6日发布《个人所得税管理办法》,自2005年10月1日起生效。其中规定了以下几项制度:

(一)个人收入档案管理制度

个人收入档案管理制度是指,税务机关按照要求对每个纳税人的个人基本信息、收入和纳税信息以及相关信息建立档案,并对其实施动态管理的一项制度。省以下(含省级)各级税务机关的管理部门应当按照规定逐步对每个纳税人建立收入和纳税档案,区别不同类型纳税人,按以下内容建立相应的基础信息档案:雇员纳税人、非雇员纳税人、股东或投资者、个人独资、合伙企业投资者、个体工商户、对企事业单位的承包承租经营人、外籍人员等。

(二)代扣代缴明细账制度

代扣代缴明细账制度是指,税务机关依据个人所得税法和有关规定,要求扣缴义务人按规定报送其支付收入的个人所有的基本信息、支付个人收入和扣缴税款明细信息以及其他相关涉税信息,并对每个扣缴义务人建立档案,为后续实施动态管理打下基础的一项制度。税务机关应按照税法及相关法律法规的规定,督促扣缴义务人按规定设立代扣代缴税款账簿,正确反映个人所得税的扣缴情况。扣缴义务人申报的纳税资料,税务机关应严格审查核实。

(三)纳税人与扣缴义务人向税务机关双向申报制度

纳税人与扣缴义务人向税务机关双向申报制度是指,纳税人与扣缴义务人按照法律、行政法规规定和税务机关依法律、行政法规所提出的要求,分别向主管税务机关办理纳税申报,税务机关对纳税人和扣缴义务人提供的收入、纳税信息进行交叉比对、核查的一项制度。对法律法规规定纳税人必须自行申报的,税务机关应要求其自行向主管税务机关进行纳税申报。税务机关接受纳税人、扣缴义务人的纳税申报时,应对申报的时限、应税项目、适用税率、税款计算及相关资料的完整性和准确性进行初步审核,发现有误的,应及时要求纳税人、扣缴义务人修正申报。

(四)与社会各部门配合的协税制度

与社会各部门配合的协税制度是指,税务机关应建立与个人收入和个人所得税征管有关的各部门的协调与配合的制度,及时掌握税源和与纳税有关的信息,共同制定和实施协税、护税措施,形成社会协税、护税网络。税务机关应重点加强与以下部门的协调配合:公安、检察、法院、工商、银行、文化体育、财政、劳动、房管、交通、审计、外汇管理等部门。税务机关通过加强与相关部门的协调配合,着重掌握纳税人的相关收入信息。税务机关应积极创造条件,逐步实现与有关部门的相关信息共享或定期交换。

(五)加快信息化建设

各级税务机关应在金税工程三期的总体框架下,按照"一体化"要求和"统筹规划、统一标准,突出重点、分步实施,整合资源、讲究实效,加强管理、保证安全"的原则,进一步加快个人所得税征管信息化建设,以提高个人所得税征管质量和效率。按照一体化建设的要求,个人所得税与其他税种具有共性的部分,由核心业务系统统一开发软件,个人所得税个性的部分单独开发软件。总局先行开发个人所得税代扣代缴和基础信息管理两个子系统。

(六)加强高收入者的重点管理

税务机关应将下列人员纳入重点纳税人范围:金融、保险、证券、电力、电信、石油、石化、烟草、民航、铁道、房地产、学校、医院、城市供水供气、出版社、公路管理、外商投资企业和外国企业、高新技术企业、中介机构、体育俱乐部等高收入行业人员;民营经济投资者、影视明星、歌星、体育明星、模特等高收入个人;临时来华演出人员。各级税务机关应从下列人员中,选择一定数量的个人作为重点纳税人:收入较高者、知名度较高者、收入来源渠道较多者、收入项目较多者、无固定单位的自由职业者以及对税收征管影响较大者。

(七) 加强税源的源泉管理

税务机关应严格税务登记管理制度,认真开展漏征漏管户的清理工作,摸清底数。税务机关应按照有关要求建立和健全纳税人、扣缴义务人的档案,切实加强个人所得税税源管理。税务机关应继续做好代扣代缴工作,提高扣缴质量和水平。各级税务机关应充分利用与各部门配合的协作制度,从公安、工商、银行、文化、体育、房管、劳动、外汇管理等部门获取税源信息。各级税务机关应利用从有关部门获取的信息,加强税源管理、进行纳税评估。

(八) 加强全员全额管理

全员全额管理是指,凡取得应税收入的个人,无论收入额是否达到个人所得税的纳税标准,均应就其取得的全部收入,通过代扣代缴和个人申报,全部纳入税务机关管理。各级税务机关应积极稳妥地推进全员全额管理工作,充分利用全员全额管理掌握的纳税人信息、扣缴义务人信息、税源监控信息、有关部门、媒体提供的信息、税收管理人员实地采集的信息等,对自行申报纳税人纳税申报情况和扣缴义务人扣缴税情况的真实性、准确性进行分析、判断,开展个人所得税纳税评估,提高全员全额管理的质量。

本章小结

个人所得税,是以个人在一定期间取得的各项应税所得所征收的一种税。个人所得税在性质上属于直接税,具有课税公平、富有弹性、不易形成重复征税等特点;但个人所得税的税负由取得应税所得的个人直接承担,对纳税人的实际收入和生活影响较大。无论采用哪一种所得课税模式,个人所得税制的充分实施必须要有有效的管理技术作为坚强的后盾。分类综合所得税制为大多数国家所采用,代表着个人所得税的发展潮流。分类综合所得税制,是指对综合净所得实行一套分类税和综合税的叠置,即对同种所得按分类所得税制模式征税后,再采用综合所得税制的模式征税。个人所得税的纳税人,是指取得个人应税所得并负有相应纳税义务的个人。我国个人所得税法以个人取得的各项应税所得为征税对象,区别对待境内所得和境外所得,具体列举了11项应征税的个人所得。并且针对不同的个人所得项目,分别规定了超额累进税率和比例税率、每项应税所得的费用扣除范围和扣除标准。我国现行个人所得税法采取以源泉扣缴的征收方式为主，以自行申报为补充的征收方式。

思考题

1. 怎样理解个人所得税这一直接税的优点？
2. 个人所得税为什么要实行分类综合所得的课税模式？
3. 个人所得税纳税人的种类及其分类标准是什么？
4. 工资、薪金所得的个人所得税应纳税额的计算方式。
5. 目前有哪些情形实行纳税人自行申报的方式？
6. 个人取得的全年一次性奖金的应纳税额的计算方式。
7. 减征个人所得税的具体情形有哪些？
8. 免征个人所得税的具体情形有哪些？
9. 暂免征收个人所得税的具体情形有哪些？
10. 居民纳税人从境外取得的所得课税的减免规定有哪些？

第六章　企业所得税法

第一节　企业所得税概述

一、企业所得税的概念及其特点

（一）企业所得税的概念

所得税是由取得所得的主体缴纳的，以其纯所得额为计税依据的一类税，是一种典型的直接税。

企业所得税法是调整国家与企业之间所得税税收关系的法律规范体系。它是调整国家与企业之间分配关系的重要法律规范，直接影响到企业的税后利润及其分配，关系到不同企业间的公平竞争及企业有效经营机制的形成，甚至影响着整个社会的稳定和发展。因此，企业所得税法历来受到我国政府的高度重视，被视为调节国家经济的重要手段之一。

（二）企业所得税的特点

1. 体现税收的公平原则

税收公平原则在税法领域的最简明含义就是要对所有的纳税主体"一视同仁"。为此，要求在税法制定上应使国家税收在一国负有纳税义务的主体之间公平分配，使所有的纳税主体按其实质负担税收能力，负担其应负的税收。同时，在各种税收法律关系的处理中，各纳税主体的法律地位必须平等，受到平等的对待。

原"两法"分立的企业所得税模式下，存在着内资企业与外资企业、民营企业与国有企业的双重不公，在实际税率、税前扣除标准、税收优惠方面均存在差异。这种安排虽然起到过其积极的作用，但内资企业的实际税负高于外资企业，民营企业由于在税前可扣除费项较少，享受税收优惠的限制较多，导致其实际税负较高。这就人为地造成内外资企业、民营与国有企业在市场竞争中的不平等地位。新的《企业所得税法》规定了"四统一",即内资、外资企业适用统一的企业所得税法,统一并适当降低了企业所得税税率,统一和规范税前扣除办法和标准,统一税收优惠政策,实行"产业优惠为主、区域优惠为辅"的新税收优惠体系,使得内外资企业税收负担实现公平,共同享受同等的税收优惠政策和税前扣除标准,有利于减少税收对市场竞争的扭曲,调动内外资企业两个积极性,促进内外资企业和谐发展。

2. 征税以量能负担为原则

量能课税原则是税收公平原则的法律体现,是宪法平等原则在税法上的具体化,是指赋税的课征不以形式上实现依法律课征赋税、满足财政需要为已足,尤其在实质上要求赋税负担必须在一国公民之间公平分配,使所有的纳税人按其实质负担赋税能力,负担其应负的赋税。所得税的负担轻重与纳税人所得的多少有着内在联系,征税应以纳税能力为依据,凡具有相同纳税能力者应负担相同的税收。所谓"等者等之,不等者不等之"。依量能课税原则,纳税能力强者应多纳税,纳税能力弱者可少纳税,无纳税能力者则不纳税。

企业所得税的计税依据是应纳税所得额,而不是收入额。这是所得税与营业税、增值税的最大区别。而应纳税所得额体现的是纳税人的纯所得,是在扣除了税法允许扣除项目后的余额,如果应纳税所得额为负数,那么纳税人不用缴纳企业所得税。应纳税所得额多,则缴纳较多的所得税。

3. 将纳税人分为居民和非居民

居民是指按照一国法律,由于住所、居住时间、注册登记地或者管理机构所在地,或其他类似标准,在该国负有全面纳税义务的人,包括个人居民和法人居民。非居民是指凡不符合一国居民身份,在该国负有有限纳税义务的人。居民和非居民身份的确定,能够区别不同类型的纳税义务人,明确税收管辖权,另外还关系到对本国居民缴纳的外国所得税能否给予抵免的问题。

4. 贯彻区域发展平衡、可持续发展的指导思想

《企业所得税法》对促进西部大开发地区、民族自治地区经济发展及民营企业的发展作了优惠的规定。民族自治地方的自治机关对

本民族自治地方的企业应缴纳的企业所得税中属于地方分享的部分,可以决定减征或者免征。对符合条件的小型微利企业实行20%的优惠税率。这些规定对于民族自治地方的相关企业继续享有税收优惠,有利于吸引投资和增强企业财力,有利于西部大开发和民族自治地区经济发展。小型微利企业多是民营企业,对这类企业的优惠主要是对民营企业的优惠,这将为民营企业的发展壮大起到推动作用。

《企业所得税法》采取了多种方式,重点对基础设施建设、农业发展及环境保护与节能、安全生产、公益事业和照顾弱势群体等领域的项目给予税收优惠,有利于产业结构的优化,有利于促进国民经济持续健康发展。

5. 鼓励企业自主创新

《企业所得税法》中关于国家需要重点扶持的高新技术企业的优惠利率的规定,加计扣除的规定,对"企业符合条件的技术转让所得"免税的规定,加速固定资产折旧的规定,以及特定区域内符合条件的高新技术企业享受过渡性税收优惠的规定等,都是加强我国企业自主创新能力建设的重要举措,有利于鼓励高新技术产业的迅速发展,也有利于引导各类企业的自主创新,不断提高企业的核心竞争力。

6. 通过特别纳税调整,体现实质课税原则

特别纳税调整是指税务机关出于实施反避税目的而对纳税人特定纳税事项所作的税务调整。为防范和制止企业使用各种避税手段规避企业所得税,《企业所得税法》第六章新增了特别纳税调整内容,体现"严征管"原则。这些规定实质上是对实质课税原则的运用。实质课税原则所注重的是足以代表纳税人纳税能力的经济事实,而不是其外观的法律行为形式。因此,在解释和适用税法时,应根据实质的经济事实而非外观的法律行为作出判断,以便按照纳税人的实际纳税能力公平课税。

二、企业所得税的产生和发展

(一) 新中国成立至改革开放前的企业所得税法

新中国成立后,1950年原政务院公布了《工商业税暂行条例》。这是我国最早对企业所得税作出规定的法规,征收对象主要是私营企业和城乡个体工商业户,不包括国有企业(当时称国营企业)。1958年随着我国对资本主义工商业的社会主义改造基本完成,私营企业不复存在,城乡个体工商业户亦基本消失。因此,1958年我国的工商税制也进行了重大改革,所得税成为一个独立税种,称为"工商所得税"。当时规定,除国有企业外,凡是国内从事工商业等经营活动,有利润所得的经济单位和个人都要缴纳工商所得税,但实际上主要是对集体企业征收。国有企业上交利润,而不要缴纳所得税。

在以后的二十多年时间里,国家对国有企业一直实行"统收统支"的制度,即国有企业实现的利润统一上交,不征收所得税,而企业生产经营所需的资金由国家统一拨给,发生的亏损由财政弥补。这种税制是计划经济时代的产物,随着我国的经济体制改革和对外开放的深入,越来越不适应新形势的需要,必须进行改革。

(二) 改革开放后的企业所得税法

改革开放后,1983年和1984年国务院先后转批了财政部《关于国营企业利改税试行办法》和《国营企业第二步利改税试行办法》,在全国范围对国营企业实行利改税,把国营企业上缴利润改为按国家规定的税种及税率缴纳税金,税后利润完全由企业自主支配。1984年9月18日国务院发布了《中华人民共和国国营企业所得税条例(草案)》,初步将国家与国营企业的分配关系通过法律固定下来。

1985年4月11日,为了适应集体企业的发展状况和经济体制改革的要求,国务院发布了《中华人民共和国集体企业所得税暂行条例》,对全国城乡集体企业取得的生产经营所得和其他所得,统一征收集体企业所得税。1988年6月25日,为了加强对私营企业的生产经营和收入分配的监督、管理,国务院颁布了《私营企业所得税暂行条例》,开始征收私营企业所得税。至此,我国企业所得税形成了三足鼎立的局面。

同时,自1979年实行对外开放政策以后,前来我国洽谈投资、磋商合作或合作项目的外国公司、企业及其他经济组织日益增多。为了维护国家权益,促进对外经济技术交流,更好地利用外资和引进先进技术,1980年9月全国人大通过我国第一部涉外税法《中华人民共和国中外合资经营企业所得税法》,此后,1981年12月,全国人大又颁布了《中华人民共和国外国企业所得税法》,至此,覆盖各类涉外企业的我国涉外企业所得税制已初具规模。这两部在改革开放初期制定的税法,在贯彻对外开放政策、维护国家权益、鼓励外商投资、促进对外经济合作等方面,都发挥了重要作用。

(三) 1994年税制改革后的企业所得税法

内资企业所得税三税并立的格局,形成税率和税收优惠措施等方面的巨大差异。例如,国有大中型企业的法定税率为55%,国有小型企业和集体企业按10%至55%的八级超额累进税率征收,私营企业则实行35%的比例税率。另外,各种企业所得税税前还贷的优惠政策繁多、差异大,造成各类企业之间税负的严重不公,并且国家税收收入逐年下降,财政难以承受。在此情况下,国家不得不通过征收能源交通重点建设基金和预算外调节基金(以下简称"两金")等形式予以弥补,使国家和企业的分配关系严重扭曲,也使所得税的调节功能弱化。另外,多种新的经营方式和产权组织形式的企业,使这种所得税制面临新的困难。

为解决我国内资企业所得税制存在的上述矛盾和问题,使之适应建立社会主义市场经济体制的要求,国务院决定对企业所得税制进行改革,并于1993年11月26日发布了《中华人民共和国企业所得税暂行条例》,于1994年1月1日起实施。原国务院发布的《国营企业所得税条例(草案)》《国营企业调节税征收办法》《集体企业所得税暂行条例》和《私营企业所得税暂行条例》同时废止,并取消了"两金"和税前还贷。这样,从1994年起我国各种类型的内资企业开始适用统一的所得税法,使我国的企业所得税制向前迈进了一大步。

在涉外税制方面,随着我国对外开放向纵深发展,我国引进外资的规模不断扩大,渠道不断增多,原有的两个涉外企业所得税法在很多方面都不能适应现实的需要,法律与现实的矛盾及立法中的不足之处日益显现出来。为适应形势发展的需要,在总结两部税法实施十年来的问题和经验的基础上,按照税负从轻、优惠从宽、手续从简的原则,1991年经第七届全国人民代表大会第四次会议通过并颁布了《外商投资企业和外国企业所得税法》,代替了原有的两个涉外企业所得税法,并于同年7月1日开始实施。至此,我国的企业所得税制形成了《中华人民共和国企业所得税暂行条例》(适用于内资企业)与《外商投资企业和外国企业所得税法》(适用于外商投资企业和外国企业)两税并存的局面。

(四)"两法合并"后的企业所得税法

内外有别的两套企业所得税制,给予外商投资企业比较多的税收优惠,对改革开放、吸引外资、促进经济发展发挥了重要作用。但是,随着改革的深入,我国社会经济情况发生了很大变化,社会主义市场经济体制初步建立,加入世贸组织后,国内市场对外资进一步开放,内资企业也逐渐融入世界经济体系之中,面临越来越大的竞争压力,继续采取内资、外资企业不同的税收政策,必将使内资企业处于不平等竞争地位,影响统一、规范、公平竞争的市场环境的建立。为此,我国对企业所得税法进行了"两法合并"的改革,2007年3月16日,经第十届全国人民代表大会第五次会议审议,通过了《中华人民共和国企业所得税法》(以下简称《企业所得税法》),该法于2008年1月1日施行。

《中华人民共和国企业所得税法实施条例》(以下简称《企业所得税法实施条例》)于2007年11月28日国务院第197次常务会议通过,作为《企业所得税法》的配套法规,自2008年1月1日起施行。

第二节 我国企业所得税法的主要内容

一、企业所得税的纳税人

根据《企业所得税法》第1条的规定,在中华人民共和国境内,企业和其他取得收入的组织(以下统称企业)为企业所得税的纳税人,依照企业所得税法的规定缴纳企业所得税。个人独资企业、合伙企业不适用企业所得税法(从2000年1月1日起,我国对个人独资企业和合伙企业经营者征收个人所得税,为了避免重复征税,这两种企业不再是企业所得税的纳税人)。

《企业所得税法》按照通行的国际惯例,将纳税人分为居民企业和非居民企业两种。所谓居民企业,是指依法在中国境内成立,或者依照外国(地区)法律成立但实际管理机构在中国境内的企业。依法在中国境内成立的企业,包括依照中国法律、行政法规在中国境内成立的企业、事业单位、社会团体以及其他取得收入的组织。依照外国(地区)法律成立的企业,包括依照外国(地区)法律成立的企业和其他取得收入的组织。实际管理机构,是指对企业的生产经营、人员、账务、财产等实施实质性全面管理和控制的机构。所谓非居民企业,是指依照外国(地区)法律成立且实际管理机构不在中国境内,但在中国境内设立机构、场所的,或者在中国境内未设立机构、场所,但有来源于中国境内所得的企业。此处所称机构、场所,是指在中国境内从事生产经营活动的机构、场所,包括:(1)管理机构、营业机构、办事机构;(2)工厂、农场、开采自然资源的场所;(3)提供劳务的场所;(4)从事建筑、安装、装配、修理、勘探等工程作业的场所;(5)其他从事生产经营活动的机构、场所。非居民企业委托营业代理人在中国境内从事生产经营活动的,包括委托单位或者个人经常代其签订合同,或者储存、交付货物等,该营业代理人视为非居民企业在中国境内设立的机构、场所。可见,我国《企业所得税法》对居民企业的判断标准是"登记注册地标准"和"实际管理机构地标准"相结合的标准。

区分居民企业和非居民企业的意义主要在于确定征税的范围以及纳税人的纳税义务。居民企业承担全面(无限)纳税义务,"应当就其来源于中国境内、境外的所得缴纳企业所得税"。而非居民企业负有限纳税义务,一般只就其来源于我国境内的所得纳税。根据《企业所得税法》第3条第2款和第3款的规定,非居民企业在中国境内设立机构、场所的,应当就其所设机构、场所取得的来源于中国境内的所得,以及发生在中国境外但与其所设机构、场所有实际联系的所得,缴纳企业所得税;非居民企业在中国境内未设立机构、场所的,或者虽设立机构、场所但取得的所得与其所设机构、场所没有实际联系的,应当就其来源于中国境内的所得缴纳企业所得税。所谓实际联系,是指非居民企业在中国境内设立的机构、场所拥有据以取得所得的股权、债权,以及拥有、管理、控制据以取得所得的财产等。

二、企业所得税的征税对象

企业所得税的征税范围即企业所得税的征税对象,是指企业的生产、经营所得和其他所得。可以从以下三个方面来加以说明:

1. 就国家行使税收管辖权划分,包括我国的居民企业从我国境内取得的各项所得和来源于外国或境外地区的各项境外所得,以及非居民企业来源于境内的应税所得。这是因为按照国际惯例,我们为维护国家主权和经济利益,在行使地域税收管辖权(或称收入来源地税收管辖权),不但要对在我国境内从事经济活动和来源于我国境内的收入行使征税的管辖权力,而且还要对在本国居住的居民来源于世界各地的全部所得行使税收管辖权。由于内资企业为中国企业,国家对其行使居民税收管辖权原则。因此,内资企业应就其来源于境内、境外的所得扣除为取得这些所得而发生的成本费用支出后的余额,作为应纳税所得额。当然,为避免重复征税,对本国企业在境外缴纳的所得税税款,准予在总机构汇总纳税时,从其应纳税额中予以抵免。

在确定一项所得的来源地时,按照以下原则确定:

(1) 销售货物所得,按照交易活动发生地确定;

(2) 提供劳务所得,按照劳务发生地确定;

(3) 转让财产所得,不动产转让所得按照不动产所在地确定,动产转让所得按照转让动产的企业或者机构、场所所在地确定,权益性投资资产转让所得按照被投资企业所在地确定;

(4) 股息、红利等权益性投资所得,按照分配所得的企业所在地确定;

(5) 利息所得、租金所得、特许权使用费所得,按照负担、支付所得的企业或者机构、场所所在地确定,或者按照负担、支付所得的个人的住所地确定;

(6) 其他所得,由国务院财政、税务主管部门确定。

2. 就所得的类别划分,包括销售货物所得、提供劳务所得、转让财产所得、股息红利等权益性投资所得、利息所得、租金所得、特许权使用费所得、接受捐赠所得和其他所得。

3. 就是否在业经营所得,包括在业经营所得,也包括清算所得。前者是指纳税人在开业经营时账册上所记载的生产、经营所得和其他所得。后者是指企业的全部资产可变现价值或者交易价格减除资产净值、清算费用以及相关税费等后的余额。清算所得应依法缴纳企业所得税。

投资方企业从被清算企业分得的剩余资产,其中相当于从被清算企业累计未分配利润和累计盈余公积中应当分得的部分,应当确认为股息所得;剩余资产减除上述股息所得后的余额,超过或者低于投资成本的部分,应当确认为投资资产转让所得或者损失。

三、企业所得税的税率

企业所得税的税率有普通税率和优惠税率之分。普通税率有两种情况:一般来说,企业所得税的税率为25%;但非居民企业在中国境内未设立机构、场所但取得来源于中国境内的所得,或者虽设立机构、场所但取得的与其所设机构、场所没有实际联系的所得,适用税率为20%(根据《企业所得税法实施条例》第91条的规定,该项所得暂按10%的税率征收)。

优惠税率也有两种情况:符合条件的小型微利企业,减按20%的税率征收企业所得税;国家需要重点扶持的高新技术企业,减按

15%的税率征收企业所得税。

四、企业所得税应纳税额的计算

(一)企业所得税的计税依据

企业所得税的计税依据是应纳税所得额,即纳税人每一纳税年度的收入总额,减除不征税收入、各项扣除以及允许弥补的以前年度亏损后的余额。所称亏损,是指企业依照企业所得税法和企业所得税法实施条例的规定将每一纳税年度的收入总额减除不征税收入、免税收入和各项扣除后小于零的数额。

要正确计算企业所得税的应纳税额,必须首先确定应纳税所得额。企业应纳税所得额的计算,以权责发生制为原则,属于当期的收入和费用,不论款项是否收付,均作为当期的收入和费用;不属于当期的收入和费用,即使款项已经在当期收付,均不作为当期的收入和费用。《企业所得税法实施条例》和国务院财政、税务主管部门另有规定的除外。企业应纳税额的大小,取决于应纳税所得额的大小。

1. 收入总额

收入总额是指企业以货币形式和非货币形式从各种来源取得的收入。企业取得收入的货币形式,包括现金、存款、应收账款、应收票据、准备持有至到期的债券投资以及债务的豁免等。企业取得收入的非货币形式,包括固定资产、生物资产、无形资产、股权投资、存货、不准备持有至到期的债券投资、劳务以及有关权益等。企业以非货币形式取得的收入,应当按照公允价值确定收入额。公允价值,是指按照市场价格确定的价值。

具体内容包括以下几项:

(1)销售货物收入。销售货物收入,是指企业销售商品、产品、原材料、包装物、低值易耗品以及其他存货取得的收入。

(2)提供劳务收入。提供劳务收入,是指企业从事建筑安装、修理修配、交通运输、仓储租赁、金融保险、邮电通信、咨询经纪、文化体育、科学研究、技术服务、教育培训、餐饮住宿、中介代理、卫生保健、社区服务、旅游、娱乐、加工以及其他劳务服务活动取得的收入。

(3)转让财产收入。转让财产收入,是指企业转让固定资产、生物资产、无形资产、股权、债权等财产取得的收入。

（4）股息、红利等权益性投资收益。股息、红利等权益性投资收益，是指企业因权益性投资从被投资方取得的收入。股息、红利等权益性投资收益，除国务院财政、税务主管部门另有规定外，按照被投资方作出利润分配决定的日期确认收入的实现。

（5）利息收入。利息收入，是指企业将资金提供他人使用但不构成权益性投资，或者因他人占用本企业资金取得的收入，包括存款利息、贷款利息、债券利息、欠款利息等收入。利息收入，按照合同约定的债务人应付利息的日期确认收入的实现。

（6）租金收入。租金收入，是指企业提供固定资产、包装物或者其他有形资产的使用权取得的收入。租金收入，按照合同约定的承租人应付租金的日期确认收入的实现。

（7）特许权使用费收入。特许权使用费收入，是指企业提供专利权、非专利技术、商标权、著作权以及其他特许权的使用权取得的收入。特许权使用费收入，按照合同约定的特许权使用人应付特许权使用费的日期确认收入的实现。

（8）接受捐赠收入。接受捐赠收入，是指企业接受的来自其他企业、组织或者个人无偿给予的货币性资产、非货币性资产。接受捐赠收入，按照实际收到捐赠资产的日期确认收入的实现。

（9）其他收入。其他收入，是指企业取得的除上述收入外的其他收入，包括企业资产溢余收入、逾期未退包装物押金收入、确实无法偿付的应付款项、已作坏账损失处理后又收回的应收款项、债务重组收入、补贴收入、违约金收入、汇兑收益等。

企业的下列生产经营业务可以分期确认收入的实现：(1) 以分期收款方式销售货物的，按照合同约定的收款日期确认收入的实现；(2) 企业受托加工制造大型机械设备、船舶、飞机，以及从事建筑、安装、装配工程业务或者提供其他劳务等，持续时间超过12个月的，按照纳税年度内完工进度或者完成的工作量确认收入的实现。

采取产品分成方式取得收入的，按照企业分得产品的日期确认收入的实现，其收入额按照产品的公允价值确定。

企业发生非货币性资产交换，以及将货物、财产、劳务用于捐赠、偿债、赞助、集资、广告、样品、职工福利或者利润分配等用途的,应当视同销售货物、转让财产或者提供劳务,但国务院财政、税务主管部门另有规定的除外。

2. 不征税收入

不征税收入是新的《企业所得税法》中新创设的一个概念。不征税收入是指从性质和根源上不属于企业营利性活动带来的经济利益、不负有纳税义务并不作为应纳税所得额组成部分的收入。不征税收入与免税收入的不同,是由于从根源和性质上,这些收入不属于营利性活动带来的经济利益,是专门从事特定目的的收入,这些收入从企业所得税原理上讲应不列为征税范围的收入范畴。而免税收入是纳税人应税收入的重要组成部分,只是国家为了实现某些经济和社会目标,在特定时期或对特定项目取得的经济利益给予的税收优惠照顾,而在一定时期又有可能恢复征税的收入范围。

根据《企业所得税法》第7条的规定,下列收入为不征税收入:

(1) 财政拨款。财政拨款,是指各级人民政府对纳入预算管理的事业单位、社会团体等组织拨付的财政资金,但国务院和国务院财政、税务主管部门另有规定的除外。

(2) 依法收取并纳入财政管理的行政事业性收费、政府性基金。行政事业性收费,是指依照法律法规等有关规定,按照国务院规定程序批准,在实施社会公共管理,以及在向公民、法人或者其他组织提供特定公共服务过程中,向特定对象收取并纳入财政管理的费用。政府性基金,是指企业依照法律、行政法规等有关规定,代政府收取的具有专项用途的财政资金。《企业所得税法》规定行政事业性收费和政府性基金为不征税收入,主要基于以下考虑:一是行政事业性收费和政府性基金的组织或机构一般是承担行政性职能或从事公共事务的,不以营利为目的,一般不作为应税收入的主体;二是行政事业性收费和政府性基金一般通过财政的"收支两条线"管理,封闭运行,对其征税没有实际意义。

(3) 国务院规定的其他不征税收入。其他不征税收入,是指企业取得的,由国务院财政、税务主管部门规定专项用途并经国务院批准的财政性资金。设置"其他不征税收入"这一兜底条款,主要是为了适应社会发展的需要,承担公共管理职能的非营利性组织可能会取得一些新的不征税收入。其他不征税收入的界定权属于国务院。

3. 准予扣除的项目

(1) 企业实际发生的与取得收入有关的、合理的支出,包括成本、费用、税金、损失和其他支出。

此处所称有关的支出,是指与取得收入直接相关的支出。所称合理的支出,是指符合生产经营活动常规,应当计入当期损益或者有关资产成本的必要和正常的支出。企业发生的支出应当区分收益性支出和资本性支出。收益性支出在发生当期直接扣除;资本性支出应当分期扣除或者计入有关资产成本,不得在发生当期直接扣除。企业的不征税收入用于支出所形成的费用或者财产,不得扣除或者计算对应的折旧、摊销扣除。除《企业所得税法》和《企业所得税法实施条例》另有规定外,企业实际发生的成本、费用、税金、损失和其他支出,不得重复扣除。

成本是指企业在生产经营活动中发生的销售成本、销货成本、业务支出以及其他耗费。

费用,是指企业在生产经营活动中发生的销售费用、管理费用和财务费用,已经计入成本的有关费用除外。

税金,是指企业发生的除企业所得税和允许抵扣的增值税以外的各项税金及其附加。

损失,是指企业在生产经营活动中发生的固定资产和存货的盘亏、毁损、报废损失,转让财产损失,呆账损失,坏账损失,自然灾害等不可抗力因素造成的损失以及其他损失。企业发生的损失,减除责任人赔偿和保险赔款后的余额,依照国务院财政、税务主管部门的规定扣除。企业已经作为损失处理的资产,在以后纳税年度又全部收回或者部分收回时,应当计入当期收入。

其他支出,是指除成本、费用、税金、损失外,企业在生产经营活动中发生的与生产经营活动有关的、合理的支出。

(2) 企业发生的合理的工资薪金支出。工资薪金,是指企业每一纳税年度支付给在本企业任职或者受雇的员工的所有现金形式或者非现金形式的劳动报酬,包括基本工资、奖金、津贴、补贴、年终加薪、加班工资,以及与员工任职或者受雇有关的其他支出。

(3)企业依照国务院有关主管部门或者省级人民政府规定的范围和标准为职工缴纳的基本养老保险费、基本医疗保险费、失业保险费、工伤保险费、生育保险费等基本社会保险费和住房公积金。企业为投资者或者职工支付的补充养老保险费、补充医疗保险费,在国务院财政、税务主管部门规定的范围和标准内,准予扣除。

(4)企业依照国家有关规定为特殊工种职工支付的人身安全保险费和国务院财政、税务主管部门规定可以扣除的其他商业保险费。但企业为投资者或者职工支付的除前述之外的商业保险费,不得扣除。

(5)企业在生产经营活动中发生的合理的不需要资本化的借款费用。企业为购置、建造固定资产、无形资产和经过12个月以上的建造才能达到预定可销售状态的存货发生借款的,在有关资产购置、建造期间发生的合理的借款费用,应当作为资本性支出计入有关资产的成本,并依照企业所得税法实施条例的规定扣除。

(6)企业在生产经营活动中发生的下列利息支出:① 非金融企业向金融企业借款的利息支出、金融企业的各项存款利息支出和同业拆借利息支出、企业经批准发行债券的利息支出;② 非金融企业向非金融企业借款的利息支出,不超过按照金融企业同期同类贷款利率计算的数额的部分。

(7)企业在货币交易中,以及纳税年度终了时将人民币以外的货币性资产、负债按照期末即期人民币汇率中间价折算为人民币时产生的汇兑损失,除已经计入有关资产成本以及与向所有者进行利润分配相关的部分外,准予扣除。

(8)企业在规定扣除标准之内发生的福利费支出、拨缴的工会经费、发生的职工教育经费支出、发生的与生产经营活动有关的业务招待费支出以及符合条件的广告费和业务宣传费支出。

企业发生的职工福利费支出,不超过工资薪金总额14%的部分,准予扣除。

企业拨缴的工会经费,不超过工资薪金总额2%的部分,准予扣除。

除国务院财政、税务主管部门另有规定外,企业发生的职工教育经费支出,不超过工资薪金总额2.5%的部分,准予扣除;超过部分,准予在以后纳税年度结转扣除。

企业发生的与生产经营活动有关的业务招待费支出,按照发生额的60%扣除,但最高不得超过当年销售(营业)收入的5‰。

企业发生的符合条件的广告费和业务宣传费支出,除国务院财政、税务主管部门另有规定外,不超过当年销售(营业)收入15%的部分,准予扣除;超过部分,准予在以后纳税年度结转扣除。

(9)企业依照法律、行政法规有关规定提取的用于环境保护、生态恢复等方面的专项资金。但上述专项资金提取后改变用途的,不得扣除。

(10)企业参加财产保险,按照规定缴纳的保险费。

(11)企业根据生产经营活动的需要租入固定资产支付的租赁费,按照以下方法扣除:① 以经营租赁方式租入固定资产发生的租赁费支出,按照租赁期限均匀扣除;② 以融资租赁方式租入固定资产发生的租赁费支出,按照规定构成融资租入固定资产价值的部分应当提取折旧费用,分期扣除。

(12)企业发生的合理的劳动保护支出。

(13)非居民企业在中国境内设立的机构、场所,就其中国境外总机构发生的与该机构、场所生产经营有关的费用,能够提供总机构出具的费用汇集范围、定额、分配依据和方法等证明文件,并合理分摊的,准予扣除。

(14)企业发生的公益性捐赠支出,在年度利润总额12%以内的部分,准予在计算应纳税所得额时扣除。公益性捐赠,是指企业通过公益性社会团体或者县级以上人民政府及其部门,用于《中华人民共和国公益事业捐赠法》规定的公益事业的捐赠。公益性社会团体,是指同时符合下列条件的基金会、慈善组织等社会团体:依法登记,具有法人资格;以发展公益事业为宗旨,且不以营利为目的;全部资产及其增值为该法人所有;收益和营运结余主要用于符合该法人设立目的的事业;终止后的剩余财产不归属任何个人或者营利组织;不经营与其设立目的无关的业务;有健全的财务会计制度;捐赠者不以任何形式参与社会团体财产的分配;国务院财政、税务主管部门会同国务院民政部门等登记管理部门规定的其他条件。年度利润总额,是指企业依照国家统一会计制度的规定计算的年度会计利润,而不是年度应纳税所得总额。

4. 不得扣除的项目

(1) 根据《企业所得税法》第 10 条的规定,在计算应纳税所得额时,下列支出不得扣除:

① 向投资者支付的股息、红利等权益性投资收益款项。纳税人的这部分支出是在税后利润中支出,是对被投资者税后利润的分配,本质上不是企业取得经营收入的正常的费用支出,因此,不允许在税前扣除;各国的所得税法对向投资者支付的权益性投资收益款项均不允许在税前扣除,应遵循国际惯例。

② 企业所得税税款。企业所得税税款是按照纳税人的应纳税所得额乘以适用的税率计算的乘积,是在确定了应纳税所得额后才确定的应纳税额,所以在计算应纳税所得额时,不得预先将应缴纳的企业所得税税款扣除,否则会出现计算企业所得税税款时循环倒算的问题。再者,企业所得税税款本质上是企业利润分配的支出,是国家参与企业经营成果分配的一种形式,而非为取得经营收入实际发生的费用支出,不能作为企业的成本费用在税前扣除。

③ 税收滞纳金。税收滞纳金是税务机关对未按规定期限缴纳税款的纳税人按比例附加征收的,纳税人、扣缴义务人因违反税法规定而应缴纳的税收滞纳金,应由纳税人、扣缴义务人自己承担。如果允许在计算应纳税所得额时予以扣除,那么税收滞纳金的实际承担的人就是国家。征收税收滞纳金主要目的是督促纳税人按期缴纳税款,减少欠税,保证税款及时入库。所以,不允许税收滞纳金在税前扣除。

④ 罚金、罚款和被没收财物的损失。纳税人的生产、经营因违反国家法律、法规和规章,被有关部门处以的罚金、罚款和被没收财物的损失,也应由纳税人承担。如果允许纳税人在计算应纳税所得额时予以扣除,则这些损失就转嫁到国家头上。真实、合法和合理是纳税人经营活动中发生的费用支出可以税前扣除的基本原则。不管

费用是否实际发生,或合理与否,如果是非法支出,即使按财务会计法规或制度可以作为费用,也不能在税前扣除。罚金、罚款和被没收财物的损失,本质上都是违反了国家法律、法规或行政性规定所造成的损失,不属于正常的经营性支出。如果允许企业将罚金、罚款和被没收财物的损失作为费用和损失在税前列支,等于在税收上承认其违法经营,并用国家应收的税款弥补其罚没的损失。因此,罚金、罚款和被没收财物的损失不允许在税前扣除。

⑤ 非公益性的捐赠以及超过扣除标准的公益性捐赠。纳税人超出税法规定,用于公益性捐赠范围以外的捐赠,以及超过扣除标准以外的捐赠,不得扣除。主要原因:一是捐赠支出本身并不是与取得经营收入有关正常、必要的支出,不符合税前扣除的基本原则,原则上不允许在税前扣除;二是如果允许公益性捐赠以外的捐赠支出、赞助支出在税前扣除,纳税人往往会以捐赠名义开支不合理、甚至非法的支出,容易出现纳税人滥用国家税法,导致税收流失,不利于加强对公益性捐赠以外的捐赠支出的税收管理。

⑥ 赞助支出。赞助支出,是指企业发生的与生产经营活动无关的各种非广告性质支出。

⑦ 未经核定的准备金支出。未经核定的准备金支出,是指不符合国务院财政、税务主管部门规定的各项资产减值准备、风险准备等准备金支出。财务会计制度规定,基于资产的真实性和谨慎性原则考虑,为防止企业虚增资产或虚增利润,保证企业因市场变化、科学技术的进步,或者企业经营管理不善等原因导致资产实际价值的变动能够客观真实地得以反映,要求企业合理地预计各项资产可能发生的损失,提取准备金。过去,企业所得税法规定,坏账准备金、商品削价准备金、金融企业的呆坏账准备金按税法规定的比例允许在税前扣除,其他的准备金,如存货跌价准备金、短期投资跌价准备金、长期投资减值准备金、风险准备金(包括投资风险准备金)以及国家税收法规规定可提取的准备金之外的任何形式的准备金均不得在税前扣除。企业只有按照税法标准认定该项资产实际发生损失时,其损失金额才可在税前扣除。《企业所得税法》一般不允许企业提取各种形式的准备金,主要考虑以下因素:一是企业所得税税前允许扣除

的项目,原则上必须遵循真实发生的据实扣除原则,企业只有实际发生的损失,允许在税前扣除;反之,企业非实际发生的损失,一般不允许扣除。而企业各项资产减值准备金的提取,是由会计人员根据会计制度和自身职业判断进行的,不同的企业提取的比例不同,允许企业准备金扣除可能成为企业会计人员据以操纵的工具,而税务人员从企业外部很难判断企业会计人员据以提取准备金的依据充分合理与否。二是由于市场复杂多变,各行业因市场风险不同,税法上难以对各种准备金规定一个合理的提取比例,如果规定统一比例,会导致税负不公。三是企业提取的各种准备金实际上是为了减少市场经营风险,但这种风险应由企业自己承担,不应转嫁到国家身上。因此,企业提取的资产跌价准备金或减值准备金,尽管在提取年度在税前不允许扣除,但企业资产损失实际发生时,在实际发生年度允许扣除,体现了企业所得税据实扣除和确定性的原则。四是各国所得税法不允许各种准备金税前扣除的一般做法,特别面临在当前我国企业法人治理结构不合理、内控机制不完善等状况,许多企业利用提取准备金的办法达到逃避税的目的。但由于人寿保险、财产保险、风险投资和其他具有特殊风险的金融工具风险大,各国所得税都允许提取一定比例准备金在税前扣除。准备金税前扣除的具体规定需要在新税法实施条例中予以明确。

⑧ 与取得收入无关的其他支出。

(2)根据《企业所得税法实施条例》第49条的规定,企业之间支付的管理费、企业内营业机构之间支付的租金和特许权使用费,以及非银行企业内营业机构之间支付的利息,不得扣除。

(3)企业在汇总计算缴纳企业所得税时,其境外营业机构的亏损不得抵减境内营业机构的盈利。

5. 非居民企业在中国境内未设立机构、场所但有来源于中国境内的所得,或者虽设立机构、场所但取得的与其所设机构、场所没有实际联系的所得,其应纳税所得额按照下列方法计算:

(1)股息、红利等权益性投资收益和利息、租金、特许权使用费所得,以收入全额为应纳税所得额;

(2)转让财产所得,以收入全额减除财产净值后的余额为应纳税所得额；

(3) 其他所得,参照前述两项规定的方法计算应纳税所得额。

其中,上述第(2)项所称财产净值是指有关资产、财产的计税基础减除已经按照规定扣除的折旧、折耗、摊销、准备金等后的余额。

上述所称收入全额,是指非居民企业向支付人收取的全部价款和价外费用。

6. 亏损的结转弥补

企业纳税年度发生的亏损,可以向以后年度结转,用以后年度的所得弥补,但结转年限最长不得超过5年。

有关计算应纳税所得额时的收入、扣除的具体范围、标准和资产的税务处理的具体办法,由国务院财政、税务主管部门规定。

在计算应纳税所得额时,企业财务、会计处理办法与税收法律、行政法规的规定不一致的,应当依照税收法律、行政法规的规定计算纳税。

(二) 资产的税务处理

资产的税务处理,目的是要通过对资产的分类,区别资本性支出与收益性支出,确定准予扣除的项目和不准扣除的项目,正确计算应纳税所得额。

企业的各项资产,包括固定资产、生物资产、无形资产、长期待摊费用、投资资产、存货等,以历史成本为计税基础。所谓历史成本,是指企业取得该项资产时实际发生的支出。企业持有各项资产期间资产增值或者减值,除国务院财政、税务主管部门规定可以确认损益外,不得调整该资产的计税基础。

1. 固定资产的计税基础和折旧

固定资产,是指企业为生产产品、提供劳务、出租或者经营管理而持有的、使用时间超过12个月的非货币性资产,包括房屋、建筑物、机器、机械、运输工具以及其他与生产经营活动有关的设备、器具、工具等。

(1) 固定资产确定计税基础的方法

固定资产按照以下方法确定计税基础:① 外购的固定资产,以购买价款和支付的相关税费以及直接归属于使该资产达到预定用途发生的其他支出为计税基础;② 自行建造的固定资产,以竣工结算前发生的支出为计税基础;③ 融资租入的固定资产,以租赁合同约定的付款总额和承租人在签订租赁合同过程中发生的相关费用为计税基础,租赁合同未约定付款总额的,以该资产的公允价值和承租人在签订租赁合同过程中发生的相关费用为计税基础;④ 盘盈的固定资产,以同类固定资产的重置完全价值为计税基础;⑤ 通过捐赠、投资、非货币性资产交换、债务重组等方式取得的固定资产,以该资产的公允价值和支付的相关税费为计税基础;⑥ 改建的固定资产,除已足额提取折旧的固定资产的改建支出和租入固定资产的改建支出外,以改建过程中发生的改建支出增加计税基础。

(2) 固定资产按照直线法计算的折旧,准予扣除。

下列固定资产不得计算折旧扣除:① 房屋、建筑物以外未投入使用的固定资产;② 以经营租赁方式租入的固定资产;③ 以融资租赁方式租出的固定资产;④ 已足额提取折旧仍继续使用的固定资产;⑤ 与经营活动无关的固定资产;⑥ 单独估价作为固定资产入账的土地;⑦ 其他不得计算折旧的固定资产。

(3) 固定资产提取折旧的依据和方法

企业应当自固定资产投入使用月份的次月起计算折旧;停止使用的固定资产,应当自停止使用月份的次月起停止计算折旧。

企业应当根据固定资产的性质和使用情况,合理确定固定资产的预计净残值。固定资产的预计净残值一经确定,不得变更。

除国务院财政、税务主管部门另有规定外,固定资产计算折旧的最低年限如下:① 房屋、建筑物,为20年;② 飞机、火车、轮船、机器、机械和其他生产设备,为10年;③ 与生产经营活动有关的器具、工具、家具等,为5年;④ 飞机、火车、轮船以外的运输工具,为4年;⑤ 电子设备,为3年。

从事开采石油、天然气等矿产资源的企业,在开始商业性生产前发生的费用和有关固定资产的折耗、折旧方法,由国务院财政、税务主管部门另行规定。

2. 生产性生物资产的计税基础和折旧

所谓生产性生物资产,是指企业为生产农产品、提供劳务或者出租等而持有的生物资产,包括经济林、薪炭林、产畜和役畜等。

(1) 确定生产性生物资产计税基础的方法

生产性生物资产按照以下方法确定计税基础:① 外购的生产性生物资产,以购买价款和支付的相关税费为计税基础;② 通过捐赠、投资、非货币性资产交换、债务重组等方式取得的生产性生物资产,以该资产的公允价值和支付的相关税费为计税基础。

(2) 生产性生物资产的折旧

生产性生物资产按照直线法计算的折旧,准予扣除。

企业应当自生产性生物资产投入使用月份的次月起计算折旧;停止使用的生产性生物资产,应当自停止使用月份的次月起停止计算折旧。

企业应当根据生产性生物资产的性质和使用情况,合理确定生产性生物资产的预计净残值。生产性生物资产的预计净残值一经确定,不得变更。

生产性生物资产计算折旧的最低年限如下:林木类生产性生物资产,为 10 年;畜类生产性生物资产,为 3 年。

3. 无形资产的摊销

无形资产,是指企业为生产产品、提供劳务、出租或者经营管理而持有的、没有实物形态的非货币性长期资产,包括专利权、商标权、著作权、土地使用权、非专利技术、商誉等。

(1) 确定无形资产计税基础的方法

无形资产按照以下方法确定计税基础:① 外购的无形资产,以购买价款和支付的相关税费以及直接归属于使该资产达到预定用途发生的其他支出为计税基础;② 自行开发的无形资产,以开发过程中该资产符合资本化条件后至达到预定用途前发生的支出为计税基础;③ 通过捐赠、投资、非货币性资产交换、债务重组等方式取得的无形资产,以该资产的公允价值和支付的相关税费为计税基础。

(2) 无形资产的摊销

无形资产按照直线法计算的摊销费用,准予扣除。但下列无形资产不得计算摊销费用扣除:① 自行开发的支出已在计算应纳税所得额时扣除的无形资产;② 自创商誉;③ 与经营活动无关的无形资产;④ 其他不得计算摊销费用扣除的无形资产。

无形资产的摊销年限不得低于10年。作为投资或者受让的无形资产,有关法律规定或者合同约定了使用年限的,可以按照规定或者约定的使用年限分期摊销。

外购商誉的支出,在企业整体转让或者清算时,准予扣除。

4. 长期待摊费用

在计算应纳税所得额时,企业发生的下列支出作为长期待摊费用,按照规定摊销的,准予扣除:(1)已足额提取折旧的固定资产的改建支出;(2)租入固定资产的改建支出;(3)固定资产的大修理支出;(4)其他应当作为长期待摊费用的支出。

其中,第(1)项和第(2)项所称固定资产的改建支出,是指改变房屋或者建筑物结构、延长使用年限等发生的支出。已足额提取折旧的固定资产的改建支出,按照固定资产预计尚可使用年限分期摊销;租入固定资产的改建支出,按照合同约定的剩余租赁期限分期摊销。

改建的固定资产延长使用年限的,除上述第(1)项和第(2)项规定外,应当适当延长折旧年限。

前述第(3)项所称固定资产的大修理支出,是指同时符合下列条件的支出:① 修理支出达到取得固定资产时的计税基础50%以上;② 修理后固定资产的使用年限延长2年以上。固定资产的大修理支出,按照固定资产尚可使用年限分期摊销。

前述第(4)项所称其他应当作为长期待摊费用的支出,自支出发生月份的次月起,分期摊销,摊销年限不得低于3年。

5. 投资资产的税务处理

投资资产,是指企业对外进行权益性投资和债权性投资形成的资产。

企业对外投资期间,投资资产的成本在计算应纳税所得额时不得扣除。企业在转让或者处置投资资产时,投资资产的成本,准予扣除。

投资资产按照以下方法确定成本:(1)通过支付现金方式取得的投资资产,以购买价款为成本;(2)通过支付现金以外的方式取得的投资资产,以该资产的公允价值和支付的相关税费为成本。

6. 存货的税务处理

存货是指企业持有以备出售的产品或者商品、处在生产过程中的在产品、在生产或者提供劳务过程中耗用的材料和物料等。

企业使用或者销售存货,按照规定计算的存货成本,准予在计算应纳税所得额时扣除。

存货按照以下方法确定成本:(1) 通过支付现金方式取得的存货,以购买价款和支付的相关税费为成本;(2) 通过支付现金以外的方式取得的存货,以该存货的公允价值和支付的相关税费为成本;(3) 生产性生物资产收获的农产品,以产出或者采收过程中发生的材料费、人工费和分摊的间接费用等必要支出为成本。

企业使用或者销售的存货的成本计算方法,可以在先进先出法、加权平均法、个别计价法中选用一种。计价方法一经选用,不得随意变更。

7. 资产转让的税务处理

企业转让资产,该项资产的净值,准予在计算应纳税所得额时扣除。所谓资产净值是指有关资产、财产的计税基础减除已经按照规定扣除的折旧、折耗、摊销、准备金等后的余额。

除国务院财政、税务主管部门另有规定外,企业在重组过程中,应当在交易发生时确认有关资产的转让所得或者损失,相关资产应当按照交易价格重新确定计税基础。

(三) 企业所得税的应纳税额

1. 企业所得税的应纳税额的计算

企业的应纳税所得额乘以适用税率,减除应减免的税额和允许抵免的税额后的余额,为企业所得税的应纳税额。其计算公式为:

应纳税额 = 应纳税所得额 × 适用税率 – 减免税额 – 抵免税额

公式中的减免税额和抵免税额,是指依照企业所得税法和国务院的税收优惠规定减征、免征和抵免的应纳税额。

2. 来源于境外所得已纳税额的抵免

税收抵免是指居住国政府对其居民企业来自国内外的所得一律汇总征税,但允许抵扣该居民企业在国外已纳的税额,以避免国际重复征税。

(1) 企业取得的下列所得已在境外缴纳的所得税税额,可以从其当期应纳税额中抵免,抵免限额为该项所得依照企业所得税法规定计算的应纳税额;超过抵免限额的部分,可以在以后5个年度内,用每年度抵免限额抵免当年应抵税额后的余额进行抵补:① 居民企业来源于中国境外的应税所得;② 非居民企业在中国境内设立机构、场所,取得发生在中国境外但与该机构、场所有实际联系的应税所得。"已在境外缴纳的所得税税额"是指企业来源于中国境外的所得依照中国境外税收法律以及相关规定应当缴纳并已经实际缴纳的企业所得税性质的税款。

抵免限额,是指企业来源于中国境外的所得,依照《企业所得税法》和《企业所得税法实施条例》的规定计算的应纳税额。除国务院财政、税务主管部门另有规定外,该抵免限额应当分国(地区)不分项计算,计算公式如下:

抵免限额=中国境内、境外所得依照企业所得税法和企业所得税法实施条例的规定计算的应纳税总额×来源于某国(地区)的应纳税所得额÷中国境内、境外应纳税所得总额

"5个年度",是指从企业取得的来源于中国境外的所得,已经在中国境外缴纳的企业所得税性质的税额超过抵免限额的当年的次年起连续5个纳税年度。

企业按照规定抵免企业所得税税额时,应当提供中国境外税务机关出具的税款所属年度的有关纳税凭证。

(2) 居民企业从其直接或者间接控制的外国企业分得的来源于中国境外的股息、红利等权益性投资收益,外国企业在境外实际缴纳的所得税税额中属于该项所得负担的部分,可以作为该居民企业的可抵免境外所得税税额,在不超过抵免限额的范围内予以抵免。抵免限额为该项所得依照我国企业所得税法规定计算的应纳税额。

"直接控制"是指居民企业直接持有外国企业20%以上股份。"间接控制"是指居民企业以间接持股方式持有外国企业20%以上股份,具体认定办法由国务院财政、税务主管部门另行制定。

企业按照规定抵免企业所得税税额时,应当提供中国境外税务

机关出具的税款所属年度的有关纳税凭证。

《企业所得税法》第 24 条规定,居民企业从其直接或者间接控制的外国企业分得的来源于中国境外的股息、红利等权益性投资收益,外国企业在境外实际缴纳的所得税税额中属于该项所得负担的部分,可以作为该居民企业的可抵免境外所得税税额,在《企业所得税法》规定的抵免限额内抵免。从这点看,我国在税收抵免制度上引进了间接抵免。

五、企业所得税的税收优惠规定

根据我国《企业所得税法》第 25 条的规定,国家对重点扶持和鼓励发展的产业和项目,给予企业所得税优惠。据此可以看出我国《企业所得税法》统一了税收优惠政策,实行"产业优惠为主,区域优惠为辅"的新税收优惠体系,对国家重点扶持和鼓励发展的产业和项目给予优惠,引导资金和资源投入到目前国家需要鼓励和重点扶持的产业和项目,包括促进技术创新和技术进步,鼓励基础设施建设,鼓励农业发展及环境保护与节能节水、支持安全生产。

(一)免税收入

免税收入是指属于企业的应税所得但按照税法规定免予征收企业所得税的收入。根据我国《企业所得税法》第 26 条的规定,企业的下列收入为免税收入:

1. 国债利息收入。国债利息收入,是指企业持有国务院财政部门发行的国债取得的利息收入。国债是中央政府发行的债券,国家可以在国债市场上筹资弥补财政赤字,或者为国家重点项目融资,中央银行还可以利用国债市场调节货币供应量,因此对国债利息收入予以免税的税收优惠,其政策目的在于鼓励投资者购买国债,促进国债市场的发育和完善,使国家发行国债的上述功能有效发挥。

2. 符合条件的居民企业之间的股息、红利等权益性投资收益。所称符合条件的居民企业之间的股息、红利等权益性投资收益,是指居民企业直接投资于其他居民企业取得的投资收益,但不包括连续持有居民企业公开发行并上市流通的股票不足 12 个月取得的投资收益。权益性投资是指投资方企业通过投资取得被投资方企业的分配,而被投资方企业分配股息、红利等权益性投资收益,是在缴纳企业所得税后进行的,如果对这部分收益再征收企业所得税,便构成了经济性的重复征税。因此对这部分收益有条件的免税,目的在于消除重复征税,避免对税收中性原则的违反。

3. 在中国境内设立机构、场所的非居民企业从居民企业取得与该机构、场所有实际联系的股息、红利等权益性投资收益。同样,这部分股息、红利等权益性投资收益不包括连续持有居民企业公开发行并上市流通的股票不足12个月取得的投资收益。对这部分权益性投资收益予以免税,其目的也是在于避免重复征税。

4. 符合条件的非营利组织的收入。符合条件的非营利组织,是指同时符合下列条件的组织:(1)依法履行非营利组织登记手续;(2)从事公益性或者非营利性活动;(3)取得的收入除用于与该组织有关的、合理的支出外,全部用于登记核定或者章程规定的公益性或者非营利性事业;(4)财产及其孳息不用于分配;(5)按照登记核定或者章程规定,该组织注销后的剩余财产用于公益性或者非营利性目的,或者由登记管理机关转赠给与该组织性质、宗旨相同的组织,并向社会公告;(6)投入人对投入该组织的财产不保留或者享有任何财产权利;(7)工作人员工资福利开支控制在规定的比例内,不变相分配该组织的财产。

有关非营利组织的认定管理办法由国务院财政、税务主管部门会同国务院有关部门制定。

符合条件的非营利组织的收入,不包括非营利组织从事营利性活动取得的收入,但国务院财政、税务主管部门另有规定的除外。

非营利性组织是不以营利为目的,提供科技、教育、文化、体育、卫生、环境保护、社会保障等各类公共服务,以满足社会公共需要为目的的组织。因此对符合条件的非盈利组织的收入予以免税,其政策目的在于鼓励非营利组织更好、更广泛地提供公共服务,减轻以致承担政府的若干社会职能,解决单靠市场不能有效满足的诸多需求。

(二)税款的免征、减征

1. 根据我国《企业所得税法》第27条的规定,企业的下列所得,可以免征、减征企业所得税:

（1）从事农、林、牧、渔业项目的所得。

企业从事下列项目的所得，免征企业所得税：① 蔬菜、谷物、薯类、油料、豆类、棉花、麻类、糖料、水果、坚果的种植；② 农作物新品种的选育；③ 中药材的种植；④ 林木的培育和种植；⑤ 牲畜、家禽的饲养；⑥ 林产品的采集；⑦ 灌溉、农产品初加工、兽医、农技推广、农机作业和维修等农、林、牧、渔服务业项目；⑧ 远洋捕捞。

企业从事下列项目的所得，减半征收企业所得税：① 花卉、茶以及其他饮料作物和香料作物的种植；② 海水养殖、内陆养殖。

企业从事国家限制和禁止发展的项目，不得享受上述免税、减税的优惠。

（2）从事国家重点扶持的公共基础设施项目投资经营的所得。国家重点扶持的公共基础设施项目，是指《公共基础设施项目企业所得税优惠目录》规定的港口码头、机场、铁路、公路、城市公共交通、电力、水利等项目。

企业从事上述规定的国家重点扶持的公共基础设施项目的投资经营的所得，自项目取得第一笔生产经营收入所属纳税年度起，第一年至第三年免征企业所得税，第四年至第六年减半征收企业所得税。

企业承包经营、承包建设和内部自建自用前述项目，不得享受该项税收优惠。

（3）从事符合条件的环境保护、节能节水项目的所得。符合条件的环境保护、节能节水项目，包括公共污水处理、公共垃圾处理、沼气综合开发利用、节能减排技术改造、海水淡化等。项目的具体条件和范围由国务院财政、税务主管部门商国务院有关部门制定，报国务院批准后公布施行。

企业从事上述规定的符合条件的环境保护、节能节水项目的所得，自项目取得第一笔生产经营收入所属纳税年度起，第一年至第三年免征企业所得税，第四年至第六年减半征收企业所得税。

需要特别说明的是，按照第（2）项和第（3）项规定享受减免税优惠的项目，在减免税期限内转让的，受让方自受让之日起，可以在剩余期限内享受规定的减免税优惠；减免税期限届满后转让的，受让方不得就该项目重复享受减免税优惠。

(4) 符合条件的技术转让所得。符合条件的技术转让所得免征、减征企业所得税,是指一个纳税年度内,居民企业技术转让所得不超过500万元的部分,免征企业所得税;超过500万元的部分,减半征收企业所得税。

(5) 非居民企业在中国境内未设立机构、场所但取得来源于中国境内的所得,或者虽设立机构、场所但取得的与其所设机构、场所没有实际联系的所得。该项所得减按10%的税率征收企业所得税。

下列所得可以免征企业所得税:① 外国政府向中国政府提供贷款取得的利息所得;② 国际金融组织向中国政府和居民企业提供优惠贷款取得的利息所得;③ 经国务院批准的其他所得。

2. 民族自治地方的税收减征、免征

《企业所得税法》第29条规定,民族自治地方的自治机关对民族自治地方的企业应缴纳的企业所得税中属于地方分享的部分,可以决定减征或者免征。自治州、自治县决定减征或者免征的,须报省、自治区、直辖市人民政府批准。《企业所得税法实施条例》第94条规定:民族自治地方,是指依照《中华人民共和国民族区域自治法》的规定,实行民族区域自治的自治区、自治州、自治县。对民族自治地方内国家限制和禁止行业的企业,不得减征或者免征企业所得税。

(三) 降低税率

《企业所得税法》第28条的规定,降低税率的情况主要有两种:

1. 符合条件的小型微利企业,减按20%的税率征收企业所得税。

符合条件的小型微利企业,是指从事国家非限制和禁止行业,并符合下列条件的企业:(1) 工业企业,年度应纳税所得额不超过30万元,从业人数不超过100人,资产总额不超过3000万元;(2) 其他企业,年度应纳税所得额不超过30万元,从业人数不超过80人,资产总额不超过1000万元。

2. 国家需要重点扶持的高新技术企业,减按15%的税率征收企业所得税。

国家需要重点扶持的高新技术企业,是指拥有核心自主知识产权,并同时符合下列条件的企业:(1) 产品(服务)属于《国家重点支持的高新技术领域》规定的范围;(2) 研究开发费用占销售收入的比例不低于规定比例;(3) 高新技术产品(服务)收入占企业总收入的比例不低于规定比例;(4) 科技人员占企业职工总数的比例不低于规定比例;(5) 高新技术企业认定管理办法规定的其他条件。

《国家重点支持的高新技术领域》和高新技术企业认定管理办法由国务院科技、财政、税务主管部门商国务院有关部门制定,报国务院批准后公布施行。

(四) 加计扣除支出、减计收入

1. 企业的下列支出,可以在计算应纳税所得额时加计扣除:(1) 开发新技术、新产品、新工艺发生的研究开发费用;(2) 安置残疾人员及国家鼓励安置的其他就业人员所支付的工资。

研究开发费用的加计扣除,是指企业为开发新技术、新产品、新工艺发生的研究开发费用,未形成无形资产计入当期损益的,在按照规定据实扣除的基础上,按照研究开发费用的50%加计扣除;形成无形资产的,按照无形资产成本的150%摊销。

企业安置残疾人员所支付的工资的加计扣除,是指企业安置残疾人员的,在按照支付给残疾职工工资据实扣除的基础上,按照支付给残疾职工工资的100%加计扣除。残疾人员的范围适用《中华人民共和国残疾人保障法》的有关规定。

企业安置国家鼓励安置的其他就业人员所支付的工资的加计扣除办法,由国务院另行规定。

2. 企业综合利用资源,生产符合国家产业政策规定的产品所得的收入,可以在计算应纳税所得额时减计收入。

所谓减计收入,是指企业以《资源综合利用企业所得税优惠目录》规定的资源作为主要原材料,生产国家非限制和禁止并符合国家和行业相关标准的产品取得的收入,减按90%计入收入总额。前述所称原材料占生产产品材料的比例不得低于《资源综合利用企业所得税优惠目录》规定的标准。

(五) 抵扣应纳税所得额

创业投资企业从事国家需要重点扶持和鼓励的创业投资,可以按投资额的一定比例抵扣应纳税所得额。抵扣应纳税所得额,是指创业投资企业采取股权投资方式投资于未上市的中小高新技术企业2年以上的,可以按照其投资额的70%在股权持有满2年的当年抵扣该创业投资企业的应纳税所得额;当年不足抵扣的,可以在以后纳税年度结转抵扣。

创业投资企业,系指在中华人民共和国境内注册设立的主要从事创业投资的企业组织。创业投资,系指向创业企业进行股权投资,以期所投资创业企业发育成熟或相对成熟后主要通过股权转让获得资本增值收益的投资方式。创业企业,系指在中华人民共和国境内注册设立的处于创建或重建过程中的成长性企业,但不含已经在公开市场上市的企业。

2007年2月,财政部和国家税务总局联合下发的《促进创业投资企业发展有关税收政策的通知》(以下称《通知》)中规定,创业投资企业采取股权投资方式投资于未上市中小高新技术企业2年以上(含2年),可按其对中小高新技术企业投资额的70%抵扣该创业投资企业的应纳税所得额。《通知》明确,可享受税收优惠政策的企业需满足的条件包括:经营范围符合《创业投资企业管理暂行办法》(国家发展和改革委员会等10部门令第39号)规定,工商登记为"创业投资有限责任公司""创业投资股份有限公司"等专业性创业投资企业;企业完成备案程序,按管理部门核实,投资运作符合规定;创业投资企业投资的中小高新技术企业职工人数不超过500人,年销售额不超过2亿元,资产总额不超过2亿元;创业投资企业申请投资抵扣应纳税所得额时,所投资的中小高新技术企业当年用于高新技术及其产品研究开发经费须占本企业销售额的5%以上(含5%),技术性收入与高新技术产品销售收入的合计须占本企业当年总收入的60%以上(含60%)。创业投资企业按规定计算的应纳税所得额抵扣额,符合抵扣条件并在当年不足抵扣的,可在以后纳税年度逐年延续抵扣。

(六)缩短折旧年限或加速固定资产折旧

企业的固定资产由于技术进步等原因,确需加速折旧的,可以缩短折旧年限或者采取加速折旧的方法。

根据有关规定,可以采取缩短折旧年限或者采取加速折旧的方法的固定资产包括:(1)由于技术进步,产品更新换代较快的固定资产;(2)常年处于强震动、高腐蚀状态的固定资产。采取缩短折旧年限方法的,最低折旧年限不得低于税法规定折旧年限的60%;采取加速折旧方法的,可以采取双倍余额递减法或者年数总和法。

从理论上讲,加速折旧有两种含义:一是固定资产折旧在较短的预计使用年限内摊销;二是固定资产在使用初期摊销较多的折旧,而在后期摊销较少的折旧。但在我国实践中,将前一种成为缩短折旧年限,后一种才是加速固定资产折旧,因而有人将加速折旧法称为递减折旧。国家税务总局在2003年下发的《关于下放管理的固定资产加速折旧审批项目后续管理工作的通知》中明确规定,固定资产加速折旧方法不允许采用缩短折旧年限法,应采用余额递减法或年数总和法。

双倍余额递减法是在不考虑固定资产净残值的情况下根据每期期初固定资产账面余额和双倍的直线法折旧率计算固定资产折旧的一种方法。计算公式为:年折旧率=2/预计使用年限×100%。月折旧率=年折旧率/12。月折旧额=固定资产账面净值×月折旧率。实行双倍余额递减法计提折旧的固定资产,应当在其固定资产折旧年限到期以前2年内,将固定资产净值(扣除净残值)平均摊销。最后2年的年折旧额用直线法计算,即(原值-累计折旧-预计净残值)/2。

年数总和法又称合计年限法,是将固定资产的原值减去净残值后的净额乘以一个逐年的减低的分数计算每年的折旧额,这个分数的分子代表固定资产尚可使用的年数,分母代表使用年数的逐年数字总和。计算公式如下:年折旧率=尚可使用年数/预计使用年数的年限总和或者年折旧率=(预计使用年限-已使用年限)/预计使用年限×(预计使用年限+1)/2×100%。月折旧率=年折旧率/12 月折旧额=(固定资产原值-预计净残值)×月折旧率。

(七)税额抵免

企业购置用于环境保护、节能节水、安全生产等专用设备的投资额,可以按一定比例实行税额抵免。此处的税额抵免,是指企业购置并实际使用《环境保护专用设备企业所得税优惠目录》《节能节水专用设备企业所得税优惠目录》和《安全生产专用设备企业所得税优惠目录》规定的环境保护、节能节水、安全生产等专用设备的,该专用设备的投资额的 10% 可以从企业当年的应纳税额中抵免;当年不足抵免的,可以在以后 5 个纳税年度结转抵免。

享受上述规定的企业所得税优惠的企业,应当实际购置并自身实际投入使用前款规定的专用设备;企业购置上述专用设备在 5 年内转让、出租的,应当停止享受企业所得税优惠,并补缴已经抵免的企业所得税税款。

(八) 专项优惠政策

根据国民经济和社会发展的需要,或者由于突发事件等原因对企业经营活动产生重大影响的,国务院可以制定企业所得税专项优惠政策,报全国人民代表大会常务委员会备案。

《企业所得税法》规定的税收优惠的具体办法,由国务院规定。

企业同时从事适用不同企业所得税待遇的项目的,其优惠项目应当单独计算所得,并合理分摊企业的期间费用;没有单独计算的,不得享受企业所得税优惠。

六、企业所得税的纳税时间、地点和期限

(一) 企业所得税的纳税时间

企业所得税按纳税年度计算。纳税年度自公历 1 月 1 日起至 12 月 31 日止。企业在一个纳税年度中间开业,或者终止经营活动,使该纳税年度的实际经营期不足 12 个月的,应当以其实际经营期为一个纳税年度。企业依法清算时,应当以清算期间作为一个纳税年度。

(二) 企业所得税的纳税地点

1. 除税收法律、行政法规另有规定外,居民企业以企业登记注册地为纳税地点,但登记注册地在境外的,以实际管理机构所在地为纳税地点。

企业登记注册地,是指企业依照国家有关规定登记注册的住所地。

2. 在中国境内设立机构、场所的非居民企业,其所设机构、场所取得来源于中国境内的所得,以及发生在中国境外但与其所设机构、场所有实际联系的所得,以机构、场所所在地为纳税地点。

3. 非居民企业在中国境内未设立机构、场所但有来源于中国境内的所得,或者虽设立机构、场所但取得的与其所设机构、场所没有实际联系的所得,以扣缴义务人所在地为纳税地点。

(三) 企业所得税的纳税期限

企业所得税分月或者分季预缴,由税务机关具体核定。企业应当自月份或者季度终了之日起15日内,向税务机关报送预缴企业所得税纳税申报表,预缴税款。企业应当自年度终了之日起5个月内,向税务机关报送年度企业所得税纳税申报表,并汇算清缴,结清应缴应退税款。企业在报送企业所得税纳税申报表时,应当按照规定附送财务报告和其他有关资料。企业按照上述规定分月或者分季预缴企业所得税时,应当按照月度或者季度的实际利润额预缴;按照月度或者季度的实际利润额预缴有困难的,可以按照上一纳税年度应纳税所得额的月度或者季度平均额预缴,或者按照经税务机关认可的其他方法预缴。预缴方法一经确定,该纳税年度内不得随意变更。企业在纳税年度内无论盈利或者亏损,都应当依照企业所得税法规定的期限,向税务机关报送预缴企业所得税纳税申报表、年度企业所得税纳税申报表、财务会计报告和税务机关规定应当报送的其他有关资料。

企业所得以人民币以外的货币计算的,预缴企业所得税时,应当按照月度或者季度最后一日的人民币汇率中间价,折合成人民币计算应纳税所得额。年度终了汇算清缴时,对已经按照月度或者季度预缴税款的,不再重新折合计算,只就该纳税年度内未缴纳企业所得税的部分,按照纳税年度最后一日的人民币汇率中间价,折合成人民币计算应纳税所得额。

经税务机关检查确认,企业少计或者多计所得的,应当按照检查确认补税或者退税时的上一个月最后一日的人民币汇率中间价,将少计或者多计的所得折合成人民币计算应纳税所得额,再计算应补缴或者应退的税款。

企业在年度中间终止经营活动的,应当自实际经营终止之日起60日内,向税务机关办理当期企业所得税汇算清缴。企业应当在办理注销登记前,就其清算所得向税务机关申报并依法缴纳企业所得税。

除了遵守上述规定外,企业所得税的征收管理依照《税收征管法》的规定执行。

第三节 企业所得税的特殊征管规定

一、企业所得税的特殊规定

新《企业所得税法》新增了一章——特别纳税调整,主要针对企业的避税行为进行调整。

特别纳税调整是指税务机关出于实施反避税目的而对纳税人特定纳税事项所作的税务调整,包括针对纳税人转让定价、资本弱化、避税港避税及其他避税情况所进行的税务调整。特别纳税调整是同一般纳税调整相对而言的。一般纳税调整是指按照税法规定在计算应纳税所得额时,如果企业财务、会计处理办法同税收法律、行政法规的规定不一致,应当依照税收法律、行政法规的规定计算纳税所作的税务调整,并据此重新调整计算纳税。如国债利息收入,会计上作为收益处理,而按照税法规定作为免税收入,在计算缴纳企业所得税时需作纳税调整。

新的《企业所得税法》为了防范和制止避税行为,维护国家利益,对防止关联方转让定价作了明确规定,具体措施如下:

(一)独立交易原则

新《企业所得税法》确立了关联企业间的独立交易原则作为转让定价的税务调整和成本分摊的基本原则明确规定:企业与其关联方企业之间的业务往来,不符合独立交易原则而减少企业或者其关联方应纳税收入或者所得额的,税务机关有权按照合理方法调整。企业与其关联方共同开发、受让无形资产,或者共同提供、接受劳务发生的成本,在计算应纳税所得额时应当按照独立交易原则进行分摊。

1. 关联方

关联方,是指与企业有下列关联关系之一的企业、其他组织或者个人:(1)在资金、经营、购销等方面存在直接或者间接的控制关系;(2)直接或者间接地同为第三者控制;(3)在利益上具有相关联的其他关系。

2. 独立交易原则

独立交易原则亦称"公平独立原则""公平交易原则""正常交易原则"等,是指没有关联关系的交易各方,按照公平成交价格和营业常规进行业务往来遵循的原则。独立交易原则目前已被世界大多数国家接受和采纳,成为税务当局处理关联企业间收入和费用分配的指导原则。

3. 税务机关调整应纳税所得额的合理方法及调整期限

税务机关因关联方企业之间在业务往来时不按照独立交易原则而减少应纳税收入或者所得额进行调整时,可以采用的合理方法包括:(1)可比非受控价格法,是指按照没有关联关系的交易各方进行相同或者类似业务往来的价格进行定价的方法;(2)再销售价格法,是指按照从关联方购进商品再销售给没有关联关系的交易方的价格,减除相同或者类似业务的销售毛利进行定价的方法;(3)成本加成法,是指按照成本加合理的费用和利润进行定价的方法;(4)交易净利润法,是指按照没有关联关系的交易各方进行相同或者类似业务往来取得的净利润水平确定利润的方法;(5)利润分割法,是指将企业与其关联方的合并利润或者亏损在各方之间采用合理标准进行分配的方法;(6)其他符合独立交易原则的方法。

企业与其关联方之间的业务往来,不符合独立交易原则,税务机关有权在该业务发生的纳税年度起 10 年内,进行纳税调整。

4. 成本分摊协议

企业与其关联方共同开发、受让无形资产,或者共同提供、接受劳务发生的成本,在计算应纳税所得额时,应当按照独立交易原则与其关联方分摊共同发生的成本,达成成本分摊协议。

企业与其关联方分摊成本时,应当按照成本与预期收益相配比的原则进行分摊,并在税务机关规定的期限内,按照税务机关的要求报送有关资料。

企业与其关联方分摊成本时违反上述规定的,其自行分摊的成本不得在计算应纳税所得额时扣除。

(二) 预约定价安排

新《企业所得税法》中明确肯定预约定价安排可以作为转让定价调整的重要方法,预约定价安排,是指企业就其未来年度关联交易的定价原则和计算方法,向税务机关提出申请,与税务机关按照独立交易原则协商、确认后达成的协议。

转让定价是指关联企业之间在销售货物、提供劳务、转让无形资产等时制定的价格。在跨国经济活动中,利用关联企业之间的转让定价进行避税已成为一种常见的税收逃避方法,其一般做法是:高税国企业向其低税国关联企业销售货物、提供劳务、转让无形资产时制定低价;低税国企业向其高税国关联企业销售货物、提供劳务、转让无形资产时制定高价。这样,利润就从高税国转移到低税国,从而达到最大限度减轻其税负的目的。

关联企业业务往来预约定价的税收管理是指,纳税人与其关联企业间在购销货物和使用、无形资产的转让和使用、提供劳务、融通资金等业务往来中,申请预先约定关联交易所适用的转让定价原则和计算方法,用以解决和确定在未来年度关联交易所涉及的税收问题时,各级主管税务机关和纳税人按照平等、守信原则,依法所进行的会谈、审核和评估、磋商、预约定价安排的拟定和批准,以及监控执行等项具体管理工作。这是国际上通行的一种转让定价调整方法。这种事先的预约定价协议是在纳税义务发生之前的一种约定,是根据税法的规定对纳税事实的预先评估,在很大程度上可以降低关联企业内部交易的税收风险,提高税收征收的可预见性,因此即便从税收法定主义衡量,也是合法有效的。

(三) 核定应纳税所得额

企业向税务机关报送年度企业所得税纳税申报表时,应当就其与关联方之间的业务往来,附送年度关联业务往来报告表。税务机关在进行关联业务调整时,企业及其关联方,以及与关联业务调查有关的其他企业,应当按照规定提供相关资料。企业不提供与其关联方之间业务往来资料,或者提供虚假、不完整资料,未能真实反映其关联业务往来情况的,税务机关可以核定其应纳税所得额。

上述所称相关资料包括:(1) 与关联业务往来有关的价格、费用的制定标准、计算方法和说明等同期资料;(2) 关联业务往来所涉及的财产、财产使用权、劳务等的再销售(转让)价格或者最终销售(转让)价格的相关资料;(3) 与关联业务调查有关的其他企业应当提供的与被调查企业可比的产品价格、定价方式以及利润水平等资料;(4) 其他与关联业务往来有关的资料。

上述所称与关联业务调查有关的其他企业,是指与被调查企业在生产经营内容和方式上相类似的企业。

企业应当在税务机关规定的期限内提供与关联业务往来有关的价格、费用的制定标准、计算方法和说明等资料。关联方以及与关联业务调查有关的其他企业应当在税务机关与其约定的期限内提供相关资料。

企业不提供与其关联方之间业务往来资料,或者提供虚假、不完整资料,未能真实反映其关联业务往来情况,税务机关核定企业的应纳税所得额时可以采用下列方法:(1) 参照同类或者类似企业的利润率水平核定;(2) 按照企业成本加合理的费用和利润的方法核定;(3) 按照关联企业集团整体利润的合理比例核定;(4) 按照其他合理方法核定。企业对税务机关按照前款规定的方法核定的应纳税所得额有异议的,应当提供相关证据,经税务机关认定后,调整核定的应纳税所得额。

(四) 防范避税地避税

由居民企业,或者由居民企业和中国居民控制的设立在实际税负明显低于企业所得税税率(25%)的50%的国家(地区)的企业,并非由于合理的经营需要而对利润不作分配或者减少分配的,上述利润中应归属于该居民企业的部分,应当计入该居民企业当期的收入。前述所称中国居民,是指根据《中华人民共和国个人所得税法》的规定,就其从中国境内、境外取得的所得在中国缴纳个人所得税的个人。所称控制,包括:(1) 居民企业或者中国居民直接或者间接单一持有外国企业10%以上有表决权股份,且由其共同持有该外国企业50%以上股份;(2) 居民企业,或者居民企业和中国居民持股比例没有达到50%以上股份,但在股份、资金、经营、购销等方面对该外国企业构成实质控制。

显然,我国《企业所得税法》及《企业所得税法实施条例》将实际税负明显低于12.5%的国家和地区判定为避税港,明确受居民企业和中国居民控制的、设在避税港的企业适用避税港对策税制,课税对象则是并非由于合理的经营需要而对利润不作分配或者减少分配的、应归属于居民企业的部分。

(五) 防范资本弱化

我国《企业所得税法》规定,企业从其关联方接受的债权性投资与权益性投资的比例超过规定标准而发生的利息支出,不得在计算应纳税所得额时扣除。所称债权性投资,是指企业直接或者间接从关联方获得的,需要偿还本金和支付利息或者需要以其他具有支付利息性质的方式予以补偿的融资。企业间接从关联方获得的债权性投资,包括:(1) 关联方通过无关联第三方提供的债权性投资;(2) 无关联第三方提供的、由关联方担保且负有连带责任的债权性投资;(3) 其他间接从关联方获得的具有负债实质的债权性投资。所称权益性投资,是指企业接受的不需要偿还本金和支付利息,投资人对企业净资产拥有所有权的投资。

资本弱化又称资本隐藏、股份隐藏或收益抽取,是指纳税人为达到减少纳税的目的,用贷款方式替代募股方式进行的投资或融资。由于各国对股息和利息的税收政策不同,当纳税人投资时,会在贷款或发行股票之间进行选择,以达到减轻税收负担的目的。

资本弱化目前已引起各国税务当局的密切关注。许多国家都对此采取特殊的反避税规定,其中以经济合作与发展组织(OECD)提倡采用的两种方法较为典型。(1) 正常交易法。在确定贷款或募股资金的特征时,要看关联方的贷款条件是否与非关联方的贷款条件相同,如不同,则关联方的贷款可能被视为隐藏的募股,要按有关税法对利息征税。(2) 固定比率法。即规定法定的债务资本比率,凡超过法定比率的贷款或利率不符合正常交易原则的贷款,其利息不允许税前扣除,视同股息进行征税。我国防范资本弱化的方法正是采用的固定比率法。

(六) 一般反避税条款

《企业所得税法》第47条规定:"企业实施其他不具有合理商业目的的安排,而减少其应纳税收入或者所得额的,税务机关可以按照合理方法调整。"所称不具有合理商业目的,是指以减少、免除或者推迟缴纳税款为主要目的。

鉴于避税行为的实质违法性,它的结果会减少一国财政收入,损害主权国家的税收管辖权,影响政府宏观调控的效果,因此一般为各国立法所否认,也是反避税的规制对象。从世界范围看,反避税的措施有一般反避税条款和特别反避税条款。一般反避税条款是指:在税法上统一规定,若纳税义务人以不合常理的安排,规避或减少纳税义务的,仍依与常规相当的事实课税。比较典型的例子是在德国的《税捐通则》第42条中规定:"税法不因滥用法律之形成可能性而得规避其适用。于有滥用之情势时,成立与经济上事件相当之法律上形成所成立者相同之税捐债权",对于税捐规避设有一般性之否认规定。特别反避税条款是指在税法上并无统一的规定,而是在各类税法中作零星的安排规定。

应该说,《企业所得税法》的这条规定属于兜底性的条款,将无法归在转让定价、避税地、资本弱化等具体反避税条款中但又构成避税且需要法律规制的情形涵盖在内。由于该条的内容具有相对的灵活性,所以很多学者认为它是一般反避税条款。

根据有关规定,税务机关在依照一般反避税条款对企业的应纳税所得额进行调整时,有权在该业务发生的纳税年度起10年内进行。

(七) 补征税款加收利息

税务机关依照《企业所得税法》的有关规定作出的纳税调整,需要补征税款的,应当补征税款,并按照国务院规定加收利息。

税务机关根据税收法律、行政法规的规定,对企业作出特别纳税调整的,应当对补征的税款,自税款所属纳税年度的次年6月1日起至补缴税款之日止的期间,按日加收利息。此种情形下加收的利息,不得在计算应纳税所得额时扣除。

利息应当按照税款所属纳税年度中国人民银行公布的与补税期间同期的人民币贷款基准利率加5个百分点计算。但若企业依照规定提供有关资料的,可以只按人民币贷款基准利率计算利息。

二、企业所得税的申报与缴纳制度

(一) 源泉扣缴的情形

源泉扣缴是指以所得支付者为扣缴义务人,在每次向纳税人支付有关所得款项时,代为扣缴税款的做法。实行源泉扣缴的最大优点在于可以有效保护税源,保证国家的财政收入,防止偷漏税,简化纳税手续。

非居民企业在中国境内未设立机构、场所但有来源于中国境内的所得,或者虽设立机构、场所但取得的与其所设机构、场所没有实际联系的所得,其应纳的所得额,实行源泉扣缴,以支付人为扣缴义务人。所谓支付人,是指依照有关法律规定或者合同约定对非居民企业直接负有支付相关款项义务的单位或者个人。支付包括现金支付、汇拨支付、转账支付和权益兑价支付等货币支付和非货币支付。税款由扣缴义务人在每次支付或者到期应支付时,从支付或者到期应支付的款项中扣缴。到期应支付的款项,是指支付人按照权责发生制原则应当计入相关成本、费用的应付款项。

依照企业所得税法对非居民企业应当缴纳的企业所得税实行源泉扣缴的,应当依照下列规定计算应纳税所得额:股息、红利等权益性投资收益和利息、租金、特许权使用费所得,以收入全额为应纳税所得额;转让财产所得,以收入全额减除财产净值后的余额为应纳税所得额;其他所得,参照前两项规定的方法计算应纳税所得额。收入全额,是指非居民企业向支付人收取的全部价款和价外费用。

对非居民企业在中国境内取得工程作业和劳务所得应纳的所得额,税务机关可以指定工程价款或者劳务费的支付人为扣缴义务人。可以指定扣缴义务人的情形,包括:(1) 预计工程作业或者提供劳务期限不足一个纳税年度,且有证据表明不履行纳税义务的;(2)没有办理税务登记或者临时税务登记,且未委托中国境内的代理人履行纳税义务的;(3)未按照规定期限办理企业所得税纳税申报或者预缴申报的。扣缴义务人由县级以上税务机关指定,并同时告知扣缴义务人所扣税款的计算依据、计算方法、扣缴期限和扣缴方式。

(二)未扣缴应扣缴税款的处理

按照企业所得税法的规定应当扣缴的所得税,扣缴义务人未依法扣缴的或者无法履行扣缴义务的,由纳税人在所得发生地缴纳。纳税人未依法缴纳的,税务机关可以从该纳税人在中国境内其他收入项目的支付人应付的款项中,追缴该纳税人的应纳税款。

上述所称所得发生地,是指依照税法规定的原则确定的所得发生地。在中国境内存在多处所得发生地的,由纳税人选择其中之一申报缴纳企业所得税。上述所称该纳税人在中国境内其他收入,是指该纳税人在中国境内取得的其他各种来源的收入。税务机关在追缴该纳税人应纳税款时,应当将追缴理由、追缴数额、缴纳期限和缴纳方式等告知该纳税人。

(三)扣缴税款的解缴

扣缴义务人每次代扣的税款,应当自代扣之日起7日内缴入国库,并向所在地的税务机关报送扣缴企业所得税报告表。

本章小结

企业所得税是国家对企业(独资企业、合伙企业除外)获取的生产、经营所得和其他所得开征的一种税,其纳税人包括我国境内取得收入的企业和其他组织,征税对象是企业的生产、经营所得和其他所得,企业所得税的普通税率包括一般税率为25%、预提所得税税率为20%,它们针对不同的情形来适用,优惠税率包括20%(适用于符合条件的小型微利企业)和15%(适用于国家需要重点扶持的高新技术企业)两种。企业所得税的计税依据是应纳税所得额,即纳税人每一纳税年度的收入总额,减除不征税收入、各项扣除以及允许弥补的以前年度亏损后的余额,掌握收入总额的范围、不征税收入的情形、各项准予扣除项目、不得扣除的项目。企业的应纳税所得额乘以适用税率,减除应减免的税额和允许抵免的税额后的余额,为企业所得税的应纳税所得额。为了体现国家政策,企业所得税法有优惠规定;为了防止企业不合理地避税,企业所得税法有特别纳税调整的规定。纳税人应当按照企业所得税法规定的纳税时间、地点、期限履行纳税义务。

思考题

1. 企业所得税的纳税人有哪些?
2. 企业所得税的征税对象是什么?
3. 如何区别不征税收入和免税收入?
4. 企业所得税的税率如何?
5. 计算企业所得税应纳税所得额时,准予扣除的项目有哪些?
6. 计算企业所得税应纳税所得额时,不准扣除的项目有哪些?
7. 如何计算企业所得税的应纳税额?
8. 我国企业所得税的优惠措施有哪些?
9. 如何理解一般反避税条款的性质和作用?
10. 预约定价安排的作用有哪些?

第七章 其他实体税法

第一节 关 税 法

一、关税法概述

(一) 关税的概念和特征

关税是以进出关境或国境的货物和物品的流转额为课税对象的一种税。这里的"货物"是指以贸易为目的而进出关境或国境的商品物资;"物品"是指入境旅客或运输工具服务人员携带的行李物品、个人邮递物品以及其他个人自用物品。关税通常表现为进口关税和出口关税,一般各国都不征过境关税。

关税是流转税中的一个独立税种,与其他国内商品税相比,具有以下几个显著特点:

1. 关税的征税对象是进出关境或国境的有形货物和物品。这里有两层含义:其一是关税的征税对象仅限于进出关境的货物或物品,凡未进出关境的货物或物品则不能征收关税;其二是进出境的货物和物品通常是有形的实物商品,而作为国际的交易对象之一的无形商品,如科学技术、文艺美术、专利发明、专有技术、商标等虽然有很高的价值,但海关无法对这些无形商品单独征收关税,只能在它们的价值体现在某种实物进境时,对有关的实物和其载体征收关税。

2. 关税的课征范围以关境为界,而不是以国境(即一个主权国家的领土范围)为标准。一般来说,关境是指全面实施统一海关法令的境域。它与国境是紧密相关但又有一定区别的概念。通常两者是一致的,但当一国的国境内设有自由港或自由贸易区时,关境的范围就小于国境;而当几个国家结成关税同盟时,各同盟国组成一个共同关境实施统一的关税法令和关税税则,这时关境就大于国境。

3. 关税的课税环节是进出口环节。关税实行进出口环节单环节课征,在一次性征收关税后,在国内流通的任何环节均不再征收关税。而增值税、消费税、营业税等流转税类一般是多环节多次征收,或者选择某一环节一次征收,不限于且主要不是进出口环节征收。

4. 关税的计税依据为完税价格。完税价格是关税法中特有的概念,通常是以货物或物品 FOB 价(成本加税费,以下简称离岸价格)或 CIF(成本加运费和保险费,以下简称到岸价格)的价格确定。当到岸价格或离岸价格不能确定时,则由海关估定。

5. 关税的征税主体是海关。关税是由海关代表国家征收的一种税,海关是依法管理进出境事务的国家行政机关。而各类国内税收一般由国家税务机关负责征收管理,这即与关税的特殊性有关,同时这本身也是关税的一个特点。在我国,关税由海关总署及其领导下的各地方口岸海关负责征收。

6. 关税具有较强的调节功能。关税是专门对来自国外(或境外)的或输往国外(或境外)的商品而设置的税种。关税课征对象的特殊性决定了关税的涉外性。因此,关税的征收与减免影响到贸易对方国家(或地区)的经济利益。对一个国家来说,关税不但是本国的经济调节工具,也是国际间经济合作与交流的一个重要工具或手段。运用和充分发挥关税的调节功能,维护本国的经济利益,则是各国的通行做法。从这个角度讲,关税的调节作用是显而易见的。值得注意的是关税虽有涉外性,一般不把它列为"涉外税收"或"国际税收",因为关税只是在一个国家之内有征纳税关系,不涉及与其他国家对关税税款和权益的共同分享关系。

7. 关税法规相对独立并自成体系。我国的关税法规是以《海关法》为主,包括《进出口关税条例》《海关进出口税则》《海关稽查条例》《海关行政处罚实施细则》《海关审定进出口货物完税价格办法》等,形成一个相对独立的法律法规体系。无论从征税对象、征税主体或税收诸多要素来讲,其法规体系与其他法规体系有较大差异。

(二) 关税的种类

根据不同的标准,关税可分为不同的种类:

1. 根据征税对象的流向,关税可分为进口关税、出口关税和过境关税。

(1) 进口关税,简称进口税,是对进入关境的货物或物品征收的一种税,它是关税中最主要的一种。目前,世界各国征收的关税主要是进口关税。进口关税一般是在货物、物品进入国境或关境时征收,或在货物从自由港、自由贸易区或保税仓库等地提出投入国内市场时征收。进口关税是各国政府限制进口、保护本国市场、筹集财政收入的最基本的工具。

(2) 出口关税,简称出口税,是对运出关境的货物或物品所征收的一种关税。为了鼓励出口,提高本国商品的竞争力,各国一般只对少数货物或物品的出口征收出口关税,有些发达国家甚至还废除了出口税。但在发展中国家出口关税仍是政府取得财政收入和保护本国某些主要资源及限制某些商品输出的重要手段。

(3) 过境关税,简称过境税,是对通过本国关境的货物和物品所征收的一种关税。通过关境是指外国货物和物品运输的起点和终点都不在本国境内,仅在本国的口岸停留,又原样运出本国的关境。早期国家的过境税,意在筹集财政收入。随着世界各国交通运输业的发展,货物渠道的多元化,过境关税逐渐衰弱,相反过境货物在过境国的交通运输、银行、保险、商业、仓储等方面所创造的利润却令人刮目相看。因此,目前世界各国基本废除了过境关税。

2. 依据关税征税的目的不同,关税可以分为财政关税和保护关税。

(1) 财政关税,又称"收入关税",是以增加国家财政收入为主要目的而征收的关税。这类关税的征税对象一般选择进口数量大、消费量大、负担能力强的非生活必需品和非生产性消费品,或本国不能生产且不准备生产又无替代品的消费品作为征税对象,其税率一般较低。财政关税在各国历史上曾占据主要的地位,随着资本主义制度的发展和现代经济制度的确立,财政关税作用大大地削弱了,其收入在财政收入中所占的比重也大幅度下降,代之而起的是保护贸易政策和保护关税。

(2)保护关税,是以保护本国民族经济发展为主要目的而征收的关税,其征税对象是本国需要发展和国际竞争性很强的商品。保护关税的税率一般较高,从而可以削弱进口商品在本国市场的竞争力,达到保护本国民族工业的目的。从理论上讲,保税关税的税额一般应等于或略高于进口商品的成本和本国同类商品成本的差额。保护关税政策的内容主要是:对国内需要保护商品的进口使用保护关税;对非必需品或奢侈品的进口实行比保护关税更高的税率;对本国需要的商品制定较低税率或免税以鼓励进口;对鼓励出口的商品免税;对限制出口的商品征税;实行优惠关税和差别关税。

3. 以征收关税的计征依据为标准,关税可分为从价关税、从量关税、复合关税、选择关税、滑动关税。我国目前征收的关税以从价关税为主,少量采用从量关税、复合关税和滑动关税。

(1)从价关税,是以进出口货物或物品的价格计征的关税。如我国进口货物以到岸价格,出口货物以离岸价格为完税价格计征关税,都属于从价关税。从价关税通常采用比例税率,其关税收入和关税负担随着商品价格的变化而变化,有利于发挥关税的保护作用。

(2)从量关税,是以进口货物的计量单位(重量、数量、长度、体积等)为计税依据而计征的一种关税。从量关税一般采用定额税率,具有税额计算简便,通过手续快捷等特点,并能起到抑制质次价廉商品或故意低瞒价格商品的进口。目前,我国对原油、部分鸡产品、啤酒、胶卷等进口货物分别以重量、容积、面积计征从量税。

(3)选择关税,是对同一税目的货物同时规定从价定率和从量定率两种税率,征税时,由海关选择其中的一种进行课征的关税。采用选择关税,在物价上涨时,海关从价计税,物价下跌时,海关从量征收。这一课征方法在于有效抵御物价波动,维护关税的保护作用。

(4)复合关税,是对同一税目货物同时采取从价与从量两种标准计征的关税。海关实际征收时,或以从价关税为主加征从量关税,或以从量关税为主加征从价关税。一般情况,是以从价计征为主,以从量税率调整其税负水平。这种复合关税,既可以发挥从量税抑制低价商品进口的特点,又可以发挥从价税税负合理、稳定的优点。目前,我国对录像机、放像机、数字照相机和摄录一体机实行复合关税。

(5)滑动关税,又称滑准关税,即按市场商品价格的涨落,对同一税目的货物,按照其价格的高低设定不同的税率,进口货物按其价格水平适用税率课税。当进口货物价格高于上限时,采用较低税率;低于下限时,采用较高税率;在价格幅度以内,按原定税率征税。其目的是保护国内生产免受国外物价波动的影响,保护国内有关货物物价的稳定。目前,我国对新闻纸实行滑准关税。

4. 以一国是否能独立自主制定税法为标准,关税可分为自主关税与协定关税。

(1)自主关税,是一国基于主权独立自主地依法制定的关税法和税则,并据以征收的关税。

(2)协定关税,是两个或若干个国家,通过缔结关税贸易方面的协定而制定的关税法和税则,并据以征收的关税。它可以分为平等互利基础上形成的自主协定关税和依据不平等条约产生的片面协定关税。

5. 按关税计征有无优惠为标准,关税分为普通关税、优惠关税。

(1)普通关税,是既无任何优惠也不受任何歧视的关税。

(2)优惠关税是指对来自某些特定的受惠国的进口货物使用比普通税率较低的优惠税率征收的关税。优惠关税按其优惠程度又分为以下几类:

最惠国待遇关税,是指在贸易互惠协定或国际条约中如果使用最惠国待遇条款,则相互给予最惠关税待遇。所谓最惠国待遇,是指缔约国一方承诺现在或将来给予任何第三方的一切优惠、特权或豁免等待遇,也同样给予缔约对方。它是目前最普遍使用的优惠关税,它的适用范围最初只限于关税待遇,其后逐步扩大到通商、航海、港口使用、仓储等诸方面。

普遍优惠制关税,又称普惠制关税,是指发达国家对发展中国家或地区输入的制成品和半制成品所普遍给予优惠待遇的关税。普惠制关税包含三个原则即普遍性、非歧视性和非互惠性。所谓普遍性,是指实行普惠制的发达国家的普惠制方案所提供优惠关税待遇应向所有的发展中国家或地区提供;所谓非歧视性,是指应给予所有发展中国家或以同样的优惠待遇;所谓非互惠性是指发达国家给予发展中国家的优惠待遇是单方面的。到1990年度止,世界上实行普惠制的给惠国已有28个国家;对我国实行普惠制的给惠国有欧共体成员国、日本和加拿大等国家。

特惠关税,是对有特殊关系的国家或地区的进口货物,单方面或相互间按照协定采用特别低进口税率或免税的一种关税。这种关税的优惠程度优于最惠国待遇关税。其优惠对象不受最惠国待遇原则的约束,其他国家和地区不得根据最惠国待遇原则要求享受这一待遇。如《洛美协定》中规定:西欧共同市场向参加协定的非洲、加勒比海和太平洋地区的发展中国家单方面提供特惠关税。特惠关税分为互惠和非互惠两种。

我国由海关总署统一领导全国海关机构和关境业务。1951年5月10日我国颁布了《中华人民共和国暂行海关法》《中华人民共和国海关进出口税则》及《海关进出口税则暂行实施条例》,建立了独立自主的保护关税制度和海关管理制度。1985年以后,为适应改革开放的需要,我国对关税制度进行了较大改革,建立了较为完善的关税法律体系。目前,我国的关税法律规范以《中华人民共和国海关法》(全国人大1987年通过,2000年修正,以下简称《海关法》)、《中华人民共和国进出口关税条例》(国务院2003年10月通过,取代了1992年的旧条例。以下简称《进出口关税条例》),以及由国务院关税税则委员会审定并报国务院批准,作为条例组成部分的《中华人民共和国海关进出口税则》和《中华人民共和国海关入境旅客行李物品和个人邮递物品征收进口税办法》为基本法规,由负责关税政策制定和征收管理的主管部门依据基本法规制定的管理办法和实施细则为主要内容。

二、关税的纳税人

关税的纳税人,是依法负有缴纳关税义务的单位或个人。

我国关税的征税范围包括准许进出我国国境的各类货物和物品,其中货物是指贸易性的进出口商品,物品是非贸易性物品。就贸易性商品来说,其纳税主体是:(1)进口货物的收货人;(2)出口货物的发货人;(3)接受委托办理有关货物进出口手续的代理人。就非贸易性物品而言,其纳税主体是:(1)入境旅客随身携带的行李、物品的持有人;(2)各种运输工具上的服务人员入境时携带自用物品的持有人;(3)馈赠物品以及以其他方式入境物品的所有人;(4)进口个人邮件的收货人。

三、关税的征税对象

关税的征税对象是进出境的货物、物品。

凡准许进出口的贸易性货物,除国家另有规定的以外,均应由海关按照《海关进出口税则》征收进口关税和出口关税;对从境外采购进口的原产于中国境内的货物,海关也要依照《海关进出口税则》征收进口关税。

凡入境旅客及运输工具服务人员携带的非贸易性行李物品、个人邮递物品以及其他个人自用物品,除另有规定的以外,由海关按照《入境旅客行李物品和个人邮递物品进口税率表》征收进口税。

四、关税的税率

(一)进出口货物的税率

进出口货物的税率是由国家的关税税则确定。关税税则,又称海关税则,是根据国家的关税政策和经济政策,通过法定的立法程序对进出境货物进行分类并制定相应的税目税率表,以及对分类总规则和税目税率表的运用进行规定和说明的法律规则。它反映了关税的基本规则,体现了国家的经济、社会等政策,是关税制度的核心内容。目前,国际通用的海关税则商品目录的编制方法是海关合作理事会签订的《商品名称及编码协调制度》(H.S)。1992年我国以海关合作理事会《商品名称及编码协调制度》为基础,对1985年颁布的《海关进出口税则》进行了全面的修订,使我国商品分类目录从《海关合作理事会商品分类目录》修订并转换为各国广泛使用的《商品名称及编码协调制度》的税则目录,从而使我国的关税制度更符合国际通行的惯例。

1. 关税税率种类

我国《海关进出口税则》规定的关税税率分为进口税率和出口税率,此外,国务院关税税则委员会可在此基础上根据政策需要制定一定时期内实行的暂定税率。我国关税名义税率一直较高,为了配合我国加入世贸组织的谈判,自 1992 年以来,我国开始自主地大幅度降低关税税率,算术平均税率已经从 1992 年的 42.3% 降至 1994 年的 35.9%、1996 年的 23%、1997 年的 17%、2000 年的 16.4%、2001 年的 15.3%,自 2002 年的 1 月 1 日起降为 12%。2002 年,中国进出口税则规定的进口货物税号有 7316 个,其中绝大部分采用比例税率(最惠国税率从 0—65% 不等,普通税率从 0—27% 不等);少量采用定额税率(如啤酒、原油)、复合税率(如录音机)和滑动税率(如新闻纸)。目前,中国的进口关税税率主要使用最惠国税率,并通过差别税率体现国家的经济、外贸政策。

(1) 进口税率

在我国加入世界贸易组织(WTO)之前,我国的进口关税税率采用复式税率,包括普通税率和优惠税率。两类税率的适用范围的原则是:优惠税率适用于原产于与中国订立关税互惠协议的国家和地区的货物;普通税率适用于原产于与中国未订立关税互惠协议的国家和地区的货物。在我国加入 WTO 之后,为履行我国在加入 WTO 关税减让谈判中承诺的有关义务,享有 WTO 成员应有的权利,2004 年通过的《进出口关税条例》设有最惠国税率、协定税率、特惠税率、普通税率以及关税配额税率等五栏税率。其中,适用最惠国税率、协定税率、特惠税率的国家或地区名单,由国务院关税税则委员会决定。

为了调节商品的进出口,《进出口关税条例》还规定,"对进口货物在一定期限内可以实行暂定税率"。国务院关税税则委员会可以根据国家经济贸易政策的需要制定关税暂定税率,即在《海关进出口税则》规定的进口优惠税率和出口税率的基础上,对某些进口货物(只限于与中国订有关税互惠协议的国家和地区进口的货物)和出口货物实施更为优惠的关税税率。暂定税率包括进口商品暂定税率和出口商品暂定税率两部分。暂定最惠国税率是对于一些国家不能生产或者国内产品的性能、质量不能满足国内生产需要的进口原材料、关键件实施的比最惠国税率更为优惠的税率,它仅适用于相互采用最惠国税率范围的国家或地区进口的货物。暂定最惠国税率优先于最惠国税率实行;按照协定税率、特惠税率进口暂定最惠国税率货物的时候,两者取低计征税率;按照国家优惠政策进口暂定最惠国税率货物的时候,以优惠政策计算确定的税率与暂定最惠国税率两者取低计征关税,但是不得在暂定最惠国税率基础上再进行减免。2002年,中国对209个税号的进口货物实行暂定最惠国税率,税率从0到15%不等,按照出口货物税则暂定最惠国税率征税的货物有23个税号,税率从0到20%不等。

同时,我国还对部分进口农产品和化肥产品实行关税配额,即一定数量内的上述进口商品适用税率较低的配额内税率,此即关税配额税率。超出该数量内的进口商品适用税率较高的配额外税率。我国目前对小麦、豆油等10种农产品和尿素等3种化肥产品实行关税配额管理。

进出口关税不同税率的适用是以货物的原产地为标准,因此货物的原产地规则的实施,对于正确选择进口货物的适用税率,准确计算关税的应纳税额,确保关税优惠真正为受惠国生产的产品所享有,防止非受惠国的产品变相取得优惠待遇,进而对维护本国的经济利益都有十分重要的意义。我国国务院参照国际惯例,结合我国具体情况,于2004年8月18日通过了《中华人民共和国进出口货物原产地条例》(以下简称《原产地条例》),自2005年1月1日起施行。同时取代了1986年12月6日海关总署发布的《中华人民共和国海关关于进口货物原产地的暂行规定》和1992年3月8日国务院发布的《中华人民共和国出口货物原产地规则》。

依据《原产地条例》第3条的规定,完全在一个国家(地区)获得的货物,以该国(地区)为原产地;两个以上国家(地区)参与生产的货物,以最后完成实质性改变的国家(地区)为原产地。

(2) 出口税率

我国对出口货物一般免征关税,主要是针对少数资源性产品及易于竞相杀价、盲目出口、需要规范出口秩序的半制成品征收出口关税。因税目税率不多,为便于征管,出口货物的税率不分普通税率和优惠税率。依据《进出口关税条例》第9条第2款规定:"出口关税设置出口税率。对出口货物在一定期限内可以实行暂定税率。"适用出口税率的出口货物有暂定税率的,应当适用暂定税率。中国目前征收出口关税的商品不多,税率也较低。

(3) 报复性关税税率

任何国家或者地区违反与中华人民共和国签订或者共同参加的贸易协定及相关协定,对中华人民共和国在贸易方面采取禁止、限制、加征关税或者其他影响正常贸易的措施的,对原产于该国家或者地区的进口货物可以征收报复性关税,适用报复性关税税率。

征收报复性关税的货物、适用国别、税率、期限和征收办法,由国务院关税税则委员会决定并公布。

2. 关税税率的适用

依据海关总署2005年1月通过的《海关进出口货物征税管理办法》,海关应当按照《进出口关税条例》有关适用最惠国税率、协定税率、特惠税率、普通税率、出口税率、关税配额税率或者暂定税率,以及实施反倾销措施、反补贴措施、保障措施或者征收报复性关税等适用税率的规定,确定进出口货物适用的税率。具体规则如下:

(1) 进出口货物,应当适用海关接受该货物申报进口或者出口之日实施的税率。

(2) 进口货物到达前,经海关核准先行申报的,应当适用装载该货物的运输工具申报进境之日实施的税率。

(3) 进口转关运输货物,应当适用指运地海关接受该货物申报进口之日实施的税率;货物运抵指运地前,经海关核准先行申报的,应当适用装载该货物的运输工具抵达指运地之日实施的税率。

(4) 出口转关运输货物,应当适用启运地海关接受该货物申报出口之日实施的税率。

(5) 经海关批准,实行集中申报的进出口货物,应当适用每次货物进出口时海关接受该货物申报之日实施的税率。

(6) 因超过规定期限未申报而由海关依法变卖的进口货物,其税款计征应当适用装载该货物的运输工具申报进境之日实施的税率。

(7) 因纳税义务人违反规定需要追征税款的进出口货物,应当适用违反规定的行为发生之日实施的税率;行为发生之日不能确定的,适用海关发现该行为之日实施的税率。

(8) 已申报进境并放行的保税货物、减免税货物、租赁货物或者已申报进出境并放行的暂时进出境货物,有下列情形之一需缴纳税款的,应当适用海关接受纳税义务人再次填写报关单申报办理纳税及有关手续之日实施的税率:① 保税货物经批准不复运出境的;② 保税仓储货物转入国内市场销售的;③ 减免税货物经批准转让或者移作他用的;④ 可暂不缴纳税款的暂时进出境货物,经批准不复运出境或者进境的;⑤ 租赁进口货物,分期缴纳税款的。

(9) 补征或者退还进出口货物税款,应当按照《海关进出口货物征税管理办法》第 13 条和第 14 条的规定确定适用的税率。

(10) 进出口货物的价格及有关费用以外币计价的,海关按照该货物适用税率之日所适用的计征汇率折合为人民币计算完税价格。完税价格采用四舍五入法计算至分。

(二) 进口物品的税率

非贸易物品所适用的税率是由国务院关税税则委员会 1994 年 5 月 18 日发布,同年 7 月 1 日施行《关于入境旅客行李物品和个人邮递物品征收进口税办法》所附的《税率表》确定,该《税率表》于 2007 年 3 月进行了最新修订。入境旅客行李物品和个人邮递品进口税的征税项目共有三类,都采用比例税率,具体适用税率如下: (1) 烟、酒、化妆品税率为 50%; (2) 高尔夫球及球具、高档手表税率为 30%; (3) 纺织品及其制成品、摄像机、摄录一体机、数码相机及其他电器用具、照相机、自行车、手表、钟表 (含配件、附件) 税率为 20%; (4) 书报、刊物、教育专用电影片、幻灯片、原版录音带、录像带、金银及其制品、食品、饮料及其他物品的税率为 10%。

海关总署根据入境旅客的行李和个人邮递物品进口税税率表制定入境旅客个人行李物品和个人邮递品税则归类表,负责征税的海关按照税则归类表对应税个人自用物品进行归类,确定适用税率。

对于税则归类表中没有列名的进口物品,可以由海关按照税率表规定的范围归入最合适的税号归类征税。

五、关税的应纳税额的计算

(一)关税的计算根据——完税价格

我国对进出口货物征收关税,主要采取从价计征的办法,以商品的价格为标准征收关税。因此,完税价格的确定是计算关税的前提。根据我国《海关法》以及《进出口关税条例》的规定,进出口货物的完税价格,由海关以该进口货物的成交价格为基础审查确定。成交价格不能确定时,完税价格由海关依法估定。

1. 进口货物的完税价格

进口货物的完税价格由海关以符合《进出口关税条例》确定的成交价格以及该货物运抵中华人民共和国境内输入地点起卸前的运输及其相关费用、保险费为基础审查确定。

进口货物的成交价格,是指卖方向中华人民共和国境内销售该货物时买方为进口该货物向卖方实付、应付的,并按照《进出口关税条例》规定调整后的价款总额,包括直接支付的价款和间接支付的价款。进口货物的成交价格应当符合下列条件:(1)对买方处置或者使用该货物不予限制,但法律、行政法规规定实施的限制、对货物转售地域的限制和对货物价格无实质性影响的限制除外;(2)该货物的成交价格没有因搭售或者其他因素的影响而无法确定;(3)卖方不得从买方直接或者间接获得因该货物进口后转售、处置或者使用而产生的任何收益,或者虽有收益但能够按照《进出口关税条例》的规定进行调整;(4)买卖双方没有特殊关系,或者虽有特殊关系但未对成交价格产生影响。

进口货物的下列费用应当计入完税价格:(1)由买方负担的购货佣金以外的佣金和经纪费;(2)由买方负担的在审查确定完税价格时与该货物视为一体的容器的费用;(3)由买方负担的包装材料费用和包装劳务费用;(4)与该货物的生产和向中华人民共和国境内销售有关的,由买方以免费或者以低于成本的方式提供并可以按适当比例分摊的料件、工具、模具、消耗材料及类似货物的价款,以及在境外开发、设计等相关服务的费用;(5)作为该货物向中华人民共和国境内销售的条件,买方必须支付的、与该货物有关的特许权使用费;(6)卖方直接或者间接从买方获得的该货物进口后转售、处置或者使用的收益。

进口时在货物的价款中列明的下列税收、费用,不计入该货物的完税价格:(1)厂房、机械、设备等货物进口后进行建设、安装、装配、维修和技术服务的费用;(2)进口货物运抵境内输入地点起卸后的运输及其相关费用、保险费;(3)进口关税及国内税收。

进口货物的成交价格不符合《进出口关税条例》规定应当具备的条件的,或者成交价格不能确定的,海关经了解有关情况,并与纳税义务人进行价格磋商后,依次以下列价格估定该货物的完税价格:(1)与该货物同时或者大约同时向中华人民共和国境内销售的相同货物的成交价格;(2)与该货物同时或者大约同时向中华人民共和国境内销售的类似货物的成交价格;(3)与该货物进口的同时或者大约同时,将该进口货物、相同或者类似进口货物在第一级销售环节销售给无特殊关系买方最大销售总量的单位价格,但应当扣除《进出口关税条例》第22条规定的项目;(4)按照下列各项总和计算的价格:生产该货物所使用的料件成本和加工费用,向中华人民共和国境内销售同等级或者同种类货物通常的利润和一般费用,该货物运抵境内输入地点起卸前的运输及其相关费用、保险费;(5)以合理方法估定的价格。纳税义务人向海关提供有关资料后,可以提出申请,颠倒前款第(3)项和第(4)项的适用次序。

按照上述规定估定完税价格,应当扣除的项目是指:(1)同等级或者同种类货物在中华人民共和国境内第一级销售环节销售时通常的利润和一般费用以及通常支付的佣金;(2)进口货物运抵境内输入地点起卸后的运输及其相关费用、保险费;(3)进口关税及国内税收。

以下几种特殊情况下进口货物的完税价格,依照法律的特别规定确定:

(1)以租赁方式进口的货物,以海关审查确定的该货物的租金作为完税价格。

(2)运往境外加工的货物,出境时已向海关报明并在海关规定的期限内复运进境的,应当以境外加工费和料件费以及复运进境的运输及其相关费用和保险费审查确定完税价格。

(3)运往境外修理的机械器具、运输工具或者其他货物,出境时已向海关报明并在海关规定的期限内复运进境的,应当以境外修理费和料件费审查确定完税价格。

2. 出口货物的完税价格

出口货物的完税价格由海关以该货物的成交价格以及该货物运至中华人民共和国境内输出地点装载前的运输及其相关费用、保险费为基础审查确定。

出口货物的成交价格,是指该货物出口时卖方为出口该货物应当向买方直接收取和间接收取的价款总额。出口关税不计入完税价格。

出口货物的成交价格不能确定的,海关经了解有关情况,并与纳税义务人进行价格磋商后,依次以下列价格估定该货物的完税价格:(1)与该货物同时或者大约同时向同一国家或者地区出口的相同货物的成交价格;(2)与该货物同时或者大约同时向同一国家或者地区出口的类似货物的成交价格;(3)按照下列各项总和计算的价格:境内生产相同或者类似货物的料件成本、加工费用,通常的利润和一般费用,境内发生的运输及其相关费用、保险费;(4)以合理方法估定的价格。

按照《进出口关税条例》的规定计入或者不计入完税价格的成本、费用、税收,应当以客观、可量化的数据为依据。

3. 进口物品完税价格的确定

准许进口的旅客行李物品、个人邮递物品以及其他个人自用物品的完税价格,由海关总署根据市场情况合理确定,并统一制定价目表后,发给各地海关执行。现在执行的是海关总署1999年6月1日修订发布的《入境旅客行李物品和个人邮递物品完税价目表》。进出境物品的完税价格,由海关依法确定。

(二)关税应纳税额的计算

贸易关税的应纳税税额,以进出口货物的完税或应税数量为计

税依据,对从价关税和从量关税而言,其应纳税额的计算公式为:

(从价关税)应纳税额 = 应税进口或出口货物数量
　　　　　　　　　× 单位完税价格 × 适用税率

(从量关税)应纳税额 = 应税进口或出口货物数量
　　　　　　　　　× 单位货物税额

实行复合关税的进出口货物,如进口录(放)像机、摄像机等,其应纳关税税额的计算方法是从价关税与从量关税应纳税额计算方法的结合,其具体计算公式为:

(复合关税)应纳税额
　　= 应税进口或出口货物数量 × 单位货物税额
　　　+ 应税进口或出口货物数量 × 单位完税价格 × 适用税率

此外滑准税和选择关税应纳税额的计算,或者适用从价格关税应纳税额的计算方法,或者适用从量关税应纳税额的计算方法。

六、关税的征收管理

关税的征管制度包括关税的征收程序、征纳方式、缴纳期限、缴纳地点、关税缓纳、强制执行措施和关税的退还、补征、追征等基本要素。

(一)关税缴纳和退补

1. 进出口货物关税的缴纳

(1)进出口货物关税的申报

进口货物的纳税义务人应当自运输工具申报进境之日起14日内,出口货物的纳税义务人除海关特准的外,应当在货物运抵海关监管区后、装货的24小时以前,向货物的进出境地海关申报。进出口货物转关运输的,按照海关总署的规定执行。进口货物到达前,纳税义务人经海关核准可以先行申报。

纳税义务人应当依法如实向海关申报,并按照海关的规定提供有关确定完税价格、进行商品归类、确定原产地以及采取反倾销、反补贴或者保障措施等所需的资料;必要时,海关可以要求纳税义务人补充申报。

海关对纳税义务人申报的价格有怀疑并且所涉关税数额较大

的,经直属海关关长或者其授权的隶属海关关长批准,凭海关总署统一格式的协助查询账户通知书及有关工作人员的工作证件,可以查询纳税义务人在银行或者其他金融机构开立的单位账户的资金往来情况,并向银行业监督管理机构通报有关情况。

海关对纳税义务人申报的价格有怀疑的,应当将怀疑的理由书面告知纳税义务人,要求其在规定的期限内书面作出说明、提供有关资料。纳税义务人在规定的期限内未作说明、未提供有关资料的,或者海关仍有理由怀疑申报价格的真实性和准确性的,海关可以不接受纳税义务人申报的价格,并按照《进出口关税条例》第三章的规定估定完税价格。

海关审查确定进出口货物的完税价格后,纳税义务人可以以书面形式要求海关就如何确定其进出口货物的完税价格作出书面说明,海关应当向纳税义务人作出书面说明。

(2) 进出口货物关税的缴纳

纳税义务人应当自海关填发税款缴款书之日起15日内向指定银行缴纳税款。纳税义务人未按期缴纳税款的,从滞纳税款之日起,按日加收滞纳税款万分之五的滞纳金。纳税义务人因不可抗力或者在国家税收政策调整的情形下,不能按期缴纳税款的,经海关总署批准,可以延期缴纳税款,但是最长不得超过6个月。海关可以对纳税义务人欠缴税款的情况予以公告。

进出口货物的纳税义务人,应当自海关填发税款缴款书之日起15日内缴纳税款;逾期缴纳的,由海关征收滞纳金。纳税义务人、担保人超过3个月仍未缴纳的,经直属海关关长或者其授权的隶属海关关长批准,海关可以采取下列强制措施:① 书面通知其开户银行或者其他金融机构从其存款中扣缴税款;② 将应税货物依法变卖,以变卖所得抵缴税款;③ 扣留并依法变卖其价值相当于应纳税款的货物或者其他财产,以变卖所得抵缴税款。海关采取强制措施时,对上述所列纳税义务人、担保人未缴纳的滞纳金同时强制执行。进出口货物的纳税义务人在规定的纳税期限内有明显的转移、藏匿其应税货物以及其他财产迹象的,海关可以责令纳税义务人提供担保;纳税义务人不能提供纳税担保的,经直属海关关长或者其授权的隶属海关关长批准,海关可以采取下列税收保全措施:① 书面通知纳税义务人开户银行或者其他金融机构暂停支付纳税义务人相当于应纳税款的存款;② 扣留纳税义务人价值相当于应纳税款的货物或者其他财产。

纳税义务人在规定的纳税期限内缴纳税款的,海关必须立即解除税收保全措施;期限届满仍未缴纳税款的,经直属海关关长或者其授权的隶属海关关长批准,海关可以书面通知纳税义务人开户银行或者其他金融机构从其暂停支付的存款中扣缴税款,或者依法变卖所扣留的货物或者其他财产,以变卖所得抵缴税款。

采取税收保全措施不当,或者纳税义务人在规定期限内已缴纳税款,海关未立即解除税收保全措施,致使纳税义务人的合法权益受到损失的,海关应当依法承担赔偿责任。

海关征收关税、滞纳金等,应当按人民币计征。

(3) 进出口货物关税的补征、追征与退还

进出口货物、进出境物品放行后,海关发现少征或者漏征税款,应当自缴纳税款或者货物、物品放行之日起1年内,向纳税义务人补征。因纳税义务人违反规定而造成的少征或者漏征,海关在3年以内可以追征。

海关多征的税款,海关发现后应当立即退还;纳税义务人自缴纳税款之日起1年内,可以要求海关退还。

海关发现多征税款的,应当立即通知纳税义务人办理退税手续。纳税义务人应当自收到海关通知之日起3个月内办理有关退税手续。纳税义务人发现多缴纳税款的,自缴纳税款之日起1年内,可以向海关申请退还多缴的税款并加算银行同期活期存款利息。

有下列情形的,纳税义务人自缴纳税款之日起1年内,可以向海关申请退税:① 已缴纳税款的进口货物;② 因品质或者规格原因原状退货复运出境的;③ 已缴纳出口关税的出口货物,因品质或者规格原因原状退货复运进境,并已重新缴纳因出口而退还的国内环节有关税收的;④ 已缴纳出口关税的货物,因故未装运出口申报退关的;⑤ 散装进出口货物发生短装并已征税放行,且该货物的发货人、承运人或者保险公司已对短装部分退还或者赔偿相应货款的;⑥ 进

出口货物因残损、品质不良、规格不符原因,或者发生《海关进出口货物征税管理办法》规定以外的货物短少的情形,且由进出口货物的发货人、承运人或者保险公司赔偿相应货款的。

  海关收到纳税义务人的退税申请后应当进行审核。纳税义务人提交的申请材料齐全且符合规定形式的,海关应当予以受理,并以海关收到申请材料之日作为受理之日;纳税义务人提交的申请材料不全或者不符合规定形式的,海关应当在收到申请材料之日起 5 个工作日内一次告知纳税义务人需要补正的全部内容,并以海关收到全部补正申请材料之日为海关受理退税申请之日。

  海关应当自受理退税申请之日起 30 日内查实并通知纳税义务人办理退税手续或者不予退税的决定。纳税义务人应当自收到海关准予退税的通知之日起 3 个月内办理有关退税手续。需要注意:① 进口环节增值税已予抵扣的,该项增值税不予退还,但国家另有规定的除外。② 已征收的滞纳金不予退还。

  进出口货物放行后,海关发现少征税款的,应当自缴纳税款之日起 1 年内,向纳税义务人补征税款;海关发现漏征税款的,应当自货物放行之日起 1 年内,向纳税义务人补征税款。

  因纳税义务人违反规定造成少征税款的,海关应当自缴纳税款之日起 3 年内追征税款;因纳税义务人违反规定造成漏征税款的,海关应当自货物放行之日起 3 年内追征税款。海关除依法追征税款外,还应当自缴纳税款或者货物放行之日起至海关发现违规行为之日止按日加收少征或者漏征税款万分之五的滞纳金。

  因纳税义务人违反规定造成海关监管货物少征或者漏征税款的,海关应当自纳税义务人应缴纳税款之日起 3 年内追征税款,并自应缴纳税款之日起至海关发现违规行为之日止按日加收少征或者漏征税款万分之五的滞纳金。

  因纳税义务人违反规定需在征收税款的同时加收滞纳金的,如果纳税义务人未在规定的 15 天缴款期限内缴纳税款,海关依照规定另行加收自缴款期限届满之日起至缴清税款之日止滞纳税款的滞纳金。

2. 进出境物品关税税款的缴纳和退补

携带应税个人自用物品的入境旅客及运输工具服务人员,进口邮递物品的收件人,以及以其他方式进口应税个人自用物品的收件人,应当在海关放行应税个人自用物品之前缴纳关税。纳税义务人可以自行办理纳税手续,也可以委托他人办理纳税手续。接受委托办理纳税手续的代理人,应当遵守税法对其委托人的各项规定。应税个人自用物品的进口税由海关按照填发税款缴纳证当日有效的税率和完税价格计征进口税。

应税个人自用物品放行后,海关发现少征税款,应当自开出税款缴纳证之日起1年内,向纳税人补征;海关发现漏征税款,应当自物品放行之日起1年内,向纳税人补征。因纳税人违反规定而造成的少征或漏征,海关可自违反规定行为发生之日起3年内向纳税人追征。

海关发现或确认多征的税款,海关应当立即退还,纳税人也可自缴纳税款之日起1年内,要求海关退还。

(二) 关税的减免

我国的关税优惠,主要体现为进出口货物关税的减免。根据我国现行税法的有关规定,大致可分法定减免、特定减免和临时减免三种情况。

1. 法定减免税

关税的法定减免是税法中明确列出的减税或者免税。符合税法规定可予减免税的进出口货物,纳税义务人无须提出申请,海关可按照规定直接予以减免税。海关对法定减免税货物一般不进行后续管理。

根据《海关法》和《进出口关税条例》的规定,下列进出口货物,免征关税:

(1) 关税税额在人民币50元以下的一票货物;
(2) 无商业价值的广告品和货样;
(3) 外国政府、国际组织无偿赠送的物资;
(4) 在海关放行前损失的货物;
(5) 进出境运输工具装载的途中必需的燃料、物料和饮食用品。

在海关放行前遭受损坏的货物,可以根据海关认定的受损程度减征关税。

法律规定的其他免征或者减征关税的货物,海关根据规定予以免征或者减征。

2. 特定减免税

特定减免税也称政策性减免税,即国家在法定减免税以外,按照国际通行规则和我国实际情况,制定和发布的有关进出口货物减免税的政策。特定减免税货物一般有地区、企业和用途的限制,海关需要进行后续管理,也需要进行减免税统计。

我国《海关法》规定,特定地区、特定企业或者有特定用途的进出口货物,可以减征或者免征关税。特定减税或者免税的范围和办法由国务院规定。目前我国的特定减免税主要是:(1) 保税仓库、保税工厂、保税区的货物,按国家保税制度的规定减免关税;(2) 国家鼓励、支持发展的外商投资项目和国内投资项目,在投资总额以内进口的自用设备和按照合同随同设备进口的技术及配套件、备件,免征关税;(3) 企业为生产《国家高新技术产品目录》中所列的产品而进口规定的自用设备和按照合同随同设备进口的技术及配套件、备件,企业为引进《国家高新技术产品目录》中所列的先进技术按照合同规定向境外支付的软件费,可以免征关税;(4) 利用外国政府贷款、国际金融组织贷款项目进口的设备,免征关税;(5) 符合国家规定的进口科学研究、教学用品及残疾人专用物品,免征关税,以及对边境地区居民互市贸易和小额贸易的关税减免等。

依照规定减征或者免征关税进口的货物,只能用于特定地区、特定企业或者特定用途,未经海关核准并补缴关税,不得移作他用。特定地区、特定企业或者有特定用途的特定减免税进口货物,应当接受海关监管。海关对特定减免税进口货物的监管年限为:(1) 船舶、飞机:8 年;(2) 机动车辆:6 年;(3) 其他货物:5 年。监管年限自货物进口放行之日起计算。

在特定减免税进口货物的监管年限内,纳税义务人应当自减免税货物放行之日起每年一次向主管海关报告减免税货物的状况;除经海关批准转让给其他享受同等税收优惠待遇的项目单位外,纳税义务人在补缴税款并办理解除监管手续后,方可转让或者进行其他处置。特定减免税进口货物监管年限届满时,自动解除海关监管。纳税义务人需要解除监管证明的,可以自监管年限届满之日起1年内,持有关单证向海关申请领取解除监管证明。海关应当自接到纳税义务人的申请之日起20日内核实情况,并填发解除监管证明。

3. 临时减免税

临时减免是在法定减免和特定减免之外,由国务院根据海关法对某个单位、某类商品、某个项目或某批进出口货物的特殊情况,给予特别照顾,一案一批,专文下达的减免税。一般有单位、品种、期限、金额等方面的限制,不能比照执行。

我国《海关法》规定,法定减免税和特定减免税范围以外的临时减征或者免征关税,由国务院决定。但我国加入世界贸易组织后,必须遵循统一、规范、公开、公平的原则,严格控制和规范减免税。我国目前关税法的临时减免税是指在某些特殊情况下,进出口货物的收、发货人或者其代理人可以要求给予临时减征或免征进出口关税。纳税人在要求减免时,应当在货物进出口前向所在地海关提出书面申请,说明理由并附必要的证明和材料,申请经所在地海关审查属实后,转报海关总署,由海关总署或者海关总署会同国务院财政部门按照国务院的规定审查批准。

第二节 财产与行为税法

一、财产与行为税概述

(一) 财产税的概念和特点

财产税是以纳税人所拥有或支配的某些财产为征税对象的一类税。

财产税的征税对象是财产。作为财产税法客体的财产,分为两大类:一类是不动产,如土地、房屋、建筑物等。另一类是动产,包括有形动产和无形动产两类。其中,有形动产是指车辆、设备等消费性财产;无形动产是指股票、债券、银行存款等。无形动产这类财产易被隐瞒和转移,税源难以有效控制,征收管理比较困难。因此,各国在选择财产税的征税对象时,一般只对不动产和有形动产征税,对无形动产则不予征税,或者只在无形动产发生变动或转移时,才对无形动产征税。

财产税是世界上许多国家普遍开征的一种税,其历史悠久。但在商品经济社会中,各国均以商品税、所得税为主体税种,因而财产税在各国税制体系中多为辅助性税种,被划为地方税,是地方财政收入的主要来源。

财产税具有以下几方面的特点:

1. 以财产为征税对象。这是财产税与商品税、所得税的主要区别。财产税的其他特点均由这一特点派生而来。

2. 是直接税。财产税由财产的占有、使用或收益者直接承担税负。由于财产税主要是对使用、消费过程中的财产征税,而非对生产、流通领域的财产征税,因而属于直接税,税负不易转嫁。

3. 以占有、使用和收益的财产额为计税依据。财产税的计税依据是纳税人占有、使用和收益(简称"用益")的财产额,即应税财产的数量或价值,而不是商品流转额或所得额。财产是财富的体现,财产税与财产的用益密切相关,因此征收财产税能够促进社会财富的公平分配,体现税收公平原则。

4. 财产税可以与所得税、消费税配合,相辅相成,发挥多方面的调节作用。因为纳税人的所得,如果不是用于积累,就是用于消费,或者用于投资。通过对财产征收财产税,对高消费征收消费税,可以起到抑制消费、刺激投资、发展经济的作用。同时,财产税的征收,还可以对偷漏所得税的行为起到弥补作用,从而进一步发挥调节收入分配的功能。

(二) 财产税的分类

由于不同国家经济发展水平存在差异,以及历史等因素导致法律传统的不同,各国的财产税法制度也不尽相同。依据不同的标准,可以对现代财产税作以下不同的分类。

1. 以课税对象的形态为标准,财产税可分为静态财产税和动态财产税

静态财产税是指对纳税人在一定时期内权利未发生变动的静态

财产课征的一种财产税。其特点是纳税人在一定时期内保有财产的占有、用益等权利,必须依法纳税;在征收时间上有一定的规律性,通常是定期征收。如房产税、地产税等特种财产税,均属于静态财产税。动态财产税是指对在一定时期所有权发生变动和转移的财产征收的一种财产税。它以财产所有权的变动和转移为课征条件,其特点是在财产变动或转移时一次征收,如遗产税、赠与税、契税等。

2. 以征收范围为标准,财产税可分为一般财产税和特种财产税

一般财产税又称综合财产税,是对纳税人所拥有的全部财产,按其综合计算的价值进行课征的一种财产税。在实际征税时,一般要考虑起征点和生活必需品的免税以及各种法定扣除。因此,在计算和征收时较为复杂。例如,德国等国的一般财产税均规定了免税扣除项目以减少税基;印度等国的一般财产税以应税财产总价值额减去负债后的净值额为计税依据;美国的财产税名为一般财产税,而实为有选择的财产税,并非对全部财产征税。特种财产税又称个别财产税,是对纳税人的某些财产单独课征或合并课征的一种财产税。例如,对土地课征的土地税,对房产课征的房产税,对土地和房产合并课征的房地产税,均属特种财产税。特种财产税是财产税的最早形式,在课征时,一般不需要考虑免税和扣除,在计算和征收时都比较容易。

3. 以财产存续时间为标准,财产税可分为经常财产税和临时财产税

经常财产税是指每年按期课征具有经常性收入的财产税,这种税收通常占财产税收入的大部分。临时财产税是指在非常时期政府为筹措财政资金而临时课征的财产税。如政府在国家遭遇战争、严重自然灾害等非常时期大多要征收各种临时税。

4. 以计税方法的不同,财产税可分为从量财产税和从价财产税

从量财产税是指以纳税人的应税财产的数量为计税依据,实行从量定额征收的财产税。因为纳税人应纳税额的多少,取决于其拥有财产的数量,所以从量财产税一般不受价格变动的影响。从价财产税是指以纳税人的应税财产的价值为计税依据,实行从价定率征收的财产税。纳税人应纳税额的多少,取决于其所拥有财产的价值

大小。因此,从价财产税通常受市场价格变动的影响较大。

(三) 行为税的概念和特点

行为税亦称特定行为税,是以某些特定行为为征税对象的一类税。行为税是一个泛指的集合概念。它可因不同的行为的发生而各异,具体表现为各个不同的行为税种。一般来说,行为税中的行为应作狭义的理解,其所指的行为是指除了商品流转行为、取得收益行为、占有或转移财产等行为以外的,依法应当纳税的特定行为。

行为税的特点包括:

1. 目的性。国家特别选定社会经济生活中某些特定行为作为征税对象。从总体上讲,除为在一定程度上增加财政收入外,其主要目的在于通过对国民的某些特定行为的干预和控制,以期达到加强国家宏观调控能力、实现国家特定的社会和经济政策的目的。

2. 期间性。由于行为税法实行的目的多在于满足国家特定时期的宏观政策需要,因此,一旦实行该类税种的原因消失或者国家宏观调控目的的实现后,该类税法的实施便失去了继续存在的前提和基础。国家则通常采用停征或废止的方式终止该类税种的实施。因此,行为税法的施行通常时间性较强,稳定性较弱,要不断随国家的社会经济政策和宏观经济形势的变化作出相应的调整、修订、停征以至废除等。所以,从法理上分析,行为税一般被认为属于临时税。当然这也不是绝对的,如印花税通常被认为属于经常税。

3. 灵活性。行为税开征与停征具有因时、因地制宜,相对灵活的特点。由于国家仅选择对特定的需要加以调控的某些行为予以征税,因此行为税的征税范围较窄,税源相对分散,税基稳定性较弱,所以行为税一般不构成国家的主体税种,多为地方税,由各省、市、自治区人民政府负责征管,并可根据本地情况适时开征或停征,具有较强的灵活性。

(四) 财产与行为税法

财产税法是调整财产税收征纳关系的法律规范的总称。现代意义上的财产税于1892年始创于荷兰,以后德国、丹麦等国相继依法开征了财产税。随着流转税和所得税的兴起,财产税已退居从属地位。我国在改革开放以后,随着经济体制改革的深入和居民收入分配的巨大变化,居民之间收入水平差距拉大。为了调节收入水平差异,国家先后恢复开征了房产税、契税、城市房地产税、车船使用税等。1994年的税制改革方案中,提出了开征遗产税、赠与税的设想。2001年起开征了车辆购置税。这样,在我国形成了以房产税、车船使用税等静态财产税法和契税、车辆购置税等动态财产税法为主要组成部分的比较完整的财产税法体系。2003年10月,十六届三中全会通过的《中共中央关于完善社会主义市场经济体制若干问题的决定》中又提出:"实施城镇建设税费改革,条件具备时对不动产开征统一规范的物业税,相应取消有关收费。"物业税改革的基本框架是将现行的房产税、城市房地产税、土地增值税以及土地出让金等收费合并,实现简并税种,并以一定年限的评估值为依据,构建统一的物业税或房地产税制。物业税的开征将对我国目前的房产税制度带来深刻的变革。

行为税法是指国家制定的调整特定行为税收关系的法律规范的总称。行为税法的征税客体是行为,该行为不是泛指我们生活中的一切行为,而是国家根据特定目的的需要,针对社会生活中某些需要加以调控的特定行为予以选择课税,使之符合国家宏观上的社会和经济目标之要求。我国现行的行为税法主要是印花税法。

二、契税法

(一) 契税法概述

契税是以所有权发生转移变动的不动产为征税对象,向产权承受人征收的一种财产税。在我国,契税是在国有土地使用权出让、转让、房屋买卖、赠与或交换而发生产权转移或变动订立契约时,向产权承受人征收的一种税。

契税法是国家制定的用以调整契税征收与缴纳之间权利及义务关系的法律规范。契税是一个古老的税种,最早起源于东晋的"古税",至今已有一千六百多年的历史。新中国成立以后,政务院曾于1950年3月发布了《契税暂行条例》,该《条例》沿用了四十多年,已不能适应经济发展的需要。为此,国务院于1997年7月7日发布了新的《中华人民共和国契税暂行条例》(以下简称《契税暂行条例》),该条例自1997年10月1日起开始施行。此后,财政部又于同年10月发布了《契税暂行条例细则》(以下简称《实施细则》)。上述《契税暂行条例》和《实施细则》确立了我国新的契税制度,成为我国目前契税征收的主要法律依据。

(二) 纳税义务人

契税的纳税义务人是在我国境内转移土地、房屋权属的承受单位和个人。土地、房屋权属是指土地使用权和房屋所有权。承受,是指以受让、购买、受赠、交换等方式取得土地、房屋权属的行为。国有土地使用权出让或转让中的受让人、房屋的买主、房屋的赠与承受人、房屋交换的双方是具体的纳税义务人。

前述所称单位,是指企业单位、事业单位、国家机关、军事单位和社会团体以及其他组织。所称个人,是指个体经营者及其他个人,包括中国公民和外籍人员。

(三) 征税对象和计税方法

1. 征税对象

契税的征税对象是在境内转移土地、房屋权属的行为。具体征收范围包括:

(1) 国有土地使用权出让。国有土地使用权出让是指土地使用者向国家交付土地使用权出让金,国家将国有土地使用权在一定年限内让与土地使用者的行为。

(2) 土地使用权转让。土地使用权的转让是指土地使用者以出售、赠与、交换或者其他方式将土地使用权转移给其他单位和个人的行为,但不包括农村集体土地承包经营权转移给其他单位和个人的行为。

(3) 房屋的买卖、赠与或交换。

土地、房屋权属以下列方式转移的,视同土地使用权转让、房屋买卖或者房屋赠与而征税:(1) 以土地、房屋权属作价投资入股;(2) 以土地、房屋权属抵债;(3) 以获奖方式承受土地、房屋权属;(4) 以预购方式或者预付集资建房款方式承受土地、房屋权属。另外,对于承受与房屋相关的附属设施(包括停车位、汽车库、自行车库、顶层阁楼以及储藏室,下同)所有权或土地使用权的行为,按照契税法律、法规的规定征收契税;对于不涉及土地使用权和房屋所有权转移变动的,不征收契税。

此外,随着我国市场经济的深入发展,财政部、税务总局还就公司制改造,企业合并、分立、股权重组,企业破产等特殊情况下的权属转移是否属于契税的征税范围作了进一步的规定。

2. 计税方法

(1) 计税依据和税率。契税的计税依据为不动产的价格。由于土地、房屋权属转移方式不同,定价方法不同,因而具体计税依据视不同情况而定:

① 国有土地使用权出让、土地使用权出售、房屋买卖,以成交价格为计税依据,即土地、房屋权属转移合同确定的价格,包括承受者应交付的货币、实物、无形资产或者其他经济利益。需注意的是,成交价格中所包含的行政事业性收费,属于成交价格的组成部分,不应从中剔除,纳税人应按合同确定的成交价格全额计算缴纳契税。

② 土地使用权赠与、房屋赠与,由征收机关参照土地使用权出售、房屋买卖的市场价格核定。

③ 土地使用权交换、房屋交换,为所交换的土地使用权、房屋的价格的差额。即交换价格相等时免征契税,交换价格不等时由多交付货币、实物、无形资产或者其他经济利益的一方缴纳契税。

④ 以划拨方式取得土地使用权的,经批准转让房地产时,应由房地产转让者补缴契税,其计税依据为补交的土地使用权出让费用或者土地收益。

如上述成交价格明显低于市场价格并且无正当理由的,或者所交换土地使用权、房屋的价格的差额明显不合理并且无正当理由的,由征收机关参照市场价格核定。

⑤ 房屋附属设施征收契税,采取分期付款方式购买房屋附属设施土地使用权、房屋所有权的,应按合同规定的总价款计征契税;承受的房屋附属设施权属如为单独计价的,按照当地确定的适用税率征收契税,如与房屋统一计价的,适用与房屋相同的契税税率。

⑥ 个人无偿赠与不动产行为,应对受赠人全额征收契税。

契税实行3%—5%的幅度税率。契税的适用税率,由省、自治区、直辖市人民政府依法定幅度按照本地区的实际情况确定,并报财政部和国家税务总局备案。

(2)应纳税额的确定与征收。契税的应纳税额依契税的计税依据和税率计算征收。公式为:

$$应纳税额 = 计税依据 \times 税率$$

应纳税额以人民币计算。转移土地、房屋权属以外汇结算的,按照纳税义务发生之日,中国人民银行公布的人民币市场汇率的中间价折合成人民币计算。

(四)税收优惠规定

1. 契税优惠的一般规定

(1)国家机关、事业单位、社会团体、军事单位承受土地、房屋用于办公、教学、医疗、科研和军事设施的,免征契税。事业单位撤并过程中,若所发生的房地产权属转移属于政府主管部门对国有资产进行的行政性调整和划转,不征收契税。

(2)城镇职工按规定第一次购买公有住房,免征契税。所谓城镇职工按规定第一次购买公有住房,是指经县以上人民政府批准,在国家规定标准面积以内购买的公有住房。城镇职工享受免征契税,仅限于第一次购买的公有住房。超过国家规定标准面积的部分,仍应按照规定缴纳契税。

此外,财政部、税务总局规定,从2000年11月29日起,对各类公有制单位为解决职工住房而采取集资方式建成的普通住房,或由单位购买的普通商品住房,经当地县级以上人民政府房改部门批准,按照国家房改政策出售给本单位职工的,如属职工首次购买住房,均可免征契税。

(3)因不可抗力灭失住房而重新购买住房的,酌情减免。

(4)财政部规定的其他减征、免征契税的项目。例如:

① 土地、房屋被县级以上人民政府征用、占用后,重新承受土地、房屋权属的,是否减征或者免征契税,由省、自治区、直辖市人民政府确定。

② 纳税人承受荒山、荒沟、荒丘、荒滩土地使用权,用于农、林、牧、渔业生产的,免征契税。

③ 依照我国有关法律规定以及我国缔结或参加的双边和多边条约或协定的规定应当予以免税的外国驻华使馆、领事馆、联合国驻华机构及其外交代表、领事官员和其他外交人员承受土地、房屋权属的,经外交部确认,可以免征契税。

④ 由于股权变动引起企业法人名称变更,并因此进行相应土地房屋权属人名称变更登记的过程中,土地、房屋权属不发生转移,不征收契税。

⑤ 因夫妻财产分割而将原共有房屋产权归属一方,是房产共有权的变动而不是现行契税政策规定征税的房屋产权转移行为。因此,对离婚后原共有房屋产权的归属人不征收契税。

⑥ 对县级以上人民政府教育行政主管部门或劳动行政主管部门批准并核发《社会力量办学许可证》,由企业事业组织、社会团体及其他社会组织和公民个人利用非国家财政性教育经费而向社会举办的教育机构,其承受的土地、房屋权属用于教学的,免征契税。

纳税人符合减征或者免征契税规定的,应当在签订土地、房屋权属转移合同后10日内,向土地、房屋所在地的契税征收机关办理减征或者免征契税手续。

以上经批准减免契税的纳税人改变有关土地、房屋的用途,不再属于规定的减免范围的,应当补缴已经减征、免征的契税税款。

2. 契税优惠的特殊规定

(1) 企业公司制改造。非公司制企业按照《中华人民共和国公司法》的规定,整体改建为有限责任公司(含国有独资公司)或股份有限公司,或者有限责任公司整体改建为股份有限公司的,对改建后的公司承受原企业土地、房屋权属,免征契税;非公司制国有独资企业或国有独资公司以其部分资产与他人组建新公司,且该国有独资企业(公司)在新设公司中所占股份超过50%的,对新设公司承受该国有独资企业(公司)的土地、房屋权属,免征契税。

(2) 企业股权重组。在股权转让中,单位、个人承受企业股权,企业土地、房屋权属不发生转移,不征收契税。国有、集体企业实施"企业股份合作制改造",由职工买断企业产权,或向其职工转让部分产权,或者通过其职工投资增资扩股,将原企业改造为股份合作制企业的,对改造后的股份合作制企业承受原企业的土地、房屋权属,免征契税。对国有控股公司以部分资产投资组建新公司,且该国有控股公司占新公司股份85%以上的,对新公司承受该国有控股公司土地、房屋权属免征契税。

(3) 企业合并。两个或两个以上的企业,依据法律规定、合同约定,合并改建为一个企业,对其合并后的企业承受原合并各方的土地、房屋权属,免征契税。

(4) 企业分立。企业依照法律规定、合同约定分设为两个或两个以上投资主体相同的企业,对派生方、新设方承受原企业土地、房屋权属,不征收契税。

(5) 企业出售。国有、集体企业出售,被出售企业法人予以注销,并且买受人妥善安置原企业30%以上职工的,对其承受所购企业的土地、房屋权属,减半征收契税。

(6) 企业关闭、破产。企业依照有关法律、法规的规定关闭、破产后,债权人(包括关闭、破产企业职工)承受关闭、破产企业土地、房屋权属以抵偿债务的,免征契税;对非债权人承受关闭、破产企业土地、房屋权属,凡妥善安置原企业30%以上职工的,减半征收契税;全部安置原企业职工的,免征契税。

(7) 其他经国务院批准实施债权转股权的企业,对债权转股权后新设立的公司承受原企业的土地、房屋权属,免征契税。

(8) 继承土地、房屋权属。对于《中华人民共和国继承法》规定的法定继承人(包括配偶、子女、父母、兄弟姐妹、祖父母、外祖父母)继承土地、房屋权属,不征契税。按照《中华人民共和国继承法》规定,非法定继承人根据遗嘱承受死者生前的土地、房屋权属,属于赠与行为,应征收契税。

(9) 其他。政府主管部门对国有资产进行行政性调整和划转过程中发生的土地、房屋权属转移,不征收契税;企业改制重组过程中,同一投资主体内部所属企业之间土地、房屋权属的无偿划转,不征收契税;对拆迁居民因拆迁重新购置住房的,对购房成交价格中相当于拆迁补偿款的部分免征契税,成交价格超过拆迁补偿款的,对超过部分征收契税。

（五）契税征收管理

1. 纳税义务发生时间

契税的纳税义务发生时间是纳税人签订土地、房屋权属转移合同的当天，或者纳税人取得其他具有土地、房屋权属转移合同性质凭证的当天。

2. 纳税期限

纳税人应当自纳税义务发生之日起 10 日内，向土地、房屋所在地的契税征收机关办理纳税申报，并在契税征收机关核定的纳税期限内缴纳税款。

3. 纳税地点

契税在土地、房屋所在地的征收机关缴纳。

4. 征收管理

办理纳税事宜后，契税征收机关应当向纳税人开具契税完税凭证。纳税人应当持契税完税凭证和其他规定的文件材料，依法向土地管理部门、房产管理部门办理有关土地、房屋的权属变更登记手续。纳税人未出具契税完税凭证的，上述部门不予办理有关土地、房屋的权属变更登记手续。

土地管理部门、房产管理部门应当配合税收征收机关向其提供有关资料，包括有关土地、房屋权属、土地出让费用、成交价格以及其他权属变更方面的资料，协助契税征收机关依法征收契税。

契税征收机关为土地、房屋所在地的财政机关或者地方税务机关。具体征收机关由省、自治区、直辖市人民政府确定。契税征收应当以征收机关自征为主。自征确有困难的地区，经上一级征收机关批准，可以委托当地房屋管理部门、土地管理部门或者其他有关单位代征。但是，由于近几年的征管实践证明征收机关直接征收契税，更有利于掌握税源情况，强化税收管理，国家税务总局已于 2004 年 10 月 18 日发出通知，要求各地征收机关要在 2004 年 12 月 31 日前停止代征委托，直接征收契税。

三、印花税法

(一) 印花税概述

1. 印花税的概念和特征

印花税是指国家对纳税主体在经济活动中书立、领受应税凭证行为而征收的一种税收。印花税起初是纳税人将应税凭证送交征税机关,用刻制花纹的印戳在该凭证上印盖标记以示完税而被俗称为"印花"。后为征收便利,改革了征收方式,以在应税凭证上粘贴国家统一印制的印花税票为完税标志,故称之为印花税。

印花税具有下列特点:

(1) 征收范围广

随着社会主义市场经济秩序的不断发展与完善,经济活动日趋活跃,书立、领受各种凭证行为普遍发生,为征收印花税提供了广泛的税源。印花税法确定的范围相当广泛,其确认的应税凭证有五大类,13个税目,涉及经济活动的各个方面。凡税法列举的合同或具有合同性质的凭证、产权转移书据、营业账簿及权利、许可证照等,都必须依法纳税。

(2) 税负轻

税率低、税负轻是印花税的一个显著特征。其最高税率为千分之三,最低税率为万分之零点五;按定额税率征税的,每件五元。与其他税种相比,印花税税率确实较低,其税负也轻。税负轻是印花税的优点,易于为纳税人所接受,也因此得以使世界各国能够普遍和持久地开征此税。

(3) 纳税人自行完税

印花税主要通过纳税人"三自"纳税的方式完税。即纳税人通过自行计算、自行购花、贴花并自行销花的方式完成印花税的缴纳义务。当纳税人发生书立、领受应税凭证行为时,应先依据应税凭证所载计税金额和应适用的税目税率,自行计算其应纳税额;再由纳税人自行购买印花税票,并一次足额粘贴在应税凭证上;最后由纳税人按《印花税暂行条例》的规定对已粘贴的印花税票自行注销或者画销。至此,纳税人的纳税义务才算履行完毕。

2. 印花税法的沿革

印花税是一个古老的税种。荷兰是印花税的创始国。1624年荷兰政府在广泛征询民间建议的基础上,确定实施了一种以商事产权凭证为征收对象的印花税,由于缴税时是在凭证上用刻花滚筒推出"印花"戳记,以示完税,因此被命名为"印花税"。1854年,奥地利政府印制发售了形似邮票的印花税票,由纳税人自行购买贴在应纳税凭证上,并规定完成纳税义务是以在票上盖戳注销为标准,世界上由此诞生了印花税票。目前,世界上已有一百多个国家和地区开征了印花税。我国开征印花税始于北洋政府时期,于1912年10月颁布《印花税法》十三条,此为地方税。翌年各地先后开始征收。1927年,国民政府参照北洋政府《印花税法》制定了《印花税法暂行条例》,并将印花税列为中央税。1934年将该《暂行条例》修订后正式颁布《印花税法》。新中国成立后,1950年1月政务院颁布《全国税收实施要则》,对印花税作了规定,成为新中国成立后全国统一开征的税种之一。1950年4月,财政部发布《印花税暂行条例》试行。1950年12月政务院正式公布了《印花税暂行条例》。1958年工商税制改革,印花税与其他几个税种合并为工商统一税,《印花税暂行条例》及相关规定也即时废止,印花税不再单独开征。1978年改革开放后,商品经济发展迅速,社会经济生活发生了巨大的变化。经济活动和经济交往过程中书立、领受凭证的行为已成为普遍现象,恢复单独开征印花税的客观经济环境已经成熟,1988年8月,国务院发布了《中华人民共和国印花税暂行条例》(下称《印花税暂行条例》),规定从1988年10月1日起在全国范围内恢复征收印花税。

3. 印花税法

印花税法是国家制定的调整印花税征收与缴纳之间权利及义务关系的法律规范的总称。

(二) 印花税的纳税人

印花税的纳税人是在中国境内书立、使用、领受印花税法所列举的凭证并应依法履行纳税义务的单位和个人。所称单位国内各类企业、事业、机关、团体、部队以及中外合资企业、合作企业、外资企业、外国公司和其他经济组织以及在华机构等单位和个人。上述单位和

个人,按照书立、使用、领受应税凭证的不同,纳税人具体可划分为以下五种:

1. 立合同人。立合同人是指合同的当事人,即指对凭证有直接权利义务关系的单位和个人,但不包括合同的担保人、证人、鉴定人。当事人的代理人有代理纳税义务,他与纳税人负有同等的税收法律义务和责任。一份合同由两方或两方以上当事人共同签订的,签订合同的各方均为纳税人。

2. 立据人。是指书立产权转移书据的单位和个人。

3. 立账簿人。是指开立并使用营业账簿的单位和个人。

4. 领受人。是指领取并持有权利许可证照的单位和个人。

5. 使用人。是指在国外书立或领受,在国内使用应税凭证的单位和个人。

需要注意的是,应税凭证凡由两方或两方以上当事人共同书立的,其当事人各方均为印花税的纳税人,应各就其所持凭证的计税金额履行纳税义务。

(三) 印花税的税目

印花税税目是指印花税法明确规定的应当纳税的项目,它具体划定了印花税的征税范围。一般而言,列入税目的就要征税,未列入税目的就不征税。其具体征税范围如下:

1. 购销合同。包括供应、预购、采购、购销结合及协作、调剂、补偿、贸易等合同。此外,还包括出版单位与发行单位之间订立的图书、报纸、期刊和音像制品的应税凭证,例如订购单、订数单等。对发电厂与电网之间、电网与电网之间(国家电网公司系统、南方电网公司系统内部各级电网互供电量除外)签订的购售电合同按购销合同征收印花税。但电网与用户之间签订的供用电合同不属于印花税列举征税的凭证,不征收印花税。

2. 加工承揽合同。包括加工、定做、修缮、修理、印刷、广告、测绘、测试等合同。

3. 建设工程勘察设计合同。包括勘察、设计合同。

4. 建筑安装工程承包合同。包括建筑、安装工程承包合同。承包合同又分为总承包合同、分包合同和转包合同。

5. 财产租赁合同。包括租赁房屋、船舶、飞机、机动车辆、机械、器具、设备等合同,还包括企业、个人出租门店、柜台等签订的合同。

6. 货物运输合同。包括民用航空、铁路运输、海上运输、公路运输和联运合同,以及作为合同使用的单据。

7. 仓储保管合同。包括仓储、保管合同,以及作为合同使用的仓单、栈单。

8. 借款合同。包括银行及其他金融组织与借款人(不包括银行同业拆借)所签订的合同,以及只填开借据并作为合同使用、取得银行借款的借据。银行及其他金融机构经营的融资租赁业务,是一种以融物方式达到融资目的的业务,实际上是分期偿还的固定资产借款,因此融资租赁合同也属于借款合同。

对办理借款展期业务使用的借款展期合同或其他凭证,按信贷制度规定,仅载明延期还款事项的,可暂不贴花。同业拆借合同不属于列举征税的凭证,不贴印花;凡按照规定的同业拆借期限和利率签订的同业拆借合同,不贴印花;凡不符合规定的,应按借款合同贴花。

9. 财产保险合同。包括财产、责任、保证、信用保险合同,以及作为合同使用的单据。具体分为企业财产保险、机动车辆保险、货物运输保险、家庭财产保险和农牧业保险五大类。"家庭财产两全保险"属于家庭财产保险合同之列,应照章纳税。

10. 技术合同。包括技术开发、转让、咨询、服务等合同,以及作为合同使用的单据。

技术转让合同,包括专利申请权转让、专利实施许可和非专利技术转让。

技术咨询合同,是当事人就有关项目的分析、论证、预测和调查订立的技术合同。但一般的法律、会计、审计等方面的咨询不属于技术咨询,其所订立合同不贴印花。

技术服务合同,是当事人一方委托另一方就解决有关特定技术问题提出实施方案,进行实施指导所订立的技术合同,包括技术服务合同、技术培训合同和技术中介合同。但不包括以常规手段或者为生产经营目的进行一般加工、修理、修缮、广告、印刷、测绘、标准化测试,以及勘察、设计等所书立的合同。

11. 产权转让书据。包括财产所有权和版权、商标专用权、专利权、专有技术使用权等转移书据和土地使用权出让合同、土地使用权转让合同、商品房销售合同等权利转移合同。

所谓产权转移书据是指单位和个人产权的买卖、继承、赠与、交换、分割等所立的书据。"财产所有权"转移书据的征税范围，是指政府管理机关登记注册的动产、不动产的所有权转移所立的书据，以及企业股权转让所立的书据，并包括个人无偿赠送不动产所签订的"个人无偿赠与不动产登记表"。

12. 营业账簿。营业账簿是指单位或者个人记载生产经营活动的账簿。营业账簿按其反映内容的不同，可分为记载资金的账簿和其他账簿。记载资金的账簿是指反映生产经营单位资本金数额增减变化的账簿。其他账簿是指除上述账簿以外的有关其他生产经营活动内容的账簿，包括日记账簿和各明细分类账簿。

但是，对金融系统营业账簿，要结合金融系统财务会计核算的实际情况进行具体分析。凡银行用以反映资金存贷经营活动、记载经营资金增减变化、核算经营成果的账簿，如各种日记账、明细账和总账都属于营业账簿，应按照规定缴纳印花税；银行根据业务管理需要设置的各种登记簿，如空白重要凭证登记簿、有价单证登记簿等，其记载的内容与资金活动无关，仅用于内部备查，属于非营业账簿，均不征收印花税。

13. 权利、许可证照。权利、许可证照包括政府部门发给的房屋产权证、工商营业执照、商标注册证、专利证、土地使用证。

14. 经财政部确定征税的其他凭证。

此外，根据国务院的专门规定，股份制企业向社会公开发行的股票，因买卖、继承、赠与所书立的股权转让书据，均按照书据书立的时候证券市场当日实际成交价格计算的金额缴纳印花税，即证券（股票）交易印花税。

（四）印花税税率

印花税的税率有两种形式，即比例税率和定额税率。各类合同以及合同性质的凭证、产权转移书据、营业账簿中记载金额的账簿，适用比例税率，税率为万分之零点五（借款合同）、万分之三

（购销合同、建筑安装工程承包合同、技术合同）、万分之五（加工承揽合同、建筑工程勘察设计合同、货物运输合同、产权转移书据、营业账簿税目中记载资金的账簿）、千分之一（财产租赁合同、仓储保管合同、财产保险合同）。对于权利、许可证照和营业账簿中的其他账簿，适用定额税率，均为按件贴花，税额为5元。此外，证券（股票）交易印花税的税率经过多次调整，自2008年4月24日起，适用千分之一的比例税率，即对买卖、继承、赠与所书立的A股、B股股权转让书据，由立据双方当事人分别按千分之一的税率缴纳证券（股票）交易印花税。

根据税法的规定，适用比例税率的应税凭证，以凭证所记载金额为计税依据。对同一凭证因载有两个或两个以上经济事项而适用不同的税目税率，如果分别记载金额的，应分别计算应纳税额，相加后计税额贴花；如果未分别记载金额的，按税率高的计税贴花。适用定额税率的应税凭证，以应税凭证的件数为计税依据，按件定额贴花5元。

（五）印花税的应纳税额

1. 印花税计税依据的一般规定

根据应税凭证种类，计税依据分别如下：

（1）合同或具有合同性质的凭证，以凭证所载金额作为计税依据。具体包括购销金额、加工或承揽收入、收取费用、承包金额、租赁金额、运输费用、仓储保管费用、借款金额、保险费收入等。上述凭证以"金额""收入""费用"作为计税依据的，应当全额征收，不得作任何扣除。

载有两个或两个以上应适用不同税目税率经济事项的同一凭证，如分别记载金额的，应分别计算应纳税额，相加后按合计税额贴花；如未分别记载金额的，按税率高的计算贴花。

（2）产权转移书据的计税依据为所载金额。

（3）营业账簿中记载资金的账簿，以"实收资本"与"资本公积"两项的合计金额为其计税依据。

实收资本，包括现金、实物、无形资产和材料物资。现金按实际收到或存入纳税人开户银行的金额确定。实物，指房屋、机器等，按评估确认的价值或者合同、协议约定的价格确定。无形资产和材料物资,按评估确认的价值确定。

资本公积,包括接受捐赠、法定财产重估增值、资本折算差额、资本溢价等。如果是实物捐赠,则按同类资产的市场价格或有关凭据确定。

(4) 不记载金额的房屋产权证、工商营业执照、专栏证等权利许可证照,以及企业的日记账簿和各种明细分类账簿等辅助性账簿,以凭证或账簿的件数作为计税依据。

(5) 纳税人有下列情形的,地方税务机关可以核定纳税人印花税计税依据:

① 未按规定建立印花税应税凭证登记簿,或未如实登记和完整保存应税凭证的;

② 拒不提供应税凭证或不如实提供应税凭证致使计税依据明显偏低的;

③ 采用按期汇总缴纳办法的,未按地方税务机关规定的期限报送汇总缴纳印花税情况报告,经地方税务机关责令限期报告,逾期仍不报告的或者地方税务机关在检查中发现纳税人有未按规定汇总缴纳印花税情况的。

地方税务机关核定征收印花税,应根据纳税人的实际生产经营收入,参考纳税人各期印花税纳税情况及同行业合同签订情况,确定科学合理的数额或比例作为纳税人印花税计税依据。

2. 印花税应纳税额的计算

(1) 合同和具有合同性质的凭证以及产权转移书据

$$应纳税额 = 计税金额 \times 适用税率$$

(2) 资金账簿

$$应纳税额 = (实收资本 + 资本公积) \times 适用税率$$

(3) 权利、许可证照和其他账簿

$$应纳税额 = 应税凭证件数 \times 单位税额$$

(六) 印花税优惠措施

根据现行有关印花税的法律、法规、政策规定,下列凭证免纳印花税:

1. 已缴纳印花税的凭证的副本或者抄本,但是视同正本使用者除外。

2. 财产所有人将财产赠给以下三类单位所立的书据:(1)政府;(2)社会福利单位(指抚养孤老伤残的社会福利单位);(3)学校。

3. 经财政部批准免税的其他凭证,例如:(1)国家指定的收购部门与村民委员会、农民个人书立的农副产品收购合同;(2)无息、贴息贷款合同;(3)外国政府或者国际金融组织向我国政府及国家金融机构提供优惠贷款所书立的合同;(4)房地产管理部门与个人签订的用于生活居住的租赁合同;(5)农牧业保险合同;(6)特殊货运凭证(军事物资运输凭证即附有军事运输命令或使用专用的军事物资运费结算凭证;抢险救灾物资运输凭证即附有县级以上人民政府抢险救灾物资运输证明文件的运费结算凭证;新建铁路的工程临管线运输凭证即为新建铁路运输施工所需物料,使用工程临管线专用的运费结算凭证);(7)出版合同;(8)书、报、刊发行单位之间,发行单位与订阅人之间书立的凭证;(9)土地使用权出让、转让书据(合同)。

自 2006 年 1 月 1 日起至 2008 年 12 月 31 日对与高校学生签订的学生公寓租赁合同,免征印花税。

(七)印花税的征收管理

印花税实行由纳税人根据税法规定自行计算应纳税额,购买并一次贴足印花税票的缴纳方法。为了简化手续,如果应纳数额较大或者贴花次数频繁的,可向税务机关提出申请,采取以缴款书代替贴花或者按期汇总缴纳的办法。另外,凡通过国家有关部门发放、鉴证、公证或仲裁的应税凭证,可由税务机关委托有关部门代收。

印花税应当在书立或领受时贴花。即在合同签订时、账簿启用时和证照领受时贴花。如果合同是在国外签订,并且不便在国外贴花的,应在将合同带入境时办理贴花纳税手续。

印花税一般实行就地纳税。对于全国性商品物资订货会(包括展销会、交易会等)上所签订合同应纳的印花税,由纳税人回其所在地后及时办理贴花完税手续;对地方主办、不涉及省际关系的订货会、展销会上所签合同的印花税,其纳税地点由各省、自治区、直辖市人民政府自行确定。

印花税的征收管理由税务机关负责。纳税人应按照税法的规定纳税,如有违章行为,税务机关有权根据行为性质和情节轻重,给予适当的行政处罚;构成犯罪的,由税务机关提请司法机关追究刑事责任。

四、房产税法

(一) 房产税法概述

房产税是以房产为征税对象,按房产的计税余值或房产的租金收入为计税依据,向房产的所有人或使用人征收的一种财产税。对房产征税的目的是为了运用税收杠杆,调节房产所有人和使用人的收入,有利于积累建设资金,加强房产管理,提高房屋的使用效率。

房产税法是指调整房产税征纳关系的法律规范的总称。我国现行房产税法的主要表现形式,是1986年9月15日国务院颁布的《中华人民共和国房产税暂行条例》(以下简称《房产税暂行条例》)。

对房产税征税的目的是运用税收杠杆,加强对房产的管理,提高房产使用效率,控制固定资产投资规模和配合国家房产政策的调整,合理调节房产所有人和经营人的收入。此外,房产税税源稳定,易于控制管理,是地方财政收入的重要来源之一。

(二) 纳税人

房产税应由在征税范围内的房屋的产权所有人缴纳。产权属于全民所有的,由经营管理的单位缴纳;产权属于集体和个人所有的,由集体单位和个人缴纳。产权出典的,由承典人缴纳。产权所有人、承典人不在房产所在地的,或者产权未确定及租典纠纷未解决的,由房产代管人或使用人缴纳。上述产权所有人、经营管理单位、承典人、房产代管人或者使用人,统称为房产税的纳税人。

此外,外商投资企业、外国企业和外国人应当依法缴纳城市房地产税,不是房产税的纳税人。

(三) 征税对象和征收范围

房产税以在我国境内用于生产经营的房屋为征税对象,与房屋不可分割的各种附属设备或一般不单独计算价值的配套设施,也应作为房屋一并征税。房产税的具体征收范围为:城市、县城、建制镇和工矿区的房产,不包括农村农民的房产,这主要是为了减轻农民负担。对于城乡居民用于居住的房屋不征房产税。需要注意:城市的征税范围为市区、郊区和市辖县县城,不包括农村。建制镇的征税范围为镇人民政府所在地。不包括所辖的行政村。

(四)计税依据、税率及应纳税额

1. 计税依据和税率

房产税的计税依据是房产的计税余值或房产的租金收入。按照房产计税余值征税的,称为从价计征;按照房产租金收入(包括货币收入和实物收入)计征的,称为从租计征。我国现行房产税采用的是比例税率,从价计征的税率为1.2%,从租计征的税率为12%。另外,从2001年起,对个人按市场价格出租的居民用房,可暂减按4%的税率从租征收房产税。

所谓房产余值是房产的原值减除规定比例后的余额,具体而言,房产税的计税余值就是依照房产原值一次减除10%—30%的余额。具体减除幅度由省、自治区、直辖市人民政府根据当地的实际情况规定。没有房产原值作为依据的,由房产所在地税务机关参考同类房产核定。所谓房产原值,是指纳税人按照会计制度规定,在账簿"固定资产"科目中记载的房屋造价(或原价)。对纳税人未按会计制度规定记载原值的,在计征房产税时,应按规定调整房产原值;对房产原值明显不合理的,应重新予以评估;对没有房产原值的,应由房屋所在地的税务机关参考同类房屋的价值核定。在确定房产税的计税依据时,还需要特别注意以下几个特殊规定:(1)对以房产投资联营,投资者参与投资利润分红,共担风险的,按房产余值作为计税依据计征房产税;对只收取固定收入,不承担联营风险的,应按租金收入计征房产税。(2)对融资租赁的房屋计征房产税时,应以房产余值计算征收房产税。至于租赁期内房产税的纳税人,由当地税务机关根据实际情况确定。

所谓房产租金收入,是房屋产权所有人出租房屋使用权所得的报酬,包括货币收入和实物收入。如果是以劳务或其他形式为报酬抵付房租收入的,应根据当地同类房屋的租金水平,确定一个标准租金额从租计征。

2. 应纳税额的计算

(1) 从价计征的具体计算公式为:

$$应纳税额 = 计税余值 \times 适用税率(1.2\%)$$
$$= 应税房产原值 \times (1 - 扣除比例)$$
$$\times 适用税率(1.2\%)$$

(2) 从租计价的具体计算公式为:

$$应纳税额 = 租金收入 \times 适用税率(12\% 或 4\%)$$

(五) 税收优惠

根据《房产税暂行条例》及相关政策,下列项目免征房产税:

1. 国家机关、人民团体、军队自用的房产免征房产税。但上述免税单位的出租房产以及非自身业务使用的生产、营业用房产,不属于免税范围。此处所称"人民团体"是指经国务院授权的政府部门批准设立或登记备案并由国家拨付行政事业费的各种社会团体。

2. 由国家财政部门拨付事业经费的单位的房产,自用,如学校、医疗卫生单位、托儿所、幼儿园、文化、体育、艺术等实行全额或差额预算管理的事业单位所有的,本身业务范围内使用的房产免征房产税。

为鼓励事业单位经济自立,对由国家财政部门拨付事业经费的单位,其经费来源实行自收自支后,从事业单位经费实行自收自支的年度起,免征房产税3年。

3. 企业所办的学校、托儿所、幼儿园自用的房产。

4. 非营利性医疗机构、疾病控制机构、妇幼保健机构等医疗、卫生机构自用的房产。营利性医疗机构取得的收入直接用于改善医疗卫生条件的,自其取得执业登记之日起3年内,自用的房产也可以免征房产税。

5. 非营利性科研机构自用的房产。

6. 符合规定的科学研究机构转为企业和进入企业,可以从转制注册之日起,5年以内免征科研开发自用房产的房产税。

7. 宗教寺庙、公园、名胜古迹自用的房产免征房产税。但宗教寺庙、公园、名胜古迹出租的房产及其附设的营业单位（如影剧院、饮食部、照相馆）所使用的房产，不属于免税范围，应依法纳税。

8. 个人所有非营业用的房产免征房产税。这里主要指居民居住用房，对个人拥有的营业用房或者出租的房产，不属于免税房产，应照章纳税。

9. 经财政部批准免税的其他房产。这类规定较多，如地下人防设施、临时性房屋、危险房屋、非营利性老年服务机构、非营利性医疗卫生机构、非营利性科研机构、高校后勤实体等的房产免征房产税。

除上述可以免纳房产税的情况以外，如纳税人纳税确有困难的，可由省、自治区、直辖市人民政府确定，定期减征或者免征房产税。

（六）征收管理

1. 纳税义务发生时间

（1）纳税人将原有房产用于生产经营，从生产经营之月起缴纳房产税。

（2）纳税人自行新建房屋用于生产经营，从建成之次月起缴纳房产税。

（3）纳税人委托施工企业建设的房屋，从办理验收手续之次月起，缴纳房产税。纳税人在办理手续前，即已使用或出租、出借的新建房屋，应从使用或出租、出借的当月起缴纳房产税。

（4）购置新建商品房，自房屋交付使用之次月起，缴纳房产税。

（5）购置存量房，自办理房屋权属转移、变更登记手续，房地产权属登记机关签发房屋权属证书之次月起缴纳房产税。

（6）出租、出借房产，自交付出租、出借房产之次月起缴纳房产税。

（7）房地产开发企业自用、出租、出借本企业建造的商品房，自房屋使用或交付之次月起缴纳房产税。

2. 纳税期限

房产税实行按年计算，分期缴纳的征收方法。具体纳税期限由省、自治区、直辖市人民政府确定。

3. 纳税地点

房产税在房产所在地缴纳。房产不在同一地方的纳税人，应按房产的坐落地点分别向房产所在地的税务机关纳税。

五、车船税法

(一) 车船税法概述

车船税是指在中华人民共和国境内的车辆、船舶的所有人或者管理人按照《中华人民共和国车船税暂行条例》应缴纳的一种税。

我国对车船征税的历史很悠久。明清时,曾对内河商船征收船钞。新中国成立前,不少城市对车船征收牌照税。新中国成立后,中央人民政府政务院于1951年颁布了《车船使用牌照税暂行条例》,对车船征收车船使用牌照税。1986年9月国务院在实施工商税制改革时,又发布了《中华人民共和国车船使用税暂行条例》。根据有关规定,该条例不适用于外商投资企业和外国企业及外籍个人。因此,对外商投资企业和外国企业及外籍个人仍征收车船使用牌照税。

以上两个税种自开征以来,在组织地方财政收入,调节和促进经济发展方面发挥了积极作用。但内外两个税种,不符合简化税制的要求,也与WTO有关国民待遇等规则不相符合;而且这两个税种的征免税范围不尽合理,税源控管手段不足,税额标准与我国社会经济发展水平和当前物价水平相比已明显偏低。因此,根据我国目前车船拥有、使用和管理现状及发展趋势,本着简化税制、公平税负、拓宽税基,方便税收征管的原则,国务院将《车船使用牌照税暂行条例》和《中华人民共和国车船使用税暂行条例》进行了合并修订,2006年12月29日颁布了《中华人民共和国车船税暂行条例》(以下简称《车船税暂行条例》),自2007年1月1日实施,对各类企业、行政事业单位和个人统一征收车船税,适当提高了税额标准,调整了减免税范围。2007年3月26日,财政部、国家税务总局根据《车船税暂行条例》制定并公布了《中华人民共和国车船税暂行条例实施细则》,自公布之日起实施。

(二) 纳税人

在中华人民共和国境内,车辆、船舶(以下简称车船)的所有人或者管理人为车船税的纳税人。车船的所有人或者管理人未缴纳车船税的,使用人应当代为缴纳车船税。

(三) 征税范围

车船税的征税范围,是指依法应当在车船管理部门登记的车船。具体而言,包括:

1. 车辆

车辆,包括机动车辆和非机动车辆。机动车辆,指依靠燃油、电力等能源作为动力运行的车辆,如汽车、拖拉机、无轨电车等;非机动车辆,指依靠人力、畜力运行的车辆,如三轮车、自行车、畜力驾驶车等。

2. 船舶

船舶,包括机动船舶和非机动船舶。机动船舶,指依靠燃料等能源作为动力运行的船舶,如客轮、货船、气垫船等;非机动船舶,指依靠人力或者其他力量运行的船舶,如木船、帆船、舢板等。

在机场、港口以及其他企业内部场所行驶或者作业,并在车船管理部门登记的车船,应当缴纳车船税。

(四) 税率

《车船税暂行条例》对应税车辆实行有幅度的定额税率,即对各类车辆分别规定一个最低到最高限度的年税额,同时授权国务院财政部门、税务主管部门可以根据实际情况,在《车船税税目税额表》规定的税目范围和税额幅度内,划分子税目,并明确车辆的子税目税额幅度和船舶的具体适用税额。车辆的具体使用税额由省、自治区、直辖市人民政府在规定的子税目税额幅度内确定。

车船税税目税额表

税目	计税单位	每年税额	备注
载客汽车	每辆	60元至660元	包括电车
载货汽车	按自重每吨	16元至120元	包括半挂牵引车、挂车
三轮汽车、低速货车	按自重每吨	24元至120元	
摩托车	每辆	36元至180元	
船舶	按净吨位每吨	3元至6元	拖船和非机动驳船分别按船舶税额的50%计算

注:专项作业车、轮式专用机械车的计税单位及每年税额由国务院财政部门、税务主管部门参照本表确定。

1. 车船税暂行条例《车船税税目税额表》中的载客汽车,划分为大型客车、中型客车、小型客车和微型客车4个子税目。其中,大型客车是指核定载客人数大于或者等于20人的载客汽车;中型客车是指核定载客人数大于9人且小于20人的载客汽车;小型客车是指核定载客人数小于或者等于9人的载客汽车;微型客车是指发动机气缸总排气量小于或者等于1升的载客汽车。载客汽车各子税目的每年税额幅度为:

(1) 大型客车,480元至660元;

(2) 中型客车,420元至660元;

(3) 小型客车,360元至660元;

(4) 微型客车,60元至480元。

2. 车船税暂行条例《车船税税目税额表》中的三轮汽车,是指在车辆管理部门登记为三轮汽车或者三轮农用运输车的机动车;低速货车,是指在车辆管理部门登记为低速货车或者四轮农用运输车的机动车。

3. 车船税暂行条例《车船税税目税额表》中的专项作业车,是指装置有专用设备或者器具,用于专项作业的机动车;轮式专用机械车是指具有装卸、挖掘、平整等设备的轮式自行机械。专项作业车和轮式专用机械车的计税单位为自重每吨,每年税额为16元至120元。具体适用税额由省、自治区、直辖市人民政府参照载货汽车的税额标准在规定的幅度内确定。

4. 客货两用汽车按照载货汽车的计税单位和税额标准计征车船税。

5. 车船税暂行条例《车船税税目税额表》中的船舶,具体适用税额为:

(1) 净吨位小于或者等于200吨的,每吨3元;

(2) 净吨位201吨至2000吨的,每吨4元;

(3) 净吨位2001吨至10000吨的,每吨5元;

(4) 净吨位10001吨及其以上的,每吨6元。

6. 车船税暂行条例《车船税税目税额表》中的拖船,是指专门用于拖(推)动运输船舶的专业作业船舶。拖船按照发动机功率每2

马力折合净吨位1吨计算征收车船税。

(五)应纳税额的计算

1. 计税依据

车船税的计税依据,按车船的种类和性能,分别确定为辆、净吨位和载重吨位三种。

(1)载客汽车、电车、摩托车,以"辆"作为计税依据。

(2)载货汽车、三轮车、低速货车按自重吨位作为计税依据。

(3)船舶,以"净吨位"为计税依据。所谓净吨位,是指额定(或称预定)装运货物的船舱(或车厢)所占用的空间容积。载货汽车的净吨位,一般按额定的载重量计算;机动船的净吨位,一般是额定装运货物和载运旅客的船舱所占有的空间容积,即船舶各个部位的总容积,扣除按税法规定的非营业用所占容积,包括驾驶室、轮机间、业务办公室、船员生活用房等容积后的容积。

需要说明的是,《车船税暂行条例》及其实施细则中所称涉及的核定载客人数、自重、净吨位、马力等计税标准,以车船管理部门核发的车船登记证书或者行驶证书相应项目所载数额为准。纳税人未按照规定到车船管理部门办理登记手续的,上述计税标准以车船出厂合格证明或者进口凭证相应项目所载数额为准;不能提供车船出厂合格证明或者进口凭证的,由主管地方税务机关根据车船自身状况并参照同类车船核定。

车辆自重尾数在0.5吨以下(含0.5吨)的,按照0.5吨计算;超过0.5吨的,按照1吨计算。船舶净吨位尾数在0.5吨以下(含0.5吨)的不予计算,超过0.5吨的按照1吨计算。1吨以下的小型车船,一律按照1吨计算。

《车船税暂行条例》及其实施细则所称的自重,是指机动车的整备质量。是指汽车的干质量加上冷却液和燃料(不少于油箱容量的90%)及备用车轮和随车附件的总质量。干质量就是指仅装备有车身、全部电气设备和车辆正常行驶所需要的完整车辆的质量。通俗地说整备质量就是汽车在正常条件下准备行驶时,尚未载人(包括驾驶员)、载物时的空车质量。

2. 应纳税额的计算方法

(1) 载客汽车、电车、摩托车的应纳税额的计算

应纳税额 = 辆数 × 适用单位税额

(2) 载货汽车、三轮车、低速货车的应纳税额的计算

应纳税额 = 自重吨位数 × 适用单位税额

(3) 船舶应纳税额的计算

应纳税额 = 净吨位数 × 适用单位税额

(4) 客货两用汽车应纳税额分两步计算：

乘人部分 = 辆数 × (适用载客汽车税额 × 50%)

载货部分 = 净吨位数 × 适用税额

(5) 购置的新车船，购置当年的应纳税额自纳税义务发生的当月起按月计算。计算公式为：

应纳税额 = (年应纳税额/12) × 应纳税月份数

(六) 税收优惠

《车船税暂行条例》对车船税的税收优惠政策作了明确的规定，同时授权省、自治区、直辖市人民政府对纳税确有困难的纳税人，可以定期减征或者免征；对个人自有自用的自行车，自行确定其车船税的征收或者减免。

下列车船免征车船税：

1. 非机动车船(不包括非机动驳船)。非机动车，是指以人力或者畜力驱动的车辆，以及符合国家有关标准的残疾人机动轮椅车、电动自行车等车辆；非机动船是指自身没有动力装置，依靠外力驱动的船舶；非机动驳船是指在船舶管理部门登记为驳船的非机动船。

2. 拖拉机。拖拉机，是指在农业(农业机械)部门登记为拖拉机的车辆。

3. 捕捞、养殖渔船。捕捞、养殖渔船，是指在渔业船舶管理部门登记为捕捞船或者养殖船的渔业船舶。不包括在渔业船舶管理部门登记为捕捞船或者养殖船以外类型的渔业船舶。

4. 军队、武警专用的车船。军队、武警专用的车船，是指按照规定在军队、武警车船管理部门登记，并领取军用牌照、武警牌照的车船。

5. 警用车船。警用车船,是指公安机关、国家安全机关、监狱、劳动教养管理机关和人民法院、人民检察院领取警用牌照的车辆和执行警务的专用船舶。

6. 按照有关规定已经缴纳船舶吨税的船舶。

7. 依照我国有关法律和我国缔结或者参加的国际条约的规定应当予以免税的外国驻华使馆、领事馆和国际组织驻华机构及其有关人员的车船。此处所称我国有关法律,是指《中华人民共和国外交特权与豁免条例》《中华人民共和国领事特权与豁免条例》。外国驻华使馆、领事馆和国际组织驻华机构及其有关人员在办理免税事项时,应当向主管地方税务机关出具本机构或个人身份的证明文件和车船所有权证明文件,并申明免税的依据和理由。

省、自治区、直辖市人民政府可以根据当地实际情况,对城市、农村公共交通车船给予定期减税、免税。

(七) 征收管理

1. 纳税义务发生的时间

车船税的纳税义务发生时间,为车船管理部门核发的车船登记证书或者行驶证书所记载日期的当月。

纳税人未按照规定到车船管理部门办理应税车船登记手续的,以车船购置发票所载开具时间的当月作为车船税的纳税义务发生时间。对未办理车船登记手续且无法提供车船购置发票的,由主管地方税务机关核定纳税义务发生时间。

2. 纳税期限

车船税按年申报缴纳。具体申报纳税期限由省、自治区、直辖市人民政府确定。

《车船税暂行条例》授权省、自治区、直辖市人民政府确定纳税人的具体纳税期限,主要因为:一是各地情况不同,授权地方自行确定,有利于税收征管;二是纳税人拥有并且使用的车船种类不一,数量各异,其应纳税额多少也相差较大。所以,对那些使用车数量多、应纳税额大、一次性缴纳有困难的纳税人,应允许其按季度或者半年缴纳;而对那些非机动车船,纳税人面广人多,应纳税额小,纳税人愿意一次性缴纳的,就应允许其一次缴清全年税款。

3. 纳税地点

车船税的纳税地点,由省、自治区、直辖市人民政府根据当地实际情况确定。跨省、自治区、直辖市使用的车船,纳税地点为车船的登记地。

4. 车船税的代扣代缴

车船税属于地方税,由地方税务机关负责征收。

由于车船征税具有涉及面广、税源流动性强、纳税人多为个人等特点,而税务部门又缺少有效的监控手段。过去没有有效的控管措施一直是制约车船税收征管质量提高的重要因素。2006年7月1日,国务院颁布的《机动车交通事故责任强制保险条例》开始实施。该条例规定,在我国道路上行驶的机动车的所有人或者管理人,都应当投保机动车交通事故责任强制保险。对未参加机动车交通事故责任强制保险的机动车,机动车辆管理部门不得予以登记,机动车安全技术检验机构不得予以检验。该险种具有强制性的特点,保险范围与车船税的征税范围相近,《车船税暂行条例》将从事机动车交通事故责任强制保险业务的保险机构确定为机动车车船税的扣缴义务人,就解决了长期以来困扰地方税务机关的车船税收实施环节监管无法律依据的问题,为加强车船税的征管,实现源泉控管,堵塞机动车车船税的征管漏洞提供了有效手段。

我国对车船税实行源泉控制。从事机动车交通事故责任强制保险业务的保险机构为机动车车船税的扣缴义务人,应当依法代收代缴车船税。纳税人在购买机动车交通事故责任强制保险时缴纳车船税的,不再向地方税务机关申报纳税。由扣缴义务人代收代缴机动车车船税的,纳税人应当在购买机动车交通事故责任强制保险的同时缴纳车船税。机动车车船税的扣缴义务人依法代收代缴车船税时,纳税人不得拒绝。纳税人对扣缴义务人代收代缴税款有异议的,可以向纳税所在地的主管地方税务机关提出。

扣缴义务人在代收车船税时,应当在机动车交通事故责任强制保险的保险单上注明已收税款的信息,作为纳税人完税的证明。除另有规定外,扣缴义务人不再给纳税人开具代扣代收税款凭证。纳税人如有需要,可以持注明已收税款信息的保险单,到主管地方税务机关开具完税凭证。

5. 车船税的退还

在一个纳税年度内,已完税的车船被盗抢、报废、灭失的,纳税人可以凭有关管理机关出具的证明和完税证明,向纳税所在地的主管地方税务机关申请退还自被盗抢、报废、灭失月份起至该纳税年度终了期间的税款。已办理退税的被盗抢车船,失而复得的,纳税人应当从公安机关出具相关证明的当月起计算缴纳车船税。

第三节 涉及土地与资源的税法

一、土地增值税法

土地增值税,是指对有偿转让国有土地使用权、地上建筑物及其附着物的单位和个人,就其取得收入的增值部分征收的一种税。它是为了规范房地产市场交易秩序,适当调节土地增值收益而征收的一种税收。土地增值税法,是调整土地增值税征纳关系法律规范的总称。我国关于土地增值税的法规是1993年12月13日国务院颁布的《土地增值税暂行条例》以及1995年1月27日财政部颁布的《土地增值税暂行条例实施细则》。

(一) 纳税人

土地增值税的纳税人,为以出售或者以其他方式有偿转让国有土地使用权、地上建筑物及其附着物并取得收入的国有企业、集体企业、私营企业、外商投资企业、外国企业、股份制企业、其他企业、行政单位、事业单位、社会团体、其他单位、个体经营者和其他个人。

(二) 计税依据

土地增值税的计税依据为纳税人转让房地产所取得的增值额。所谓增值额,是纳税人转让房地产取得的收入减除规定扣除项目金额之后的余额。纳税人取得的收入包括转让房地产而取得的货币形态、实物形态及其他形态的全部价款及有关的经济收益。

上述规定的扣除项目包括:

1. 取得土地权所支付的地价款和按照国家统一规定交纳的有

关费用。

2. 房地产开发的成本、费用。房地产开发成本主要包括土地征用及拆迁补偿费、前期工程费、建筑安装工程费、基础设施费、公共配套设施费、开发间接费用等。房地产开发费用是指与房地产开发项目有关的销售费用、管理费用和财务费用。上述的土地征用及拆迁补偿费,包括土地征用费、耕地占用税、劳动力安置费及有关地上、地下附着物拆迁补偿的净支出、安置动迁用房支出等。上述的前期工程费,包括规划、设计、项目可行性研究和水文、地质、勘察、测绘、"三通一平"等支出。上述的开发间接费用,是指直接组织、管理开发项目发生的费用,包括工资、职工福利费、折旧费、修理费、办公费、水电费、劳动保护费、周转房摊销等。

房地产开发费用是指与房地产开发项目有关的销售费用、管理费用和财务费用。

3. 经过当地主管税务机关确认的旧房和建筑物的评估价格。是指在转让已使用的房屋及建筑物时,由政府批准设立的房地产评估机构评定的重置成本价乘以成新度折扣率后的价格。评估价格须经当地税务机关确认。

4. 与转让房地产有关的税金,包括纳税人在转让房地产时缴纳的营业税、城市维护建设税和印花税。转让时缴纳的教育费附加可以视同税金扣除。但房地产开发企业按照《施工、房地产开发企业财务制度》有关规定,其在转让时缴纳的印花税因列入管理费用中,故在此不允许单独再扣除。

5. 财政部规定的其他扣除项目。依据规定,从事房地产开发的纳税人可以按取得土地使用权所支付的金额与房地产开发成本之和,加计20%的扣除额。

纳税人有下列情形之一的,按照房地产评估价格计算征收:

(1) 隐瞒、虚报房地产成交价格的;

(2) 提供扣除项目金额不实的;

(3) 转让房地产成交价格低于房地产评估价格,又无正当理由的。

(三) 税率

土地增值税实行4级超率累进税率：(1) 增值额未超过扣除项目金额50%的部分,税率为30%。(2) 增值额超过扣除项目金额50%、未超过100%的部分,税率为40%。(3) 增值额超过扣除项目金额100%、未超过200%的部分,税率为50%。(4) 增值额超过扣除项目金额200%的部分,税率为60%。

(四) 计税方法

在实际征收中,计算土地增值税应纳税额可以采用增值额乘以适用税率减去扣除项目金额乘以速算扣除系数简便方法计算,具体如下：

1. 增值额未超过扣除项目金额50%的,土地增值税应纳税额＝土地增值额×30%。

2. 增值额超过扣除项目金额50%,未超过100%的,土地增值税应纳税额＝增值额×40%－扣除项目金额×5%。

3. 增值额超过扣除项目金额100%,未超过200%的,土地增值税应纳税额＝增值额×50%－扣除项目金额×15%。

4. 增值额超过扣除项目金额200%的,土地增值税应纳税额＝增值额×60%－扣除项目金额×35%。

(五) 税收优惠

依据规定,下列项目可以免征土地增值税：(1) 建造普通标准住宅出售,增值额未超过各项规定扣除项目金额20%的。(2) 由于城市实施规划、国家建设需要依法征收、收回的房地产。(3) 由于城市实施规划、国家建设需要而搬迁,由纳税人自行转让的房地产。(4) 个人之间互换自有居住房地产的。(5) 个人因工作调动或者改善居住条件而转让原自用住房,经过主管税务机关批准,在原住房居住满5年的,可以免征土地增值税;居住满3年不满5年的,可以减半征税。

(六) 纳税期限和地点

纳税人应当自转让房地产合同签订之日起7日内向房地产所在地主管税务机关办理纳税申报,并在税务机关核定的期限内缴纳土地增值税。

土地增值税由税务机关负责征收。土地管理部门、房产管理部门应当向税务机关提供有关资料,并协助税务机关依法征收土地增值税。

如果纳税人没有按照规定缴纳土地增值税,土地管理部门和房产管理部门不得办理有关的权属变更手续。

二、城镇土地使用税法

城镇土地使用税,是对在城市、县城、建制镇和工矿区范围内使用土地的单位和个人,按其实际占用的土地面积和规定的土地等级征收的一种级差资源税。它是为了促进合理使用城镇土地,适当调节城镇土地级差收入而征收的税收。现行的《中华人民共和国城镇土地使用税暂行条例》是国务院于1988年9月27日发布、当年11月1日起施行的,2006年12月31日根据《国务院关于修改〈中华人民共和国城镇土地使用税暂行条例〉的决定》作了修改,修改后的《城镇土地使用税暂行条例》自2007年1月1日起施行。

(一) 纳税人和征税范围

城镇土地使用税的纳税人,为在城市、县城、建制镇、工矿区范围内使用土地的单位和个人。所称单位,包括国有企业、集体企业、私营企业、股份制企业、外商投资企业、外国企业以及其他企业和事业单位、社会团体、国家机关、军队以及其他单位;所称个人,包括个体工商户以及其他个人。

城镇土地使用税一般由土地使用权拥有者缴纳。拥有土地使用权的纳税人不在土地所在地的,由代管人或者实际使用人纳税;土地使用权未确定或者权属纠纷未解决的,由实际使用人纳税;土地使用权共有的,由共有各方按其实际使用的土地面积占总面积的比例,分别纳税。

城镇土地使用税的征税范围,城市为市区和郊区;县城为县人民政府所在地的城镇;建制镇为镇人民政府所在地;工矿区为工商业比较发达,人口比较集中,符合建制镇标准,但是尚未设镇的大中型工矿企业所在地。应税土地包括规定的征税范围内属于国家所有和集体所有的土地。

（二）计税依据和税率

城镇土地使用税以纳税人实际占用的土地面积为计税依据，按照规定的适用税额标准计算缴纳应纳税额。纳税人实际占用的土地面积，是指由省、自治区、直辖市人民政府确定的单位组织测定的土地面积；尚未组织测量，但是纳税人持有政府部门核发的土地使用证书的，以证书确定的土地面积为准；尚未核发土地使用证书的，以纳税人据实申报使用土地面积。应纳税额计算公式：

应纳税额 = 纳税人实际占用的土地面积 × 适用税额标准

城镇土地使用税根据各地经济发展状况实行等级幅度税额标准，以每平方米为计税单位，按大、中、小城市和县城、建制镇、工矿区及农村分别确定幅度差别税额。现行法律规定的每平方米应税土地的年税额标准如下：(1) 大城市 1.5 元—30 元；(2) 中等城市 1.2 元—24 元；(3) 小城市 0.9 元—18 元；(4) 县城、建制镇、工矿区 0.6 元—12 元。具体适用税额，由各省、自治区、直辖市人民政府在上述税额幅度内，根据本地区的市政建设状况、经济繁荣程度等条件，确定所辖地区的适用税额幅度。市、县人民政府应当根据实际情况将本地区的土地划分为若干等级，在省、自治区、直辖市人民政府确定的税额幅度内，制定相应的适用税额标准，报经省、自治区、直辖市人民政府批准执行。

经过省、自治区、直辖市人民政府的批准，经济落后地区土地使用税的适用税额标准可以适当降低，但降低幅度不得超过法定最低税额标准的 30%；经济发达地区土地使用税的适用税额标准可以适当提高，但须报财政部批准。

（三）免税和减税

根据税法规定，下列土地可以免征城镇土地使用税：(1) 国家机关、人民团体、军队自用的土地；(2) 由国家财政部门拨付事业经费的单位自用的土地；(3) 宗教寺庙、公园、名胜古迹自用的土地；(4) 市政街道、广场、绿化地带等公共用地；(5) 直接用于农、林、牧、渔业的生产用地；(6) 经批准开山填海整治的土地和改造的废弃土地，从使用的月份起，可以免征城镇土地使用税 5 年至 10 年；(7) 由财政部另行规定免税的能源、交通、水利设施用地和其他用地。

除上述规定外,纳税人缴纳城镇土地使用税确有困难,需要定期减免的,由省、自治区、直辖市税务机关审核后,由省、自治区、直辖市税务机关批准,根据国家税务局《关于下放城镇土地使用税困难减免审批项目管理层级后有关问题的通知》中规定,不再报国家税务总局批准。对免税单位无偿使用纳税单位的土地,免征城镇土地使用税;对纳税单位无偿使用免税单位的土地,纳税单位应照章缴纳城镇土地使用税。纳税单位与免税单位共同使用共有使用权土地上的多层建筑,对纳税单位可按其占用的建筑面积占建筑总面积的比例计征城镇土地使用税。

(四)纳税期限和地点

城镇土地使用税按年计算,分期缴纳。具体缴纳期限由各省、自治区、直辖市人民政府确定。目前,各地一般规定为每个季度缴纳一次或者半年缴纳一次,每次征期15天或者1个月。

纳税人新征用的土地,属于耕地的,自批准征用之日起满1年的时候开始缴纳城镇土地使用税;新征用的非耕地,自批准征用的次月起纳税。

城镇土地使用税一般应当向土地所在地土地的主管税务机关缴纳。纳税人使用的土地属于不同省(自治区、直辖市)管辖范围的,分别向当地的主管税务机关纳税。在同一省(自治区、直辖市)管辖范围内,纳税人跨地区使用的土地,纳税地点由省级税务局确定。

三、资源税法

(一)资源税法概述

所谓资源税,是国家对我国境内从事资源开发、利用的单位和个人,就其资源生产和开发条件的差异而形成的级差收入征收的一种税。资源税法的实施,会对资源的开发、利用起到较好的调节作用。它主要体现为:(1)通过税收调节开发主体的资源级差收入水平,促进企业在市场中的公平竞争。(2)严格资源开发管理,防止掠夺性开采,促进合理开发资源。(3)改变资源产业是国民经济薄弱环节的状况,有利于资源产业的发展。

概括而言,资源税具有以下特点:

1. 征税目的主要在于因资源差别而形成的级差收入。一般来讲,征收资源税可以发挥多方面的作用,如加强对现有资源开发、利用的引导和监督,充分实现国有资源的有偿使用,便利筹集财政收入。但是,资源税的立法主要目的在于调节资源开采企业因资源开采条件的差异所形成的级差收入,为资源开采企业之间开展公平竞争创造条件。

2. 采用差别税额,实行从量定额征收。当前,世界多国征收资源税的方法主要分为三类:一是从量定额征收,二是从价定率征收,三是以矿产资源的净收入为计税依据按率征收。我国资源税法规定资源税以应税资源产品的销售量为计税依据,实行从量定额计税,以利于计征和缴纳。

3. 征税的范围较窄。与世界上征收资源税范围较广的国家不同,我国现行资源税法采取列举方法,仅把原油、天然气、煤炭、金属矿产品、非金属矿产品和盐等七种资源产品列入征税范围之内,故而征税范围较窄。从政府宏观经济调整的实际需要和资源税的改革发展来看,我国资源税的征税范围宜逐步扩大,有计划将森林资源、草原资源、土地资源及其他矿产品列入征税范围。

4. 属于中央和地方共享税。从世界各国征收资源税的实际情况来看,在资源税的管理权限和收入归属上,主要存在三种类型,即中央税、地方税、中央和地方共享税。我国现行资源税属于共享税,并按资源种类划分收入归属。

(二) 资源税的纳税人

资源税的纳税人,为在中国境内开采或生产应税资源产品的国有企业、集体企业、私营企业、股份制企业、外商投资企业、外国企业、其他企业、行政单位、事业单位、军事单位、社会团体、其他单位、个体经营者和其他个人。对从事应税产品的外商投资企业和外国企业一律依法征收资源税,对已经征收矿区使用费但尚未征收资源税的海上、陆上油田、外商投资企业,也一律征收资源税。同时,对目前仍存在缓征、减征的天然气和几个小油田全部按规定的税额标准征收资源税。但是,中外合作开采石油、天然气,仍征收矿区使用费,暂不征收资源税,进口矿产品和盐以及经营已税矿产品和盐的单位或个人,均不属于纳税人的范围。

独立矿山、联合企业和其他收购未税矿产品的单位为资源税的扣缴义务人。2004年6月23日国家税务总局颁布的《关于取消资源税扣缴义务人资格审批事项的通知》规定,自2004年7月1日起,将《中华人民共和国资源税代扣代缴管理办法》第2条中"扣缴义务人应当主动向主管税务机关申请办理代扣代缴义务人的有关手续。主管税务机关经审核批准后,发给扣缴义务人代扣代缴税款凭证及报告表"的规定予以废止,资源税的代扣代缴事宜,一律依照《中华人民共和国税收征收管理法》及《税收征收管理法实施细则》的有关规定办理。

目前,我国的资源税收入主要来自从事原油、煤炭和铁矿石等矿产资源开采的国有企业。

(三) 税目、税额

1. 原油。开采的天然原油征税;人造石油不征税。税额为8元—30元/吨。

2. 天然气。专门开采的天然气和与原油同时开采的天然气征税;煤矿生产的天然气暂不征税。税额为2元—15元/千立方米。

3. 煤炭。原煤征税;洗煤、选煤和其他煤炭制品不征税。税额为0.3元—5元/吨。

4. 其他非金属原矿。是指原油、天然气、煤炭和井矿盐以外的非金属矿原矿,包括宝石、金刚石、玉石、膨润土、石墨、石英砂、萤石、重晶石、毒重石、蛭石、长石、氟石、滑石、白云石、硅灰石、凹凸棒石黏土、高岭石土、耐火黏土、云母、大理石、花岗石、石灰石、菱镁矿、天然碱、石膏、硅线石、工业用金刚石、石棉、硫铁矿、自然硫、磷铁矿等。税额为0.5元—20元/吨、克拉或者立方米。

5. 黑色金属矿原矿。是指纳税人开采后自用、销售的,用于直接入炉冶炼或作为主产品先入选精矿,制造人工矿、再最终入炉冶炼的黑色金属矿石原矿,包括铁矿石、锰矿石和铬矿石。税额为2元—30元/吨。

6. 有色金属矿原矿。包括铜矿石、铅锌矿石、铝土矿石、钨矿石、锡矿石、锑矿石、铝矿石、镍矿石、黄金矿石、钒矿石(含石煤钒)

等。税额为 0.4 元—30 元/吨或立方米挖出量。

7. 盐。一是固体盐,包括海盐原盐、湖盐原盐和井矿盐,税额为 10 元—60 元/吨;二是液体盐(卤水),是指氯化钠含量达到一定浓度的溶液,是用于生产碱和其他产品的原料,税额为 2 元—10 元/吨。

纳税人在开采主矿产品的过程中伴采的其他应税矿产品,凡未单独规定适用税额的,一律按主矿产品或视同主矿产品税目征收资源税。

凡未列举名称的其他非金属矿原矿和其他有色金属矿原矿,由省、自治区、直辖市人民政府决定征收或暂缓征收资源税,并报财政部和国家税务总局备案。

(四) 计税依据和计征办法

依据《资源税条例》规定,资源税实行从量定额征收。即资源税的应纳税额,按照应税产品的课税数量和规定的单位税额计算。具体计算公式为:

应纳税额 = 课税数量 × 单位税额
代扣代缴应纳税额 = 收购未税矿产品的数量
　　　　　　　　× 适用的单位税额

由此可见,正确地计算资源税的应纳税额,主要在于准确核算课税数量。在这里,课税数量就是纳税人应纳资源税的计算依据,其具体确定方法为:

(1) 纳税人开采或者生产应税产品销售的,以实际销售数量为课税数量;

(2) 开采或生产应税产品自用的,以自用(移送)数量为课税数量;

(3) 纳税人不能准确提供应税产品销售量或者移送使用数量的,以应税产品的产量或者主管税务机关确定的折算比例换算成的数量作为课税数量;

(4) 原油中的稠油、高凝油或稀油划分不清或者不易划分的,一律按原油数量为课税数量;

(5) 对于连续加工前无法正确计算原煤移送使用量的煤炭,可按加工产品的综合回收率,将加工产品实际销量和自用量折算成原

煤数量,以此作为课税数量;

(6) 金属矿和非金属矿产品原矿,因无法准确掌握纳税人移送使用原矿数量的,可将其精选矿按选矿比折算成原矿数量,以此作为课税数量,其计算公式为:

$$选矿比 = 精矿数量 \div 耗用原矿数量$$

(7) 纳税人以自产的液体盐加工固体盐,按固体盐税额征税,以加工的固体盐数量为课税数量。纳税人以外购的液体盐加工成固体盐,其加工固体盐所耗用液体盐的已纳税额准予抵扣;

(8) 扣缴义务人代扣代缴税款时,以收购的未税应税产品的数量为课税数量。

对于纳税人开采或生产不同税目应税产品的,应当分别核算;不能准确提供不同税目应税产品的课税数量的,从高适用税额。

(五) 税收优惠

依照资源税法及相关规定,下列项目可以免征或者减征:

1. 开采原油过程中用于加热、修井等的自用的原油,可以免征资源税。

2. 纳税人在开采或者生产应税产品过程中因意外事故或者不可抗力等原因遭受重大损失的,可以由所在省(自治区、直辖市)人民政府酌情给予免征或者减征资源税的照顾。

3. 自 2007 年 2 月 1 日起,北方海盐资源税暂按每吨 15 元征收;南方海盐、湖盐、井矿盐资源税暂按每吨 10 元征收;液体盐资源税暂按每吨 2 元征收。

4. 国务院规定的其他减税、免税项目。具体包括:

(1) 自 2002 年 4 月 1 日起,对冶金联合企业矿山(含 1993 年 12 月 31 日后从联合企业矿山中独立出来的铁矿山企业)铁矿石资源税,减按规定税额标准的 40% 征收。对于由此造成地方财政减少的收入,中央财政将予以适当补助。

(2) 对有色金属矿的资源税在规定税额的基础上减征 30%,按规定税额标准的 70% 征收。

纳税人的减税、免税项目,应当单独核算课税数量;未单独核算或者不能准确提供课税数量的,不予减税或者免税。

(六) 纳税期限和地点

1. 纳税义务发生的时间

(1) 纳税人销售应税产品的资源税义务发生时间,根据其结算方式的不同划分为以下情况:① 采取分期收款结算方式的,为销售合同规定的收款日期的当天;② 采取预收贷款结算方式的,为发出应税产品的当天;③ 采取其他结算方式的,为收讫销售款或者取得索取销售款凭据的当天。

(2) 纳税人自产自用应税产品的纳税义务发生时间,为移送使用应税产品的当天。

(3) 扣缴义务人代扣代缴税款的纳税义务发生时间,为支付首笔货款或者开具应支付货款凭据的当天。

2. 纳税期限

由主管税务机关根据实际情况分别核定为1日、3日、5日、10日、15日或者1个月。纳税人不能按固定期限计算纳税的,可以按次计算纳税。

纳税人以1个月为一期纳税的,自期满之日起10日内申报纳税;以1日、3日、5日、10日或者15日为一期纳税的,自期满之日起5日内预缴税款,于次月1日起10日内申报纳税并结清上月税款。

3. 纳税地点

纳税人应纳的资源税,应当向应税产品的开采或者生产所在地的主管税务机关缴纳。在本省、自治区、直辖市范围内开采或者生产应税产品,其纳税地点需要调整的,由省、自治区、直辖市税务机关决定。具体实施时,跨省开采资源税应税产品的单位,其下属单位与核算单位不在同一省、自治区、直辖市的,对其开采的矿产品,一律在开采地纳税,其应纳税款由独立核算、自负盈亏的单位按照开采地的实际销售量或者自用量,及适用的单位税额计算划拨。

第四节 城市维护建设税法与教育费附加

一、城市维护建设税法

(一) 城市维护建设税法概述

城市维护建设税(以下简称"城建税")是国家对缴纳增值税、消费税、营业税(简称"三税")的单位和个人就其实际缴纳的"三税"税额为计税依据而征收的一种税。属于特定目的税,是国家为加强城市的维护建设,扩大和稳定城市维护建设资金的来源而采取的一项税收措施。

城建税的特征包括:(1) 具有附加税性质。它以纳税人实际缴纳的"三税"税额为计税依据,附加于"三税"税额,本身没有特定的、独立的征税对象。(2) 具有特定目的。城建税税款专门用于城市的公用事业和公共设施的维护建设。

城市维护建设税法是指国家制定的用于调整城市维护建设税征收与缴纳的权利及义务关系的法律规范。现行城市维护建设税的基本规范,是1985年2月8日国务院发布并于同年1月1日实施的《中华人民共和国城市维护建设税暂行条例》。

(二) 纳税人

凡缴纳产品税、增值税、营业税的单位和个人,都是城市维护建设税的纳税义务人。

(三) 税率

城建税按纳税人所在地的不同,设置了三档地区差别比例税率:(1) 纳税人所在地在市区的,税率为7%;(2) 纳税人所在地在县城、镇的,税率为5%;(3) 纳税人所在地不在市区、县城或镇的,税率为1%。

但有两种例外情况:(1) 由受托方代扣代缴、代收代缴"三税"的单位和个人,其代扣代缴、代收代缴的城建税按受托方所在地适用税率执行;(2) 流动经营等无固定纳税地点的单位和个人,在经营地缴纳"三税"的,其城建税的缴纳按经营地适用税率执行。

（四）计税依据

城建税的计税依据是纳税人实际缴纳的"三税"税额。纳税人违反"三税"有关税法而加收的滞纳金和罚款，不作为城建税的计税依据，但纳税人在被查补"三税"和被处以罚款时，应同时对其偷漏的城建税进行补税、征收滞纳金和罚款。

城建税以"三税"税额为计税依据，如果要免征或减征"三税"，也就要同时免征或者减征城建税。但对出口产品退还增值税、消费税的，不退还已缴纳的城建税。

自2005年1月1日起，经国家税务总局正式审核批准的当期免抵的增值税税额应纳入城市维护建设税和教育费附加的计征范围，分别按规定的税（费）率征收城市维护建设税和教育费附加。2005年1月1日前，已按免抵的增值税税额征收的城市维护建设税和教育费附加不再退还，未征的不再补征。

（五）应纳税额的计算

城建税纳税人应纳税额的大小是由纳税人实际缴纳的"三税"税额决定的，计算公式为：

应纳税额 = 纳税人实际缴纳的增值税、消费者、营业税税额 × 适用税率

（六）税收优惠

城建税是以"三税"税额为计税依据并与"三税"同时征收的，这样纳税人减免"三税"时相应也减免了城建税。因此，城市维护建设税基本上没有单独规定减免税。但对一些特殊情况，财政部和国家税务总局作了特案减免规定，或者授权由各省、自治区、直辖市人民政府根据实际情况酌情给予减免税照顾。现行减免税规定主要有：

（1）海关对进口产品代征增值税、消费税的，不征收城建税。

（2）由于减征或免征增值税、消费税、营业税而发生退税的，同时退还已纳的城建税。但对出口产品退还增值税、消费税的，不退还已纳的城建税。

（3）为支持三峡工程建设，对三峡工程建设基金，自2004年1月1日至2009年12月31日期间，免征城市维护建设税和教育费附加。

(4) 对"三税"实行先征后返、先征后退、即征即退办法的,除另有规定外,对随"三税"附征的城市维护建设税和教育费附加,一律不予退(返)还。

(七) 征收管理

1. 纳税环节

城建税的纳税环节,就是纳税人缴纳"三税"的环节。纳税人只要发生"三税"的纳税义务,就要在同样的环节,分别计算缴纳城建税。

2. 纳税地点

城建税以纳税人实际缴纳的"三税"税额为计税依据,分别与"三税"同时缴纳。所以,纳税人缴纳"三税"的地点,就是该纳税人缴纳城建税的地点。但是,属于下列情况的,纳税地点为:

(1) 代扣代缴、代收代缴"三税"的单位和个人,同时也是城市维护建设税的代扣代缴、代收代缴义务人,其城建税的纳税地点在代扣代收地。

(2) 跨省开采的油田,下属生产单位与核算单位不在一个省内的,其生产的原油,在油井所在地缴纳增值税,其应纳税款由核算单位按照各油井的产量和规定税率,计算汇拨各油井缴纳。所以,各油井应纳的城建税,应由核算单位计算,随同增值税一并汇拨油井所在地,由油井所在地缴纳增值税的同时,一并缴纳城建税。

(3) 对管道局输油部分的收入,由取得收入的各管道局于所在地缴纳营业税。所以,其应纳城建税,也应由取得收入的各管道局于所在地缴纳营业税时一并缴纳城建税。

(4) 对流动经营等固定纳税地点的单位和个人,应随同"三税"在经营地按适用税率缴纳。

3. 纳税期限

作为附加税,城建税的纳税期限分别与"三税"的纳税期限一致。

二、教育费附加

（一）教育费附加概述

教育费附加是为加快地方教育事业，扩大地方教育经费的资金而征收的一项专用基金。它是对缴纳增值税、消费税、营业税的单位和个人，就其实际缴纳的税额为计算依据征收的一种附加费。

教育费附加征收的法律依据是国务院于1986年4月28日颁布、于同年7月1日施行的《征收教育费附加的暂行规定》。

（二）征收范围及计征依据

教育费附加对缴纳增值税、消费税、营业税的单位和个人征收，以其实际缴纳的增值税、消费税和营业税为计征依据，分别与增值税、消费税和营业税同时缴纳。

（三）计征比率

现行教育费附加征收比率为3%。

（四）计算方法

教育费附加的计算公式为：

应纳教育费附加 = 实纳增值税、消费税、营业税 × 征收比率

（五）减免规定

1. 对海关进口的产品征收的增值税、消费税，不征收教育费附加。

2. 对由于减免增值税、消费税和营业税而发生退税的，可同时退还征收的教育费附加。但对出口产品退还增值税、消费税的，不退还已征的教育费附加。

本章小结

本章拾遗补缺，是对其他税收实体法的补充。包括关税法、财产与行为税法、土地与资源税法及流转税的附加税法。

思考题

1. 关税的特征和分类有哪些？
2. 关税的税率有哪些类型？如何具体适用？
3. 契税的征税对象和计税方法如何？

4. 印花税的征税范围如何确定？
5. 房产税的计税依据是什么？如何计算其应纳税额？
6. 试述房产税的税率。
7. 土地增值税的计税依据如何确定？
8. 城镇土地使用税纳税人如何确定？
9. 试述城市维护建设税和教育费附加的计税依据。

第八章 税收征收管理法

第一节 税务管理制度

税收征管法,狭义上是指全国人民代表大会颁布的《中华人民共和国税收征收管理法》;广义上则是通常所指的税收程序法,是调整在税收征收和管理过程中发生的社会关系的法律规范的总称。税收征管法作为与税收实体法配套的程序性法律制度,是我国税收法律体系的重要组成部分。其中,税务管理制度与税款征收制度、税务代理制度共同构成了我国税收征管法律制度的基本体系。

按照我国现行税收征管法的规定,税务管理制度是税收征收管理法的基础环节,它包括以下基本内容:税务登记制度、账簿凭证的管理制度、发票管理制度、纳税申报制度以及税收减免管理制度。

一、税务登记管理

税务登记,也称纳税登记,是指纳税人根据税法规定就其设立、变更、终止等事项,在法定时间内向其住所所在地的税务机关办理书面登记的一项税务管理制度。税务登记是保障税款征收权实现的基本程序,也是纳税人必须履行的一项法定义务,直接影响到税款征收中税源控制、税务稽查等权力的行使。

作为税收征管的基础性工作,税务登记具有以下几方面的作用:
(1) 产生税收法律关系,明确税收主体。税务登记首先使征纳双方的税收征收管理法律关系得以产生,并确立纳税人所在地税务机关代表国家征税的主体地位,同时,又明确了纳税主体的法律地位。
(2) 设定征纳双方的权利和义务。税务登记证件的颁发和领取,以书面形式确立了征税主体享有依法征税、稽查、处罚等权利,并且负有努力为纳税人服务、正确行使征税权、接受纳税人监督的义务;而纳税人则必须依法履行纳税义务,并接受税务机关的依法管理和检查,同时享有税法规定的知情权、复议权、诉讼权等权利。(3)作为征纳双方存在税收法律关系的书面证据,成为依法治税的重要基础。

为了规范税务登记管理,加强税源监控,我国《税收征收管理法》第二章第一节专门规定"税务登记"制度,《税收征收管理法实施细则》亦有专章(第二章)规定,国家税务总局于2003年12月17日专门发布了《税务登记管理办法》(自2004年2月1日起施行)。根据上述法律的规定:(1)中国企业,企业在外地设立的分支机构和从事生产、经营的场所,个体工商户和从事生产、经营的事业单位,均应当依法办理税务登记。(2)其他纳税人,除国家机关、个人和无固定生产、经营场所的流动性农村小商贩外,也应当依法办理税务登记。(3)根据税收法律、行政法规的规定负有扣缴税款义务的扣缴义务人(国家机关除外),应当依法办理扣缴税款登记。国家税务局、地方税务局对同一纳税人的税务登记应当采用同一代码,信息共享。各级工商行政管理机关应当向同级国家税务局和地方税务局定期通报办理开业、变更、注销登记以及吊销营业执照的情况。纳税人在办理开立银行账户和领购发票等事项时,必须提供税务登记证件,纳税人办其他税务事项时,应当出示税务登记证件,经税务机关核准相关信息后办理手续。

具体而言,我国现行的税务登记一般分为:设立登记;变更登记;停业、复业登记;注销登记;外出经营报验登记。不同类型的税务登记在内容与程序上也存在差异。此外,证照管理、非正常户处理、联合办理税务登记也是与税务登记制度密切相关的内容。

(一)设立登记

设立登记,是指纳税人在其开业时办理的税务登记。根据现行税收法律规范的规定,企业,企业在外地设立的分支机构和从事生产、经营的场所,个体工商户和从事生产、经营的事业单位(以下统称从事生产、经营的纳税人),应当在法律规定的期限内,向生产、经营所在地税务机关申报办理税务登记,由税务机关核发(临时)税务登记证及副本。

税务机关对纳税人税务登记地点发生争议的,由其共同的上级税务机关指定管辖。国家税务局(分局)、地方税务局(分局)之间对纳税人的税务登记发生争议的，由其上一级国家税务局、地方税务局共同协商解决。

纳税人提交的证件和资料齐全且税务登记表的填写内容符合规定的，税务机关应当自收到申报之日起30日内审核并发给税务登记证件。纳税人提交的证件和资料不齐全或税务登记表的填写内容不符合规定的，税务机关应当场通知其补正或重新填报。纳税人提交的证件和资料明显有疑点的，税务机关应进行实地调查，核实后予以发放税务登记证件。

（二）变更登记

纳税人税务登记内容发生变化的，应当向原税务登记机关申报办理变更税务登记。变更登记分为两种情形：

1. 纳税人已在工商行政管理机关办理变更登记的，应当自工商行政管理机关变更登记之日起30日内，向原税务登记机关如实提供相应的证件和资料，申报办理变更税务登记。

2. 纳税人按照规定不需要在工商行政管理机关办理变更登记，或者其变更登记的内容与工商登记内容无关的，应当自税务登记内容实际发生变化之日起30日内，或者自有关机关批准或者宣布变更之日起30日内，持相应证件到原税务登记机关申报办理变更税务登记。税务机关应当自受理之日起30日内，审核办理变更税务登记。

（三）停业、复业登记

1. 停业登记

实行定期定额征收方式的个体工商户需要停业的，应当在停业前向税务机关申报办理停业登记。纳税人的停业期限不得超过一年。纳税人在停业期间发生纳税义务的，应当按照税收法律、行政法规的规定申报缴纳税款。

2. 复业登记

纳税人应当于恢复生产经营之前，向税务机关申报办理复业登记，如实填写《停、复业报告书》，领回并启用税务登记证件、发票领购簿及其停业前领购的发票。纳税人停业期满不能及时恢复生产经营的，应当在停业期满前向税务机关提出延长停业登记申请，并如实填写《停、复业报告书》。

(四) 注销登记

注销登记主要适用于以下情形:

1. 纳税人发生解散、破产、撤销以及其他情形,依法终止纳税义务的;

2. 纳税人被工商行政管理机关吊销营业执照或者被其他机关予以撤销登记的;

3. 纳税人因住所、经营地点变动,涉及改变税务登记机关的;

4. 境外企业在中国境内承包建筑、安装、装配、勘探工程和提供劳务的。

税务机关对纳税人提交的注销税务登记的申请报告及所附的材料应当及时予以审核,对符合条件并缴清应纳税款、滞纳金、罚款和交回发票的,予以办理注销税务登记,收回税务登记证件,开具清税证明。纳税人持清税证明及其他有关文件,向工商行政管理部门申请注销工商登记。

(五) 经营报验登记

纳税人到外县(市)临时从事生产经营活动的,应当在外出生产经营以前,持税务登记证向主管税务机关申请开具《外出经营活动税收管理证明》(简称《外管证》)。税务机关按照一地一证的原则,核发《外管证》,《外管证》的有效期限一般为30日,最长不得超过180天。纳税人外出经营活动结束,应当向经营地税务机关填报《外出经营活动情况申报表》,并结清税款、缴销发票。纳税人应当在《外管证》有效期届满后10日内,持《外管证》回原税务登记地税务机关办理《外管证》缴销手续。

(六) 证照管理

税务机关应当加强税务登记证件的管理,采取实地调查、上门验证等方法,或者结合税务部门和工商部门之间,以及国家税务局(分局)、地方税务局(分局)之间的信息交换比对进行税务登记证件的管理。纳税人、扣缴义务人遗失税务登记证件的,应当依法办理有关手续。

(七) 非正常户处理

已办理税务登记的纳税人未按照规定的期限申报纳税,在税务机关责令其限期改正后,逾期不改正的,税务机关应当派员实地检查,查无下落并且无法强制其履行纳税义务的,由检查人员制作非正常户认定书,存入纳税人档案,税务机关暂停其税务登记证件、发票领购簿和发票的使用。

纳税人被列入非正常户超过三个月的,税务机关可以宣布其税务登记证件失效,其应纳税款的追征仍按《税收征管法》及其实施细则的规定执行。

(八) 联合办理税务登记

为了进一步加强税收征管,提高工作效率,优化纳税服务,降低办税成本,促进信息共享,贯彻实施税收征管法律、法规和《税务登记管理办法》,国家税务总局确立了联合办理税务登记制度,即纳税人只向一家税务机关申报办理税务登记,由受理税务机关核发一份代表国税局和地税局共同进行税务登记管理的税务登记证件。

联合办理税务登记的工作范围包括两家税务机关共同管辖的纳税人新办税务登记、变更税务登记、注销税务登记、税务登记违章处理以及其他税务登记管理工作。其具体工作规程如下:

1. 设立登记:纳税人填报税务登记表并提交附报资料齐全的,受理税务机关审核后,对符合规定的,赋予纳税人识别号,打印、发放加盖双方税务机关印章的税务登记证件。受理发证税务机关于当天或不迟于第二天将纳税人税务登记表及附报资料一份传递到另一家税务机关,及时将这户纳税人纳入管理。

2. 变更登记:纳税人税务登记内容发生变更的,应当向发证税务机关申报办理变更登记,经审核后由发证税务机关办理变更登记手续,并将信息传递到另一家税务机关。

3. 注销登记:办理注销税务登记时,纳税人向发证税务机关申报办理,由发证税务机关将信息传递到另一家税务机关,两家共同办理。

4. 违章处理:纳税人有违反税务登记管理行为的,由发现的税务机关进行处理,并通知另一家税务机关,另一家税务机关不再进行处罚。

二、账簿凭证管理

账簿、凭证是纳税人全面系统记录其生产经营活动情况、组织经济核算的重要工具,也是税务机关对纳税人、扣缴义务人进行税务检查、确定课税基数和应纳税额的基本依据。税务机关考核纳税人是否能够及时准确地缴纳税款,其依据就在于纳税人真实准确的账簿和凭证。纳税人的全部生产经营业务情况,从最初的原始会计凭证体系,到经过初步整理的记账凭证体系,再到系统记录的账簿体系,最后浓缩为会计报表体系。而只有四个步骤的凭证和账簿严格地对应和准确地反映真实情况,税款计征才不会出现问题。因此,账簿凭证管理是税收征管制度中的重要环节,同时也是国家评定纳税信用等级的一项具体指标。

(一)账簿、凭证的概念和种类

1. 账簿的概念和种类

账簿,又称账册,它是由账页组成的用于全面、连续、系统记录纳税人生产经营活动的簿籍。账簿是纳税人财务会计资料的重要载体,也是其编制会计报表的依据。账簿按其用途可分为分类账、日记账和辅助账簿,这是账簿最重要的分类,其中分类账又区分为总分类账和明细分类账,各自简称为总账和明细账。总账、明细账和日记账是纳税人最基本的账簿。账簿按外表形式可分为订本账、活页账和卡片账,这是账簿相对次要的分类,但在账簿使用和管理上也有其积极意义。

总账是按会计上的总分类账户设置并分类总括记录纳税人生产经营情况的账簿。纳税人一般按资产、负债、所有者权益、收入、费用、利润等分类设置账户,因此其生产经营的全部情况最终都分类、系统地记录在账簿中。由于总账中的分类项目较粗,其记录的会计资料不够细致,所以纳税人还必须按明细账户进一步分类、系统地记录其生产经营情况,从而形成明细账。总账与明细账所记载的内容完全相同,都能反映纳税人的全部生产经营情况,只不过前者较为概括,而后者则比较详细。

日记账,又称流水账,是纳税人按时间顺序逐笔记录其业务情况的账簿。日记账包括现金日记账、银行存款日记账等。现金日记账按时间顺序逐日记载其全部现金收付业务。银行存款日记账按时间顺序逐日记载其全部银行存款收付业务。分类账与日记账都是纳税人的业务记录账簿,但两者的记录方式不同,前者分类记录,后者则序时记录。一般情况下,纳税人只就其需要序时了解的特定业务设置日记账,所以纳税人日记账并不能反映其全部生产经营业务的情况。税务部门查账时,通常既查总账、明细账,也查日记账。

此外,纳税人签订合同、抵押资产、购买证券等也应设置相应的账簿进行记录,这是纳税人备忘性质的非正式账簿,称为辅助账簿。辅助账簿没有统一的名称,因需而设,如合同登记簿、抵押登记簿、证券登记簿等,其记录的信息仅供因需查阅,不进入纳税人对外提供的正式会计报表。

关于纳税人账簿的外表形式,通常总账、日记账采用订本账形式,明细账采用活页账形式,也有少数明细账采用卡片账形式,如固定资产明细账。

2. 凭证的概念和种类

凭证,又称会计凭证,是指纳税人记载生产经营业务,明确经济责任的书面证明。会计凭证按其用途和填制程序不同,分为原始凭证和记账凭证。原始凭证是在生产经营业务发生时由经办人员取得或填制的记录纳税人业务情况的最初凭证。原始凭证有增值税专用发票、普通发票、收据、工资结算单、材料入库单、完税凭证、车船票等。记账凭证是由会计人员根据审核无误的原始凭证填制的,按内容加以归类整理、明确会计分录并作为登记账簿依据的凭证。记账凭证按其反映生产经营业务内容的不同,分为收款凭证、付款凭证和转账凭证。

需说明的是,原始凭证以最初记录的形式而记账凭证以初步分类记录的形式分别记载纳税人的全部业务情况。

(二) 账簿、凭证的设置与登记

从事生产经营的纳税人和扣缴义务人,除经税务机关批准可以不设账的以外,都必须根据税法的规定设置账簿。需设置的具体账簿主要是总账、明细账、现金日记账、银行存款日记账及有关辅助账簿。同时,纳税人必须按会计法、税法等的规定,取得、填制有关原始凭证和记账凭证。记账凭证通常设置收款凭证、付款凭证和转账凭证三种,业务较少或会计电算化程度较高的纳税人,也可以只设通用记账凭证。具体要求如下:

1. 从事生产经营的纳税人应当按照税法规定设置账簿,建立健全财务会计制度,并自领取税务登记证件之日起15日内,将其财务、会计制度或者财务、会计处理办法和会计核算软件报送税务机关备案,接受税务机关的审查。同时,纳税人应根据合法、有效的凭证登记账簿。生产经营规模小、确无建账能力的个体工商户,可以聘请注册会计师或者经税务机关认可的财会人员代为建账和办理账务;聘请注册会计师或者经税务机关认可的财会人员有实际困难的,经县以上税务机关批准,可以按照税务机关的规定,建立收支凭证粘贴簿、进货销货登记簿等。

2. 扣缴义务人应自税收法律、行政法规规定的扣缴义务发生之日起10日内,按照所代扣、代收的税种,分别设置代扣代缴、代收代缴税款账簿。

此外,依据我国税法规定,纳税人设置的总账、日记账必须采用订本账形式。账簿、会计凭证和会计报表应当使用中文。民族自治地方可以同时使用当地通用的一种民族文字。外商投资企业和外国企业可以同时使用一种外国文字。

(三)完税凭证及其使用要求

纳税人的完税凭证是其会计凭证的一种,因其具有特殊性而在此处单独介绍。完税凭证是指由国家税务机关统一制定,税务人员向纳税人征收税款或纳税人向国家金库缴纳税款所使用的一种专用凭证。它既是纳税人或扣缴义务人依法履行纳税义务的书面证明,又是税务机关依法检查纳税人或扣缴义务人是否按期足额缴纳税款或已代扣代缴税款的重要依据。

完税凭证主要有以下几种:(1)税收完税证。它是税务机关自收和委托代征、代扣税款时所使用的凭证,具体包括通用完税证和专用完税证。(2)税收专用或通用缴款书。它是纳税单位或个人直接向国库经收处缴纳税款时使用的票证。它一般适用于在银行开有结算户的纳税人(包括扣缴义务人和代征单位)。(3)汇总缴款书。它是税务机关自收税款和代征税款汇总缴入国库经收处时使用的完税凭证。(4)印花税票。其票面金额以人民币为单位,分为1角、2角、5角、1元、2元、5元、10元、50元、100元共九种。(5)专用扣税凭证。它是一种具有专门用途的完税证,如代扣代收税款凭证,适用于扣缴义务人履行代扣、代缴税款义务时使用。(6)税票调换证。它是税务机关用以调换纳税单位或个人完税证收据的证明。税务机关用税票调换证将完税证收据换回,以便用来与完税证存根联和报查联核对审查。

完税凭证必须专票专用,并且应领先用,顺序填开,不得跳号使用。完税凭证的复写式及涂炭票证必须一次填写,不得分次填写,其各个栏目要填写齐全,不能漏填、涂改、挖补及字迹模糊。因填写错误等原因而作废的票证,必须全份注明"作废"字样,按规定办理作废手续,严禁自行销毁。

(四)账簿、凭证的保管

从事生产、经营的纳税人、扣缴义务人应按有关规定妥善保管账簿、凭证,不得伪造、变造或者擅自损毁账簿、记账凭证、完税凭证及其他有关资料。除法律、行政法规另有规定的外,账簿、会计凭证、会计报表、完税凭证及其他纳税资料应当保存10年。

最后说明的是,与账簿、凭证功能相似的税控装置是确保国家税收的重要手段之一,《税收征管法》对此作出了明确规定,即国家根据税收征收管理的需要,积极推广使用税控装置。纳税人应当按照规定安装、使用税控装置,不得损毁或者擅自改动税控装置。

三、发票管理

发票是指在购销商品、提供或者接受服务以及从事其他经营活动中,开具、收取的收款或付款凭证。它是纳税人重要的会计核算任凭,也是税务检查的重要依据。加强发票管理,对于维护正常的税收秩序,保证国家税收收入及时、足额入库,具有重要意义。

发票管理是税务管理的重要内容之一。它与账簿、凭证管理密切相关,但有相对的独立性。所谓发票管理,是指税务机关依法对发票的印制、领购、开具、取得、保管等一系列活动进行组织、协调和监督的总称。我国的发票一直由税务机关管理,现行关于发票管理的法律主要是财政部于 1993 年 12 月 12 日发布的《中华人民共和国发票管理办法》(以下简称《发票管理办法》)及国家税务总局制定的相关实施细则。

(一)发票的印制与领购

1. 发票的印制

《发票管理办法》规定,发票应由省、自治区、直辖市税务机关指定的企业印制;增值税专用发票由国家税务总局统一印制。发票防伪专用品由国家税务总局指定的企业生产。对许可生产发票防伪专用品的企业,由国家税务总局统一制发发票防伪专用品准产证。税务机关应定期对印制发票的企业和生产发票防伪专用品的企业进行监督检查,对不符合条件的,应取消其印制资格。

发票应套印全国统一发票监制章。发票监制章的式样和发票版面印刷的要求,由国家税务总局规定。省、自治区、直辖市税务机关具体负责发票监制章的制作。发票不定期地实行换版,以不断采用先进技术,增强发票的印制难度和防伪性能。

发票应当使用中文印制。民族自治地方的发票,可以加印当地一种通用的民族文字。有实际需要的,也可以同时使用中外两种文字印刷。发票的印制地,除增值税专用发票由国家税务总局确定外,单位和个人使用的发票,应在本省、自治区、直辖市税务机关指定的企业印制,即发票的印制地应限定在本省、自治区、直辖市范围内,这是发票印制地确定的一般性原则。

2. 发票的领购

依法办理税务登记的单位和个人,在领取税务登记证件后,可以向主管税务机关申请领购发票。

(1) 发票领购的程序和要求

首先,纳税人应向主管税务机关提出购票申请,提供经办人身份证明、税务登记证件或其他有关证明,并提供财务印章或者发票专用章的印模;其次,主管税务机关审核领购发票申请及有关证明材料,对符合规定的发给发票领购簿;最后,纳税人凭发票领购簿核准的发票种类、数量以及购票方式，向主管税务机关领购发票。

（2）临时使用发票的领购

依法不需要办理税务登记的单位和个人以及其他单位和个人，需要领购发票的，可以按照有关规定，向主管税务机关申请领购发票。凡需向税务机关申请开具发票的单位和个人，均应提供发生购销业务、接受服务或者从事其他经营活动的书面证明。对税法规定应当缴纳税款的单位和个人，税务机关应当在开具发票时同时征税。

（3）临时到外地从事经营活动的发票领购

《发票管理办法》规定，单位或者个人外出经营时，应当取得所在地税务机关的证明，然后持证明向经营地税务机关申请领购经营地的发票。在本省、自治区、直辖市以内跨市、县从事经营活动领购发票的具体办法，按照省、自治区、直辖市税务机关的规定执行。

（4）领购发票的保全措施

税务机关对外省、自治区、直辖市来本辖区从事临时经营活动的单位和个人申请领购发票的，可以责令其提供领购发票担保，包括提供保证人或者交纳一定数额的保证金，并限期缴销发票。

购票人履行了义务按期缴销发票的，税务机关应解除保证人的担保义务或者退还保证金；未按期缴销发票的，由保证人或者以保证金承担法律责任，即税务机关责令保证人缴纳罚款或者以保证金缴纳罚款。

提供保证人或者交纳保证金的具体范围，以及在本省、自治区、直辖市内跨市、县从事临时经营活动提供保证人或者交纳保证金的办法，由省、自治区、直辖市税务机关规定。

（二）发票的开具与保管

1. 发票的开具

（1）发票的开具和取得

所有单位和个人，在销售商品、提供服务以及从事其他经营活动中，凡对外发生经营业务收取款项的，都应由收款方向付款方开具发票。但是，在特殊情况下，如扣缴义务人支付个人款项时，由付款方向收款方开具发票。同时，考虑到现实的可操作性，在开具发票时，对向消费者个人零售小额商品或者提供零星服务的，是否可免予逐笔开具发票,由省、自治区、直辖市税务机关确定。

另外,所有单位和个人,在购买商品、接受服务以及从事其他经营活动中,凡发生支付款项的,都应向收款方取得发票。收款方应如实填开发票,上述单位和从事生产、经营活动的个人取得发票时,不得要求变更品名和金额。

不符合规定的发票,即未经税务机关监制,或填写项目不齐全、内容不真实、字迹不清楚、没有加盖财务印章或发票专用章,伪造,作废以及其他不符合税务机关规定的发票,一律不得作为财务报销凭证,任何单位和个人都有权拒收。

(2) 开具发票的要求

填开发票的单位和个人必须在发生经营业务确认营业收入时开具发票。未发生经营业务一律不准开具发票。开具发票应当使用中文,民族自治地方可以同时使用当地通用的一种民族文字,外商投资企业和外国企业可以同时使用一种外国文字。

开具发票后,如发生销货退回需开红字发票的,必须收回原发票并注明"作废"字样或取得对方有效证明;发生销售折让的,在收回原发票并注明"作废"字样后,重新开具销售发票。

使用电子计算机开具发票,须经主管税务机关批准,并使用税务机关统一监制的机外发票,开具后的存根联应当按照顺序号装订成册。

任何单位和个人不得转借、转让、代开发票;未经税务机关批准,不得拆本使用发票,不得自行扩大专业发票使用范围。禁止倒买倒卖发票、发票监制章和发票防伪专用品。

(3) 开具发票的区域范围

领购单位和个人开具发票的范围一般限定在本省、自治区、直辖市内。对根据税收管理需要,须跨省、自治区、直辖市开具发票的,由国家税务总局确定。未经税务机关批准,任何单位和个人均不得违反规定的使用区域携带、邮寄、运输空白发票;禁止任何单位和个人携带、邮寄、运输空白发票出入我国国境。

(4) 发票登记使用制度

单位和个人开具发票的,应当对发票的使用情况进行登记,按照税务机关的要求建立发票登记制度,并设置发票登记簿。对发票的使用情况,应定期向主管税务机关报告。

(5) 发票和发票领购簿的变更及缴销

从事生产、经营的纳税人在办理税务登记后,所登记的内容发生变化的,应向税务机关申报办理税务登记的变更或注销,并同时办理发票和发票领购簿的变更、缴销手续。

2. 发票的保管

用票单位和个人应当按规定保管发票,建立发票存放和保管制度,不得擅自损毁发票。单位和个人保管的发票,不得丢失。发票丢失,应于丢失当日书面报告主管税务机关,并在报刊和电视等传播媒介上公告声明作废。对于已经开具的发票存根联和发票登记簿,其保存期规定为五年。保存期满后,报经主管税务机关查验后方可销毁。

(三) 发票的检查

发票检查是税务机关依法对印制、使用发票的单位和个人执行发票管理规定情况的监督活动,是发票管理制度的有机组成部分。

1. 税务机关在发票检查中的职权

税务机关在发票检查中可以行使以下权力:检查权、调出发票查验权、查阅复制权、询问权、使用记录、录音、录像、照相和复制等手段调查取证权。

2. 单位和个人以及税务机关、税务人员在发票检查中的义务

单位和个人在发票检查中的义务是:必须接受税务机关依法检查,如实反映情况,提供有关资料。

税务机关及其税务人员在发票检查中的义务是:税务人员在进行发票检查时,应当依法进行,出示税务检查证,这是税务机关进行发票检查应当履行的职责;税务机关需要将已开具的发票调出查验时,应当向被查验的单位和个人开具发票换票证。发票换票证与所调出查验的发票有同等的效力。税务机关需要将空白发票调出查验时,应当开具收据,经查无问题的,应当及时返还。

3. 境外取得的发票或者凭证的确认与审核

税务机关在纳税审查时,对单位和个人从境外取得的与纳税有

关的发票或者凭证有疑义的,可要求其提供境外公证机构或者注册会计师的确认证明。同时,对于单位和个人提供的境外公证机构或者注册会计师的确认证明,需经税务机关审核认可后,方可作为记账的凭证。

4. 发票填写情况核对卡的使用

税务机关向持有发票或者发票存根联的单位发出发票填写情况核对卡,主要是为了核对、检查发票存根联与发票联的填写情况。收执发票或保管发票存根联的单位,接到税务机关发票情况填写核对卡后,应在15日内如实填写有关情况按期报回。

四、纳税申报

(一) 纳税申报的概念和要求

纳税申报是纳税人发生纳税义务后,依法在规定的时间内向税务机关报送纳税申报表、财务会计报表及其他有关资料的一项征管制度。纳税申报是纳税人必须履行的法定手续,也是税务机关办理征税业务、开具完税凭证的主要根据。

纳税申报是自行报税征管模式的主要特征。我国从1994年实行新税制以后,相应建立了以申报纳税和优化服务为基础,以计算机网络为依托,集中征收、重点稽查的征管模式。该模式是根据我国国情采用的一种自行报税征管模式,与原征、管、查集于一身的税务专管员上门收税模式相比,有利于提高征管效率、增强纳税人依法纳税的意识、减少营私舞弊等。

根据《税收征管法》的规定,纳税人必须依照法律、行政法规规定或者税务机关依照法律、行政法规的规定确定的申报期限、申报内容如实办理纳税申报,报送纳税申报表、财务会计报表以及税务机关根据实际需要要求纳税人报送的其他纳税资料。扣缴义务人必须依照法律、行政法规规定或者税务机关依照法律、行政法规的规定确定的申报期限、申报内容如实报送代扣代缴、代收代缴税款报告表以及税务机关根据实际需要要求扣缴义务人报送的其他有关资料。享受减税、免税的纳税人,在减免税期间,也应当办理纳税申报,并按照税务机关的规定报送减免税款的统计报告。

(二) 纳税申报的方式和内容

纳税人、扣缴义务人可以直接到税务机关办理纳税申报或者报送代扣代缴、代收代缴税款报告表，也可以按照规定采取邮寄、数据电文或者其他方式办理上述申报、报送事项。纳税人、扣缴义务人不能按期办理纳税申报或者报送代扣代缴、代收代缴税款报告表的，经税务机关核准，可以延期申报。但是，经核准延期办理纳税申报或报送事项的纳税人、扣缴义务人，应当在纳税期内按照上期实际缴纳的税额或者税务机关核定的税额预缴税款，并在核准的延期内办理税款结算。纳税人、扣缴义务人的纳税申报或者代扣代缴、代收代缴税款报告表的主要内容包括：税种、税目、应纳税项目或者代扣代缴、代收代缴税款项目、适用税率或者单位税额、计税依据、扣除项目及标准、应纳税额或者应代扣代缴、代收代缴税额、税款所属期限等。

五、税收减免管理

税收减免是指国家根据经济发展的需要，对某些纳税人或征税对象给予的鼓励或照顾措施。根据《税收征收管理法》的规定，纳税人可以依照法律、行政法规的规定书面申请减税、免税。2005年8月3日，国家税务总局发布了《税收减免管理办法(试行)》(附有《企业所得税减免税审批条件》)，对税收减免制度做了明确的规定。该规定自2005年10月1日起执行。

根据《税收减免管理办法(试行)》的规定，减免税是指依据税收法律、法规以及国家有关税收规定给予纳税人减税、免税。减税是指从应纳税款中减征部分税款；免税是指免征某一税种、某一项目的税款。归纳起来，我国的减税、免税主要有以下三种情况：一是法定减税或免税。即在税法中明确规定的减税、免税。我国每一税种的基本法律、法规中，一般都列有减税、免税条款。二是特案减税、免税。这是指由国务院专案规定的减税免税。三是临时减税、免税。即为了不影响纳税人的生产和生活，解决纳税人的特殊困难而临时批准的减税、免税。《税收减免管理办法(试行)》则将减免税分为报批类减免税和备案类减免税。报批类减免税是指应由税务机关审批的减免税项目；备案类减免税是指取消审批手续的减免税项目和不需税务机关审批的减免税项目。

从减免税的内容来看,我国的减免税主要包括以下几方面:一是鼓励生产的减税、免税。主要是鼓励产品更新换代、促进出口、鼓励农民开垦荒地,鼓励农业生产等。二是社会保障减税、免税。目的是扶持社会福利事业、保障残疾人员就业和生活等。另外,为照顾老区、少数民族地区、边境地区、贫困地区的实际情况,对纳税确有困难的,一般也给予减税、免税。三是自然灾害减税、免税。纳税人遇有风、火、旱、地震等自然灾害,纳税确有困难的,经税务机关核实后可以给予定期的或一次性的减税、免税照顾。

《税收减免管理办法(试行)》对不同类型的减免税的申请、申报和审批实施,减免税的监督管理和备案等程序做了具体的规定,并建立了减免税审批中的"谁审批谁负责"制度,要求各级税务机关应将减免税审批纳入岗位责任制考核体系中,建立税收行政执法责任追究制度。

税收减免是调节经济、调节分配的重要方式。加强对减免税的管理,对于充分发挥税收杠杆作用,对于加强税源和征收管理,对于依法征税,应收尽收,做好组织收入工作具有重要的作用和意义。

第二节 税款征收制度

一、税款征收方式

税款征收方式,是指税务机关根据税法规定和纳税人生产经营及财务管理状况,对纳税人的应纳税款组织入库的具体方式。《税收征收管理法》规定,税务机关可以采取查账征收、查定征收、查验征收、定期定额征收、代扣代缴、代收代缴、委托代征等多种方式征收税款。

(一)查账征收

查账征收,是指纳税人自行计算应纳税额,并按规定期限向税务机关申报,经税务机关审查核实填写缴款书后,由纳税人向金库缴纳税款的一种方式。这种方式适用于财务会计制度较健全,能按期核算申报的国有、集体企业及其他经济性质的企业,是目前中国实行的一种主要征收方式。

(二) 查定征收

查定征收,是指由税务机关查实纳税人的课税对象金额,核定其应纳税额,填发缴款书交纳税人限期缴入国库,或由税务机关开具完税凭证直接征收的一种组织方式。这种征收方式,适用于财务制度不够健全、账证不够完备,但能控制其生产经营情况且未实行定期定额征收方式的小型城乡集体企业和个体工商户。

(三) 查验征收

查验征收,是指对经营不固定、财务制度不健全的业户和从事临时经营的工商业户,以及从事连续性经营业务的纳税人采用的一种征收方式。税务机关对纳税人生产经营的应税产品和项目进行查验,实行报验盖戳或贴查验证,核实数量据以计征税款。一般分为就地查验征收和设立检查站查验征收。这种方式特别适用于城乡集贸市场上从事临时经营,或缴纳集贸税收的纳税人。

(四) 定期定额征收

定期定额征收,是指税务机关依照国家的税收法律、法规,经过规定的程序和方法核定纳税人在一定经营期、经营地点、经营范围内的经营收入额和应纳税额的一种税款征收方式。主要适用于生产经营规模小、经营收入和经营范围相对稳定、又确无建账能力,经税务机关核准,可以不设置账簿或暂缓设置账簿的个体工商户(包括在集贸市场内经营的领取正式营业执照的个体工商户)以及在集贸市场内实行按月征收税款的各类其他经营者(简称定期定额户)。

需要注意的是,在执法实践中,纳税人如果不愿意实行定期定额的征税方式,而主动提出建账查账征收,这是纳税人的权利。但是,税务机关有权调查其建账能力,并依据一定的程序和标准,作出准许或不准许的决定。当然,法律应对此确定一个严格的标准,防止因建假账而导致税款流失。

(五) 代扣代缴

代扣代缴,是指税收法律、行政法规已经明确规定负有扣缴义务的单位和个人在支付款项时,代税务机关从支付给负有纳税义务的单位和个人的收入中扣留并向税务机关解缴税款的一种征收方式。税务机关应对负有代扣代缴义务的扣缴义务人办理扣缴税款登记,核发扣缴税款登记证件。对法律、行政法规没有规定负有代扣代缴义务的单位和个人,税务机关不得要求履行代扣代缴税款义务。实行代扣代缴的目的在于对零星分散、不易控管的税源实行源泉控制。目前中国对纳税人课征的个人所得税、预提所得税就是采取代扣代缴的源泉扣缴形式。法律、行政法规规定的代扣代缴,税务机关按代扣税款的2%支付手续费。

(六)代收代缴

代收代缴,是指税收法律、行政法规已经明确规定负有扣缴义务的单位和个人在收取款项时,代税务机关向负有纳税义务的单位和个人收取并向税务机关缴纳税款的一种征收方式。税务机关应对负有代收代缴义务的扣缴义务人办理扣缴税款登记,核发扣缴税款登记证件。对法律、行政法规没有规定负有代收代缴税款义务的单位和个人,税务机关不得要求履行代收代缴税款义务。代收代缴目的在于对税收网络覆盖不到或者难以征收的领域实行源泉控管。如中国增值税暂行条例规定,工业企业委托加工产品,一律于委托方提货时由受托方代扣代缴税款。法律、行政法规规定的代收代缴税款,税务机关按代收税款的2%支付手续费。

(七)委托代征

委托代征,是指税务机关根据《税收征管法》加强税收控管、方便纳税、降低税收成本的规定,按照双方自愿、简便征收、强化管理和依法委托的原则,委托有关单位和人员按照代征协议规定的代征范围、权限及税法规定的征收标准代税务机关征收税款的一种征收方式。税务机关委托代征应对代征单位或个人进行资格审定,必须具备以下条件,税务机关方可委托:(1)财务制度健全、便于税收控管和方便纳税、能够独立承担民事责任,有熟悉税收政策的专门办税人员,并具有承担税收代征条件的单位。(2)责任心强、具有高中以上文化、熟悉税收政策,能够独立承担民事责任,没有不良记录的个人。目前,各地对零散、不易控管的税源,大多是委托街道办事处、居委会、乡政府、村委会及金融机构、交通管理部门等代征税款。

委托代征不同于代扣代缴、代收代缴。后者是扣缴义务人向国家应尽的法定义务,而前者是一种委托代理关系,受托人可以接受,也可以拒绝。而且,税务机关委托单位和个人代征税款应签订委托代征协议书,明确双方的权利和义务,职责与责任。委托代征应使用全国统一的代征协议文本,核发委托代征证书。关于委托代征的手续费支付比例,我国现行法律也有明确的规定:(1)委托金融机构或邮政部门代征个人、个体及实行核定征收税款的小型企业的税收,税务机关按不超过代征税款的1%支付。(2)税务机关委托单位或个人代征农贸市场、专业市场的税收,税务机关按不超过代征税款的5%支付。(3)税务机关委托单位和个人代征交通、房地产、屠宰等特殊行业的税款,税务机关按不超过代征税款的5%支付。(4)委托证券交易所和证券登记结算机构代征证券交易印花税,税务机关按代征税款的0.3%支付;委托有关单位代征代售印花税票按代售金额5%支付。(5)税务机关委托单位或个人代征其他零星分散、异地缴纳的税收,税务机关按不超过代征税款的5%支付。

此外,税款征收方式根据具体情况不同,还可采取核实征收、自报核缴等方式。

二、应纳税额的核定

(一)应纳税额核定的适用情形

应纳税额的核定,是指税务机关对纳税人当期或以前纳税期应纳税额的核实与确定。按照中国现行税法的精神,普遍采用的是申报纳税方式,税收核定只在特定情况下才适用。根据我国现行税收征管法的规定,纳税人有下列情形之一的,税务机关有权核定其应纳税额:

1. 依照法律、行政法规的规定可以不设置账簿的;
2. 依照法律、行政法规的规定应当设置账簿但未设置的;
3. 擅自销毁账簿或者拒不提供纳税资料的;
4. 虽设置账簿,但账目混乱或者成本资料、收入凭证、费用凭证残缺不全,难以查账的;
5. 发生纳税义务,未按照规定的期限办理纳税申报,经税务机

关责令限期申报,逾期仍不申报的;

6. 纳税人申报的计税依据明显偏低,又无正当理由的。

法律同时授权国务院税务主观部门制定税务机关核定应纳税额的具体程序和方式。

(二) 核定应纳税额的方法

核定应纳税额的方法包括:

1. 参照当地同类行业中经营规模和收入水平相近的纳税人收入额和利润率核定;

2. 按照成本加合理的费用和利润核定;

3. 按照耗用的原材料、燃料、动力等推算或者测算核定;

4. 按照其他合理的方法核定。例如,依照规定可以不设置账簿的纳税人,税务机关可以核定其下期应纳税额,即采取定期定额的方法征收税款。

此外,我国税法还规定,在一定情况下,征税机关享有对税基进行调整的权力,主要见于征税机关对因关联企业转移定价而减少税基时征税机关所享有的调整权。

三、纳税担保

纳税担保是指在规定的纳税期之前,纳税人有明显的转移、隐匿其应纳税的商品、货物以及财产或应纳税收入的迹象时,由税务机关责令纳税人以其未设置抵押的财产作为对国家税收的担保或者由纳税人提供并经税务机关认可的单位或个人进行担保。不论是税收保全措施、税收强制性措施、还是离境清税措施等都涉及纳税担保,纳税担保也是税收保障措施之一。我国《税收征收管理法》及其《实施细则》都对纳税担保制度作了规定。2005年5月24日,国家税务总局又发布了《纳税担保试行办法》,自2005年7月1日起施行。依据该办法,"纳税担保,是指经税务机关同意或确认,纳税人或其他自然人、法人、经济组织以保证、抵押、质押的方式,为纳税人应当缴纳的税款及滞纳金提供担保的行为"。

(一) 纳税担保的适用范围

依据现行法律的规定,纳税人有下列情况之一的,适用纳税担保：

1. 税务机关有根据认为从事生产、经营的纳税人有逃避纳税义务行为,在规定的纳税期之前经责令其限期缴纳应纳税款,在限期内发现纳税人有明显的转移、隐匿其应纳税的商品、货物以及其他财产或者应纳税收入的迹象,责成纳税人提供纳税担保的。

2. 欠缴税款、滞纳金的纳税人或者其法定代表人需要出境的。

3. 纳税人同税务机关在纳税上发生争议而未缴清税款,需要申请行政复议的。

4. 税收法律、行政法规规定可以提供纳税担保的其他情形。

此外,扣缴义务人按照《税收征管法》第88条规定需要提供纳税担保的,依法可以实施纳税担保。纳税担保人按照《税收征管法》第99条规定需要提供纳税担保的,应当按照《纳税担保试行办法》规定的抵押、质押方式,以其财产提供纳税担保;纳税担保人已经以其财产为纳税人向税务机关提供担保的,不再需要提供新的担保。

(二) 纳税担保的类型

纳税担保实际上可以分为纳税担保人的保证担保和财产的担保。因此,在《纳税担保试行办法》中,纳税担保具体分为以下几种类型：

1. 纳税保证

纳税保证是指纳税保证人向税务机关保证,当纳税人未按照税收法律、行政法规规定或者税务机关确定的期限缴清税款、滞纳金时,由纳税保证人按照约定履行缴纳税款及滞纳金的行为。税务机关认可的,保证成立;税务机关不认可的,保证不成立。

纳税保证为连带责任保证,纳税人和纳税保证人对所担保的税款及滞纳金承担连带责任。当纳税人在税收法律、行政法规或税务机关确定的期限届满未缴清税款及滞纳金的,税务机关即可要求纳税保证人在其担保范围内承担保证责任,缴纳担保的税款及滞纳金。

纳税保证人,是指在中国境内具有纳税担保能力的自然人、法人或者其他经济组织。法人或其他经济组织财务报表资产净值超过需要担保的税额及滞纳金2倍以上的,自然人、法人或其他经济组织所拥有或者依法可以处分的未设置担保的财产的价值超过需要担保的税额及滞纳金的,为具有纳税担保能力。

2. 纳税抵押

纳税抵押是指纳税人或纳税担保人不转移对依法可以抵押的财产的占有,将该财产作为税款及滞纳金的担保。纳税人逾期未缴清税款及滞纳金的,税务机关有权依法处置该财产以抵缴税款及滞纳金。纳税人或者纳税担保人为抵押人,税务机关为抵押权人,提供担保的财产为抵押物。《纳税担保试行办法》对可以抵押的财产和禁止抵押的财产都有具体规定。

3. 纳税质押

纳税质押是指经税务机关同意,纳税人或纳税担保人将其动产或权利凭证移交税务机关占有,将该动产或权利凭证作为税款及滞纳金的担保。纳税人逾期未缴清税款及滞纳金的,税务机关有权依法处置该动产或权利凭证以抵缴税款及滞纳金。

纳税质押分为动产质押和权利质押。动产质押包括现金以及其他除不动产以外的财产提供的质押。汇票、支票、本票、债券、存款单等权利凭证可以质押。对于实际价值波动很大的动产或权利凭证,经设区的市、自治州以上税务机关确认,税务机关可以不接受其作为纳税质押。

四、税收保全

税务机关责令纳税人提供纳税担保,但纳税人不能提供的,经县以上的税务局(分局)局长批准,可以采取下列税收保全措施:

1. 书面通知纳税人开户银行或者其他金融机构冻结纳税人金额相当于应纳税款的存款。

2. 扣押、查封纳税人的价值相当于应纳税款的商品、货物或者其他财产。

纳税人在规定期限内缴纳税款的,税务机关应当在收到税款或银行转回的税款后 24 小时内解除税收保全措施;限期期满后仍未缴纳税款的,经县以上税务局(分局)局长批准,税务机关可以书面通知纳税人开户银行或其他金融机构从其冻结的存款中扣缴税款,或者依法拍卖或变卖所扣押、查封的商品、货物及其他财产,以拍卖或变卖所得抵缴税款。

税务机关扣押商品、货物或者其他财产时,必须开付收据;查封商品、货物或者其他财产时,必须开付清单。另外,纳税人在期限内已缴纳税款,税务机关未立即解除税收保全措施,使纳税人的合法权益遭受损失的,税务机关应当承担赔偿责任。

税务机关按照《税收征管法》第55条的规定采取扣押、查封的税收保全措施过程中,对已采取税收保全的商品、货物、其他财产或者财产权利,在作出税务处理决定之前,不得拍卖、变卖处理变现。但是,在税收保全期内,已采取税收保全措施的财物有下列情形之一的,税务机关可以制作《税务事项通知书》,书面通知纳税人及时协助处理:(1)鲜活、易腐烂变质或者易失效的商品、货物;(2)商品保质期临近届满的商品、货物;(3)季节性的商品、货物;(4)价格有急速下降可能的商品、货物;(5)保管困难或者需要保管费用过大的商品、货物;(6)其他不宜长期保存,需要及时处理的商品、货物。纳税人未按规定期限协助处理的,经县以上税务局(分局)局长批准,税务机关制作《税务事项通知书》通知纳税人后,可参照《抵税财物拍卖、变卖试行办法》规定的程序和方式拍卖、变卖。拍卖、变卖所得,由税务机关保存价款,继续实施税收保全措施,并以《税务事项通知书》的形式书面通知纳税人。

五、税收强制执行措施

我国《税收征收管理法》第40条规定:从事生产经营的纳税人、扣缴义务人未按照规定的期限缴纳或者补缴税款,纳税担保人未按照规定期限缴纳所担保的税款,由税务机关责令限期缴纳;逾期未缴纳的,经县以上税务局(分局)局长批准,税务机关可以采取通知银行扣缴存款,扣押、查封、依法拍卖或者变卖其价值相当的财产,以拍卖或者变卖所得抵缴税款等强制执行措施。

税务机关采取强制执行措施时,必须注意三个问题:一是采取税收强制执行措施的权力,不得由法定的税务机关以外的单位和个人行使。二是税务机关采取强制执行措施必须依照法定权限和法定程序,对纳税人、扣缴义务人、纳税担保人未缴纳的滞纳金同时强制执行,但不得查封、扣押个人及其所扶养家属维护生活必需的住房和用品。三是税务机关滥用职权违法采取税收保全措施、强制执行措施,或者采取强制执行措施不当,使纳税人、扣缴义务人或者纳税担保人的合法权益遭受损失的,应当依法承担赔偿责任。

此外,我们还需要区别税收保全措施与税收强制执行措施。我国《税收征收管理法》第38条规定的税收保全措施是针对逃税人而言,包括责令限期缴纳、责成提供担保、税收保全、强制执行等程序。而第40条规定的强制执行措施是针对纳税人、扣缴义务人而言,包括限期(最长15日)缴纳、强制执行等程序。因此,两者在适用对象上、具体步骤等方面存在差异。

扣押,是指执法机关将可以用作证据或需要作其他处理的物品、文件等予以留置的强制措施。我国税法采用了这种强制措施。《税收征收管理法》第37条规定,对未按照规定办理税务登记的从事生产、经营的纳税人以及临时从事经营的纳税人,由税务机关核定其应纳税额,责令缴纳;不缴纳的,税务机关可以扣押其价值相当于应纳税款的商品、货物。扣押后缴纳应纳税款的,税务机关必须立即解除扣押,并归还所扣押的商品、货物;扣押后仍不缴纳应纳税款的,经县以上税务局(分局)局长批准,依法拍卖或者变卖所扣押的商品、货物,以拍卖或者变卖所得抵缴税款。

离境清算,是指税务机关对欠缴税款的纳税人或者他的法定代表人在出境前未按照规定结算应缴税款或者提供纳税担保的,可以通知出入境管理机关阻止其出境的制度。该制度功能类似于税收保全措施,只是其特定用于离境的纳税人。

六、税收优先权

(一) 优先权的概念、特点和种类

优先权是指特定债权人直接基于法律的规定而享有的就债务人的总财产或特定财产的价值优先受偿的权利。优先权旨在破除债权平等原则,赋予特殊债权人以优先于其他债权人而受清偿的权利。这主要是出于保障个人的生存权、维护社会公共利益、实现实质正义等的需要。

优先权制度产生于罗马法,其最初设立的优先权是妻之嫁资返还优先权和受监护人优先权。其后,为法国和日本等许多国家所继受。我国民法对优先权未作统一规定,仅在特别法中规定了个别具体优先权,如船舶优先权、民用航空器优先权等。

关于优先权的性质,学者们有多种不同观点。我们认为,优先权是一种担保性质的物权,具有以下特点:(1)法定性。即优先权由法律明文规定,当事人不得自由创设。不仅优先权的性质和内容要法定,而且享有优先权的债权以及优先权的顺位也要法定。(2)优先性。优先权或者具有优先权的债权在效力上优先于普通债权。(3)价值权性。即优先权是当债务人的财产不足清偿全部债权时,优先权人有权申请法院变价拍卖标的物,并就其价值优先受偿。(4)从属性。即优先权是一项从权利,它的发生和存在从属于其所担保的债权,也就是随其所担保的债权的发生而发生、存在而存在、消灭而消灭。(5)不可分性。即具有优先权的债权的任何一部分及于担保物的全部。

优先权通常可分为一般优先权和特别优先权。一般优先权是指就债务人不特定的总财产上存在的优先权,如诉讼费用优先权、工资和劳动报酬优先权、丧葬费用优先权、医疗费用优先权、税收优先权等。特别优先权是指就债务人的特定财产上存在的优先权,如动产出卖人优先权、不动产修建人优先权、不动产保存人优先权等。

(二)税收优先权的概念及其设立的依据

税收优先权是一种一般优先权,即当税收债权与其他债权并存时,税收债权就债务人的全部财产优先于其他债权受清偿。目前,世界上许多国家和地区都在其税法中规定了税收优先权。例如,美国《国内收入法典》第6321条规定:"应纳税捐经催缴后仍不缴纳者,联邦政府对欠税人所有之全部财产包括动产、不动产及各种财产享有留置权。"日本《国税征收法》第8条规定:"除本章另有规定外,国税就纳税人之总财产优先于一切公课及其他债权征收之。"

税收优先权设立的依据在于,税收是国家维护公共利益的重要物质基础,具有强烈的公益性。众所周知,税收是国家财力的主要来源,是国家各项公共建设事业的基础,它取之于民,用之于民。税收取之于民时,表现为社会个体利益向国家的无偿转移;税收用之于民时,作为一种公共产品,通过财政支出的方式向全体社会成员或个体无偿提供。可见,税收一旦从社会个体无偿征收之后,就从社会个体利益转化为社会整体利益。因此,税收分配关系实际上体现了社会整体与社会个体利益之间矛盾的协调平衡。经济法理论认为,社会整体(利益)与社会个体(利益)的矛盾是人类社会基本矛盾之一,表现为国与民、国家与企业、统与分、经济集中与经济民主、纵向关系与横向关系、公平与效率的矛盾等。这些矛盾的两个方面又分别组成两大系列,前一系列矛盾方面,如国、国家、统、经济集中、公平等,一般地说多体现着社会整体的意志、利益和行为;后一系列矛盾方面,如民、企业、分、经济民主、效率等,一般地说,多体现着社会个体的意志、利益和行为。这两大系列矛盾方面之间相互联系、相互制约。因而,社会整体与社会个体是一对既对立又统一的矛盾。社会整体以社会个体的存在为基础,没有社会个体,就无所谓社会整体;没有社会个体不断焕发的活力及其健康的成长、壮大,就不可能有社会整体的发展。反之,没有强大的社会整体,社会个体也不可能得到有力的保护和发展。

由上可见,税收作为一种社会整体利益,它实质上是社会个体利益的基本保障之一,是社会全体成员的共同利益所在。若国家税收利益受到损害,则社会全体成员的共同利益受到损害,从而必然殃及社会个体利益。因此,当国家税收与普通债权并存时,为确保国家税收的及时足额征收,必须使税收居于优先地位。

(三) 我国税收优先权的具体内容

关于税收优先权,在我国一直存在较大的争论。因此,长期以来,我国的税法中未能作出有关规定。随着我国社会经济的发展,税收与其他债权的矛盾日益突出,纳税人通过各种手段逃税的现象十分严重。新修订的《税收征管法》适应形势的需要,对税收优先权问题作出了明确规定。

依据我国《税收征管法》的规定,税收优先权主要有三种情况:

1. 税收优先于无担保债权。即除法律另有规定以外,税务机关征收税款时,税收优先于无担保债权。这里的法律另有规定,主要是指《破产法》和《保险法》中关于企业或保险公司破产时,企业或保险公司欠职工或被保险人的工资、劳动保险费、人寿保险金等应优先于税收受偿。这是保障社会成员基本生活需要所必需的,属基本人权范畴,是我国宪法确立的公民的基本权利。

2. 税收优先于发生在后的担保债权。《税收征管法》规定,纳税人欠缴的税款发生在纳税人以其财产设定抵押、质押或者纳税人的财产被留置之前的,税收应当先于抵押权、质权、留置权执行。这种规定,对于防止纳税人通过事后设立物的担保的方式逃避税收,具有十分重要的意义。

3. 税收优先于行政罚款和没收违法所得。《税收征管法》规定,纳税人欠缴税款,同时又被行政机关决定处以罚款、没收违法所得的,税收优先于罚款、没收违法所得。税收是纳税人对国家应尽的义务,而行政罚款和没收违法所得是对纳税人违法所进行的行政制裁。前者涉及国家和社会整体利益,而后者主要是通过制裁促使违法者遵纪守法,收取罚款和没收违法所得本身不是目的,因此,当两者出现矛盾时,税收应当优先。

为了保障一般债权人(指享有税权的国家以外的其他债权人)的利益,《税收征管法》要求,税务机关应对纳税人欠缴税款的情况定期予以公告,以免一般债权人不知情而蒙受损失。此外,纳税人有欠税情形而以其财产设定抵押、质押的,应当向抵押权人、质权人说明其欠税情况。抵押权人、质权人可以请求税务机关提供有关的欠税情况。

七、税务检查

税务检查是指税务机关以国家税收法律、法规和财务会计制度等为依据,对纳税人、扣缴义务人履行纳税义务和代扣代缴、代收代缴税款义务情况进行的审查监督活动的过程。税务检查权的实现是税收征收管理工作的重要组成部分,是税收征收、管理的重要补充和保证,对正确贯彻执行税收法规,堵塞税收征管的漏洞,增强纳税人、扣缴义务人的纳税意识,促使其正确、及时地履行义务,保证国家财政收入和经济建设的顺利进行,都有着极其重要的意义。

我国《税收征管法》第54条在明确税务检查权力的同时,还进一步加强了稽查人员在进行税务检查时的执法权。税务检查职能贯穿于税务征管活动全过程,按照检查的性质和主体不同,可以划分为税务稽查机构的专业检查和征收管理部门的日常检查。税务稽查机构的专业检查又称为税务稽查,其特点是对检查对象进行全面、综合的检查,有完整、规范的检查程序和分工,专业性强,检查力度大,要求水平高。可以说,稽查局的检查职能包含了所有的税务检查职能。凡涉及纳税人、扣缴义务人在税收征管活动中的纳税义务、扣缴义务人的违法行为,稽查局都可以进行查处。但从目前日常税收征管状况来看,由于稽查局受现有人力、物力的限制,尚不能将所有的税务检查职能都划归稽查局行使。因此,稽查局的检查职责主要是对偷逃税举报案件和大要案的查处,组织开展税收专项检查,并负责管理、指导、协调所有税务检查业务工作。税务稽查往往是事后检查,具有惩处的性质,是税务机关打击偷、逃、骗税的最后一道防线,能起到威慑的作用。

税务征收管理部门的日常检查是指税务征收机构或管理机构对征管活动中的某一环节出现的问题,或者为防止征管活动中某一环节出现问题,而进行的一般性审查监督。其特点是针对性强,检查时间短,处理及时,一般不具备严格检查程序。征管部门的工作重心是放在对税款征收及日常税收规范化管理上。征管部门的税务检查主要是为日常的税务征收与管理工作服务,具体是针对税收征管的某一环节或者某一具体问题,或者某一方面进行审查稽核,目的是为了加强征管,维护正常的征管秩序,堵塞漏洞,有效地组织税款入库,及时发现并防止重大的违法案件的发生。但应当说明的是,税务检查不是征管部门的主要工作,它仅是利用日常征管工作的便利,对日常税收征管活动中存在的一般性违章行为的检查,可以说是对专业税务检查的一种补充,对发现的偷逃骗税案件应及时移送稽查机构处理。

(一)税务检查权实现的方式

1. 一般税务机关税务检查权的实现方式

根据中国现行税法的规定,一般税务机关税务检查权实现方式主要体现为：

（1）检查纳税人的账簿、记账凭证、报表和有关资料，检查扣缴义务人代扣代缴、代收代缴税款账簿、记账凭证和有关资料。

（2）到纳税人的生产、经营场所和货物存放地检查纳税人应纳税的商品、货物或者其他财产，检查扣缴义务人与代扣代缴、代收代缴税款有关的经营情况。

（3）责成纳税人、扣缴义务人提供与纳税或者代扣代缴、代收代缴税款有关的文件、证明材料和有关资料。

（4）询问纳税人、扣缴义务人与纳税或者代扣代缴、代收代缴税款有关的问题和情况。

（5）到车站、码头、机场、邮政企业及其分支机构检查纳税人托运、邮寄应纳税商品、货物或者其他财产的有关单据、凭证和有关资料。

（6）经县以上税务局（分局）局长批准，凭全国统一格式的检查存款账户许可证明，查询从事生产、经营的纳税人、扣缴义务人在银行或者其他金融机构的存款账户。税务机关在调查税收违法案件时，经设区的市、自治州以上税务局（分局）局长批准，可以查询案件涉嫌人员的储蓄存款。税务机关查询所获得的资料，不得用于税收以外的用途。

（7）对采用电算化会计系统的纳税人，税务机关有权对其会计电算化系统进行查验；对纳税人会计电算化系统处理、储存的会计记录以及其他有关的纳税资料，税务机关有权进入其电算化系统进行检查，并可以复制与纳税有关的电子数据作为证据检查时，税务机关有责任保证纳税人会计电算化系统的安全性，并保守纳税人的商业秘密。

税务机关派出的人员进行税务检查的时候，应当出示税务检查证和税务检查通知书（否则被检查人有权拒绝检查），并有责任为被检查人保守秘密。

税务机关对于从事生产、经营的纳税人以前纳税期的纳税情况依法检查的时候，发现纳税人有逃避纳税义务行为，并有明显的转移、隐匿其应纳税的商品、货物和其他财产或者应纳税的收入的迹象的,可以依法采取税收保全措施或者强制执行措施。

2. 海关税务检查权的实现方式

除了一般税务机关税务检查权的实现之外,还有海关在履行职责中的税务检查权实现问题。海关税务检查权实现方式主要有:

(1) 检查进出境运输工具,查验进出境货物、物品;对违反海关法或者其他有关法律、行政法规的,可以扣留。

(2) 查阅进出境人员的证件;查问违反海关法或者其他有关法律、行政法规的嫌疑人,调查其违法行为。

(3) 查阅、复制与进出境运输工具、货物、物品有关的合同、发票、账册、单据、记录、文件、业务函电、录音录像品和其他资料;对其中与违反海关法规或者其他有关法律、行政法规的进出境运输工具、货物、物品有牵连的,可以扣留。

(4) 在海关监管区和海关附近沿海沿边规定地区,检查有走私嫌疑的运输工具和有藏匿走私货物、物品嫌疑的场所,检查走私嫌疑人的身体;对有走私嫌疑的运输工具、货物、物品和走私犯罪嫌疑人,经过海关总署直属海关关长或者其授权的隶属海关关长批准,可以扣留;对走私犯罪嫌疑人,扣留时间不超过24小时,在特殊情况下可以延长至48小时。

在海关监管和海关附近沿海沿边规定地区以外,海关在调查走私案件的时候,对有走私嫌疑的运输工具和除公民住处以外的有藏匿走私货物、物品嫌疑的场所,经过海关总署直属海关关长或者其授权的隶属海关关长批准,可以进行检查,有关当事人应当到场;当事人没有到场的,在有见证人在场的情况下,可以径行检查;对其中有证据证明有走私嫌疑的运输工具、货物、物品,可以扣留。

(5) 在调查走私案件的时候,经过海关总署直属海关关长或者其授权的隶属海关关长批准,可以查询案件涉嫌单位和涉嫌人员在金融机构、邮政企业的存款、汇款。

(6) 进出境运输工具或者个人违抗海关监管逃逸的,海关可以连续追至海关监管区和海关附近沿海沿边规定地区以外,将其带回处理。

(7) 海关实现税务检查权的过程中,可以依法配备武器。

(二) 税务检查权实现的程序

根据《税收征收管理法》的规定,税务机关派出的人员行使税务检查权时,应当出示税务检查证和税务检查通知书,并有责任为被检查人保守秘密;未出示税务检查证和税务检查通知书的,被检查人有权拒绝检查。同时,税务机关及税务人员依法进行税务检查时,纳税人、扣缴义务人必须接受,如实反映情况,提供有关资料,不得拒绝和隐瞒。

税务机关依法进行税务检查时,有权向有关单位和个人调查纳税人、扣缴义务人和其他当事人与纳税或者代扣代缴、代收代缴税款有关的情况,有关单位和个人有义务向税务机关如实提供有关资料及证明材料。若调查税务违法案件,税务机关可对与案件有关的情况和资料进行记录、录音、录像和复制。

税务机关对从事生产、经营的纳税人以前纳税期的纳税情况依法进行税务检查时,发现纳税人有逃避纳税义务行为,并有明显的转移、隐匿其应纳税的商品、货物以及其他财产或者应纳税的收入的迹象的,可依法采取税收保全措施或者强制执行措施。

八、税务稽查

(一) 税务稽查权与税务检查权的区分

在税收执法权内部,权力的边界都由税收法律、行政法规予以界定,较为明确,但需要重点分析的是税务稽查权与税务检查权的区分。目前,大部分学者认为税务稽查权、税务检查权不存在明确的区分,甚至认为作此区分没有必要。即使作此区分,其界限也是模糊的。如《中国税务辞典》表述为:税务稽查是"税务机关依法对纳税人、扣缴义务人履行纳税、扣缴义务情况所进行的稽核、检查和处理工作的总称",税务检查是税务机关"对以税务违法行为或嫌疑的纳税人、扣缴义务人及其他当事人有关事项问题为检验审查对象的执法活动",两者的界限依然模糊。造成这种限制,有立法方面的原因。我国《税收征管法》第11条规定:"税务机关负责征税、管理、稽查、行政复议的人员的职责应当明确,并相互分离、相互制约。"而该法除此之外再无提及"税务稽查",倒是在该法第四章专章规定了

"税务检查"。另一方面,国家税务总局1995年发布了《税务稽查工作规程》,并在全国税务机关系统开始建立和健全新的税务稽查制度,目前,中国税务部门大都已经建立相应的税务稽查机构。《税务稽查工作规程》内容涉及的主要是《税收征管法》中的"税务检查"。这种立法和制度上的模棱两可,造成了实践中对税务稽查与税务检查权力区分的模糊。但我们认为,在税收执法权的大范围内区分税务稽查权与税务检查权不仅可行,而且意义重大,它关系到税务执法的力度问题,对纳税人的权利保障有着重要影响。

我国税务稽查制度由税务检查发展而来,是新税制后实行税收征、管、查分离的产物。但税收稽查权与税收检查权仍有区别,两者是一种交叉关系,而非包容关系。两者的具体区分应当贯彻国家税务总局在《关于进一步加强税收征管基础工作若干问题的意见》(国税发〔2003〕124号)中提出的三个基本原则:征收管理部门与稽查部门在税务检查上的职责范围要按照以下三个原则划分:一是在征管过程中,对纳税人、扣缴义务人履行纳税义务的日常性检查及处理由基层征收管理机构负责;二是税收违法案件的查处(包括选案、检查、审理、执行)由稽查局负责;三是专项检查部署由稽查局负责牵头统一组织。各级税务机关要按照上述原则,根据各地的实际情况,制定具体的检查管理办法,从检查的对象、范围、性质、时间、金额等方面划清日常检查与税务稽查的业务边界,提出加强协调配合的具体要求,明确检查下户的目的和需要解决的问题以及移送的标准、条件等。因此,中国的税务检查权应当界定为税务部门的日常检查权,具体是指税务机关清理漏管户、核查发票、催报催缴、评估问询、了解纳税人生产经营和财务状况等不涉及立案核查与系统审计的日常管理行为,这是征管部门的基本工作职能和管理手段之一,其特点是针对性强,检查时间短,处理及时,一般不具备严格检查程序。而税务稽查权则是针对重大税务违法案件的查处权,由目前的税务稽查部门行使。当然,这种内部权力行使主体的区分,对外意义不大,因为无论是税收征管部门还是税务稽查部门,都是以税务机关的名义代表国家行使税收执法权。但这种权力边界的界定不仅有助于理顺权力的模糊地带,更有利于相关机制的确立和完善。

(二) 税务稽查权的行使主体

根据《税务稽查工作规程》等行政规章、制度的规定,中国从中央到地方各级税务部门都设立相应的税务稽查机构,各自在一定的管辖范围内行使税务稽查权。具体来说:国家税务总局稽查局负责拟定税务稽查制度、办法并组织在全国税务系统实施;办理重大税收案件的立案、调查,并提出审理意见;指导、协调全国税务系统的稽查工作。

各地国家税务局、地方税务局分别负责所管辖税收的税务稽查工作。在工作中遇有属于对方管辖范围的问题时,应当及时通报对方查处。双方在同一个税收问题认定上有不同意见时,应当先按照负责此项税收的一方的意见执行,然后报负责此项税收的上级税务机关裁定,以裁定的意见为准。税务案件的查处,原则上应当由被查对象所在地的税务机关负责,但发票案件由案发地的税务机关负责。

在国家税务局、地方税务局各自系统内,遇有涉及两个以上税务机关管辖的税务案件,由最先查处的税务机关负责;管辖权有争议的,有关税务机关应当本着有利于案件查处的原则协商确定查处权;经过协商仍然不能取得一致意见的,由各方共同的上一级税务机关协调或裁定。根据规定,下列案件可以由上级税务机关查处或者统一组织力量查处:(1) 重大偷税、逃避追缴欠税、骗取出口退税、避税、抗税案件;(2) 重大伪造、倒卖、非法代开、虚开发票案件和其他重大税收违法案件;(3) 根据举报,确需上级税务机关派人查处的案件;(4) 涉及被查对象主管税务机关有关人员的案件;(5) 上级税务机关认为需要由自己查处的案件;(6) 下级税务机关认为需要由上级税务机关查处的案件。

(三) 税务稽查的具体程序

1. 税务稽查对象的确定与立案

实施税务稽查,首先需要明确的就是稽查对象。从中国税务稽查实践来看,各级税务稽查机构一般通过以下三种方式,确定稽查对象:(1) 通过电子计算机选案分析系统筛选;(2) 根据稽查计划,按照征管户数的一定比例筛选或者随机抽样选择;(3) 根据公民举报、有关部门转办、上级交办、情报交换资料确定。为便于公民举报税务违法案件,各级税务机关应当在所属税务稽查机构建立税务违法案件举报中心,受理公民举报税务违法案件。

税务稽查对象确定以后,应当分类建立税务稽查实施台账,跟踪检查、考核稽查计划执行情况。在税务稽查对象当中,经初步判明符合条件的,应当立案查处。

税务稽查对象的确定即选案环节是整个稽查工作的基础,只有在该环节抓住了要害,才能保证后面各环节有的放矢,才能保证在目前人员紧缺的情况下最大限度地发挥稽查的职能作用。而选案的准确性取决于稽查部门对纳税人纳税信息及相关资料掌握的翔实程度。只有详尽掌握纳税人的相关信息,才能对其纳税情况进行综合、全面分析,确保选案的准确性。这些征管基础资料,需要征管部门提供。但我国目前由于税收信息采集网络不健全,渠道不畅通,企业经营状况和申报纳税情况稽查部门不能全面、准确掌握,加之征收、管理与稽查联系制度不健全,造成了选案工作的局限性;另一方面,稽查选案部门缺乏对已获资料的综合分析,没有根据现有的信息资料筛选和归纳出主要选案疑点,因此稽查工作只能依赖于税务登记底册,或是凭借主观印象进行,这在一定程度上造成税务稽查选案缺乏科学性、准确性,往往出现找不到纳税户的现象。也导致稽查人员在检查实施环节上的无效劳动,对一些存在税收问题严重的户由于选不到稽查范围内,造成偷税行为泛滥等现象。

2. 税务稽查的实施

税务稽查的实施,是指对纳税人、扣缴义务人执行国家税法和有关财经制度的情况进行检查、收集有关证据等活动。税务机关在实施税务稽查以前,应当先全面了解被查对象的有关情况,确定稽查方法,然后向被查对象发出书面通知,告知其稽查时间和需要准备的资料等。但是,对于被举报有税收违法行为的,税务机关有根据认为被查对象有税收违法行为的,预先通知有碍稽查的,不必事先通知。如果税务稽查人员与被查对象有近亲属关系、利害关系和可能影响公正执法的其他关系,应当自行回避,被查对象也有权要求他们回避。实施税务稽查应当两人以上,并出示税务检查证件。在税务稽查过程中,稽查人员可以根据需要和法定程序采取询问、调取账簿资料和实地稽查等手段。需要跨管辖区域稽查的,可以采取发函调查和异地调查两种方式。稽查结束时,税务稽查人员应当将稽查的结果和主要问题向被查对象说明,核对事实,听取意见。税务稽查完毕后,稽查人员应区别情况作出相应处理。

3. 税务稽查的审理

税务稽查审理工作应当由专门人员负责,必要时可以组织会审。审理人员在接到稽查人员提交的《税务稽查报告》和有关资料以后,应当在法定期限内审理完毕。审理结束时,审理人员应当提出综合性审理意见,制作《审理报告》和《税务处理决定书》,履行报批手续以后,交有关人员执行。对于构成犯罪,应当移送司法机关的,制作《涉税案件移送意见书》,报经领导批准以后移送司法机关处理。对稽查人员提交的经过稽查没有发现问题的《税务稽查报告》,审理人员审理以后确认的,制作《税务稽查结论》报批;有疑问的,退还稽查人员补充稽查,或者报告领导另行安排稽查。

4. 税务处理决定的执行

执行是稽查工作中比较关键的一个环节,它不但涉及稽查案件的执行,还涉及税收保全、税收强制的执行,直接关系到国家税款的入库情况。根据我国法律的规定,税务执行人员接到批准的《税务处理决定书》以后,填制税务文书送达回证,送达被查对象,并监督其执行。被查对象对税务机关作出的处罚决定或者强制执行措施决定,在规定的时限以内,既不执行,也不向税务机关申请复议或者向人民法院起诉的,县以上税务机关可以采取《税收征管法》第40条规定的强制执行措施,或者申请人民法院强制执行。

九、税款缴纳及其相关规定

(一)纳税期限的确定

纳税人、扣缴义务人应当按照法律、行政法规规定或者税务机关依照法律、行政法规规定确定的纳税期限,缴纳或者解缴税款。纳税期限是根据纳税人的生产经营规模和各个税种的特点确定的,由税法规定的纳税人和扣缴义务人向国家缴纳税款或者解缴税款的时间界限,由纳税计算期、税款缴库期决定。一般来说,纳税计算期满后,纳税人就应马上缴纳其应纳税款。但考虑到纳税人、扣缴义务人在纳税计算期内所取得的应税收入和应纳税款以及代扣、代收税款都需要一定的时间来进行结算和办理有关手续,因此,税法又根据各税种的特点和纳税计算期的长短,规定了不同的税款缴库期。

(二) 税款的入库及滞纳金

国家税务局和地方税务局应当按照国家规定的税收征收管理范围和税款入库预算级次,将征收的税款缴入国库。对审计机关、财政机关依法查出的税收违法行为,税务机关应当根据有关机关的决定、意见书,依法将应收的税款、滞纳金按照税款入库预算级次缴入国库,并将结果及时回复有关机关。

经税务机关批准,采取邮寄申报纳税的纳税人,应当在邮寄纳税申报表的同时,汇寄应纳税款。税务机关收到纳税申报表和税款后,经审核没有问题的,必须向纳税人开具完税凭证,办理税款缴库手续。

根据《税收征管法》的规定,纳税人因有特殊困难,不能按期缴纳税款的,应当在规定的缴纳期限内,向主管税务机关提出书面申请,并经县以上税务局(分局)批准后,方可延期缴纳税款,但延期缴纳税款的时间最长不得超过3个月。

纳税人、扣缴义务人未按规定期限缴纳税款或解缴税款的,税务机关除责令限期缴纳或解缴外,从滞纳税款之日起,按日加收滞纳税款万分之五的滞纳金。但对经税务机关批准或延期缴纳税款的纳税人,在批准的期限内,不加收滞纳金。加收税款滞纳金的起止时间,为法律、行政法规规定或者税务机关依照法律、行政法规的规定确定的税款缴纳期限届满次日起,至纳税人、扣缴义务人实际缴纳或者解缴税款之日止。

(三) 税款的退还、补缴和追征

依据《税收征管法》的规定,退还多缴税款主要有两种情况:一是税务机关发现多征税款,应主动通知纳税人办理退还手续,予以退还;二是纳税人自己发现多缴了税款,可以自结算缴纳税款之日起3年内,向税务机关要求退还多缴的税款并加算银行同期存款利息,税务机关及时查实后应当退还。税务机关应于发现或接到纳税人申报退款书之日起60日内将多征税款退还给纳税人,也可按纳税人的要求抵缴下期应纳税款。

纳税人和扣缴义务人在缴纳税款的过程中,可能会由于各种原因,出现应缴未缴或少缴税款的情况,对这部分税款,纳税人、扣缴义务人有义务补缴,国家有权在法定的期限内予以追征。税款追征程序体现了国家利益第一的原则,这是国际上通行的做法。

关于欠税追征期限问题,依据《税收征收管理法》第52条的规定:因税务机关的责任,致使纳税人、扣缴义务人未缴或者少缴税款的,税务机关在三年内可以要求纳税人、扣缴义务人补缴税款,但是不得加收滞纳金。因纳税人、扣缴义务人计算错误等失误,未缴或者少缴税款的,税务机关在三年内可以追征税款、滞纳金;有特殊情况的,追征期可以延长到五年。对偷税、抗税、骗税的,税务机关追征其未缴或者少缴的税款、滞纳金或者所骗取的税款,不受前款规定期限的限制。

对于欠缴税款的追缴期限问题,国家税务总局于2005年8月16日专门发布了《关于欠税追缴期限有关问题的批复》(国税函[2005]813号),明确如下:(1)按照《税收征管法》和其他税收法律、法规的规定,纳税人有依法缴纳税款的义务。纳税人欠缴税款的,税务机关应当依法追征,直至收缴入库,任何单位和个人不得豁免。税务机关追缴税款没有追征期的限制。(2)《税收征管法》第52条有关追征期限的规定,是指因税务机关或纳税人的责任造成未缴或少缴税款在一定期限内未发现的,超过此期限不再追征。纳税人已申报或税务机关已查处的欠缴税款,税务机关不受该条追征期规定的限制,应当依法无限期追缴税款。

(四)其他相关规定

1. 纳税人合并、分立时的税款征收。《税收征管法》规定,纳税人有合并、分立情形的,应当向税务机关报告,并依法缴清税款。纳税人合并时未缴清税款的,应当由合并后的纳税人继续履行未履行的纳税义务;纳税人分立时未缴清税款的,分立后的纳税人对未履行的纳税义务应当承担连带责任。

2. 税收代位权与撤销权。《税收征管法》规定,欠缴税款的纳税人因怠于行使到期债权,或者放弃到期债权,或者无偿转让财产,或者以明显不合理的低价转让财产而受让人知道该情形,对国家税收造成损害的,税务机关可以依照合同法的规定行使代位权、撤销权。税务机关依法行使代位权、撤销权时,不免除欠缴税款的纳税人尚未履行的纳税义务和应承担的法律责任。

3. 处分不动产或大额资产的报告。《税收征管法》规定,欠缴税款数额较大的纳税人在处分其不动产或者大额资产之前,应当向税务机关报告。

第三节 税务代理制度

一、税务代理的概念与特征

税务代理是指税务代理人在法定的权限和范围内,接受纳税人、扣缴义务人的委托,代为办理有关税务事宜的各项行为的总称。

依据《民法通则》的规定,由于代理权产生的根据不同,代理可分为委托代理、法定代理和指定代理。税务代理是代理业的一个组成部分,具有代理的一般共性,是一种专项代理,属于民事代理中委托代理的一种。但税务代理是一项利用专门知识提供的社会中介服务,税务代理人对委托人和国家具有的"双重忠诚"。因此,税务代理具有以下不同于一般民事代理的特征:

1. 主体资格的特定性。在税务代理法律关系中,代理行为发生的主体资格是特定的,作为代理人一方必须是经批准具有税务代理执业资格的注册税务师和税务师事务所。不符合上述条件的单位和个人均不能从事税务代理业务。作为被代理人一方必须是负有纳税义务或扣缴税款义务的纳税人或扣缴义务人。

2. 法律约束性。税务代理不同于一般意义上的事务委托或劳务提供,而是负有法律责任的契约行为。税务代理人与被代理人之间的关系是通过代理协议而建立起来的,代理人在从事税务代理活动过程中,必须站在客观、公正的立场上行使代理权限。税务代理的业务范围,由国家以法律、行政法规和行政规章的形式确定,税务代理人不得超越规定的内容从事代理活动。除税务机关按照法律、行政法规规定委托其代理外,注册税务师不得代理应由税务机关行使的行政职权。

3. 税收法律责任的不可转嫁性。税务代理是一项民事活动,税务代理关系的建立并不改变纳税人、扣缴义务人对其本身所固有的税收法律责任的承担。在代理活动中产生的税收法律责任,无论出自纳税人、扣缴义务人的原因,还是由于代理人的原因,其承担者均应为纳税人或扣缴义务人。当然,法律责任的不可转嫁性并不意味着税务代理人在代理过程中,可以对被代理人的权益不负责任,若因代理人的工作过失而导致被代理人不必要的损失,被代理人可以通过民事诉讼程序向代理人提出赔偿要求。

4. 有偿服务性。税务代理是我国社会主义市场经济服务体系的一个重要组成部分,税务代理业是智能型的科技与劳动相结合的中介服务行业,它以服务为宗旨,以社会效益为目的,代理人根据代理业务工作的内容及复杂程度,可以收取合理的费用。

二、税务代理的基本原则与功能价值

(一) 税务代理的基本原则

税务代理是一项社会性的中介服务,涉及代理人、被代理人、国家等各个方面的利益,为了使税务代理行为规范有序,确保各方利益,税务代理必须遵守一定的原则。一般认为,税务代理必须遵守以下几个基本原则:

1. 依法代理原则。依法代理是税务代理的一项重要原则,具体包括三层基本含义:首先,从事税务代理的机构必须是依法成立的税务师事务所,从事税务代理的专门人员必须是经全国统一考试合格,并在注册税务师管理机构注册登记的具有税务代理执业资格的注册税务师。其次,税务代理人开展的一切代理业务,都要以法律、法规的规定为依据,其所有活动都必须在法律、法规规定的范围内进行,必须受国家法律、法规的实体规范与程序规则的约束。最后,税务代理人必须尊重被代理人的合法意愿,在被代理人授权的范围内开展活动。不得越权代理或者实施无权代理行为。税务代理严格遵守依法代理原则,既是保证国家的税收利益,维护税收法律和法规的严肃性的需要,也是保护纳税人合法权益的必然要求。

2. 自愿有偿原则。税务代理以双方自愿为前提。纳税人、扣缴义务人具有是否委托、委托何人的自主权。如果纳税人、扣缴义务人没有自愿委托他人代理税务事宜,任何单位和个人都不能强令代理。代理人作为受托方,也有是否接受委托、为谁代理的选择权。同时,税务代理作为一项专业性很强的中介服务,税务代理人一般应取得相应的报酬。

3. 独立公正原则。税务代理人在法定权限范围内,依法独立履行职责,不受任何机关、团体和个人的非法干预。税务代理人在实施税务代理过程中,必须站在客观、公正的立场上,在维护税法尊严的前提下,公正、客观地为纳税人、扣缴义务人代办税务事宜,绝不能因收取委托人的报酬而偏袒或迁就纳税人或扣缴义务人。

4. 保守秘密原则。由于代理工作需要,税务代理人对委托方的生产经营情况以及在业务活动中了解、掌握和取得的情况、资料、数据,凡涉及应当保守秘密的,必须为之保密。但如涉及偷税、抗税等问题,经劝阻无效的,税务代理人有权拒绝代理、终止代理,并有权向主管部门反映。税务代理人从事的工作和律师从事的工作具有类似性,甚至有的国家直接就是由律师从事税务代理工作,因此,强调税务师执业时应当遵循保守秘密原则是符合国际发展趋势的。

5. 维护国家利益和保护委托人合法权益相结合的原则。税务代理人在代理活动中应向纳税人、扣缴义务人宣传有关税收政策,按照国家税法规定督促纳税人、扣缴义务人依法履行纳税及扣税义务,以促进纳税人、扣缴义务人知法、懂法、守法,从而提高依法纳税、扣税的自觉性。与此同时,通过税务代理,不仅可以使企业利用中介服务形式及时掌握各项政策,维护其自身的合法权益,正确履行纳税义务,避免因不知法而导致不必要的处罚,而且还可通过注册税务师在合法合理的基础上进行税收筹划,节省不必要的税收支出,减少损失。因此,维护国家利益和保护委托人合法权益也是税务代理应当遵循的基本原则。

(二) 税务代理制度的功能价值

从经济学的角度分析,税务代理制度是社会分工逐步细化、信息不对称现象出现的必然结果。随着商品经济的迅猛发展,课税对象不断增加,税收法律、法规、规章和政策日益繁多,纳税人忙于生产经营,一般不熟悉税法,难以正确处理复杂的纳税事项。为了提高办税效率,节省奉行成本,维护自己的合法权益,纳税人往往希望熟悉法律的人代替他们办理纳税事宜,于是税务代理制度应运而生。因此,弥补社会信息不对称之缺陷则成为税务代理制度产生的最初的价值功能。但随着社会经济生活的发展,随着税务代理作为一项社会性的中介服务行业逐趋成熟,税务代理制度的功能价值已经不再满足于此,可以说,税务代理制度的功能价值之界定可大可小。因此,税务代理制度的功能价值应当从微观角度与宏观层面两个方面来认识。

1. 税务代理制度在微观层面的功能价值。这主要体现在不同的主体方面:首先,从纳税人的角度来分析,随着市场经济的发展和社会分工的细化,各国税制呈现出复杂化和专业化的趋势,因此,税务代理制度的最为本质的功能价值即体现为弥补纳税人税法专业知识的不足,纠正分工细化带来的信息不对称现象,通过合理的纳税协助,减轻纳税人的负担,使纳税人获得"节税"效益。与此同时,税务代理适应了纳税人的客观需要,成为企业和个人理财的一种新型方式。其次,从税务机关的角度来看,实行税务代理制度,将许多事务性、服务性、群众性的工作从税务机关解脱出来,使得税务机关的职责更为明确,税务机关可以集中精力做好税收执法工作,而且,税务代理过程中的税法宣传,反馈信息的收集,为税务机关的决策行为提供了依据,有助于其更好地依法行使税收执法权,提高税收执法实效。

2. 税务代理制度在宏观层面的功能价值。这集中体现在如下两个方面:首先,税务代理制度以其弥补信息不对称缺陷之功能,通过专业代理的形式,间接促进了税收征纳双方的有效交流,减少了征税成本,增加了国家的税收收入。从西方发达国家的经验来看,税收执法成本的降低程度与税务代理制度的发达程度成反比例关系。其次,税务代理人作为独立于税务机关和纳税人的第三方,具有某种超然的地位,有利于建立一种监督制约机制,促进税务机关的廉政建设和纳税人的诚信纳税,最终有助于依法治税,保障一国税法以及整个法治秩序的良性运行。

三、我国税务代理制度的主要内容

为了规范税务代理行为,建立起我国的税务代理制度,国家税务总局依据当时《税收征管法》的授权,于1994年9月制定了《税务代理试行办法》,在全国范围内有组织、有计划地开展了税务代理工作。1996年11月,国家税务总局与人事部联合制定颁布了《注册税务师资格制度暂行规定》,把税务代理人员纳入了国家专业技术人员执业资格准入控制制度的范围,税务代理行业同注册会计师、律师事务所等一样,成为国家保护和鼓励发展的一种社会中介服务行业。1999年,国家税务总局开始对税务代理行业进行全面清理整顿,以促进税务代理事业的健康发展。国家税务总局相继制定并下发了《注册税务师执业资格考试实施办法》《注册税务师注册管理暂行办法》《注册税务师执业准则(试行)》《税务代理从业人员守则(试行)》《税务代理业务规程(试行)》《税务代理工作底稿(企业所得税)》《注册税务师管理暂行办法》《有限责任税务师事务所设立及审批暂行办法》和《合伙税务师事务所设立及审批暂行办法》等一系列规范性文件,从税务代理人资格、税务代理的业务范围、税务代理法律关系以及税务代理法律责任等方面确立了我国一套相对完善的税务代理制度,成为我国现行税务代理制度的主要法律依据。

(一) 税务代理人

依据我国现行税务代理制度的规定,税务代理人是指具有丰富的税收实务工作经验和较高的税收、会计专业理论知识以及法律基础知识,经国家税务总局及其省、自治区、直辖市国家税务局批准,从事税务代理的专门人员及其工作机构。从事税务代理的专门人员称为税务师,其工作机构是依法设立的承办税务代理业务的机构,即税务代理机构,包括税务师事务所、会计师事务所、律师事务所等机构。税务师必须加入税务代理机构,才能从事税务代理业务,并且一个税务代理人只能加入一个税务代理机构从事代理业务。税务代理机构对其所属的税务师按照规定实施的代理行为承担责任。

1. 注册税务师

注册税务师是在中华人民共和国境内依法取得注册税务师执业资格证书,从事涉税服务和鉴证业务的专业人员。为了加强对税务代理专业技术人员的执业准入控制,提高税务代理人员的执业素质,规范税务代理行为,国家通过制定《注册税务师资格制度暂行规定》《注册税务师管理暂行办法》等规章,对从事税务代理活动的专业技术人员实行注册登记制度,并将其纳入国家职业资格证书制度范畴。只有注册税务师(Registered Tax Agent),即依法取得注册税务师执业资格证书并注册的人员,方可从事税务代理活动。

(1) 注册税务师资格考试制度

实行注册税务师资格考试制度是保证执业准入控制的基本前提。按照《注册税务师资格制度暂行规定》的规定,凡我国公民,遵纪守法并具备下列条件之一者,可申请参加注册税务师资格考试:① 经济类、法学类大专毕业后,或非经济类、法学类大学本科毕业后,从事经济、法律工作满六年。② 经济类、法学类大学本科毕业后,或非经济、法学类第二学士或研究生班毕业后,从事经济、法律工作满四年。③ 经济类、法学类第二学位或研究生班毕业后,或获非经济、法学类硕士学位后,从事经济、法律工作满两年。④ 获得经济类、法学类硕士学位后,从事经济、法律工作满一年。⑤ 获得经济类、法学类博士学位。⑥ 人事部和国家税务局规定的其他条件。

具有经济类、法学类中等以上专业学历以及连续从事税收业务工作10年以上的,可以免予部分科目的考试。取得执业会计师、审计师、律师资格者以及连续从事税收业务工作15年以上者,可不参加全国统一的税务师资格考试,其代理资格由省、自治区、直辖市国家税务局考核认定。

参加税务师资格统一考试成绩合格者和经考核认定合格者,由省、自治区、直辖市国家税务局核发税务师资格证书。

(2) 注册税务师的注册登记制度

国家税务总局及其授权的省、自治区、直辖市、计划单列市注册税务师管理机构为注册税务师的注册管理机构。取得注册税务师执业资格证书,申请从事税务代理业务的人员,应在取得证书后三个月内到所在省、自治区、直辖市及计划单列市注册税务师管理机构申请办理注册登记手续。

申请执业注册应具备下列条件:① 遵纪守法,恪守职业道德;② 取得《中华人民共和国注册税务师执业资格证书》或《中华人民共和国注册税务师非执业资格证书》;③ 年龄在70周岁以下,身体健康,能坚持在注册税务师岗位上正常工作;④ 专职从事税务代理业务工作二年以上;⑤ 经所在税务师事务所考核同意。

有下列情况之一者,不予注册:① 不具有完全民事行为能力的。② 因受刑事处罚,自处罚执行完毕之日起未满三年者。③ 被国家机关开除公职,自开除之日起未满三年者。④ 国家税务总局认为其他不具备税务代理资格的。

注册税务师有下列情况之一的,由国家税务总局或省、自治区、直辖市及计划单列市注册税务师管理机构注销其注册税务师资格:① 在登记中弄虚作假,骗取《中华人民共和国注册税务师执业资格证书》的。② 同时在两个税务代理机构执业的。③ 死亡或失踪的。④ 在税务代理活动中有违法行为的。⑤ 年检不合格或拒绝在规定期限内进行年检的。⑥ 国家税务总局认为其他不适合从事税务代理业务的。

注册税务师每次注册有效期为三年,每年验证一次。有效期满前三个月持证者按规定到注册管理机构重新办理注册登记。对不符合注册条件和被注销注册税务师资格者,不予重新注册登记。

2. 税务代理机构

税务代理机构是指税务师事务所和经国家税务总局及其省、自治区、直辖市国家税务局批准的其他机构。我国的税务代理机构包括税务师事务所以及经批准的其他机构。而税务师事务所既可以由注册税务师合伙设立,也可以是由一定数量的注册税务师发起成立的负有限责任的税务师事务所。因此,我国的税务代理机构可以概括为三类组织,即有限责任税务师事务所、合伙税务师事务所以及经批准的其他机构。对于前两类,国家税务总局分别制定了《有限责任税务师事务所设立及审批暂行办法》和《合伙税务师事务所设立及审批暂行办法》,以加强对税务师事务所的规范管理。

(1) 有限责任税务师事务所

有限责任税务师事务所是由发起人出资发起设立、承办税务代理业务并负有限责任的社会中介机构。事务所以其全部资产对其债务承担责任。其出资人以其出资额对事务所承担有限责任。

设立有限责任税务师事务所,由国家税务总局审批,并须具备下列条件:① 有3名以上符合规定条件的发起人;② 有10名以上专职从业人员,其中有5名以上取得《中华人民共和国注册税务师执业注册证书》者;③ 注册资本30万元以上;④ 有固定的办公场所和必要的设施;⑤ 审批机关规定的其他条件。

申请设立有限责任税务师事务所的发起人应当具备以下条件:① 取得《中华人民共和国注册税务师执业注册证书》;② 具有3年以上在事务所从事税务代理业务的经验和良好的职业道德记录;③ 为事务所的出资人;④ 不在其他单位从事获取工资等劳动报酬的工作;⑤ 年龄在65周岁以下;⑥ 审批机关规定的其他条件。

有限责任税务师事务所的出资人应当具备以下条件:① 取得《中华人民共和国注册税务师执业注册证书》;② 在事务所执业,并且不在其他单位从事获取工资等劳动报酬工作;③ 审批机关规定的其他条件。

有限责任税务师事务所实行所长负责制,所长必须具有《中华人民共和国注册税务师执业注册证书》,所长为事务所的法定代表人,其推选程序和具体条件由事务所章程规定。

(2) 合伙税务师事务所

合伙税务师事务所是由2名以上符合规定条件的合伙人以书面协议形式设立,承办税务代理业务,并对债务承担无限连带责任的社会中介机构。事务所的债务,应先以其全部财产进行清偿;事务所的财产不足以清偿其债务时,各合伙人应当承担无限连带责任。

设立合伙税务师事务所,由国家税务总局审批。并须具备下列条件:① 有两名以上符合规定条件,并依法承担无限责任的合伙人;② 有一定数量的专职从业人员,其中至少有3名以上取得《中华人民共和国注册税务师执业注册证书》者;③ 有固定的办公场所和必要的设施;④ 经营资金为 10 万元以上;⑤ 审批机关规定的其他条件。

申请设立合伙税务师事务所的合伙人应当具备下列条件:① 具有完全民事行为能力;② 取得《中华人民共和国注册税务师执业注册证书》;③ 具有 3 年以上在事务所从事税务代理业务的经验和良好的职业道德记录;④ 不在其他单位从事获取工资等劳动报酬的工作;⑤ 年龄在 65 周岁以下;⑥ 审批机关规定的其他条件。

合伙税务师事务所可以设立合伙人管理委员会,由若干主要合伙人组成。管理委员会推举一名合伙人担任负责人。管理委员会负责人即为事务所负责人。不设立合伙人管理委员会的合伙税务师事务所,可由全体合伙人对事务所的重大问题作出决定,并推举一名合伙人担任事务所负责人。

(3) 经批准的其他机构

经批准的其他机构主要是指会计师事务所、律师事务所、审计师事务所、税务咨询机构等。此类机构需要开展税务代理业务的,必须在本机构内设置专门的税务代理部,配备 5 名以上经税务机关审定注册的税务师,并报经国家税务总局或省、自治区、直辖市国家税务局批准,方能从事税务代理业务。

省、自治区、直辖市国家税务局应当将其批准设立的税务师事务所和其他税务代理机构报国家税务总局备案。国家税务总局发现批准不当的,应当自收到报告之日起 30 日内通知原审批机关重新审查。

(二) 税务代理的范围

税务代理的范围是指按照国家有关法律的规定,允许税务代理人所从事的业务内容。为保证税务代理业务的正常发展,各国一般都在法律上明确规定了税务代理的业务范围,并且明确其与相关行业(如律师、注册会计师等)业务的划分。我国也不例外。根据《税务代理业务规程(试行)》第 3 条的规定,我国税务代理的业务范围为:(1) 办理税务登记、变更税务登记和注销税务登记手续;(2) 办理除增值税专用发票外的发票领购手续;(3) 办理纳税申报或扣缴税款报告;(4)办理缴纳税款和申请退税手续;(5)制作涉税文书;(6)审查纳税情况;(7)建账建制,办理账务;(8)税务咨询、受聘税务顾问;(9)税务行政复议手续;(10)国家税务总局规定的其他业务。

《注册税务师管理暂行办法》第22、23条进一步明确了注册税务师的业务范围:提供代办税务登记、纳税和退税、减免税申报、建账记账,增值税一般纳税人资格认定申请,利用主机共享服务系统为增值税一般纳税人代开增值税专用发票,代为制作涉税文书,以及开展税务咨询(顾问)、税收筹划、涉税培训等涉税服务业务。此外,注册税务师可承办下列涉税鉴证业务:(1)企业所得税汇算清缴纳税申报的鉴证;(2)企业税前弥补亏损和财产损失的鉴证;(3)国家税务总局和省税务局规定的其他涉税鉴证业务。

以上是总体的税务代理业务范围,具体到单个的委托项目,其代理范围取决于被代理人的意愿。税务代理人可以接受纳税人、扣缴义务人的委托进行全面代理、单位代理或常年代理、临时代理。

需要注意的是,根据现行有关法律的规定,税务代理人不能代理应由税务机关行使的行政职权,税务机关按照法律、行政法规规定委托其代理的除外。同时,对税务机关规定必须由纳税人、扣缴义务人自行办理的税务事宜,注册税务师不得代理。例如,税法规定,增值税专用发票的领购事宜必须由纳税人自行办理。

(三)税务代理的法律关系

税务代理的法律关系,即税务代理关系,是指纳税人、扣缴义务人委托税务代理人办理纳税事宜而产生的委托方与受托方之间的权利、义务和责任关系。具体包括税务代理关系的确立和终止、税务代理人的权利和义务等基本内容。

1. 税务代理法律关系的确立

税务代理关系的确立,应当以委托人自愿委托和税务师事务所自愿受理为前提。委托人提出书面或口头的委托代理意向后,税务师事务所应派人对委托人的基本情况及委托事项进行了解。税务师事务所经过了解,决定接受委托的,应与委托人就委托事项进行协商。双方达到一致意见后,签订税务代理委托协议。税务代理委托协议自双方法定代表人签字、盖章时起即具有法律效力,并受法律保护,税务代理关系也因此而确立。

需要注意:第一,税务代理委托协议中的当事人一方必须是税务师事务所,税务代理执业人员不得以个人名义直接接受委托。税务代理执业人员承办税务代理业务由税务师事务所委派。第二,税务代理关系确立后,在履行协议过程中如遇情况变化,需要变更或修改补充的,双方应及时协商议定。第三,税务代理委托协议约定的履行期满,双方如有续约意向,应及时协商并另行签订。

税务代理关系确立后,税务代理人依法享有以下权利:(1)税务代理人依法履行职责,受国家法律保护,任何机关、团体、单位和个人不得非法干预。(2)税务代理人有权根据代理业务需要,查阅被代理人的有关财务会计资料和文件,查看业务现场和设施;可以要求委托人提供相关会计、经营等涉税资料(包括电子数据),以及其他必要的协助;被代理人应当向代理人提供真实的经营情况和财务会计资料。(3)税务代理人可向当地税务机关订购或查询税务政策、法律、法规和有关资料。(4)可以对税收政策存在的问题向税务机关提出意见和修改建议;可以对税务机关和税务人员的违法、违纪行为提出批评或者向上级主管部门反映。(5)税务代理人对税务机关的行政决定不服的,可依法向税务机关申请行政复议或向人民法院起诉。

税务代理人同时也必须履行如下义务:(1)税务代理人在办理代理业务时,必须向有关的税务工作人员出示税务师执业证书,按照主管税务机关的要求,如实提供有关资料、不得隐瞒、谎报,并在税务文书上署名盖章。(2)税务代理人对被代理人偷税、骗取减税、免税和退税的行为,应予以制止,并及时报告税务机关。(3)税务代理人在从事代理业务期间和停止代理业务以后,都不得泄漏因代理业务而得知的秘密。(4)税务代理人应当建立税务代理档案,如实记载各项代理业务的始末和保存计税资料及涉税文书。税务代理档案至少保存5年。

根据《注册税务师管理暂行办法》的规定,注册税务师执业由税务师事务所委派,个人不得擅自承接业务。注册税务师不得有下列行为:(1)执业期间,买卖委托人的股票、债券;(2)索取、收受委托合同约定以外的酬金或者其他财物,或者利用执业之便,谋取其他不正当的利益;(3)允许他人以本人名义执业;(4)向税务机关工作人员行贿或者指使、诱导委托人行贿;(5)其他违反法律、行政法规的行为。

注册税务师执业,应当按照业务规程确定的工作程序建立工作底稿、出具有关报告。注册税务师出具报告时,不得有下列行为:(1)明知委托人对重要涉税事项的处理与国家税收法律、法规及有关规定相抵触,而不予指明;(2)明知委托人对重要涉税事项的处理会损害报告使用人或者其他利害关系人的合法权益,而予以隐瞒或者作不实的报告;(3)明知委托人对重要涉税事项的处理会导致报告使用人或者其他利害关系人产生重大误解,而不予指明;(4)明知委托人对重要涉税事项的处理有其他不实内容,而不予指明。

注册税务师执业时,遇有下列情形之一的,应当拒绝出具有关报告:(1)委托人示意其作不实报告或者不当证明的;(2)委托人故意不提供有关资料和文件的;(3)因委托人有其他不合理要求,致使注册税务师出具的报告不能对涉税的重要事项作出正确表述的。

2. 税务代理关系的终止

税务代理委托协议约定的代理期限届满或代理事项完成,税务代理关系自然终止。

有下列情形之一的,委托方在代理期限内可单方终止代理行为:(1)税务代理执业人未按代理协议的约定提供服务;(2)税务师事务所被注销资格;(3)税务师事务所破产、解体或被解散。

有下列情形之一的,税务师事务所在代理期限内可单方终止代理行为:(1)委托人死亡或解体、破产;(2)委托人自行实施或授意税务代理执业人员实施违反国家法律、法规行为,经劝告不停止其违法活动的;(3)委托人提供虚假的生产经营情况和财务会计资料,造成代理错误的。

委托关系存续期间,一方如遇特殊情况需要终止代理行为的,提出终止的一方应及时通知另一方,并向当地主管税务机关报告,终止的具体事项由双方协商解决。

(四) 税务代理的法律责任

税务代理的法律责任,从广义上理解,既包括委托方的法律责任,也包括受托方即税务代理人的法律责任,既包括民事法律责任,也包括行政和刑事法律责任。鉴于委托方的法律责任主要是指民事责任,而其民事责任主要由民法通则、合同法等法律规范予以调整;受托方的民事责任也主要受委托代理协议及相关民事法律规范的约束。因此,此处所指税务代理的法律责任采取狭义的理解,即仅限税务代理人的行政法律责任和刑事责任。

依据现行法律的规定,注册税务师和税务师事务所的行政和刑事法律责任主要包括:

1. 注册税务师有下列行为之一的,由省税务局予以警告或者处1000元以上5000元以下罚款,责令其限期改正,限期改正期间不得对外行使注册税务师签字权;逾期不改正或者情节严重的,应当向社会公告:(1)执业期间买卖委托人股票、债券的;(2)以个人名义承接业务或者收费的;(3)泄露委托人商业秘密的;(4)允许他人以本人名义执业的;(5)利用执业之便,谋取不正当利益的;(6)在一个会计年度内违反《注册税务师管理暂行办法》规定二次以上的。

2. 税务师事务所有下列行为之一的,由省税务局予以警告或者处1000元以上1万元以下罚款,责令其限期改正;逾期不改正或者情节严重的,向社会公告:(1)未按照本办法规定承办相关业务的;(2)未按照协议规定履行义务而收费的;(3)未按照财务会计制度核算,内部管理混乱的;(4)利用执业之便,谋取不正当利益的;(5)采取夸大宣传、诋毁同行、以低于成本价收费等不正当方式承接业务的;(6)允许他人以本所名义承接相关业务的。

3. 注册税务师和税务师事务所出具虚假涉税文书,但尚未造成委托人未缴或者少缴税款的,由省税务局予以警告并处1000元以上3万元以下的罚款,并向社会公告。

4. 注册税务师和税务师事务所违反税收法律、行政法规,造成委托人未缴或者少缴税款的,由省税务局按照《税收征收管理法实施细则》第98条的规定处以罚款;情节严重的,撤销执业备案或者收回执业证,并提请工商行政管理部门吊销税务师事务所的营业执照。出现上述情形的,省局管理中心应当将处罚结果向总局管理中心备案,并向社会公告。

5. 税务代理机构违反税收法律和有关行政规章的规定进行代理活动的,由县及县以上税务行政机关视情节轻重,给予警告,或根据有关法律、行政法规处以罚款,或提请有关管理部门给予停业整顿、责令解散等处理。

6. 注册税务师、税务代理机构从事地方税代理业务时违反《税务代理试行办法》规定的,由县以上地方税务局根据本办法的规定给予警告、处以2000元以下的罚款或提请省、自治区、直辖市国家税务局处理。

7. 税务师触犯刑律,构成犯罪的,由司法机关依法惩处。

税务机关对注册税务师和税务代理机构进行惩戒处分时,应当制作文书,通知当事人,并予以公布。当事人对行政处分决定不服的,可以依法申请复议或向人民法院起诉。

第四节 税收救济制度

"有权利,必有救济"。税收救济制度是指纳税主体的合法权益在遭到或可能遭到征税主体侵害时,有权依法采取措施获得补救的法律制度。税收救济制度具体包括三大组成部分:税收行政复议制度、税收行政诉讼制度和税收行政赔偿制度。

一、税收行政复议制度

(一) 税收行政复议的概念

税收行政复议又称税务行政复议,是我国行政复议制度的一个组成部分,具体是指纳税人和其他当事人认为税务机关的具体行政行为侵犯其合法权益,依法向上一级税务机关或者本级人民政府提出复查该具体行政行为的申请,由复议机关对该具体行政行为的合法性和适当性进行审查并作出裁决的制度。

为了防止和纠正税务机关违法或者不当的具体行政行为,保护纳税人和其他当事人的合法权益,保障和监督税务机关依法行使职权,国家税务总局根据《中华人民共和国行政复议法》《中华人民共和国税收征收管理法》和其他有关规定,于 2004 年 2 月 24 日公布了《税务行政复议规则(暂行)》,从同年 5 月 1 日起施行。

如果纳税人和其他当事人认为税务机关的具体行政行为侵犯了其合法权益,可以依法向税务行政复议机关申请行政复议。

复议机关负责税收法制工作的机构具体办理税务行政复议事项,履行下列职责:受理行政复议申请;向有关组织和人员调查取证,查阅文件和资料;审查申请行政复议的具体行政行为是否合法与适当,拟定行政复议决定;处理或者转送对有关规定的审查申请;按照规定的权限和程序对被申请人违反行政复议法和税务行政复议规则的行为提出处理建议;办理因不服行政复议决定提起行政诉讼的应诉事项;检查和监督下级税务机关的行政复议工作;办理行政复议案件的赔偿事项;办理行政复议、行政诉讼、赔偿等案件的统计、报告和归档工作。

纳税人和其他当事人对行政复议决定不服的,可以按照行政诉讼法的有关规定向人民法院提起行政诉讼。

(二) 税收行政复议的特点

1. 税收行政复议以税务争议为对象

税收行政复议以税收征管相对人不服税务机关所作出的具体税收征管行为为前提条件,税务行政复议的对象限定于税务争议。所谓税务争议是指税务机关与税务征管相对人之间,因对具体税收征管行为有不同意见而产生的纠纷,即税务征管相对人认为税务机关所为具体税收征管行为侵犯其合法权益存在违法或者不当事实。税务争议的存在是启动税务行政复议的程序的基础,没有争议,复议就无须进行。

2. 税收行政复议遵循"不告不理"原则

税收行政复议依税收征管相对人的请求而进行,税收征管相对人提起复议申请是启动税收行政复议程序的法定条件。没有申请,则无复议。至于税务机关自己或者上级税务机关发现已作出的处理或者处罚决定存在问题的,则适用税务行政监督程序予以纠正,而不适用税收行政复议程序。

3. 税收行政复议具有前置程序的特点

当行政相对人与行政机关发生行政争议要求救济时，在一般情况下，行政相对人或者选择行政复议程序，或者选择行政诉讼程序来解决问题，两种救济方式均可以选择适用，法律并无特别限定。而对于税收行政争议，我国法律将其划分为两大类，一是因征税问题引起的争议；二是因处罚、保全措施、强制措施而引起的争议。对于第一类争议，复议是提起诉讼的必经前置程序，未经复议不得向人民法院起诉，对复议结果不服的方可起诉。对于第二类争议，税务征管相对人则可以根据情况自由选择，但一经选定，如若已受理则不可以再适用另一程序。如先选择了复议程序，对复议决定不服的仍可向人民法院起诉。

4. 税收行政复议是一种行政司法行为

税收行政复议的司法性表现在：(1) 税收行政复议其产生的基础是税收争议，解决争议的税收行政复议机关对于争议的双方具有相对独立性，其地位有点类似于人民法院在行政审判中的地位。(2) 税收行政复议的程序类似于司法程序，这表现在案件的受理上遵循"不告不理"的规则，复议申请必须在法定期限内向有管辖权的复议机关提出等。税收行政复议的行政性表现在：(1) 税收行政复议是税务机关基于行政司法权而进行的一种行政活动。(2) 税收行政复议是税务系统内部的上级税务机关对下级税务机关作出的违法或者不当的税务具体行政行为实施的一种监督、纠错行为，它属于内部监督的范畴。

(三) 税务行政复议的基本原则

税收行政复议的基本原则，是指税收行政复议机关在审理税收行政争议案件的各个环节中都必须遵循的、具有普遍指导意义的基本准则。根据我国相关法律法规的规定，税收行政复议过程中应遵循以下基本原则：

1. 全面审查的原则

全面审查的原则包含两方面的内容：一是税收行政复议既对税务具体行政行为进行审查，也对特定的税务抽象行政行为进行审查。根据我国现行法律法规的规定，如果税务征管相对人认为税务机关的具体行政行为所依据的相关规范性文件不合法,在对具体行政行为申请行政复议时,可一并向税收行政复议机关提出对该规范性文件的审查申请。二是税收行政复议既对税务具体行政行为的合法性进行审查,也对税务具体行政行为的适当性进行审查。

2. 一级复议原则

一级复议原则,是指税务征管相对人对税务机关作出的具体行政行为不服,应向其上一级税务机关申请复议,如对复议决定仍不服,则不能再向任何税务机关申请复议,而应依法向人民法院提起诉讼。但需注意的是,如若对国家税务总局作出的具体行政行为不服的,只能向国家税务总局申请复议,对复议决定不服的,申请人可以选择向人民法院提起诉讼;或者向国务院申请裁决,且国务院裁决为终局裁决。

3. 合法、公正、公平、及时、便民原则

该原则强调了税务机关在履行复议职责的过程中,应当注意的五个方面,坚持有错必纠,以保障法律法规的正确实施。

(1)合法原则,是指税务机关在对复议申请进行审查时,应按照法定权限和程序,遵循以事实为依据,以法律为准绳的精神,在认定事实清楚、适用法律正确、程序合法的基础上依法作出复议决定。

(2)公正原则,是指税务机关在进行税收行政复议时应力求体现公平和正义的价值取向,作出符合其基本精神的复议决定。公正包含两层含义:一是过程的公正;二是结果的公正。公正原则是合法原则的必然发展,合法是基本要求,公平是本质要求。

(3)公开原则,是指税务机关在进行税收行政复议的过程中应做到复议过程、复议资料、复议结果三公开。使税收行政复议在一种相对外化的环境中依法作出公正的复议决定。以增加税收行政复议的透明度。

(4)及时原则,亦称效率原则。是指税务机关在保证质量的基础上,高效率的处理税务争议,作出复议决定,防止久拖不决现象的出现。

(5)便民原则,是指税务复议活动应尽可能的方便复议申请人,尽量降低或减少复议申请人因此而付出成本、费用,以及时间、精力等。

4. 不适用调解的原则

不适用调解的原则,是指税收行政复议机关在审理税务争议、进行复议时,既不能居中进行调解,也不能以调解的方式结案,而必须对其所复议的具体行政行为的合法性和适当性进行审查,并依法作出复议决定。合法的予以保持,违法的予以撤销,不当的予以变更。

5. 不停止执行的原则

不停止执行的原则,是指税收行政复议机关在受理复议申请,进行审查的期间,不停止税务机关作出的所被复议的、具体行政行为的执行。这是因为,税务机关在税收征管过程中所作出的具体行政行为是代表国家作出的,是国家公权力的行使,具有效力先定的特性,不论其在事实上合法与否,在被有权国家机关确认违法并作出予以撤销决定之前,均推定为合法。所以,即使在复议期间,也具有合法的执行力,不停止执行。但是,有下列情形之一的,可以停止执行:(1) 被申请人认为需要停止执行的。(2) 复议机关认为需要停止执行的。(3) 申请人申请停止执行,复议机关认为其要求合理,决定停止执行的。(4) 法律规定停止执行的。

(四) 税收行政复议的受案范围

复议机关受理申请人对下列具体行政行为不服提出的税收行政复议申请:

1. 税务机关作出的征税行为,包括确认纳税主体、征税对象、征税范围、减税、免税、退税、适用税率、计税依据、纳税环节、纳税期限、纳税地点、税款征收方式等具体行政行为,征收税款、加收滞纳金,扣缴义务人、受税务机关委托征收的单位作出的代扣代缴、代收代缴税款行为。

2. 税务机关采取的税收保全措施,包括书面通知银行或者其他金融机构冻结纳税人的存款,扣押、查封纳税人的商品、货物或者其他财产。

3. 税务机关没有及时解除税收保全措施,使纳税人和其他当事人的合法权益遭受损失的行为。

4. 税务机关采取的强制执行措施,包括书面通知银行或者其他金融机构从纳税人、扣缴义务人、纳税担保人的存款中扣缴税款,拍卖、变卖扣押、查封纳税人、扣缴义务人、纳税担保人的商品、货物或者其他财产。

5. 税务机关作出的行政处罚行为,包括罚款,没收财物和违法所得,停止出口退税权。

6. 税务机关不予依法办理或者答复的行为,包括不予审批减税、免税或者出口退税,不予抵扣税款,不予退还税款,不予颁发税务登记证、发售发票,不予开具完税凭证和出具票据,不予认定为增值税一般纳税人,不予核准延期申报、批准延期缴纳税款。

7. 税务机关作出的取消增值税一般纳税人资格的行为。

8. 税务机关作出的收缴发票、停止发售发票的行为。

9. 税务机关责令纳税人提供纳税担保或者不依法确认纳税担保有效的行为。

10. 税务机关不依法给予举报奖励的行为。

11. 税务机关作出的通知出境管理机关阻止出境的行为。

12. 税务机关作出的其他具体行政行为。

税收行政复议的范围一般限于税务机关的具体行政行为,但根据有关法律规定,部分抽象行政行为也属于税收行政复议的范围。可予受理的税务抽象行政行为复议的范围,具体包括:(1)税收相对人对税务抽象行政行为的复议申请以其对税务具体行政行为的复议申请为前提条件。只有在税收相对人对税务具体行政行为申请复议时,才可以对作为税务具体行政行为依据的税务抽象行政行为一并提出复议申请,不能单独提出。(2)属于复议范围的税务抽象行政行为仅限于以下除行政法规、规章以外的其他规范性文件。具体包括:国家税务总局和国务院其他部门的规定;其他各级税务机关的规定;县级以上地方各级人民政府及其工作部门的规定;乡、镇人民政府的规定。但不包括国务院制定和颁布的其他税务规范性文件。(3)对税务抽象行政行为的复议申请内容仅限于该行为是否合法,而不包括合理性的问题。

（五）税收行政复议程序

1. 税收行政复议的申请

税收行政复议申请，是指税收相对人认为税务机关的税务具体行政行为侵犯其合法权益，依法向有管辖权的税收行政复议机关提出对该税务具体行政行为进行审查和处理，以保护自己的合法权益的一种意思表示。

根据我国现行法律规定，依法提起行政复议的纳税人和其他当事人为行政复议申请人，具体包括纳税人、扣缴义务人、纳税担保人和其他当事人。纳税人和其他当事人对税务机关的具体行政行为不服申请行政复议的，作出具体行政行为的税务机关是被申请人。

纳税人、扣缴义务人和纳税担保人对税务机关作出的征税行为和不予审批减税、免税或者出口退税，不予抵扣税款，不予退还税款等行为不服的，应当先向复议机关申请行政复议；对行政复议决定不服的，可以向人民法院提起行政诉讼。申请人按照此规定申请行政复议的，必须先按照税务机关根据法律、行政法规确定的税额和期限，缴纳或者解缴税款和滞纳金，或者提供相应的担保，然后可以在实际缴清税款和滞纳金以后或者所提供的担保得到作出具体行政行为的税务机关确认之日起60日以内，提出行政复议申请。申请人对税务机关作出的其他具体行政行为不服，可以申请行政复议，也可以直接向人民法院提起行政诉讼。

申请人可以在知道税务机关作出具体行政行为之日起60日以内提出行政复议申请。因不可抗力或者被申请人设置障碍等正当理由耽误法定申请期限的，申请期限从障碍消除之日起继续计算。

申请人申请行政复议，可以书面申请，也可以口头申请。口头申请的，复议机关应当当场记录申请人的基本情况、复议请求、申请复议的主要事实、理由和时间。

申请人向复议机关申请行政复议，复议机关已经受理的，在法定行政复议期限以内，申请人不得向人民法院提起行政诉讼。申请人向人民法院提起行政诉讼，人民法院已经受理的，不得申请行政复议。

2. 税收行政复议的受理

税收行政复议的受理,是指税收行政复议机关通过对复议申请进行审查,认为其符合法定条件而决定立案并予以审理的活动。

根据法律规定,复议机关收到行政复议申请以后,应当在5日以内进行审查,决定是否受理。对于不属于本机关受理的行政复议申请,复议机关应当告知申请人向有关复议机关提出。对不符合规定的申请,决定不予受理,并书面告知申请人。有下列情形之一的行政复议申请,复议机关不予受理:(1)不属于行政复议的受案范围。(2)超过法定的申请期限。(3)没有明确的被申请人和行政复议对象。(4)已经向其他法定复议机关申请行政复议,有关机关已经受理。(5)已经向人民法院提起行政诉讼,人民法院已经受理。(6)申请人就纳税问题与税务机关发生争议,没有按照规定缴清税款、滞纳金,并且没有提供担保或者担保无效。(7)申请人不具备申请资格。

复议机关收到行政复议申请以后没有按照上述规定期限审查并作出不予受理决定的,视为受理。对符合规定的行政复议申请,从复议机关法制工作机构收到之日起即为受理。受理行政复议申请,应当书面告知申请人。

对于应当先向复议机关申请行政复议,对行政复议决定不服再向人民法院提起行政诉讼的具体行政行为,复议机关决定不予受理或者受理以后超过复议期限不作答复的,纳税人和其他当事人可以从收到不予受理决定书之日起或者行政复议期满之日起15日以内,依法向人民法院提起行政诉讼。

复议机关受理税务行政复议申请,不得向申请人收取任何费用。

3. 税收行政复议决定

税务行政复议原则上采用书面审查的办法。但是,当申请人提出要求或者复议机关法制工作机构认为有必要的时候,应当听取申请人、被申请人和第三人的意见,并可以向有关组织和人员了解情况。

复议机关对被申请人作出的具体行政行为所依据的事实证据、法律程序、法律依据和设定的权利、义务内容的合法性、适当性进行全面的审查。

复议机关法制工作机构应当从受理行政复议申请之日起 7 日以内,将行政复议申请书副本或者行政复议申请笔录复印件发送被申请人。

被申请人应当从收到申请书副本或者申请笔录复印件之日起 10 日以内,提出书面答复,并提交当初作出具体行政行为的证据、依据和其他有关材料。

在行政复议决定作出以前,申请人要求撤回行政复议申请的,可以撤回,但是不得以同一基本事实或者理由重新申请行政复议。

申请人在申请行政复议的时候,按照税务行政复议规则的规定一并提出对有关规定的审查申请的,复议机关对该规定有权处理的,应当在 30 日以内依法处理;无权处理的,应当在 7 日以内按照法定程序转送有权处理的行政机关依法处理,有权处理的行政机关应当在 60 日以内依法处理。处理期间,中止对具体行政行为的审查。

复议机关在审查被申请人作出的具体行政行为的时候,认为其依据不合法,本机关有权处理的,应当在 30 日以内依法处理;无权处理的,应当在 7 日以内按照法定程序转送有权处理的国家机关依法处理。处理期间,中止对具体行政行为的审查。

复议机关法制工作机构应当审查被申请人作出的具体行政行为的合法性和适当性,提出意见,经过复议机关负责人同意,按照下列规定作出行政复议决定:

(1) 具体行政行为认定事实清楚,证据确凿,适用依据正确,程序合法,内容适当的,决定维持。

(2) 被申请人不履行法定职责的,决定其在一定期限以内履行。

(3) 主要事实不清,证据不足的;适用依据错误的;违反法定程序的;超越或者滥用职权的;具体行政行为明显不当的,决定撤销、变更或者确认该具体行政行为违法。决定撤销或者确认该具体行政行为违法的,可以责令被申请人在一定期限以内重新作出具体行政行为。

申请人在申请行政复议的时候,可以一并提出行政赔偿请求。复议机关对于符合国家赔偿法的有关规定,应当给予赔偿的,在决定撤销、变更具体行政行为或者确认具体行政行为违法的时候,应当同时决定被申请人依法给予赔偿。

申请人在申请行政复议的时候没有提出行政赔偿请求的,复议机关在依法决定撤销或者变更原具体行政行为确定的税款、滞纳金、罚款和对财产的扣押、查封等强制措施的时候,应当同时责令被申请人退还税款、滞纳金和罚款,解除对财产的扣押、查封等强制措施,或者赔偿相应的价款。

复议机关应当从受理行政复议申请之日起60日以内作出行政复议决定。情况复杂,不能在规定的期限以内作出行政复议决定的,经复议机关负责人批准,可以适当延长,并告知申请人和被申请人,但是延长期限最多不超过30日。

复议机关作出行政复议决定,应当制作行政复议决定书,并加盖印章。行政复议决定书一经送达,即发生法律效力。

(六) 税收行政复议决定的执行

被申请人应当履行行政复议决定。被申请人不履行或者无正当理由拖延履行行政复议决定的,复议机关或者有关上级行政机关应当责令其限期履行。

申请人不服复议决定的,可以在收到复议决定书之日起15日内向人民法院提起诉讼。申请人逾期不起诉又不履行行政复议决定的,或者不履行最终裁决的行政复议决定的,按照下列规定分别处理:(1) 维持税务具体行政行为的税收行政复议决定,由作出税务具体行政行为的税务机关依法强制执行,或者申请人民法院强制执行;(2) 变更税务具体行政行为的税收行政复议决定,由复议机关依法强制执行,或者申请人民法院强制执行。

(七) 海关税收行政复议

纳税人、担保人对于海关确定纳税人、完税价格、商品归类、原产地、适用税率、计征汇率、免税、减税、补税、退税、征收滞纳金、计征方式和纳税地点有异议的,应当按照海关作出的行政决定缴纳税款,并可以依法向上一级海关申请行政复议。对行政复议决定不服的,可以依法向人民法院提起诉讼。

对于按照《反倾销条例》的有关规定作出的是否征收反倾销税

的决定以及追溯征收、退税、对新出口经营者征税的决定不服的,或者对于是否继续征收反倾销税作出的复审决定不服的;对于按照《反补贴条例》的有关规定作出的是否征收反补贴税的决定以及追溯征收的决定不服的,或者对于是否继续征收反补贴税作出的复审决定不服的,可以依法申请行政复议,也可以依法向人民法院提起诉讼。

二、税收行政诉讼制度

(一) 税收行政诉讼的概念

税收行政诉讼是我国行政诉讼制度的一个组成部分,具体是指公民、法人和其他组织认为税务机关及其工作人员作出的具体行政行为违法或者不当,侵害了其合法权益,依法向人民法院提起行政诉讼,由人民法院对具体行政行为的合法性、适当性进行审理并作出裁判的司法制度。这项制度对于保证人民法院正确、及时地审理税务行政案件,保护纳税人、扣缴义务人等税务当事人和其他行政相对人的合法权益,维护、监督税务机关依法行使行政职权,具有重要的意义。

提起税收行政诉讼应当符合以下条件:原告是认为具体行政行为侵害其合法权益的公民、法人和其他组织,有明确的被告,有具体的诉讼请求和事实根据,属于人民法院受案范围和受诉法院管辖。

(二) 税收行政诉讼的特征

税收行政诉讼的作用在于着重保护公民、法人和其他组织的合法权益。即通过税收行政诉讼活动以国家司法机关制衡、监督税收行政机关,以司法权约束行政权。从而达到保障征管相对人的合法权益不受税务机关违法行政行为侵害的目的。与其他诉讼相比,税收行政诉讼具有行政诉讼的一般特征:

1. 税收行政诉讼的前提性

税收行政诉讼的前提性,是指税收行政诉讼因纳税人、扣缴义务人和其他当事人不服税务机关的具体税收行政行为而引起,所要解决的是征纳双方的税务争议。而且,因税款征纳问题而引发的争议,必须先经税收行政复议程序审理后,对复议结果不服的征管相对人才有权向人民法院提起税收行政诉讼。

2. 税收行政诉讼主体的恒定性

税收行政诉讼的主体的诉讼地位是固定的,是不能互换的。税收行政诉讼一方当事人必定是征税机关,而以征税机关为一方当事人的诉讼却并不一定是税收行政诉讼,因为征税机关可以是民事诉讼的当事人。税收行政诉讼双方的当事人,在税收征纳关系中,作为主体一方的国家税务机关享有征收管理和给予对方行政处罚或者行政处理的权力,而对方则处于接受征收管理和受处罚或者受处理的地位,从而决定了只有受到行政处罚或处理的公民、法人或者其他组织有权提起税收行政诉讼,有权请求给予行政赔偿,有权申请撤诉;而税务机关始终只能作为被告应诉,它没有起诉权和反诉权、撤诉权,但却承担着证明自己行为合法的举证责任。

3. 税收行政诉讼内容的限定性

税收行政诉讼的内容仅限于解决税收行政争议事项,并且该争议应是法律法规明文规定可以向人民法院起诉的事项。人民法院主要针对税务机关作出的具体行政行为是否侵犯征管相对人合法权益,具体的税收征管行为的是否合法等作出评价,并进而作出相应的裁决。对于合法的具体征管行为,判决予以维持,违法的予以撤销。一般情况下,不对具体征管行为的适当性进行审理,只在税收行政处罚显失公正的情况下,才可予以变更。

(三) 税收行政诉讼的基本原则

人民法院在审理税收行政诉讼过程中,应当遵循以下几项基本原则:

1. 合法性审查原则

合法性审查原则是指人民法院审理税收行政案件时,只对税务机关所作出的具体行政行为是否合法进行审查。凡是合法的税收行政行为,就应予以维持和支持;凡是违反法律的税收行政行为,则判决撤销或变更,并依法追究税务机关违法的责任。而对该行为是否适当则一般不予审查,如有争议原则上应当由税收行政复议程序处理,人民法院不能代替税务机关作出决定。同时对税务机关作出的抽象行政行为和内部行政行为也不予以审查。

2. 不适用调解原则

人民法院审理税收行政案件，是以审理国家税务机关的税收行政行为是否合法为争议内容的案件。在这方面不能搞双方当事人互谅互让、协商解决。而是要以事实为依据，以法律为准绳，审查和确认主管税务机关依据职权所作的税收行政处罚决定或者其他税收行政处理决定是否合法。因此，人民法院在对具体征管行为是否合法进行审理时，必须在查明情况的基础上作出裁判，而不得进行调解，也不得以调解的方式结案。

3. 不适用处分原则

税收征收管理权是国家权力的重要体现，赋予税务机关代表国家而专职行使，具有权义合一性。税务机关无权自行处分该权力，既不得转让，也不得放弃。在税收行政诉讼中，作为被告的国家税务机关，无权转让、放弃或者停止行使国家赋予税收征收管理职权，无权任意撤销对原告所作的税收行政处罚决定或者其他税收行政处理决定；作为原告的公民、法人和其他组织也不能随意拒绝税务机关作出的税收行政处罚或者其他税收行政处理决定。如果原告在规定的期限内既不向人民法院起诉、又不自动履行的，主管税务机关可以申请人民法院强制执行，而不适用处分原则。

4. 被告负举证责任原则

作出具体行政行为的税务机关在税收行政诉讼中作为被告，负有向人民法院提供该具体行政行为合法的相关证据和所依据的法律法规的责任。

5. 不停止执行的原则

不停止执行的原则是人民法院在审理征管相对人不服税务机关所作出的具体征管行为的诉讼期间，征税机关的行为被推定为合法有效，不能停止该具体征管行为的执行，除非对社会公共利益有重大影响或不停止执行无法挽回损失。

（四）税收行政诉讼受案范围

根据《中华人民共和国行政诉讼法》和有关税收法律、行政法规的规定，税收行政诉讼的受案范围包括对下列具体行政行为提起的行政诉讼：

1. 税务机关作出的征税行为，包括确认纳税主体、征税对象、征税范围、减税、免税、退税、适用税率、计税依据、纳税环节、纳税期限、纳税地点、税款征收方式等具体行政行为，征收税款、加收滞纳金，扣缴义务人、受税务机关委托征收的单位作出的代扣代缴、代收代缴税款行为。

2. 税务机关采取的税收保全措施，包括书面通知银行或者其他金融机构冻结纳税人的存款，扣押、查封纳税人的商品、货物或者其他财产。

3. 税务机关没有及时解除税收保全措施，使纳税人和其他当事人的合法权益遭受损失的行为。

4. 税务机关采取的强制执行措施，包括书面通知银行或者其他金融机构从纳税人、扣缴义务人、纳税担保人的存款中扣缴税款，拍卖、变卖扣押、查封纳税人、扣缴义务人、纳税担保人的商品、货物或者其他财产。

5. 税务机关作出的行政处罚行为，包括罚款，没收财物和违法所得，停止出口退税权。

6. 税务机关不予依法办理或者答复的行为，包括不予审批减税、免税或者出口退税，不予抵扣税款，不予退还税款，不予颁发税务登记证、发售发票，不予开具完税凭证和出具票据，不予认定为增值税一般纳税人，不予核准延期申报、批准延期缴纳税款。

7. 税务机关作出的取消增值税一般纳税人资格的行为。

8. 税务机关作出的收缴发票、停止发售发票的行为。

9. 税务机关责令纳税人提供纳税担保或者不依法确认纳税担保有效的行为。

10. 税务机关不依法给予举报奖励的行为。

11. 税务机关作出的通知出境管理机关阻止出境的行为。

12. 税务机关作出的其他具体行政行为。

(五) 税收行政诉讼的基本程序

1. 税收行政诉讼的起诉与受理

税收行政诉讼的起诉,是指税务管理相对人包括纳税人、扣缴义务人和其他当事人认为税务机关的具体税收行政行为侵犯了其合法权益,请求人民法院按照法定的诉讼程序进行审理和裁判,以保护自己的合法权益的诉讼活动。其中,当事人不服复议决定的,可以在收到复议决定书之日起 15 日内向人民法院提起诉讼。复议机关逾期不作决定的,申请人可以在复议期满之日起 15 日内向人民法院提起诉讼。当事人直接向人民法院提起诉讼的,应当在知道作出具体行政行为之日起 3 个月内提出,法律另有规定的除外。公民、法人或者其他组织因不可抗力或者其他特殊情况耽误法定期限的,在障碍消除后的 10 日内,可以申请延长期限,由人民法院决定。

税收行政诉讼的受理,是指受诉人民法院对原告提起的诉讼,经过审查,认为符合起诉条件,也符合法定程序而决定立案审理。人民法院接到起诉状以后,经过审查,应当在 7 日以内立案或者裁定不予受理。原告对裁定不服的,可以提起上诉。

人民法院应当从税收行政案件立案之日起 5 日以内,将起诉状副本发送被告(即税务机关)。被告应当从收到起诉状副本之日起 10 日以内,向人民法院提交作出具体行政行为的有关材料,并提出答辩状。人民法院应当从收到答辩状之日起 5 日以内将答辩状副本发送原告。被告不提出答辩状的,不影响人民法院审理。

诉讼期间,不停止具体行政行为的执行,但是下列情况除外:(1)被告认为需要停止执行的。(2)原告申请停止执行,人民法院裁定停止执行的。(3)法律、法规规定停止执行的。

2. 税收行政诉讼的审理与判决

人民法院审理税务行政案件,以税收法律、行政法规和适用于本地区的地方性税收法规为依据;参照财政部,国家税务总局,省(自治区、直辖市),省会城市和经国务院批准的较大的市的人民政府根据有关法律、行政法规制定的税收规章。

人民法院对税务行政案件审理以后,将根据不同情况,分别作出以下判决:

(1) 具体行政行为证据确凿,适用法律、法规正确,符合法定程序的,判决维持。

(2) 具体行政行为有下列情形之一的,判决撤销或者部分撤销,并可以判决被告重新作出具体行政行为:主要证据不足的;适用法律、法规错误的;违反法定程序的;超越职权的;滥用职权的。

(3) 被告不履行法定职责的,判决其在一定期限以内履行。

(4) 行政处罚显失公正的,可以判决变更。

人民法院判决被告重新作出具体行政行为的,被告不得以同一的事实和理由作出与原具体行政行为基本相同的具体行政行为。

人民法院在审理税务行政案件中,认为税务机关的主管人员、直接责任人员违反政纪的,应当将有关材料移送该税务机关或者其上一级税务机关或者监察、人事机关;认为有犯罪行为的,应当将有关材料移送公安、检察机关。

人民法院应当在立案之日起3个月以内作出第一审判决。有特殊情况需要延长的,由高级人民法院批准;高级人民法院审理第一审案件需要延长的,由最高人民法院批准。

税务行政案件的当事人对人民法院第一审判决不服的,有权从判决书送达之日起15日以内向上一级人民法院提起上诉;对人民法院第一审裁定不服的,有权从裁定书送达之日起10日以内向上一级人民法院提起上诉。逾期不提起上诉的,人民法院的第一审判决、裁定发生法律效力。

3. 税收行政诉讼判决的执行

税收行政案件的当事人必须履行人民法院发生法律效力的判决、裁定。公民、法人或者其他组织拒绝履行判决、裁定的,税务机关可以向第一审人民法院申请强制执行,或者依法强制执行。

税务机关拒绝履行判决、裁定的,第一审人民法院可以采取以下措施:(1)对于应当归还的罚款或者应当给付的赔偿金,通知银行从该税务机关的账户内划拨。(2)在规定期限以内不执行的,从期满之日起,对该税务机关按日处50元—100元的罚款。(3)向该税务机关的上一级税务机关或者监察、人事机关提出司法建议。接受司法建议的机关,根据有关规定进行处理,并将处理情况告知人民法院。

(4) 拒不履行判决、裁定,情节严重,构成犯罪的,依法追究主管人员和直接责任人员的刑事责任。

公民、法人或者其他组织对具体行政行为在法定期限以内不提起诉讼又不履行的,税务机关可以申请人民法院强制执行,或者依法强制执行。

三、税收行政赔偿制度

税收行政赔偿又称税务行政赔偿,是指税务机关及其工作人员违法行使职权,侵犯公民、法人和其他组织的合法权益并造成损害,由国家承担赔偿责任,由致害的税务机关作为赔偿义务机关代表国家予以赔偿的一项法律救济制度,属于国家赔偿制度的重要组成部分。

税收行政赔偿的构成要件包括以下几个方面:(1) 税务行政赔偿的侵权主体是行使国家税收征收和管理权的税务机关及其工作人员。(2) 税务机关及其工作人员行使职权的行为违法。(3) 存在损害事实,且所损害的必须是税收相对人合法的财产权和人身权。(4) 税务行政侵权行为与损害事实之间具有因果关系。

公民、法人或者其他组织的合法权益受到税务机关或者税务机关工作人员作出的具体行政行为侵犯造成损害的,有权请求国家赔偿。

公民、法人或者其他组织单独就损害赔偿提出请求,应当先由税务机关解决。对于税务机关的处理不服的,可以向人民法院提起诉讼。

税务机关或者税务机关工作人员作出的具体行政行为侵犯公民、法人或者其他组织的合法权益造成损害的,由该税务机关或者该税务机关工作人员所在的税务机关负责赔偿。

国家对赔偿请求人取得的赔偿金不予征税。

税务机关赔偿损失以后,应当责令有故意或者重大过失的税务机关工作人员承担部分或者全部赔偿费用。

本章小结

税收征管法律制度主要包括税务管理、税款征收、税务代理和税收救济制度等具体内容。税务管理制度是税收征收管理法的基础环节,包括税务登记制度、账簿凭证的管理制度、发票管理制度、纳税申报制度以及税收减免管理制度等内容。税款征收方式主要包括查账征收、查定征收、查验征收、定期定额征收、代扣代缴、代收代缴、委托代征等。按照中国现行税法的精神,普遍采用的是申报纳税方式,税收核定只在特定情况下才适用。纳税担保分为纳税保证、纳税抵押、纳税质押等基本方式。我国税务稽查制度由税务检查发展而来,是新税制后实行税收征、管、查分离的产物。但税收稽查权与税收检查权仍有区别,两者是一种交叉关系,而非包容关系。税务代理制度是指税务代理人在法定的权限和范围内,接受纳税人、扣缴义务人的委托,代为办理有关税务事宜的法律制度。税务代理必须遵守依法代理原则、自愿有偿原则、独立公正原则、保守秘密原则、维护国家利益和保护委托人合法权益相结合的原则。我国税务代理人包括从事税务代理的专门人员及其工作机构。税务代理的范围是指按照国家有关法律的规定,允许税务代理人所从事的业务内容。税收救济制度具体包括三大组成部分:税收行政复议制度、税收行政诉讼制度和税收行政赔偿制度。

思考题

1. 请从法律制度设计的角度出发,思考如何从立法环节杜绝我国假发票的买卖?
2. 如何借鉴国外经验完善我国的纳税申报制度?
3. 我国的税款征收都有哪几种具体的方式?
4. 如何核定纳税人的应纳税额?
5. 简述我国纳税担保制度的基本内容,并思考该制度的进一步完善问题。
6. 考察税收保全措施的由来及其在实践中的应用情况,并提出我国进一步完善该项制度的具体建议。
7. 如何理解税收保全和税收强制执行措施中的具体规定?
8. 什么是税收优先权?为何我国税收征管法要引进税收优先权?
9. 区分税务检查权与税务稽查权的意义何在?

10. 如何理解税务代理的原则与功能？
11. 我国税务代理制度有哪些主要的内容？
12. 我国税收救济制度包括哪几项具体的制度内容？
13. 税收行政复议制度与普通行政复议制度有何区别？
14. 税收行政诉讼制度与普通行政诉讼制度有何区别？

后 记

为了反映企业所得税、个人所得税等税收立法的新内容，吸收税法学研究的新成果，经全国高等教育自学考试指导委员会同意，由法学类专业委员会负责组织高等教育自学考试法学专业教材《税法》一书的编写工作。

《税法》由中国人民大学法学院徐孟洲教授主编，各章作者的分工如下：

第一章、第二章、第五章为徐孟洲（中国人民大学）和叶姗（华南师范大学）。

第三章、第八章为徐孟洲（中国人民大学）和徐阳光（北京大学）。

第四章、第六章、第七章为徐孟洲（中国人民大学）和张晓婷（北京师范大学）。

参加本教材审稿工作并提出修改意见的是我国三位著名财税法学者：张守文教授（北京大学）、刘剑文教授（北京大学）和朱大旗教授（中国人民大学）。在此对三位教授表示衷心感谢！

各位作者对各自承担的部分根据审稿修改意见进行认真修改，全书由主编定稿。

全国高等教育自学考试指导委员会
法学类专业委员会
2008 年 3 月

全国高等教育自学考试法律专业
法 律 专 业

税法自学考试大纲

(含考核目标)

全国高等教育自学考试指导委员会制定

出版前言

为了适应社会主义现代化建设事业对培养人才的需要,我国在20世纪80年代初建立了高等教育自学考试制度。高等教育自学考试是个人自学、社会助学和国家考试相结合的一种高等教育形式,是我国高等教育体系的重要组成部分。实行高等教育自学考试制度,是落实宪法规定的"鼓励自学成才"的重要措施,是提高中华民族思想道德和科学文化素质的需要,也是培养和选拔人才的一种途径。自学考试应考者通过规定的专业课程考试并经思想品德鉴定达到毕业要求的,可以获得毕业证书,国家承认学历,并按照规定享有与普通高等学校毕业生同等的有关待遇。经过二十多年的发展,高等教育自学考试已成为我国高等教育基本制度之一,为国家培养造就了大批专门人才。

高等教育自学考试是标准参照性考试。为科学、合理地制定高等教育自学考试的考试标准,提高教育质量,全国高等教育自学考试指导委员会(以下简称"全国考委")按照国务院发布的《高等教育自学考试暂行条例》的规定,组织各方面的专家,根据自学考试发展的实际情况,对高等教育自学考试专业设置进行了研究,逐步调整、统一了专业设置标准,并陆续制订了相应的专业考试计划。在此基础上,全国考委各专业委员会按照专业考试计划的要求,从培养和选拔人才的需要出发,组织编写了相应专业的课程自学考试大纲,进一步规定了课程学习和考试的内容与范围,使考试标准更加规范、具体和明确,以利于社会助学和个人自学。

近年来,为更好地贯彻党的十七大和全国考委五届二次会议精神,适应经济社会发展的需要,反映自学考试专业建设和学科内容的发展变化,全国考委各专业委员会按照全国考委的要求,陆续进行了相应专业的课程自学考试大纲的修订或重编工作。全国考委公共政治课专家小组参照全日制普通高等学校相关课程的教学基本要求,结合自学考试法律专业考试工作的实践,组织编写了新的《税法自学考试大纲》,现经教育部批准,颁发施行。

《税法自学考试大纲》是该课程编写教材和自学辅导书的依据,也是个人自学、社会助学和国家考试的依据,各地教育部门、考试机构应认真贯彻执行。

全国高等教育自学考试
指导委员会
2007 年 12 月

Ⅰ 课程性质与设置目的

《税法》是全国高等教育自学考试法律专业、律师专业的一门专业课。其任务是使参加高等教育自学考试的考生掌握税法方面的知识,并提高应用所学知识解决有关税收的实际法律问题的能力。这门课程的内容与国家财政、私人财产密切相关,又是税收执法和税收司法中常常遇到的问题,因而具有重要的现实意义和广阔的发展前景。

本课程的基本目的和要求是:

1. 了解和掌握税法的基本概念、基础知识和基本理论;了解有关税收的法律、法规。注意了解和把握本课程的重点和难点。

2. 提高依法治国、依法治税的自觉性,能够运用所学税法的理论和知识分析、解决实际问题。

3. 通过税法课程的考试,取得相应的学分和单科合格证书。

全国高等教育自学考试指导委员会制定的法律专业、律师专业的考试计划,分别设置了一系列必修课、选修课。这两个专业的课程各自成为有机联系的统一整体。鉴于税法课程在两个专业中开设,故需注意:第一,本课程是后修课,与先修课既有联系,又有区别。例如,民法学、经济法学、行政法学基本原理,为税法课打下了基础,而税法课则是从一个特定领域、特定角度对民法学、经济法学、行政法学等先修课的延伸与深化。学习中要把它们结合起来,以便加深理解。第二,不同专业可以有所侧重地学习本课程的内容。第三,学习中一定要掌握要领、抓住重点、努力突破难点、解决疑点。

Ⅱ 课程内容与考核目标
（分章编写）

第一章 税法基本理论

学习目的和要求

学习本章,**应当掌握**:税收的概念、特征和分类、产生和发生的根据、税法的概念和特征、税法要素的内涵及其构成;**应当熟悉**:税法的功能与作用、调整对象、税法的规则性要素和原则性要素、税法的体系、税法主体的内涵及其分类、课税客体与税率的分类;**应当理解**:税法的法律渊源、基本原则、税法解释的原则与方法、实体税法和程序税法的基本内容、税法的形式法律渊源;**应当了解**:税法与相关部门法的关系、税法的产生与发展历史。

课 程 内 容

一、税收的概念和根据
（一）税收的概念
1. 税收的形式特征
2. 税收的本质特征
3. 税收的社会属性
4. 税收的概念
（二）税收的分类
1. 流转税、所得税、财产税、行为税和资源税

2. 直接税和间接税
3. 中央税、地方税和中央地方共享税
4. 从价税和从量税
5. 普通税和目的税
6. 价内税和价外税
(三) 税收的根据
二、税法的概念和调整对象
(一) 税法的概念
(二) 税法的特征
1. 税法是调整税收关系的法
2. 税法是以确认征税权利(力)、义务为主要内容的法
3. 税法是权利义务不对等的法
4. 税法是实体内容和征管程序相统一的法
(三) 税法的调整对象
1. 税法调整对象的性质
2. 税法调整对象的范围
三、税法的地位、功能与作用
(一) 税法的地位
1. 税法与宪法的关系
2. 税法与经济法的关系
3. 税法与民法的关系
4. 税法与行政法的关系
5. 税法与财政法的关系
(二) 税法的功能
1. 税法的规制功能
2. 税法的社会功能
(三) 税法的作用
1. 税法对纳税人的保护和对征税人的约束作用
2. 税法对税收职能实现的促进与保证作用
3. 税法对国家主权与经济利益的维护作用
4. 税法对税务违法行为的制裁作用

四、税法的要素

(一) 税法要素的内涵及其分类

1. 税法要素的内涵

2. 税法要素的分类

(二) 税法的规则性要素

1. 税法主体

2. 课税客体

3. 税率

4. 纳税环节

5. 纳税期限

6. 纳税地点

7. 税收优惠

8. 法律责任

(三) 税法的原则性要素

1. 税法基本原则概述

2. 税收法定原则

3. 税收公平原则

4. 税收效率原则

五、税法的解释、渊源和体系

(一) 税法的解释

1. 税法解释的概念

2. 税法解释的基本原则

3. 税法解释的主要方法

(二) 税法的渊源

1. 宪法

2. 税收法律

3. 税收行政法规

4. 税收地方性法规、自治条例和单行条例、规章

5. 税法解释

6. 国际税收条约、协定

（三）税法的体系
1. 实体税法
2. 程序税法

六、税法的产生与发展

（一）中国古代税法的产生与发展
1. 奴隶制社会税法的产生
2. 封建制社会税法的历史沿革

（二）西方资本主义税法的产生与发展
1. 资本主义国家税法的产生
2. 资本主义国家税法的历史沿革

（三）新中国社会主义税法的产生与发展
1. 新中国成立之初税法制度的创立
2. 改革开放前税法制度的调整
3. 改革开放后税法制度的革新
4. 最新的税制改革与税法制度的优化

考核知识点

1. 税收的概念、特征和分类。
2. 税收产生和发展的根据。
3. 税法的概念和特征。
4. 税法的功能与作用。
5. 税法的调整对象。
6. 税法与相关部门法的关系。
7. 税法的法律渊源。
8. 税法的基本原则。
9. 税法解释的原则与方法。
10. 税法要素的内涵及其构成。
11. 税法的规则性要素的基本内容。
12. 税法的原则性要素的构成。
13. 税法的体系的构成。

14. 税收实体法的基本内容。
15. 税收程序法的基本内容。
16. 税法形式的法律渊源。
17. 税法主体的内涵及其分类。
18. 课税客体与税率的分类。

考核要求

（一）税收的概念和根据

识记：税收的概念、流转税、所得税、财产税、行为税和资源税、直接税和间接税、中央税、地方税和中央地方共享税、从价税和从量税、普通税和目的税、价内税和价外税

领会：税收强制性、税收无偿性、税收固定性、税收的本质特征、税收的社会属性

应用：税收的根据

（二）税法的概念和调整对象

识记：税法的概念、税收分配关系、税收征管关系

领会：税法的特征、税务管理关系、税款征收关系、税务检查关系、税务稽查关系

应用：税法调整对象的性质

（三）税法的地位、功能与作用

识记：税法的地位、税法的功能、税法的规制功能、税法的社会功能、税法的作用

领会：税法与宪法的关系、税法与民法的关系、税法与行政法的关系、税法规制功能的具体内容、税法社会功能的具体内容、税法作用的具体内容

应用：税法与经济法的关系、税法与财政法的关系

（四）税法的要素

识记：税法要素、税法的定义性要素、税法的规则性要素、税法的原则性要素、税法主体、课税客体、税率、纳税环节、纳税期限、纳税地点、税收优惠、税收法律责任、税法基本原则、税收法定原则、税收公

平原则、税收效率原则

领会:征税主体、纳税主体、纳税人与扣缴义务人、居民纳税人与非居民纳税人、居民企业与非居民企业、一般纳税人与小规模纳税人、单独纳税人与连带纳税人、税目、计税依据、比例税率、累进税率、定额税率、税收法定原则的具体内容、税收公平原则的具体内容、税收效率原则的具体内容

应用:税收效率与税收公平原则的冲突与协调

(五) 税法的解释、渊源和体系

识记:税法解释、法定解释、学理解释、实质课税原则、有利于纳税人原则、文义解释法、税法渊源、税法的体系、实体税法、程序税法

领会:税法解释的基本特征、法定解释的类型、学理解释的类型、税法解释的目的、税法渊源的具体种类、实体税法的具体内容、程序税法的具体内容

应用:目前有权解释存在的问题及其完善方向、目前税法渊源存在的问题及其完善方向

(六) 税法的产生与发展

识记:流转税制改革的目标

领会:奴隶制社会税法的产生、封建制社会税法的历史沿革、资本主义国家税法的产生、资本主义国家税法的历史沿革、新中国成立之初税法制度的创立、改革开放前税法制度的调整、改革开放后税法制度的革新

应用:最新的税制改革与税法制度的优化

第二章 税权与纳税人权利

学习目的和要求

学习本章,**应当掌握**:税收法律关系的概念、特征、构成要素和性质、税权的概念、纳税人权利的概念;**应当理解**:税收管理体制、税收管理机构、税权的基本权能、纳税人权利的内容;**应当熟悉**:我国现行法律对税权与纳税人权利的具体规定;**应当了解**:如何规范征税主体税权的行使以及如何保证纳税人权利的实现。

课 程 内 容

一、税收法律关系概述
(一)税收法律关系的概念和特征
1. 税收法律关系是由税法确认和保护的社会关系
2. 税收法律关系是基于税法事实而产生的法律关系
3. 税收法律关系的主体一方始终是代表国家行使税权的税收机关
4. 税收法律关系中的财产所有权或者使用权向国家转移的无偿性
(二)税收法律关系的构成要素
1. 税收法律关系的主体
2. 税收法律关系的内容
3. 税收法律关系的客体
(三)税收法律关系的产生、变更和终止
1. 税收法律关系的产生
2. 税收法律关系的变更
3. 税收法律关系的终止

二、税权及其基本权能

（一）税权的概念和特征

1. 专属性
2. 法定性
3. 优益性
4. 公示性
5. 不可处分性

（二）税权的基本权能

1. 开征权
2. 停征权
3. 减税权
4. 免税权
5. 退税权
6. 加征权
7. 税收检查权
8. 税收调整权

三、税收管理体制

（一）税收管理体制的概念

（二）我国税收管理体制的历史沿革

1. 新中国成立初期的税收管理体制
2. 1958年确定的税收管理体制
3. 1961年确立的税收管理体制
4. 1973年确立的税收管理体制
5. 1977年以来的税收管理体制

（三）分税制下的税收管理体制

四、纳税人权利

（一）纳税人权利的界定

（二）我国现行税法规定的纳税人权利

1. 税收知情权
2. 要求保密权
3. 申请减免权

4. 申请退税权
5. 陈述申辩权
6. 请求回避权
7. 选择纳税申报方式权
8. 申请延期申报权
9. 申请延期缴纳税款权
10. 拒绝检查权
11. 委托税务代理权
12. 取得代扣、代收手续费权
13. 索取完税凭证权
14. 索取收据或清单权
15. 税收救济权
16. 请求国家赔偿权
17. 控告、检举、举报权

（三）我国税法对纳税人权利保障的进步与不足
（四）完善我国纳税人权利保障的法律思考
1. 尊重人权，树立以纳税人为本的税法理念
2. 制定税法通则，全面保障纳税人权利
3. 建立协调税收执法权与纳税人权利冲突的机制

考核知识点

1. 税收法律关系的概念和特征。
2. 税收法律关系的构成要素。
3. 引起税收法律关系的产生、变更和终止的原因。
4. 税权的概念和特征。
5. 税权的基本权能。
6. 税收管理体制与分税制。
7. 纳税人权利的概念及基本权能。
8. 我国税法对纳税人权利保障的进步和不足。

考 核 要 求

（一）税收法律关系概述

识记：税收法律关系的概念、征税主体的概念、纳税主体的概念、税法客体的概念

领会：税收法律关系的特点、税收法律关系的内容

应用：税收法律关系产生、变更和终止的原因

（二）税权及其基本权能

识记：税权的概念、开征权、停征权、减税权、免税权、退税权、加征权、税收检查权、税收调整权等概念

领会：税权的特征、停征权、减税权、免税权、退税权、加征权等基本权能

应用：开征权何以成为税权的核心权能、如何规范征税主体税权的行使

（三）税收管理体制

识记：税收管理体制的概念、分税制的概念

领会：税收管理体制的类型、建立原则、中央政府固定的税收收入、地方政府固定的税收收入、中央政府与地方政府共享的税收收入

应用：如何完善分税制的税收管理体制

（四）纳税人权利

识记：纳税人权利的概念、纳税人的税收知情权、要求保密权、申请减免权、申请退税权、陈述申辩权、请求回避权、选择申报方式权等概念

领会：纳税人申请延期申报权、申请延期缴纳税款权、拒绝检查权、委托税务代理权、取得代扣、代收手续费权、索取完税凭证权、索取收据或清单权、税收救济权、请求国家赔偿权、控告、检举、举报权等基本权能、我国税法对纳税人权利保障的进步或不足

应用：如何保证纳税人权利的实现

第三章 增值税法

学习目的和要求

学习本章,**应当重点掌握**有关增值税的基本概念和我国增值税法中关于纳税人、征税范围、税率以及出口货物退(免)税的基本内容;**应当理解**增值税应纳税额的计算、税收优惠、税收征管等内容;**应当了解**增值税的特征、作用、产生和发展,我国的增值税转型政策,以及我国增值税法中的出口退税管理和增值税专用发票管理制度。

课程内容

一、增值税法概述
(一)增值税的概念和类型
1. 增值税的概念
2. 增值税的类型
(二)增值税的特点和作用
1. 增值税的特点
2. 增值税的作用
(三)增值税的产生和发展
二、我国增值税法的主要内容
(一)增值税的纳税人
1. 增值税纳税人的概念
2. 增值税纳税人的分类
(二)增值税的征税范围
1. 征税范围的一般规定
2. 属于征税范围的特殊行为
3. 属于征税范围的特殊项目

4. 不征收增值税的项目

(三) 增值税的税率

1. 增值税税率的种类

2. 我国的增值税税率

(四) 增值税应纳税额的计算

1. 销项税额的确定

2. 进项税额的确定

3. 增值税应纳税额的计算

(五) 增值税的税收优惠制度

1. 起征点

2. 减免规定

(六) 增值税的纳税义务发生时间、纳税地点和纳税期限

1. 纳税义务发生时间

2. 纳税地点

3. 纳税期限

三、我国增值税法的特殊征管制度

(一) 增值税的出口退(免)税管理规定

1. 出口货物退(免)税的范围

2. 出口货物适用的退税率

3. 出口货物退(免)税的管理

(二) 增值税专用发票管理规定

1. 增值税专用发票的基本联次

2. 增值税专用发票的领购要求

3. 增值税专用发票的开具要求

4. 增值税专用发票的作废处理

5. 增值税专用发票的丢失处理

6. 增值税专用发票的认证处理

7. 增值税专用发票使用的处罚规定

考核知识点

1. 增值税的概念和类型。
2. 增值税的特点和作用。
3. 增值税纳税人的概念和分类。
4. 增值税的征税范围。
5. 增值税的税率。
6. 增值税销项税额的确定。
7. 增值税进项税额的确定。
8. 增值税应纳税额的计算。
9. 增值税的起征点。
10. 增值税的减免情形。
11. 增值税的纳税义务发生时间。
12. 增值税的纳税地点和纳税期限。
13. 增值税的出口退(免)税管理。
14. 增值税专用发票管理。

考核要求

(一) 增值税法概述

识记：增值税的概念、增值税的类型、增值税的特点

领会：法定增值额与理论增值额的区别、增值税的产生和发展

应用：生产型增值税、收入型增值税和消费型增值税三种类型的比较，我国增值税转型的实践

(二) 我国增值税法的主要内容

识记：增值税纳税人的概念和分类、征税范围的一般规定、不征收增值税的项目、我国增值税的税率和起征点、增值税的纳税义务发生时间、纳税地点

领会：区分一般纳税人与小规模纳税人的标准和意义、属于增值税征税范围的特殊项目、增值税税率的种类、减免税情形和纳税期限

应用：属于增值税征税范围的特殊行为、增值税应纳税额的计算
(三) 我国增值税法的特殊征管制度
识记：出口货物退(免)税的范围、出口货物适用的退税率
领会：出口货物退(免)税的管理、增值税专用发票的管理规定

第四章 消费税法与营业税法

学习目的和要求

学习本章,**应当掌握**:消费税、营业税的概念、特征,消费税的征税范围、纳税人、消费税的税目税率、消费税的计税依据、消费税的一般计税方法、自产自用应税消费品的计税方法、委托加工应税消费品的计税方法,营业税的纳税人及扣缴义务人、营业税的税目税率、营业税的计税依据、应纳税额的计算。**应当理解**:消费税进口应税消费品的计税方法、消费税其他特殊情况下应纳消费税的计算、消费税的征收管理、消费税纳税义务发生的时间、纳税期限、纳税地点,营业税的税收优惠,营业税起征点的规定,营业税的纳税义务发生时间、纳税期限、纳税地点。**应当了解**:消费税、营业税的产生和发展。

课 程 内 容

一、消费税与营业税概述
(一)消费税概述
1. 消费税的概念、特点及其作用
2. 消费税的产生和发展
(二)营业税概述
1. 营业税的概念及特点
2. 营业税的产生和发展
二、我国消费税法的主要内容
(一)消费税的征税范围与纳税人
1. 征税范围
2. 纳税人
(二)消费税的税目及税率

（三）消费税的计算
1. 消费税的一般计税方法
2. 自产自用应税消费品的计税方法
3. 委托加工应税消费品的计税方法
4. 进口应税消费品的计税方法
5. 其他特殊情况下应纳消费税的计算

（四）消费税的征收管理
1. 消费税的纳税环节
2. 消费税的纳税义务发生时间
3. 消费税的纳税期限
4. 消费税的纳税地点

三、我国营业税法的主要内容

（一）征税范围

（二）纳税人与扣缴义务人
1. 纳税人
2. 扣缴义务人

（三）营业税的税目与税率
1. 营业税的税目
2. 营业税的税率

（四）营业税应纳税额的计算
1. 营业税的计税依据
2. 营业税应纳税额的计算

（五）营业税的减免优惠
1. 免税项目
2. 起征点规定

（六）营业税的缴纳
1. 营业税的纳税义务发生时间
2. 营业税的纳税期限
3. 营业税的纳税地点

考核知识点

1. 消费税、营业税的概念及特点。
2. 消费税的征税范围及纳税人。
3. 消费税的税目及税率。
4. 消费税的一般计税方法。
5. 自产自用应税消费品的计税方法。
6. 委托加工应税消费品的计税方法。
7. 进口应税消费品的计税方法。
8. 其他特殊情况下的应纳消费税的计算。
9. 消费税的征收管理。
10. 营业税的征税范围。
11. 营业税的纳税人和扣缴义务人。
12. 营业税的税目与税率。
13. 营业税的计税依据、应纳税额的计算。
14. 营业税的减免优惠。
15. 营业税的缴纳。

考核要求

一、消费税与营业税概述
识记：消费税的概念、营业税的概念
领会：消费税的特点、营业税的特点
应用：比较消费税与增值税的关系、营业税与增值税的关系
二、我国消费税法的主要内容
识记：消费税的征税范围、消费税的纳税人、消费税的税目、税率
领会：消费税应税销售的确定、应税销售数量的确定、消费税的征收管理
应用：消费税应纳税额的计算

三、我国营业税法的主要内容

识记：营业税纳税人、营业税的税目、税率、起征点

领会：营业税的扣缴义务人、确定营业额的一般规定、特殊情况下营业额的确定、营业税的优惠、营业税的缴纳

应用：营业税的计税方法

第五章 个人所得税法

学习目的和要求

学习本章,**应当掌握**:个人所得税的概念、特点、个人所得税纳税主体、征税对象、税率结构;**应当理解**:个人所得税课税模式及我国的选择、个人所得税应纳税所得额、税前扣除标准、减免标准、应纳税额的计算;**应当了解**:我国个人所得税制的历史沿革、境外所得的税额扣除、计算个人所得税应纳税额的特殊规定、个人所得税的税收征管模式及其具体规定等。

课 程 内 容

一、个人所得税概述
(一) 个人所得税的概念及其特点
(二) 个人所得税课税模式及我国的选择
(三) 我国个人所得税制的历史沿革
二、我国个人所得税法的主要内容
(一) 个人所得税纳税主体
1. 居民纳税人
2. 非居民纳税人
(二) 个人所得税征税对象
(三) 个人所得税的税率结构
1. 实行超额累进税率的个人所得税目
2. 实行比例税率的个人所得税目
(四) 个人所得税应纳税所得额
(五) 个人所得税税前扣除标准
1. 准予在个人所得税前全额扣除的项目

2. 准予在个人所得税前扣除30%的项目
(六) 个人所得税减免优惠
1. 免税优惠项目
2. 减税优惠项目
3. 暂免征收优惠项目
4. 特别免税优惠项目
(七) 个人所得税应纳税额的计算
1. 适用超额累进税率的计算方法
2. 适用比例税率的计算方法
(八) 境外所得的税额扣除
三、个人所得税的特殊征管规定
(一) 计算个人所得税应纳税额的特殊规定
1. 个人取得全年一次性奖金的计税方法
2. 采掘业等特定行业职工工资、薪金所得的计税方法
3. 雇用和派遣单位分别支付工资、薪金的计税方法
4. 雇主为雇员负担税款的计税方法
(二) 个人所得税的税收征管模式
1. 源泉扣缴模式
2. 自行申报模式
(三) 个人所得税的具体征管规定
1. 个人收入档案管理制度
2. 代扣代缴明细账制度
3. 纳税人与扣缴义务人向税务机关双向申报制度
4. 与社会各部门配合的协税制度
5. 加快信息化建设
6. 加强高收入者的重点管理
7. 加强税源的源泉管理
8. 加强全员全额管理

考核知识点

1. 个人所得税的概念和特点。
2. 个人所得税的纳税主体。
3. 个人所得税的征税客体。
4. 个人所得税的税率结构。
5. 个人所得税应纳税所得额。
6. 个人所得税税前扣除标准。
7. 个人所得税减免优惠。
8. 个人所得税应纳税额的计算。
9. 个人所得税境外所得的税额扣除。
10. 个人所得税的税收征管模式。

考 核 要 求

(一) 个人所得税概述

识记：个人所得税的概念、分类所得税制、综合所得税制、混合所得税制

领会：个人所得税的特点、现行个人所得税法历次修订的内容

应用：我国如何选择个人所得税课税模式

(二) 我国个人所得税法的主要内容

识记：居民纳税人、非居民纳税人、住所标准、居住时间标准

领会：来源于中国境内所得的认定、工资、薪金所得的税率结构、实行比例税率的个人所得税的税目及其税率结构、准予在个人所得税前全额扣除或扣除30%的项目、个人所得税的免税优惠项目、减税优惠项目、暂免征收优惠项目、特别免税优惠项目、境外所得的税额扣除

应用：各类所得税目应纳税所得额和应纳税额的计算

(三) 个人所得税的特殊征管规定

识记:源泉扣缴模式、自行申报模式

领会:采掘业等特定行业职工工资、薪金所得的计税方法、雇用和派遣单位分别支付工资、薪金的计税方法、雇主为雇员负担税款的计税方法、个人所得税的具体征管规定

应用:个人取得全年一次性奖金的计税方法、我国如何选择个人所得税征管模式

第六章 企业所得税法

学习目的和要求

通过本章学习,**应当掌握**:企业所得税的纳税人、征税范围、税率、应纳税所得额的确定、应纳税额的计算。**应当熟悉**:企业所得税的优惠政策,税收征收管理。**应当理解**:特别纳税调整。**应当了解**:企业所得税的产生和发展、税收饶让制度。

课 程 内 容

一、企业所得税概述
(一)企业所得税的概念及其特点
1. 企业所得税的概念
2. 企业所得税的特点
(二)企业所得税的产生和发展
1. 新中国成立至改革开放前的企业所得税法
2. 改革开放后的企业所得税法
3. 1994年税制改革后的企业所得税法
4. "两法合并"后的企业所得税法
二、我国企业所得税法的主要内容
(一)企业所得税的纳税人
(二)企业所得税的征税对象
(三)企业所得税的税率
(四)企业所得税应纳税额的计算
1. 企业所得税的计税依据
2. 资产的税务处理
3. 企业所得税的应纳税额

（五）企业所得税的税收优惠规定

1. 免税收入
2. 税款的免征、减征
3. 降低税率
4. 加计扣除支出、减计收入
5. 抵扣应纳税所得额
6. 缩短折旧年限或加速固定资产折旧
7. 税额抵免
8. 专项优惠政策

（六）企业所得税的纳税时间、地点和期限

1. 企业所得税的纳税时间
2. 企业所得税的纳税地点
3. 企业所得税的纳税期限

三、企业所得税的特殊征管规定

（一）企业所得税的特殊规定

1. 独立交易原则
2. 预约定价安排
3. 核定应纳税所得额
4. 防范避税地避税
5. 防范资本弱化
6. 一般反避税条款
7. 补征税款加收利息

（二）企业所得税的申报与缴纳制度

1. 源泉扣缴的情形
2. 未扣缴应扣缴税款的处理
3. 扣缴税款的解缴

考核知识点

1. 企业所得税及其特征。
2. 居民企业与非居民企业的区分标准及意义。

3. 企业所得税的征税对象。
4. 企业所得税税率。
5. 企业所得税的应纳税额。
6. 企业所得税的税收优惠。
7. 企业所得税的纳税时间、地点和期限。
8. 企业所得税特别纳税调整措施。
9. 企业所得税的申报与缴纳制度。

考核要求

(一)企业所得税概述

识记:企业所得税、企业所得税法

领会:"两法合并"后企业所得税的特点、我国企业所得税的产生和发展历程

应用:企业所得税法所体现的税法基本原则

(二)我国企业所得税法的主要内容

识记:居民企业、非居民企业、应纳税所得额、企业所得税税率、固定资产、生产性生物资产、无形资产、长期待摊费用、投资资产、存货、资产净值、抵免限额

领会:确定一项所得的来源地应遵循的原则、收入总额的确定、不征税收入、准扣项目、不得扣除的项目、亏损的结转弥补、自产的税务处理、免税收入、企业所得税的各项税收优惠、企业所得税的纳税时间、纳税地点和纳税期限、汇总纳税

应用:企业所得税的计税依据及应纳税额的计算、来源于境外所得已纳税额的抵免

(三)企业所得税的特殊征管规定

识记:关联方、成本分摊协议

领会:独立交易原则、核定应纳税所得额、补征税款加收利息

应用:预约定价安排、防范避税地避税、防范资本弱化、一般反避税条款、源泉扣缴

第七章 其他实体税法

学习目的和要求

本章学习，**应该掌握**：关税的完税价格、契税的征税对象及应纳税额的计税方法、印花税的税目及应纳税额的计税方法、房产税应纳税额的计税方法、车船税应纳税额的计税方法、土地增值税的计税依据、税率及应纳税额的计税方法、城镇土地使用税应纳税额的计税方法、资源税应纳税额的计税方法、城市维护建设税的计税依据、税率及应纳税额的计税方法、教育费附加的计算比率及计算办法。**应该熟悉**：关税的概念、特点和种类、关税的纳税人及征税范围、财产税的概念及特点、行为税的概念及特点、财产税法、行为税法、契税的纳税人、印花税的纳税人及税目、房产税的纳税人、车船税的纳税人、土地增值税的纳税人、城镇土地使用税的纳税人和征税范围。**应该理解**：进出口货物关税税率的适用、进出口关税的缴纳、退补与减免、契税的税收优惠、印花税的优惠措施、房产税的征税对象和征收范围、房产税的税收优惠、车船税的税收优惠、土地增值税的税收优惠、城镇土地使用税的免税减税。**应该了解**：我国关税的产生和发展、契税的征收管理、印花税的征收管理、房产税的征收管理、车船税的征收管理、土地增值税的征收管理、城镇土地使用税的纳税期限和纳税地点。

课程内容

一、关税法

（一）关税法概述

1. 关税的概念和特征
2. 关税的种类

（二）关税的纳税人
（三）关税的征税对象
（四）关税的税率
1. 进出口货物的税率
2. 进口物品的税率
（五）关税的应纳税额的计算
1. 关税的计算根据——完税价格
2. 关税应纳税额的计算
（六）关税的征收管理
1. 关税缴纳和退补
2. 关税的减免
二、财产与行为税法
（一）财产与行为税概述
1. 财产税的概念和特点
2. 财产税的分类
3. 行为税的概念和特点
4. 财产与行为税法
（二）契税法
1. 契税法概述
2. 纳税义务人
3. 征税对象和计税方法
4. 税收优惠规定
5. 契税征收管理
（三）印花税法
1. 印花税概述
2. 印花税的纳税人
3. 印花税的税目
4. 印花税税率
5. 印花税的应纳税额
6. 印花税优惠措施
7. 印花税的征收管理

（四）房产税法

1. 房产税法概述
2. 纳税人
3. 征税对象和征收范围
4. 计税依据、税率及应纳税额
5. 税收优惠
6. 征收管理

（五）车船税法

1. 车船税法概述
2. 纳税人
3. 征税范围
4. 税率
5. 应纳税额的计算
6. 税收优惠
7. 征收管理

三、涉及土地与资源的税法

（一）土地增值税法

1. 纳税人
2. 计税依据
3. 税率
4. 计税方法
5. 税收优惠
6. 纳税期限和地点

（二）城镇土地使用税法

1. 纳税人和征税范围
2. 计税依据和税率
3. 免税和减税
4. 纳税期限和地点

（三）资源税法

1. 资源税法概述
2. 资源税的纳税人

3. 税目、税额

4. 计税依据和计征办法

5. 税收优惠

6. 纳税期限和地点

四、城市维护建设税法与教育费附加

（一）城市维护建设税法

1. 城市维护建设税法概述

2. 纳税人

3. 税率

4. 计税依据

5. 应纳税额的计算

6. 税收优惠

7. 征收管理

（二）教育费附加

1. 教育费附加概述

2. 征收范围及计征依据

3. 计征比率

4. 计算方法

5. 减免规定

考核知识点

1. 关税的纳税人和征税对象。
2. 关税完税价格的确定。
3. 财产税、行为税的特点。
4. 契税的征税对象和计税方法。
5. 印花税的税目及应纳税额。
6. 房产税的计税依据、税率及应纳税额。
7. 车船税应纳税额的计算。
8. 土地增值税的计税依据、税率和计税方法。
9. 城镇土地使用税的纳税人、征税范围和计税依据。

10. 城市维护建设税的计税依据、税率和应纳税额的计算。
11. 教育费附加的计税依据、计征比率和计算方法。

考 核 要 求

(一) 关税法
识记:关税的概念;关税的特征;进口货物的税率;出口货物的税率;
领会:关税税率的种类;关税的纳税人、征税对象;关税的征收管理
应用:关税完税价格的确定;关税应纳税额的计算

(二) 财产与行为税法
识记:财产税的概念;行为税的概念;财产税法;行为税法;契税法;印花税;房产税;车船税
领会:契税的纳税人;契税的优惠规定和征收管理;印花税的纳税人、税目、税率;印花税的优惠措施和征收管理;房产税的纳税人;房产税的征税对象和征收范围;房产税的税收优惠和征收管理;车船税的纳税人、征税范围;车船税的税收优惠和征收管理
应用:契税的征税对象和计税方法;印花税的应纳税额;房产税的计税依据、税率及应纳税额;车船税应纳税额的计算

(三) 土地与资源税法
识记:土地增值税;城镇土地使用税;资源税
领会:土地增值税的纳税人和税率;土地增值税的税收优惠、纳税期限和地点;城镇土地使用税的纳税人和征税范围、税收优惠、纳税期限和地点;资源税的税目;资源税的纳税人、税收优惠、纳税期限和地点
应用:土地增值税的计税依据和计税方法;城镇土地使用税的计税依据和税率;资源税的计征依据和计征办法

(四) 流转税的附加税法
识记:城市维护建设税;教育费附加
领会:城市维护建设税的纳税人、计税依据、税收优惠和征收管

理;教育费附加的减免

  应用:城市维护建设税应纳税额的计算;教育费附加的计征依据、计征比率及计算方法

第八章 税收征管法律制度

学习目的和要求

学习本章,**应当重点掌握**税务登记的含义和基本类型、纳税申报的方式和内容、税款征收方式、应纳税额核定的适用范围和具体方法、纳税担保制度、税收保全制度、税收强制执行制度、税收优先权制度;**应当理解**账簿凭证管理、税务检查、税务稽查、税务代理和税收救济制度的基本内容;**应当了解**税收征收管理制度的历史形成和实践中的问题。

课 程 内 容

一、税务管理制度
(一)税务登记管理
1. 设立登记
2. 变更登记
3. 停业、复业登记
4. 注销登记
5. 经营报验登记
6. 证照管理
7. 非正常户处理
8. 联合办理税务登记
(二)账簿凭证管理
1. 账簿、凭证的概念和种类
2. 账簿、凭证的设置与登记
3. 完税凭证及其使用要求
4. 账簿、凭证的保管

（三）发票管理
1. 发票的印制与领购
2. 发票的开具与保管
3. 发票的检查
（四）纳税申报
1. 纳税申报的概念和要求
2. 纳税申报的方式和内容
（五）税收减免管理
二、税款征收制度
（一）税款征收方式
1. 查账征收
2. 查定征收
3. 查验征收
4. 定期定额征收
5. 代扣代缴
6. 代收代缴
7. 委托代征
（二）应纳税额的核定
1. 应纳税额核定的适用情形
2. 核定应纳税额的方法
（三）纳税担保
1. 纳税担保的适用范围
2. 纳税担保的类型
（四）税收保全
（五）税收强制执行措施
（六）税收优先权
1. 优先权的概念、特点和种类
2. 税收优先权的概念及其设立的依据
3. 我国税收优先权的具体内容
（七）税务检查
1. 税务检查权实现的方式

2. 税务检查权实现的程序

（八）税务稽查

1. 税务稽查权与税务检查权的区分
2. 税务稽查权的行使主体
3. 税务稽查的具体程序

（九）税款缴纳及其相关规定

1. 纳税期限的确定
2. 税款的入库及滞纳金
3. 税款的退还、补缴和追征
4. 其他相关规定

三、税务代理制度

（一）税务代理的概念与特征

（二）税务代理的基本原则与功能价值

1. 税务代理的基本原则
2. 税务代理制度的功能价值

（三）我国税务代理制度的主要内容

1. 税务代理人
2. 税务代理的范围
3. 税务代理的法律关系
4. 税务代理的法律责任

四、税收救济制度

（一）税收行政复议制度

1. 税收行政复议的概念
2. 税收行政复议的特点
3. 税务行政复议的基本原则
4. 税收行政复议的受案范围
5. 税收行政复议程序
6. 税收行政复议决定的执行
7. 海关税收行政复议

（二）税收行政诉讼制度

1. 税收行政诉讼的概念

2. 税收行政诉讼的特征
3. 税收行政诉讼的基本原则
4. 税收行政诉讼受案范围
5. 税收行政诉讼的基本程序

(三) 税收行政赔偿制度

考核知识点

1. 税务登记的基本类型
2. 纳税申报制度的基本内容
3. 税款征收的主要方式
4. 应纳税额的核定
5. 纳税担保的适用范围和类型
6. 税收保全措施
7. 税收强制执行措施
8. 税收优先权制度
9. 税务检查权的含义及其实现方式
10. 税务稽查制度的基本内容
11. 税款缴纳制度的基本内容
12. 税务代理的概念和特征
13. 我国税务代理制度的主要内容
14. 税收救济制度的基本内容

考核要求

(一) 税务管理制度

识记:税务登记的含义和类型、账簿和凭证的概念、纳税申报的含义和方式、税收减免的含义和内容

领会:账簿、凭证的管理的具体内容、发票管理制度的具体内容

应用:税务登记制度、纳税申报制度和税收减免制度的具体运用

(二) 税款征收制度

识记:税款征收的主要方式、纳税担保的含义和类型、纳税申报的含义和方式、税收保全的含义、税收强制执行措施的含义、税收优先权的含义、税款的入库、退还、补缴和追征

领会:纳税担保的适用范围、税收优先权的设立依据、税务检查权与税务稽查权的区别、纳税期限的确定

应用:税款征收方式在实践中的运用、应纳税额的核定、纳税担保制度的具体运用

(三) 税务代理制度

识记:税务代理的概念和特征、税务代理的基本原则、税务代理人的含义、税务代理的范围、税务代理法律关系的确立

领会:税务代理制度的基本功能、我国税务代理制度的形成、税务代理的法律责任

(四) 税收救济制度

识记:税收行政复议的概念、特征和基本原则、税收行政诉讼的概念、特征和基本原则、税收行政赔偿的概念和构成要件

领会:税收行政复议的受案范围、税收行政诉讼的受案范围

应用:税收行政复议的基本程序、税收行政诉讼的基本程序

Ⅲ 有关说明与实施要求

为了使本大纲的规定在个人自学、社会助学和考试命题中得到贯彻落实,现对有关问题作如下说明,并提出具体实施要求,供自学应考者及社会助学者参考。

一、自学考试大纲的目的和作用

课程自学考试大纲是根据专业自学考试计划的要求,结合自学考试的特点而确定。其目的是对个人自学、社会助学和课程考试命题进行指导和规定。

课程自学考试大纲明确了课程学习的内容以及深广度,规定了课程自学考试的范围和标准。因此,它是编写自学考试教材和辅导书的依据,是社会助学组织进行自学辅导的依据,是自学者学习教材,掌握课程内容知识范围和程度的依据,也是进行自学考试命题的依据。

二、课程自学考试大纲与教材的关系

课程自学考试大纲是进行学习和考核的依据,教材是学习掌握课程知识的基本内容与范围,教材的内容是大纲所规定的课程知识和内容的扩展与发挥。大纲与教材所体现的课程内容基本一致;大纲里面的课程内容和考核知识点,教材里一般也有。而教材里有的内容,大纲里不一定体现。

三、关于自学教材

《税法》,徐孟洲主编,北京大学出版社 2008 年版。

四、关于自学要求和自学方法的指导

本大纲的课程基本要求是依据专业考试计划和专业培养目标而

确定的。课程基本要求还明确了课程的基本内容,以及对基本内容掌握的程度、课程考核知识点是高等教育自学考试考核的主要内容。

为有效地指导个人自学和社会助学,本大纲已指明课程的重点和难点,在章节的基本要求中一般也指明了章节内容的重点和难点。

本课程共4学分。

五、对考核内容和考核目标的说明

1. 本课程要求考生学习和掌握的知识点内容都作为考核的内容。课程中各章的内容均由若干知识点组成,在自学考试中成为考核知识点。因此,课程自学考试大纲中所规定的考试内容是以分解为考核知识点的方式给出的。由于各知识点在课程中的地位、作用以及知识自身的特点不同,对各知识点分别按三个认知(或叫能力)层次确定其考核要求。

2. 三个能力层次从低到高用教育测量学的语言表述依次是:识记;领会;应用。分别要求如下:

识记:要求考生知道本课程中的名词、概念、原理、知识的含义,并能正确认识或识别。

领会:要求在识记的基础上,能把握本课程中的基本概念、基本原理和基本方法,掌握有关概念、原理、方法的区别与联系。

应用:要求在领会的基础上,运用本课程中的基本概念、基本原理和基本方法,分析和解决相关的理论问题或实际问题。

六、关于考试命题的若干规定

1. 本课程考试采取闭卷考试的方式。考试时间为150分钟。考试时必须携带准考证、身份证以及考试所需的书写工具。

2. 本大纲各章所规定的基本要求、知识点及知识点下的知识细目,都属于考核的内容。

3. 命题不会超出大纲中的考核知识点范围,考核目标不会超出大纲中所规定的相应的最高能力层次要求。命题着重考核自学者对基本概念、基本知识和基本理论是否了解或掌握,对基本方法是否会用或熟练。没有与基本要求不符的偏题或怪题。

4. 本课程在试卷中对不同能力层次要求的分数比例大致为:识记占 25%,领会占 35%,应用占 40%。

5. 试题的难易程度可分为:易、较易、较难和难四个等级。每份试卷中不同难度试题的分数比例一般为:2:3:3:2。

需要注意的是,试题的难易程度与能力层次有一定的联系,但二者不是等同的概念。

6. 课程考试命题的主要题型一般有单项选择题,多项选择题,名词解释题,简答题,论述题和案例分析题。

Ⅳ 题型举例

一、**单项选择题**(在每小题列出的四个备选项中只有一个是符合题目要求的,请将其代码填写在题后的括号内。错选、多选或未选均无分)

1. 根据营业税法律制度规定,应当征收营业税的业务收入是: (   )

   A. 寺庙收取的门票收入

   B. 电影院收取的门票收入

   C. 文化馆举办文化活动的门票收入

   D. 某大学举办研究生课程进修班收取的学费

2. 我国个人所得税法中的居民纳税人是指在中国境内有住所,或者无住所而在境内: (   )

   A. 居住满 1 年的个人　　　B. 居住满 2 年的个人

   C. 居住满 3 年的个人　　　D. 居住满 5 年的个人

二、**多项选择题**(在每小题列出的五个备选项中至少有两个是符合题目要求的,请将其代码填写在题后的括号内。错选、多选、少选或未选均无分)

1. 张某为北方某大学著名学者,其取得的下列收入应当缴纳个人所得税的有: (   )

   A. 国务院规定的政府特殊津贴

   B. 所在学校发给的特殊岗位津贴

   C. 撰写科普读物获得的稿酬

   D. 所在学校科技公司的红利收入

   E. 为科协培训班授课获得的讲课费

2. 有权制定税收规章的税务主管机关包括: (   )

   A. 国务院　　　B. 国务院办公厅　　　C. 国家税务总局

   D. 财政部　　　E. 海关总署

三、名词解释题

1. 一般纳税人
2. 税收法定原则

四、简答题

1. 简述流转税的特征。
2. 简述小规模纳税人缴纳增值税的特点。

五、论述题

1. 试述《税收征管法》对税收强制措施所作的规定。
2. 试论纳税人的权利。

六、案例分析题

某汽车修理厂(增值税一般纳税人)本纳税期限内发生下列业务：

（1）实现收入20万元(不含税)；

（2）购进各种零部件10万元,增值税专用发票注明税款1.7万元；

（3）购进机器设备两台,价值分别为2.5万元、2万元(有符合规定的增值税专用发票)；

（4）因仓库着火,损失零部件5万元(均为本期购进)；

（5）支付工人工资3万元,奖金0.6万元。

根据上述资料,依据税法原理计算该厂本期应缴纳的增值税税额,并说明理由。

后 记

为了反映企业所得税、个人所得税等税收立法的新内容,吸收税法学研究的新成果,经全国高等教育自学考试指导委员会同意,由法学类专业委员会负责组织高等教育自学考试法学专业《税法自学考试大纲》的编写工作。

《税法自学考试大纲》由中国人民大学徐孟洲,北京大学徐阳光,北京师范大学张晓婷和华南师范大学叶姗编写。本大纲指定教材为徐孟洲主编、北京大学出版社出版的《税法》(2008年版)。

参加本大纲审稿工作的是我国三位著名财税法学者:张守文教授(北京大学)、刘剑文教授(北京大学)和朱大旗教授(中国人民大学)。在此对三位教授表示衷心感谢!

全国高等教育自学考试指导委员会
法学类专业委员会
2008年3月